George F. Kennan
Impressionen eines Lebens

George F. Kennan

Impressionen eines Lebens

Aus dem Englischen
von Hermann Kusterer

ECON Verlag
Düsseldorf · Wien · New York

Titel der englischen Originalausgabe:
»Sketches From A Life«
Originalverlag: Pantheon Books, New York
Übersetzt von Hermann Kusterer

CIP-Titelaufnahme der Deutschen Bibliothek

Kennan, George F.:
Impressionen eines Lebens / George F. Kennan. Aus d. Engl.
von Hermann Kusterer – Düsseldorf; Wien; New York:
ECON Verl., 1990
Einheitssacht.: Sketches from a life ‹dt.›
ISBN 3-430-15291-7

Satz: Dörlemann-Satz, Lemförde
Gesetzt aus der Garamond Stempel, Berthold
Papier: Papierfabrik Schleipen GmbH, Bad Dürkheim
Druck und Bindearbeiten: Bercker, Kevelaer
Printed in Germany
ISBN 3-430-15291-7

Dem Andenken meiner Eltern, Florence James und
Kossuth Kent Kennan, denn auch ihr Hoffen,
Streben und Leiden hat, wenngleich selten erkennbar,
in diesem Buch seinen Platz.

GEORGE KENNAN

An meine deutschen Leser

Daß diese *Impressionen* nun meinen deutschen Lesern zugänglich werden, bereitet mir besondere Freude. Dafür gibt es mehrere Gründe. Das Buch enthält verschiedentlich Szenen aus der Zeit, als ich im Deutschland der Weimarer Republik lebte, studierte und reiste. Wie jeder Deutsche weiß, strotzte diese Zeit geradezu vor kultureller Vitalität, die ihren Schwerpunkt in Berlin hatte und diese Stadt zum Zentrum des europäischen Geistes-, Musik- und Theaterlebens machte. In diesen Hexenkessel des Kulturschaffens geworfen zu werden, war für den empfindsamen, noch unfertigen jungen Mann aus dem amerikanischen Mittelwesten ein gewaltiges Erlebnis. Es hat seine weitere Entwicklung vielfältig und dauerhaft geprägt: seinen literarischen Stil, sein Verständnis der europäischen Zeitgeschichte, ja seine Wahrnehmung der Welt um sich herum und seinen eigenen Platz darin. Als Einfluß von besonderem Rang erwies sich die Bekanntschaft mit einem Teil der großen deutschen Literatur jener Zeit: Thomas Mann, Remarque, Döblin und anderen. Wie tief diese Eindrücke wirkten, läßt sich daran ermessen, daß die damaligen Tagebucheinträge teilweise auf Deutsch entstanden – nicht etwa, weil ich mir etwas auf die Kenntnis dieser Sprache zugute hielt (schließlich waren sie ja nur für meine eigenen Augen bestimmt), sondern weil ich voll und ganz in die beobachtete Szene eingetaucht war. Sollten einige Skizzen aus jener Zeit dem einen oder anderen deutschen Leser heute Vergnügen oder Freude bereiten, so mag es als geringfügige Begleichung meiner Dankesschuld für all das betrachtet werden, was das Deutschland jener erregenden, wenngleich tragischen Zeit mir beschert hat.

Im nachfolgenden Vorwort habe ich darzutun versucht, welcher Art die in diesem Buch enthaltenen Tagebucheinträge waren, was ihr Verfasser mit der Niederschrift bezweckte und von ihr erwartete. Als literarische Gattung mag manches den deutschen Leser fremd anmuten. Nur höchst selten waren Politik und Zeitgeschichte das Thema – im Gegensatz zum Großteil meiner sonstigen Schriftstellerei. Auf den nachfolgenden Seiten geht es kaum einmal um Geschichte, um den erzählenden Nachvollzug von Ereignissen, um intellektuelle Analyse, und auch nicht (oder jedenfalls nicht in erster Linie) um Reflexion, sondern ganz einfach um Beobachtung und Betrachtung: auf Reisen gewonnene Einsichten in Landschaften und Menschen. Die Idee einer Veröffentlichung ging nicht von mir aus, ebensowenig lag die Auswahl aus einem viel umfangreicheren Korpus bei mir. Doch wie ich die Niederschriften nun in der englischen Ausgabe gedruckt vor mir liegen sehe, muß ich mir eingestehen: Beschreibt man seine Eindrücke einer langen Reihe äußerer Phänomene, so beschreibt man nolens volens letztlich sich selbst.

So mögen die *Impressionen* als eine Form unwillkürlicher Selbstoffenbarung aufgefaßt werden – fast als Beichte. Wenn überhaupt etwas einer buntgemischten Prosasammlung Einheit zu verleihen vermag, dann ist es eben dieses subjektive Element. Die Reaktion eines Mannes auf seine Zeit, im vorliegenden Fall eine Zeit ungeheuer rapiden Wandels binnen sechzig Jahren, wirft indes immer auch ein Licht auf die Zeit selbst. Gibt es für die Veröffentlichung dieser *Impressionen* eine Rechtfertigung, so liegt sie in der Wechselwirkung dieser beiden Formen der Offenbarung: der subjektiven und der objektiven. Ob das Ergebnis diesem Anspruch standhält, muß der Leser entscheiden.

Princeton, im Dezember 1989 George Kennan

Vorwort

Als Schauplatz aller Abenteuer genügt ein Herz
ALFONS PAQUET

Dieses Buch ist eine Sammlung aus Tagebucheinträgen. Es zeigt über einen langen Zeitraum die Reaktionen eines Menschen auf vielfältige Szenen, Orte und Landschaften. Als mir ein guter Freund zu ihrer Veröffentlichung riet, gestand ich ihm, ich wisse nicht, wie derlei Niederschriften auf ein breiteres Publikum wirken würden und ob dies eine Veröffentlichung rechtfertige. Dazu standen sie mir selbst viel zu nahe, zu nahe einem Leben, das mich das fortschreitende Alter weder mit übermäßigem Stolz noch mit ungebührlicher Reue zu betrachten gelehrt hatte. Für derartige Nabelschau-Übungen war es jetzt zu spät. Ich hatte mein Bestes zu geben versucht. Ich kenne meine Schwächen und Fehler. Diese sind nicht mehr zu korrigieren. Und ich kenne die Fallstricke der Selbstzufriedenheit. Deshalb habe ich versucht, mich eines Urteils über mich selbst, über meine Taten und meine Versuche, das Leben meiner Zeit zu verstehen, zu enthalten. Das muß wohl oder übel einer (hoffentlich wohlwollenden) Gottheit überlassen bleiben. Der Leser wird selbst entscheiden müssen, ob ihn die hier zusammengetragenen Reaktionen auf bestimmte Aspekte der Außenwelt seine eigene Zeit besser verstehen lassen können, so wie sich der Verfasser dieser Bruchstücke um ein Verständnis der seinigen bemüht hat. Indes fiel mir ein, daß ich zwar zu den hier versammelten Prosastücken weder Ansprüche noch Versprechungen, noch Entschuldigungen geltend machen, aber doch wenigstens ein paar Erklärungen anbieten konnte, wie, warum und in welcher Absicht sie geschrieben worden sind.

Wie manch anderen drängte es mich von Zeit zu Zeit, dies oder jenes zu Papier zu bringen: Intimes, Gedankliches und schließlich eine dritte Kategorie, zu der mir jetzt kein Kurzetikett einfällt, die aber das Wesentliche dieses Buches ausmacht.

Die intimen Reaktionen betrafen vor allem die intensivere Befassung mit meinem Ich und mit anderen Menschen. Sie (jedenfalls für die Augen anderer) niederzuschreiben ist mir immer schwergefallen. Vielleicht war ich zu feige, zu sehr der Flüchtigkeit des Innersten bewußt, zu sehr dem Sehnen des einzelnen nach Privatsphäre und seinem Recht darauf verpflichtet, zu sehr gewöhnt, in ihr eine verborgene, mit allerlei Gebrechlichem angefüllte Klause zu erblikken, in die sich der plumpe Finger des Außenseiters nicht wagen darf, soll er nicht heilloses Chaos anrichten. Das alles wollte ich lieber dem Romanschreiber oder Dichter überlassen, dessen größere Rücksichtslosigkeit im ersteren und natürlichere Begrenzung auf die Anspielung anstelle der Direktheit im letzteren Falle ein kühneres Eindringen in jene gefahrvollen Gefilde rechtfertigen.

Die gedanklichen Reaktionen (Denken, Beschäftigung mit der Geschichte, soziale und politische Analyse, kurzum: Gelehrtheit) waren am stärksten um Entpersönlichung bemüht und strebten nach größtmöglicher Distanz von der Subjektivität (aus der man sich gewiß niemals völlig lösen kann noch sollte). Von dieser Art Literatur habe ich viel und in vielerlei Autorengestalt geschrieben: als Verfasser von amtlichen Berichten im amerikanischen auswärtigen Dienst, als Historiker, als Kommentator weltpolitischer Probleme. Diese Art der Schriftstellerei war selbstverständlich der rote Faden in meinem Berufsleben und hat mir viel Befriedigung eingebracht. Aufrichtig geübt, erscheint sie mir als achtenswerte, nützliche, relativ unschuldige und unschädliche Beschäftigung, die ihrem Adepten (mit etwas Glück) einen Lebensunterhalt einbringen und zudem anderen in dem Maße dienlich sein kann, als sie ehrlich, ernsthaft und überzeugend betrieben wird.

Die dritte Kategorie bewegt sich irgendwo im Niemandsland zwischen den beiden anderen, profitiert von beiden und trägt zu beiden bei. Im Sinne dieses Buches ließe sie sich beschreiben als ein Bemühen um Darstellung ausgewählter, en passant beobachteter Wirklichkeitsstücke, das die Facetten der betrachteten Szene möglichst getreu zu schildern und zugleich etwas von ihrer tieferen Bedeutung zu vermitteln sucht. Etwas Derartiges findet natürlich im Grunde vor allem in der naturalistischen bildnerischen Kunst statt, wo ja der Gegenstand nicht vom Künstler geschaffen wird, sondern eine außerhalb seiner existierende Wirklichkeit ist, bei deren Darstellung und kritischer Interpretation er indessen Dinge ausdrückt, die unmittelbar auszudrücken ihm niemals möglich wäre.

Den Anstoß zu solcherlei Niederschriften verdanke ich einem Buch, über das ich noch als ganz junger Mann in Europa zufällig stolperte – ich glaube, es war 1928. Es handelte sich um einen Sammelband von Reiseberichten aus der Feder eines begabten Reisekorrespondenten der damaligen *Frankfurter Zeitung*, Alfons Paquet, einem hochgebildeten europäischen Weltenbummler seiner Zeit, halb französischer, halb deutscher Herkunft (wenn ich mich nicht irre), der zudem ein hervorragender Schriftsteller war.* Ich war tief beeindruckt und erwählte dieses Buch, wie junge Leute es gerne tun, zum Vorbild eigener Schriftstellerei. Es hat mich, glaube ich, gelehrt, daß nichts im Leben völlig sinnlos ist und daß in allen in der Fremde und mithin mit der Frische des ersten Eindrucks beobachteten Szenen buchstäblich immer »mehr steckt, als dem Auge auffällt« – eine tiefere Wirklichkeit, die kaum je an der Oberfläche sichtbar und dennoch stets spürbar ist, wenn man nur die nötige Intuition und Anstrengung mitbringt.

In Paquets Skizzen stand nicht der Schriftsteller im Mittelpunkt. Gewiß war er da. Wie hätte er denn nicht da sein können? War er es doch, der das Auge, das Herz, die Perspektive lieferte. Seine Wahrnehmungen waren das Prisma, durch das alles aufgefaßt und verstanden wurde. Ohne ihn hätte es das Bild nicht geben können. Aber das war auch schon sein ganzer Beitrag. Die weiteren Details seiner Persönlichkeit blieben außer Betracht. Der Leser erfuhr in der Regel nicht, wer er war oder was er an dem geschilderten Ort suchte. Das große Drum und Dran der Alltagsbeschäftigungen und -sorgen, die ein jeder um seine Person anhäuft und mit sich durchs Leben schleppt, blieb bei dieser Art literarischer Bemühung unberücksichtigt. All das gehörte nicht zum Bild selbst und war für den Leser ohne Interesse.

* Alfons Paquet, *Städte, Landschaften und ewige Bewegung*, Hamburg-Großborstel 1927.

Das also war das literarische Genre, das der Verfasser dieses Buches anfänglich nachahmte, um es sich nach und nach mehr und mehr zu eigen zu machen. Was immer dabei herausgekommen sein mag: Das Vorbild war gut. Der sorgfältige Leser wird seine wohltuenden Wirkungen erkennen, wenn er die jugendlichen, romantisch ichbezogenen, vor der Begegnung mit Paquets Buch verfaßten Einträge der Hamburger Zeit von 1927 mit den danach im Baltikum und in Berlin geschriebenen, extrovertierteren Teilen vergleicht, deren suchender Blick stärker nach außen gewandt ist.

Beim Schreiben der weitaus meisten Stücke lag der Gedanke an eine Veröffentlichung fern. Natürlich sollte das nicht zu eng ausgelegt werden. Jeden Tagebuchschreiber streift sicherlich hin und wieder die vage Hoffnung, was er da eben verfaßt habe, zumal, wenn es ihm gefällt, werde eines Tages wenigstens ein paar weiteren Augen zugänglich werden. Auch ich war gegen diese sehr menschliche Regung keineswegs gefeit. Aber ich meine mich zu erinnern, daß die meisten nachstehenden Teile bei der Niederschrift vor allem als Gedächtnisstütze konzipiert waren, damit das Beschriebene nicht vergessen werde, es sich nicht aus dem reichen Schatz der Erfahrungen fortstehle und acht- und nutzlos in der Rumpelkammer der Erinnerung verkümmere. In einigen Fällen jedoch empfand der Verfasser diese Einträge auch als Wegemarken des geistigen und emotionalen Wachstums, anhand derer er in späteren Jahren seinen Fortschritt, seine Fehlstarts, seine Rückschritte zu ermessen hoffte.

Die Einträge entstanden zumeist auf Reisen. Das hatte seinen guten Grund. Zu Hause, im Hin und Her der beruflichen und privaten Tagespflichten, war selten Zeit dazu; außerdem bedurfte es – ich sagte es oben schon – der Neuheit und Frische des ersten Eindrucks. Über Dinge, die man Tag für Tag sah und erlebte, ließ sich nicht auf diese Weise schreiben. Die Vertrautheit beraubt solche Szenen, wie auch Menschen, des Geheimnisvollen und Zauberischen.

So waren diese Skizzen also ein Abschweifen vom Alltagsdasein, ein privater Luxus. Ein Abschweifen auch von den anderen, anspruchsvolleren Formen des Schreibens. In den Jahren, aus denen diese Auszüge stammen, hat der Verfasser rund 18 Bücher, zahllose diplomatische Berichte und Telegramme geschrieben, hundertweise

Vorträge gehalten, Artikel und Reden verfaßt. Der Arzt Anton Tschechow hat einmal gesagt, die Medizin sei seine Frau, die Literatur seine Geliebte. Ähnlich lagen die Dinge beim Schreiber dieser Zeilen, allerdings war seine Geliebte weit weniger schön als Tschechows und mußte sich mit weit geringerem Anspruch zufriedengeben. Anders gesagt: Die in diesem Buch zusammengefaßten Auszüge waren nur anderen Impulsen gehorchende Randerscheinungen eines viel größeren Korpus beruflicher Schriftstellerei.

Wie der Leser feststellen wird, sind die vorliegenden Teile weit und unregelmäßig über die Jahrzehnte gestreut. Es gab lange Pausen, in denen fast nichts entstand. Auch dafür gab es Gründe. Ein solcher Grund, der sich Anfang der dreißiger Jahre einstellte, waren Eheschließung und Vaterschaft. Konnte man Eindrücke auf der Stelle mit jemand anderem austauschen, so fühlte man sich weniger angespornt, sie zu Papier zu bringen. Und Reisen mit kleinen Kindern, so aufschlußreich sie in anderer Beziehung waren, ließen doch immer nur sehr kurze und abgelenkte Blicke auf die vorbeiziehende Szenerie zu. Wichtiger noch: Große Teile der dreißiger und vierziger Jahre verbrachte ich entweder in Stalins säuberungsgeplagtem, terrorisiertem Moskau oder in Hitlers Berlin. An beiden Plätzen war der Dienst anstrengend, hart und alles beanspruchend. Gelegenheit zu Reisen gab es kaum. Die dringende Beschäftigung mit den Problemen des Tages war der Feind aller gelassenen Betrachtung. In der politisch feindseligen Umgebung ließen überdies Sicherheitserwägungen es geraten erscheinen, nur das Nötigste zu Papier zu bringen.

Schließlich wird der aufmerksame Leser bemerken, daß sich diese Skizzen chronologisch über eine sehr lange Zeitspanne erstrecken. Zwischen der Niederschrift der ersten und der letzten liegen mehr als sechzig Jahre. Während dieses Zeitraums hat sich die Außenwelt, an die sie sich richteten, stark verändert – vermutlich mehr als je zuvor in einer gleichen Zeitspanne. Beim Entstehen der ersten Einträge war Calvin Coolidge Präsident der Vereinigten Staaten, der Erste Weltkrieg noch ganz frisch im Gedächtnis, Lindberghs Ozeanüberquerung brachte die Menschen in Ekstase, Fitzgerald, Hemingway und Thomas Mann waren die Schriftsteller des Tages. Die Welt, mit der sich die letzte Skizze befaßt, hatte inzwischen bedeutungsschwere, ja umwühlende Ereignisse erfahren: die Depression der dreißiger Jahre, die beiden großen Tyranneien Stalins und Hitlers, den Zweiten Weltkrieg, die dunkle Drohung einer Atom-Apokalypse und Umweltkatastrophe. Kurzum: Die Welt von 1988 ist nicht dieselbe wie 1927. Selbst die Töne und Geräusche waren, wie der Leser feststellen mag, zu Beginn dieser 61 Jahre andere als an deren Ende. Dieser ganze Wandel war nicht unvermittelt eingetreten, sondern hatte sich über die Jahre erstreckt.

War nun die Außenwelt 1988 anders als 1927, so waren auch die Augen des Betrachters andere geworden. Der dreiundzwanzigjährige Vizekonsul von 1927, seiner selbst noch unsicher und allem anderen mit fragenden Augen begegnend, war ein anderer als der pensionierte Professor von 1988, der nunmehr wußte, daß sein Beitrag zum ihn umgebenden Leben auf Gnade und Ungnade im wesentlichen geleistet war, wenngleich er sich immer noch zutiefst dem Schicksal seines Landes und der europäischen Kultur verbunden fühlte, der er sich seit jeher zugehörig weiß. Auch dieser Wechsel war nicht abrupt eingetreten, sondern hat sich über die ganze Zwischenzeit vollzogen. Die in diesem Buch geschilderten Ansichten der Außenwelt müssen also als Wechselwirkung zwischen zwei Objekten begriffen werden, die beide stets in Bewegung waren: die beobachtete Szene und das Augenpaar des Betrachters.

Das wird dem Leser nicht leichtfallen. Andererseits mag es den Wert der mitgeteilten Ansichten für den Lesenden erhöhen. Denn ein Schlüssel zum Verständnis der Conditio humana ist eben diese Erkenntnis: daß es für den einzelnen keine Wirklichkeit – jedenfalls keine verständliche und nützliche Wirklichkeit – gibt als allein die vom menschlichen Auge und Hirn *wahrgenommene*, mithin keine vom Auge des Betrachters losgelöste, abstrakte. Was immer wir um uns herum erblicken, ist stets in gewissem Sinne Teil unseres Selbst, Reflex unserer eigenen Astigmatismen, unserer grundpersönlichen Perspektiven und – manchmal – unserer Intuitionen. Nur so können wir Wirklichkeit erkennen, ja überhaupt wissen.

Die in diesem Buch versammelten Dokumente müssen, fürchte ich, in dieser dynamischen Perspektive gesehen werden, als Voranschreiten des Betrachteten wie des Betrachtenden, wenn sie überhaupt etwas bedeuten sollen. Der nunmehr selbst Zurückschauende (und nicht der sie Schreibende) hegt indes die Hoffnung, daß diese Skizzen so gesehen ein Scherflein zum Verständnis dieses umgewühlten Jahrhunderts beitragen und anderen helfen bei ihrer Ortsbestimmung an dem Übergang, an den die Ereignisse dieser 61 Jahre uns gestellt haben.

Erster Teil

Im Auswärtigen Dienst

Mein erster regulärer Auslandsposten im Auswärtigen Dienst (zuvor hatte es eine kurze Abordnung nach Genf gegeben) war Hamburg, wo ich in der zweiten Hälfte des Jahres 1927 tätig war. Ein paar frühere literarische Gehversuche in meinen Tagebüchern bleiben hier gnadenhalber unerwähnt, weshalb diese Sammlung mit den nicht ganz so unreifen Einträgen der Hamburger Monate beginnen soll.

30. OKTOBER 1927
HAMBURG

Es ist ein seltsam Ding mit Städten: Die einen sind bloße Ansammlung von Gebäuden, leblos und unpersönlich; andere hingegen – Hamburg zum Beispiel – greifen nach dem Bewohner und umzingeln ihn wortlos mit ihrer Schönheit wie Bosheit. Sie umgarnen dich mit einem persönlichen Verhältnis, das abzuschütteln du dich umsonst bemühst. So redet Hamburg auf dich ein mit der aufreizend atemlosen Betriebsamkeit seines Hafens, zugleich aber auch mit dem unaussprechlichen Horror der gespenstisch abstoßenden Gassen von St. Pauli.

In der übervollen »Zillertal«-Bierhalle herrschte an diesem Abend noch herzhaftere Fröhlichkeit als sonst. Sie ist der einzige Platz in Hamburg, wo man sich hinsetzen, die Füße baumeln lassen und die Zeit vergessen kann. Ein Ort voll einnehmender Kameradschaft.

Wir saßen zu viert oder fünft am Tisch. Wenn es uns darum war, unterhielt sich jeder mit jedem, und als die Kapelle *Ein Prosit der Gemütlichkeit* intonierte, stiegen wir alle zusammen auf den Tisch, legten einander die Hände auf die Schultern, schaukelten im Takt der Musik und sangen und schrien »Prosit!« am Schluß. Neben uns stand ein Mann allein auf dem Tisch, trank abwechselnd aus zwei

Bierkrügen; weiter drüben hielt ein anderer vom Tisch herab eine Rede, die kein Mensch verstand, der aber alle applaudierten, und ein junger Mann erhob sich bierselig und hängte zwei wildfremden Fräulein höchst zeremoniell und völlig ungeniert Lebkuchenherzen um den Hals; die Musiker stiegen einander auf die Schultern und spielten, während drei bayerische Jungs über die Bühne hüpften und sich mit der ganzen Förmlichkeit tanzender Bauern auf Schenkel und Waden klatschten.

7. NOVEMBER 1927

Der gestrige Sonntag verregnet. Als ich morgens zum Postamt ging, sah ich eine riesige kommunistische Demonstration. Tausende und Abertausende standen mit roten Fahnen und Armbinden im Nieselregen am Bahnhof Dammtor, hörten den Rednern auf den Obstkisten zu, sangen die *Internationale*, marschierten hinter quiekenden Pfeifen- und Trommelkapellen her, kauften Propagandaschriften und Sacco-Vanzetti-Postkarten.

Ich stand da und sah zu, schnappte hier und da etwas von den Reden auf, sah mir die Menschen an. Trotz aller Verachtung für die Falschheit, Gehässigkeit und Demagogie des Kommunismus war mir seltsamerweise zum Weinen zumute, als ich zum ersten Mal die Menschenreihen durch die Straßen marschieren sah: ärmlich gekleidete, gebückt daherschlurfende, brutalisierte Menschen.

Zum ersten Mal in meinem Leben öffnete sich für mich ein Spalt auf die eigentliche Wahrheit, von der sich das Grüppchen widerlicher Parasiten in Moskau nährt, der Wahrheit, daß all diese unwissenden, unansehnlichen Leute schließlich und endlich Menschen sind; daß sie nach Jahrhunderten wortloser Verzweiflung zum ersten Mal den Versuch machten, sich zu äußern und zu behaupten; daß sie unter dem ganzen Hokuspokus der roten Fahnen und des revolutionären Rituals das vermeintlich Ihrige gefunden hatten, etwas, woran sie glauben und worauf sie stolz sein konnten; daß diese selben Leute morgen wie gestern wieder wortlos aufgehen würden in ihrer Arbeitswelt mit ihren Kähnen, Eisenbahnen, Karren, Fabriken, Straßenbahnen und dem ganzen Drum und Dran, während andere – Industrielle, Journalisten, Politiker – die Früchte ihrer Mühen einheimsten und die Bühnenmitte beschlagnahmten; daß aber heute *ihr* Tag war und sie unter *ihrem* Banner marschierten, wie schmutzig und billig auch immer, und daß sie marschierten, stier und trotzig, aber mit todernster Hoffnung im Herzen.

Hier, wollte mir scheinen, waren gewiß Irrtum und Haß und Pathos, aber eben auch Ernsthaftigkeit und Idealismus. Und letzten Endes empfinde ich jeglichen Idealismus, mögen ihn auch Bitterkeit und Haß und schlechte Führung überschatten, beim heutigen Zustand der Welt als eine erfrischende Erfahrung.

12. NOVEMBER 1927

Nachmittags Wohltätigkeits-Tanztee auf der *Cap Arcona*, dem neuesten und größten Luxusdampfer der Südamerikalinie. Er ankerte inmitten der Elbe, und wir fuhren im Beiboot hinüber.

Es war ein seltsames Gefühl, an Bord so bequem bei Tee und Champagner in der Wärme und dem Luxus der schönen neuen Kabinen zu sitzen und gleichzeitig draußen die heiseren Stimmen Tausender Hafenboote zu hören, die sich tapfer durch den Regen und Rauch und das Düster eines graupeligen Herbsttages kämpften. Als ich dann durch die Bullaugen des Tanzsalons die hohen Mastlichter eines schwarzen Frachtdampfers still an uns vorbeiziehen sah, den Fluß hinunter, erfaßte mich ein unwiderstehliches Sehnen, meinen Cutaway gegen grobes Matrosenzeug und den strahlenden Komfort des fröhlichen Ballsaals gegen die rußige Vorpick des Trampschiffes zu tauschen, in die Dunkelheit und den Nachtregen hineinzufahren, die langen, schwarzen Schneisen zwischen den blinkenden Kanalbojen entlang, vorbei an den Lichterkränzen von Cuxhaven an der Elbmündung, immer weiter hinaus, wo die Bojen aufhörten und die kreisenden Strahlen der Leuchttürme den schwarzen Horizont abtasteten, immer weiter, bis der scharfe, kalte, salzige Nordseewind in Takelage und Funkantenne leise sein hinreißendes Lied anstimmte und der Bug sich fast unmerklich in der ersten langen Dünung hob.

Doch unerbittlich glitten die Mastlichter des Frachters aus dem

Sichtkreis des Bullauges hinaus, die Kapelle intonierte *Nischni Nowgorod*, wir tranken Champagner und tanzten.

Vielleicht sollte es so sein ...

28. NOVEMBER 1927

Heute abend Konzert des dreiundzwanzigjährigen Horowitz, den die europäischen Kritiker als den größten Pianisten seit Artur Rubinstein feiern. Ein russischer Jude, von dem das Gerücht geht, er sei todkrank mit Tbc.

Ich war von der Betrachtung des Künstlers so hingerissen (wir saßen in der dritten Reihe), daß ich fast nichts mitbekam von der Musik außer dem Eindruck exquisiten musikalischen Geschmacks und unglaublicher technischer Meisterschaft. Ich glaube nicht, daß ich je im Leben jemanden sah, der so sehr unter kaum auszuhaltendem nervlichem Druck stand. Ein schmächtiger Junge, das schwarze Haar streng nach hinten gekämmt, der Teint aschgrau, ein hübsches, weltfremdes Gesicht mit angestrengtem Ausdruck, als empfinde er ständigen Schmerz. Mund und Augen atmen unbeschreibliche Empfindsamkeit. Während er spielte (ein Tschaikowski-Konzert), war es, als sei er das Instrument, auf dem ein unsichtbarer Musiker spiele, als würde ihm jede Note entrungen. Seine nervösen Spinnenfinger zitterten auf den Tasten, in seinem Gesicht arbeitete es wie Agonie, Schweiß rann von der Stirn, und jeden Crescendo-Akkord begleitete ein Stöhnen. Spielte das Orchester ein paar Takte ohne ihn, so sah man, wie sein ganzer Körper von Kopf bis Fuß angespannt mit jeder Note vibrierte.

20. DEZEMBER 1927

Ich lese Thomas Manns *Buddenbrooks*, diese *Forsyte Saga* des alten Lübeck, und dabei überfällt mich ein Bedauern, daß ich nicht fünfzig oder hundert Jahre früher gelebt habe. Das Leben ist heute viel zu voll, als daß es noch verständlich sein könnte. Zu viele Städte kennen wir, als daß wir noch in eine hineinwüchsen, und unser

Kommen und Gehen ist nicht mehr Anlaß zu Gefühlsausbrüchen – es ist viel zu gewöhnlich geworden. Desgleichen haben wir zu viele Freunde, um noch Freundschaften zu haben, zu viele Bücher, um auch nur eines noch wirklich kennen zu können; die Qualität unserer Eindrücke macht der Quantität Platz, so daß das Leben allmählich dem Kino ähnelt, wo Szenen hundertweise unsere Wahrnehmung kaleidoskopisch be- und entvölkern – noch ehe wir Zeit fanden, eine davon zu betrachten.

Ich hätte gern in der Zeit gelebt, als ein Besuch Monate in Anspruch nahm, als politische und soziale Probleme von einfachen Standpunkten mit Namen »liberal« und »konservativ« her betrachtet wurden, als fremde Länder noch fremd waren, als ein großer Teil der Welt noch den Glanz des Unbekannten trug, als noch Kriege des Führens und Götter des Anbetens wert waren.

Aufgrund meiner Hamburger Erfahrungen war ich zu dem Schluß gelangt, meine Ausbildung sei noch unvollständig, und wollte deshalb bei meiner Rückkehr nach Washington im Winter 1928 aus dem Auswärtigen Dienst ausscheiden. Dort jedoch bot mir das State Department eine Sonderausbildung im Hinblick auf eine spätere Verwendung in Rußland an. Ich war der erste, der ein solches Programm durchlaufen sollte, das vorab eineinhalb Jahre normalen Dienst in Osteuropa (die USA hatten damals noch keine offiziellen Beziehungen mit Rußland) vorsah, an die sich zwei bis drei Jahre Studium der russischen Sprache und Kultur an einer europäischen Universität anschließen sollten – in meinem Fall in Berlin. Posten für den Vorabdienst waren Tallinn (damals meist mit dem deutschen Namen Reval bezeichnet), die Hauptstadt Estlands, sowie Riga, die lettische Hauptstadt. Mit diesem Einsatz war ich gerne einverstanden. Am 26. März 1928 verließ ich Washington in Richtung Berlin, wo ich eine kurze Einweisung erhalten sollte, bevor ich meinen Dienst in den baltischen Staaten antrat. Nachstehende Auszüge stammen aus diesem kurzen Aufenthalt in Berlin im Frühjahr 1928.

16. APRIL 1928
BERLIN

Den ganzen Sonntag schon schneit es in schweren, nassen Flocken. Wir schlagen den Mantelkragen hoch und gehen zu Fuß bis zu Unter den Linden. Im grauen Dahindösen der alten Gebäude aus der Kaiserzeit mit ihren wettergezeichneten, unbemalten Mauern und den abblätternden Fassaden zeigt sich die ganze Unsicherheit der Zeiten.

Abends begebe ich mich kontrasthalber ins berühmte Kommunistentheater am Nollendorfplatz. Auf der Bühne läuft das ewig gleiche, überspitzte Dogma mit dem ganzen klassischen Geflunker ab: Kapitalisten treten im unvermeidlichen Zylinder auf; brutale Soldaten schießen Proletariermärtyrer nieder; das Orchester stimmt immer wieder die *Internationale* an; hinter der Bühne schreit eine unsichtbare Gruppe tapfer aus vollem Hals und mimt damit die mächtige Stimme der unterdrückten Massen. Und doch spürt man hinter diesem langweiligen, doktrinären Quatsch das Feuer einer hellen Flamme.

Wie alle Berliner Pensionen enthält auch die meinige die unerfüllten Prätentionen vergangener Zeiten. Riesige Zimmer, Rokoko-Möbel und ausladende Kachelöfen, die Wände verziert mit Fresken von Girlanden und Engeln – Staub der Ruhmestage von 1912. Heute sitzen in dem Eßzimmer mit der hohen Decke, in dem einst preußische Offiziere auf glattem Parkett Glanzstiefelhacken zusammenschlugen, nur noch ein paar mürrische Ausländer in gedrücktem Schweigen und nehmen ein hastiges Mahl zu sich.

Zwischen den Säulen des Brandenburger Tores ergießt sich ein Strom von Taxis und Omnibussen. Durch dieselben Säulen zogen einst die stolzen Reihen der siegreichen Armee Napoleons. Manchmal suche ich vergeblich nach irgendeiner Verbindung von Ursache und Wirkung zwischen jenem Tag und dem heutigen, nach irgendeinem Band zwischen den feurigen Franzosen, die einst die Welt unter dem Banner eines einzelnen erstürmten, und den müden, abgestumpften Wesen, die am Spätnachmittag die hintere Plattform der schwankenden Busse bevölkern.

In der Morgenkühle wandere ich über feuchte Pfade einen stillen, baumgesäumten Kanal entlang. Kräuselwellen murmeln sanft gegen Ufermauern. Hin und wieder gleitet ein mit gelben Ziegeln beladener Kahn ruhig unter den Brücken durch, über die rastloser Verkehr braust. Beim Betrachten dieser langsam dahingleitenden Kähne und der schimmernden Spiegelung der Bäume im Wasser spüre ich fast körperlich den Geist jener Tage, als die Welt noch Zeit zum Träumen und Nachdenken hatte. Dann aber tauche ich wieder in den

Lärm der Potsdamer Straße; die Stimmung ist hin, das 20. Jahrhundert hat mich wieder.

22. APRIL 1928

An diesem strahlenden Sonntagmorgen spaziere ich über die Tiergartenstraße.

Über Nacht ist der Frühling eingekehrt. Jetzt ergießt er sich, wie Heine schrieb, wie ein Meer des Lebens über die Erde. Der Tiergartenpark ist zu neuem Leben erwacht. Gestern noch lagen die Teiche leblos. Heute sind sie wieder quicklebendig und geben den zahllosen Stegen und Brückchen darüber neuen Sinn.

Auf der anderen Straßenseite kündigt vor einer prachtvollen alten Villa eine große, rote Tafel einen bevorstehenden Neubau am selben Platz an. Wut möchte einen erfassen ob dieses rücksichtslosen Eindringens einer anderen Welt, der kalten, ungerührten Wochentagswelt des Geschäfts, die den unwägbaren Unterschied zwischen Winter und Frühling nicht mehr empfindet als ein Roboter.

6. MAI 1928

Auf einem Wohltätigkeitsball im Künstlerhaus macht mich jemand auf eine Berühmtheit der russischen Emigrantengesellschaft aufmerksam. Von allen Aspekten des Emigrantenlebens ist das Aufzeigen von Berühmtheiten der jämmerlichste.

Sicher, sie leben noch, diese »Berühmtheiten«, aber ihre Welt ist tot. Sie sind ganz umgeben von einer neuen Welt, die sie nicht begreifen, einer Welt, die nicht länger ihre illustren Vorfahren feiert. Der Ruhm, dessen sie sich einst in den hellen Salons von St. Petersburg erfreuten, ist im Aufbrechen eines neuen Tages verrauscht, und so bewegen sie sich wie Phantome in einer Welt, die immer nur eine verzerrte und vergoldete Erinnerung der Vergangenheit sein kann.

MAI 1928
KÖLN

Pfingsten in Köln. Die hellen Pfeiler im Dom streben in ruhiger, graziöser Kühnheit nach oben, verlieren sich im transzendierenden Farbenlicht. Im Kirchenschiff steht eine tausendköpfige Menge, so daß es unmöglich ist, sich dem fernen, weißgoldenen Glänzen des Altars auch nur zu nähern.

Dort zelebriert der aus seinem Land verbannte Erzbischof von Mexiko in seinen Brokatgewändern das Hochamt, umgeben von den hohen Würdenträgern der Ortskirche. Männer, die sich die Religion zum Beruf erkoren. Heilige von Berufs wegen – sehen sie doch keine Frau an. Stolz sind sie, von Glanz und Pomp umgeben, Gottesmänner; ihre Heiligkeit und Geschlechtslosigkeit stellt sie abseits und über die anderen – abseits und über die sündige Masse Mensch, die ihnen demütig zu Füßen kniet. Mir ist, als müßten die starken, furchtlosen, idealistischen Erbauer dieser Säulen weit über das Dogma und die Wachskerzen hinaus in die unüberbrückbare Kluft zwischen der Sehnsucht des Menschen und seiner Außenwelt geblickt haben. Doch meine Gefühle an diesem strahlenden Sonntagmorgen sind sehr oberflächlich und unausgegoren.

JUNI 1928
BERLIN
AUF DEUTSCH GESCHRIEBEN

Wir stehen in einer langen Reihe an der Theaterkasse. Draußen plätschert der Regen in den Pfützen zwischen den Straßenbahnschienen.

Das Zimmer, in dem wir stehen, ist schäbig und leer. Die Luft könnte man mit dem Messer schneiden.

Damen stehen lange vor dem Schalter und verhandeln mit der Kassiererin. Es dauert fast Stunden, ehe man an die Reihe kommt. Wir sprechen nicht miteinander. Der Raum ist so still: Wenn einer es wagt, ein Gespräch anzufangen, hört sofort das ganze Publikum zu, und der Gesprächige wird gleich eingeschüchtert. Also stehen wir nur – erst auf dem einen Bein, dann auf dem anderen – und schauen in verzweifelter Langeweile auf die wenigen, öden Reklametafeln, die die Wände bedecken.

Ich sehe uns alle genau an, die wir uns hier so zufällig zusammengefunden haben. Mein Blick prüft die ganze Reihe, vom Letztangekommenen bis zum Schalter. Und plötzlich ist es mir fast unglaublich, daß wir hier stehen können, ohne eine gemeinsame Scham zu empfinden. Es läßt sich alles so leicht in unseren Gesichtern, in unseren ungesunden, verwachsenen Körpern erkennen: Wir haben alle Träume vergessen, alle Jugend verspielt; jeder unserer Züge legt von der Verkümmerung unserer ersten kindlichen Hoffnungen und Möglichkeiten ein lebendiges Zeugnis ab; wir haben alle offenbar Bankrott, seelischen Bankrott gemacht. Es will mir scheinen, als ob wir plötzlich alle nackt da ständen, voreinander und vor der Öffentlichkeit, und als ob wir eher niederknien sollten, als auf unsere Theaterplätze zu warten: wir Schamlosen, Erfolglosen, Sterblichen ...

Wir knien aber nicht nieder. Die kleine, lächerliche Dame mit dem übergroßen Hut hat endlich ihr Billett gekauft; eine neue tritt auf den Schalter zu, und wir machen alle einen geduldigen Schritt vorwärts.

Während meines Aufenthalts in Reval entstanden nachstehende Städteerinnerungen. Beide Einträge wurden auf deutsch geschrieben.

1928
REVAL

Erinnerung an Genf

Die Physiognomie einer Stadt, wie die eines Menschen, befindet sich in ewiger Bewegung und Veränderung; sie kann daher nur aus gewissen flüchtigen Zeitbildern im Gedächtnis bewahrt werden. Wenn ich mir also jetzt die Physiognomie der Stadt Genf vorzustellen versuche, wie sie sich im Sommer 1927 zeigte, denke ich immer an den Nachmittag des damaligen Empfangs der amerikanischen Delegation bei der Abrüstungskonferenz.

Die ganze Atmosphäre kommt mir immer wieder ins Gedächtnis zurück. Es war tadelloses Hochsommerwetter. Die Hitzewellen tanzten über dem ruhigen See, während die großen, weißen, mit Touristen beladenen Dampfer aus Lausanne und Montreux einliefen.

Auf dem Pont du Mont Blanc, weiß wie das schneebedeckte Haupt des Berges selbst, strömte der eigentümliche Genfer Verkehr. Über die Brücke rollten Straßenbahnen, Fahrräder, Privatwagen aller Nationen und Marken – nur keine Lastwagen, kein Hinweis darauf, daß auf dieser Erde irgend etwas anderes stattfinden müßte als das Hin- und Herströmen vergnügter oder Vergnügung suchender Menschen.

Am näheren Ende der Brücke, vor dem vornehmen Hôtel des Berges, dirigierte der schimmernde Schupo wie gewöhnlich den Verkehr unter den Augen zahlreicher Müßiggänger.

Auch auf dem danebenliegenden Quai du Mont Blanc herrschte reger Nachmittagsverkehr. Buntgekleidete Damen, Herren mit Stöcken und weißen Hosen, amerikanische Touristen mit ihren hellgrauen Hüten und Kindergesichtern, lachende, starke, nach großstädtischer Eleganz sich sehnende Mädels aus dem Genfer Kleinbürgertum gingen die breite, zwischen Straße und See liegende Promenade entlang, saßen in den Cafés auf dem Bürgersteig zu Tisch oder blieben geduldig unter den Bäumen stehen, um das Nachmittagskonzert einer Cafékapelle kostenlos zu vernehmen.

Dieser Nachmittag und der Empfang waren, wie es mir scheint, der Höhepunkt des Genfer Sommers, des Genfer Jahres. Allerdings dauerte die Abrüstungskonferenz, wie der Sommer, ziemlich lange hinterher, aber beide verloren von diesem Augenblick an allmählich ihren Glanz. Schließlich verschwanden Delegierte und Touristen, welkte das Laub auf der Promenade, hörten die weißen Dampfer auf zu fahren und ließen nur den kalten Herbstwind und die gekreuzten Segel der alten Steinbarken auf dem See zurück.

Was war denn die Bedeutung dieses Empfangs, dieses Sommertages?

Es war nicht nur Höhepunkt des Genfer Sommers, es war zugleich Höhepunkt einer Zivilisation, jener hochgepriesenen Zivilisation, die angeblich durch den Weltkrieg gerettet worden ist. Und die Stadt Genf war das Symbol, war der hohe Tempel dieser Zivilisation. So gesehen, bekam sie ein neues Gesicht. Ihre Durchsichtigkeit, ihre Farblosigkeit, ihre Kälte, ihr Mangel an Erotik, an Leidenschaft, an Realität, an Tatsächlichkeit – das alles zeigte sich plötzlich als Symbol der Welt, für die sie steht. Und in dieser Welt schien dann ein ungeheures Pathos zu liegen – das Pathos des Menschen, der sich von seiner Landschaft, von seinen Wurzeln, von seiner ganzen Kultur entfernt hat. Die Stadt und ihre Bewohner waren leer, waren kaum mehr lebendig, waren nur schwache, kleinliche Geschöpfe, die sich wirkungslos im überlieferten Prunk bewegten und gebärdeten.

Eine Stadt, um einen lebendigen Charakter zu tragen, soll landschaftlich gebunden sein.

Man stelle sich jedoch auf den Gipfel des Salèveberges und schaue ins weite Tal des Rhôneflusses hinein. Da, am Ende des langen, gebogenen Sees, mitten im flachen, fruchtbaren Gebiet zwischen Jura und französischen Alpen, schimmert die weiße Stadt. Wozu ist sie eigentlich da? Welche Notwendigkeit trägt sie? Als Zentrum des von Weingärten bedeckten Tales wäre sie allerdings zu einer Existenz berechtigt, aber dafür genügten schon die wenigen altertümlichen Häuser, die sich an die Flußufer und die Hänge des Dombergs schmiegen. Wozu die weiten Boulevards, die glänzenden Hotels, die vielen Cafés, die weiten Residenzbezirke?

Es gibt nur eine Antwort. Genf ist Freistatt; es ist Zufluchtsort vor den schrecklichen Realitäten anderer Länder. Anstatt Brennpunkt der neuen Kräfte der Welt zu sein, wie es sich für die Völkerbundstadt gehört, steht sie da als schimmerndes Symbol der Weichheit, der Blindheit, der Überflüssigkeit einer Welt, welche des erfolgreichen, vorwärtsschreitenden Lebens nicht mehr fähig ist – eine Welt, die es sich zwischen den Säulen alter Kulturen bequem macht und die gräßliche Erschütterung der nahenden Realität hilflos erwartet.

Hamburg

Ich traf im Spätsommer in Hamburg ein.

Der kleine englische Dampfer fuhr in tiefster Nacht mit der Flut den Fluß hinauf, und als ich erwachte, lagen wir bereits im Segelschiffhafen. Rings herum tönte schon das mächtige Morgenlied des Hafenbezirks aus unzähligen menschlichen und metallenen Kehlen. Die ersten schrägen Sonnenstrahlen kämpften mit dem dünnen, über den Wasserstraßen schwebenden Nebel des Morgengrauens. Aus allen Ecken der Stadt dünstete eine neue, eigentümliche Atmosphäre, eine Atmosphäre von solcher Kraft und Tiefe, von solch inspirierender Lebendigkeit, daß es eine Wiedergeburt war, sie nur einzuatmen.

Ich fuhr im nächsten Winter, an einem Januarabend, wieder weg.

Nacht hockte schon auf Stadt und Hafen. Bei der Landungsbrücke glimmerten aus der Dunkelheit die Lichter einiger müßiger, auf Beschäftigung wartender Schlepper. In einen davon, der unseren Tanker aus dem Hafen schleppen sollte, stieg ich ein, und wir fuhren los zum Ölhafen.

Ruhig und einsam, in der Dunkelheit, fuhr der Schlepper den Fluß hinunter. Ein dumpfer, eisiger Nebel lag schwer auf der Wasserfläche, und der gelegentlich vom Bug aufgeworfene Sprühschaum fror sofort auf Deck fest. Die Lichter des Ufers waren teilweise im Nebel ertrunken, und man sah nur gespenstisch in der Ferne die Lichterkette eines langen, wie ein Glühwurm aus der Erde kriechenden Hochbahnzuges, der aus der Landungsbrückenstation herausfuhr. Das Licht strahlte aber hell aus der offenen Luke unseres eigenen Maschinenraums. Unten hüpften die Kolbenstangen auf und ab wie tanzende Teufel in einer mechanischen Hölle, und ich spürte, wie mich jeder Schlag dieser Stangen von der nächtlichen Stadt, von der bebenden, geheimnisvollen Stadt an der Elbe entfernte.

Wie erklärt sich die Anziehungskraft Hamburgs? Warum soll ausgerechnet diese Stadt den ausländischen Besucher so fesseln, so halten? Warum werden andere Städte leer und langweilig, während Hamburg immer sein vieltöniges, brummendes Lied singt, in dem alle Hoffnung und alle Furcht der Menschheit Ausdruck findet?

Ich weiß keine Antwort. Ich bekenne mich nur zu dieser Stadt wie zu einer Göttin und freue mich, daß sie überhaupt existiert.

Inzwischen sind wir nach Riga gezogen, der Hauptstadt des damals unabhängigen Lettland. Während meiner Probezeit vor der Ausbildung zum Rußlandspezialisten bin ich hier als Dritter Sekretär der amerikanischen Gesandtschaft tätig.

Die nachstehend als »M.« bezeichnete Person war eine ältere und schon etwas legendäre Gestalt der damaligen amerikanischen Gemeinschaft in Riga, ein Mann, der zur Zeit der russischen Revolution gegen Ende des Ersten Weltkrieges unter abenteuerlichen Umständen in Rußland und den baltischen Staaten gedient hatte, bei Errichtung der Gesandtschaft in Riga in diese übernommen wurde und seitdem hier war. Ich vermute in ihm ein letztes Überbleibsel der amerikanischen Abwehr im Ersten Weltkrieg. Jedenfalls kannten wir Jüngeren ihn kaum, und welchen Status er in der Gesandtschaft innehatte, blieb uns ein Rätsel. Er stammte aus dem Süden, war selbst nicht besonders alt, gehörte aber zur alten Schule, war völlig dem Alkohol verfallen, ging nun endgültig in den Ruhestand und verließ für immer diesen Teil der Welt. Hier der Bericht über seine Verabschiedung am Bahnhof.

20. JANUAR 1929
RIGA

Unsere kleine Gruppe steht im fahlen Licht des Bahnsteigs; die Kragen zum Schutz vor der eisigen Nachtluft hochgeschlagen, stampfen wir mit den Füßen auf das kalte Ziegelsteinpflaster. Nichts ist zu sehen als die wartenden Züge auf beiden Seiten, Schneestreifen auf den hohen Runddächern der Schlafwagen, durch deren dick vereiste Scheiben trübes Licht glimmt.

Wir sind gekommen, M. zu verabschieden.

Seit sechs Jahren hat er in Riga gewohnt, mutig und ritterlich, auch in seiner Schwäche stets würdevoll. Und nun versammeln wir uns in dieser Winternacht, um ihm Lebewohl zu sagen.

Wozu dieser Umstand? Weshalb sollen wir seine letzten Augenblicke in Riga mit unserer Anwesenheit belasten? Hat je einer von uns ihm in diesen sechs Jahren wahre Zuneigung gezeigt? Haben wir ihm je mehr angedeihen lassen als die Mischung aus Mißtrauen, Heuchelei und Neugier, die in Diplomatenkreisen als Leutseligkeit gilt?

Armer M. An unserer Statt hätte er eine Schar treuer und erprobter Weggefährten verdient gehabt, die er kennt und denen er vertraut, die ihn verstehen und ihm nur Gutes wünschen. Besser hätte man ihn in dieser späten Nachtstunde unbemerkt abreisen lassen, nur von dem Gedanken an die wenigen Dinge und Menschen in Riga begleitet, die ihm wirklich etwas bedeutet haben.

Abschiedsworte werden gewechselt. Einer nach dem andern reden wir mit M., schwatzen auf ihn ein, um unser Unbehagen zu überspielen, schütteln ihm die Hand und versuchen ihm in einer Anwandlung von Warmherzigkeit das Gefühl zu geben, daß es uns ebenso leid tut wie ihm, wenn er jetzt gehen muß.

Die Minuten schleichen. Fast wird es zur Qual. Wir sind es nicht gewohnt, mehr als ein paar kurze Augenblicke Feierlichkeit zu mimen.

Plötzlich setzt sich der Zug leise in Bewegung. M. hört es nicht. Uns faßt Erlösung. Wie hysterische Kinder lachen wir los, schreien: »Schnell, M., schnell!« und schieben ihn durch die Waggontür.

Er steht auf dem fahrenden Trittbrett, winkt, lächelt sein trauriges, höfliches Lächeln, entschwindet in die Nacht, entschwindet aus unserem Leben, und wir bleiben zurück, leicht verlegen, daß wir uns hier alle zusammengefunden haben und sinnlos in die schwarze Leere der baltischen Nacht winken.

JANUAR 1929
»Eisbahn«
AUF DEUTSCH GESCHRIEBEN

Klar und kalt sind die Nächte; blaß schimmert das Eis unter den hohen, schwebenden Laternen. Mädchen mit weißen Sweaters und Mützen scheinen zu träumen, als sie laufen; tief gebeugt, die Hände hinter dem Rücken, fliegen Jungens mit langen, kühnen Schritten übers Eis; schön, langsam wie Maschinen, schneiden einzelne Paare ihre Figuren; wie winzige Clowns stolpern und taumeln die Kinder.

Ein Strom von Menschengestalten fließt im Kreise herum . . . wie von der hallenden Kapellenmusik getrieben. Zauber, gefrorener Zauber des dunklen Winters und der unsichtbaren Sterne, umgibt die gleitenden Menschen, segnet sie mit dem leisen Kuß der Vergeßlichkeit, hebt sie zärtlich für einen Augenblick aus dem tiefen, stumpfen Elend ihres Lebens.

21. FEBRUAR 1929
RIGA–REVAL
AUF DEUTSCH GESCHRIEBEN

Nächtliche Fahrt durch eine einsame, schneebedeckte Landschaft. Unangenehme Ankunft in Reval. Schneeflocken fallen schräg auf den Bahnsteig. Menschen, die es gar nicht wollen, treffen uns, pflichtgemäß, im Morgengrauen; und hier, mitten im eisigen Wind und wirbelnden Schnee, beginnt wieder das unvermeidliche, schmerzliche Schauspiel der Wärme und der Herzlichkeit.

5. MÄRZ 1929
BERLIN
AUF DEUTSCH GESCHRIEBEN

Berlin liegt im Tauwetter, etwas schmutzig, etwas farblos. Stumme Depression drückt wie schwere, feuchte Luft auf die endlosen Häuserreihen.

Die Politik hat Bankrott gemacht. Es herrscht Wirtschaftskrise.

In Paris wird hoffnungslos und ohne Idealismus über die Reparationen verhandelt. Bücher von Remarque und Renn, die überall in den Buchhandlungen zu sehen sind, malen den maßlosen Greuel des *letzten* Krieges; aber kein Mensch hat eine Ahnung, wie der *nächste* sich vermeiden läßt. Alles lebt nur gewohnheitsmäßig, ohne Enthusiasmus, und nur ein paar närrische Touristen lachen sinnlos auf dem Kurfürstendamm.

29. MÄRZ 1929, KARFREITAG
RIGA–DORPAT (JETZT: TARTU), ESTLAND

Langsam kriecht der Zug aus dem alten Bahnhof. Eine Zeitlang ziehen Mietskasernen, kopfsteingepflasterte Straßen, Bauholzlager, Öltanks, Rangiergeleise und Fabriken am Fenster vorbei. Hie und da blinken die gedrungenen Kuppeln einer russischen Kirche über den Dächern der Stadt im dunstigen Sonnenlicht. Es dauert eine halbe Stunde, bis auch die letzte Fabrik aus dem Blickfeld schwindet und uns die Fichtenwälder aufnehmen. Hier schmelzen letzte Schneereste in der warmen Sonne, aber die Seen sind noch zugefroren, und ein paar Bauern fischen durch Löcher im Eis.

Auf den kleinen Stationen an unserem Weg herrscht eifriges Kommen und Gehen. Vor den grauhölzernen Bahnhöfen, die noch von den Russen gebaut wurden, drängeln sich auf den Lehmbahnsteigen Leute vom Land in schlechtsitzendem Sonntagsstaat und warten auf den Gegenzug, der sie in die Stadt bringen soll. Schäbig aussehende Eisenbahnbeamte in Khakimänteln schieben sich diensteifrig durch die Menge. Bauernweiber tragen Milchkannen zwischen den Packwagen und ihren schmuddeligen Karren hin und her. Eisenbahnbesessene Bummler lehnen übers Geländer, betrachten den Zug und die Menge. Stets gibt es sie in großer Zahl: in verdreckten Russenstiefeln, schmierigen Steppjacken, auf dem Kopf die große, lederbedeckte Finnenpelzkappe, darüber die Ohrschützer geklemmt.

Der Morgen neigt sich dem Mittag zu. Schon liegt die Ebene Mittel-Lettlands hinter uns. Schluchten, Hügel und Flüsse tauchen auf, dazwischen offene Felder und Bauernkaten. Der Himmel hat sich zugezogen. Der Westwind zerrt an den Wipfeln der Fichten. Es ist wieder kalt und winterlich.

Hin und wieder zieht ein Bauerngehöft am Fenster vorbei. Ein paar Stein- oder Holzbauten in einer Lichtung, gleich in der Nähe meist ein Brunnen, primitiv mit Ziehstange und Eimer genutzt; vielleicht noch ein leerer Heuschober, ein Stapel Feuerholz und ein halb in die Erde gelassener Gemüsekeller. Das sind, abgesehen vom Grund und Boden und dem Vieh, die Habseligkeiten eines lettischen Bauern.

Gegen ein Uhr erreichen wir den Grenzort Valk. Die Grenze verläuft mitten durch die Gemeinde, und jedes der beiden Länder unterhält einen eigenen Bahnhof. Nach viel Verschiebearbeit auf der lettischen Seite wird ein Dritter-Klasse-Wagen an sowjetische Güterwaggons angekuppelt, und in diesem Gefährt werden zwei oder drei Reisende, darunter ich, die paar hundert Meter über die Grenze hinweg in den estnischen Bahnhof geschoben.

Wir haben eine Stunde Aufenthalt, die wir zu einem Gang durch den Ort nutzen. Ein hingewehtes Dorf ohne besondere Ansehnlichkeiten. Alle Läden wegen des Feiertags geschlossen, die Straßen fast menschenleer. Auf dem Marktplatz stehen geduldig zwei schmutzüberzogene Autos und eine abgehalfterte Droschke, mehr aus Gewohnheit als in Erwartung einer Fahrt.

Von einer kleinen russischen Kirche, die auf einer Kuppe unter hohen Bäumen steht, bimmeln Glocken. Das Gras im Friedhof ist grau und tot, aber auf einem abgesonderten Einzelgrab liegen frischgeschnittene Weidenkätzchen. Im Innern der Kirche ist der grobe Holzboden mit Balsamzweigen bestreut, und in den Weihrauch der Ostkirche mischt sich ein westlich weihnachtlicher Duft. Das gebräunte Metall vieler Ikonen wirft flackernden Kerzenschein zurück, und von einem Fenster der kleinen Kuppel fällt ein langer Sonnenstrahl über die Köpfe der versammelten Gläubigen. Der bloße Anblick der farblosen Bauern, die auf die Ikonen starren, sich bekreuzigen, mit ihrem schleppenden Schritt die Balsamzweige zu Haufen scharren, während sie auf den Beginn des Gottesdienstes warten, läßt darauf schließen, daß es sie hierher drängt. Man spürt, wie sehr sie die glitzernden Dinge brauchen, das Licht und die Farbenfreude, die ihren rauchigen Katen und freudlosen Feldern abgehen und die die Kirche, und nur die Kirche, ihnen geben kann. Verstehen sie auch den Gottesdienst nicht, so sehen sie doch das Gold und die Rosen und Kerzen, hören den Chor und die Gesänge, und gehen mit dem tröstlichen Eindruck nach Hause, daß es – irgendwo und irgendwie – eine Welt gibt, weniger häßlich als die ihre.

Am späten Nachmittag, in Dorpat, gehen wir den Domberg hinauf, um die Ruinen des Doms zu besichtigen. Schon dämmert es, die Luft wird schneidend kalt, und von Westen dräut ein wilder Sturm.

Die dunklen Pfeiler des Doms ragen durch die Bäume mit einer Anmut, der auch ihr Zerfall nichts anhaben konnte. Selbst die gräßlichen Wasserbehälter auf den zerfallenden Türmen und die scheußliche Bibliothek, die spätere Generationen in die Apsis bauen zu müssen glaubten, können der Macht des Baues nichts anhaben. Durch die Jahrhunderte steht er da in trotziger Unbeweglichkeit. Noch als Ruine läßt er jedes andere Werk menschlicher Arbeitskraft in der Umgebung schamvoll hinter sich und wird zur ragenden Rüge der Schwächlichkeit unserer Generation.

Während wir auf dem Hügel stehen, nähert sich der Sturm. Nichts bleibt vom winterlichen Sonnenuntergang im Westen als allein ein unheimliches, schmutziges Glühen. Gegen dieses Glühen zeichnen sich silhouettengleich die zerfallenden Stützpfeiler und die Bogenskelette der Ruine. Schwarze Wolkenmassen am westlichen Horizont türmen sich wie die Trichter unserer amerikanischen Zyklone, wallen am düsteren Himmel über das gelbe Glühen hoch und senken sich bedrohlich über Hügel und Stadt. Als die ersten Schneeschauer durchs Tal jagen und der Sturm mit zwiefacher Wut durch die Bäume kreischt, treten wir unseren Rückweg an.

Selbst die Wärme und das frohe Lachen des Abends können den Gedanken an diese majestätische Ruine nicht erschüttern, die unbewegt im treibenden Schnee und der dunkelnden Nacht steht.

30. APRIL 1929
RIGA

Der erste dünne Frühjahrsregen fällt über eine müde Stadt, fällt über Tausende Häusergiebel, auf Pflastersteine, Quader, Türme, auf Menschen und Tiere und Fahrzeuge, auf Schiffe und Waren an den Kais, auf das schmutzgraue Wasser des Flusses, auf Gras und Bäume und Eisenbahnwaggons und -brücken, fällt sanft und sauber und verzeihend vom begütigenden Himmel.

26. MAI 1929

Auf der Ostsee ist es Sommer geworden, und mit ihm sind die langen, hellen Nächte eingekehrt. Auf der Rückfahrt vom Strand an einem Morgen merke ich, daß die ersten Tropfen der Morgenröte die Dunkelheit auflösen. Die Wasser der Düna haben das Blau des aufhellenden Morgenhimmels angenommen, und die Lichter eines fernen Kais werfen ihre gelben Strahlenpfade übers Wasser, vor denen sich die Formen der Masten und Schornsteine und Dächer und Brücken farb- und fernelos abzeichnen.

Mittags – es ist Sonntag – badet die Stadt in der goldenen, vibrierenden Wärme der Sommersonne. Der Kaisergarten gibt sich als leuchtende Laubmasse, und Kuhblumen schwimmen auf einem Meer aus dichtem Hochgras. Über die Kieswege bummelt die Menge, sonnt sich auf den Bänken, lauscht den Klängen der Militärkapelle im Pavillon. Man vernimmt russisch-deutsches Stimmengewirr, das Gesumm unsichtbarer Insekten, das Säuseln einer warmen Brise im frischen Blätterwerk, das Rumpeln und Hupen ferner Autos, das Weinen von Kindern und das Lachen junger Menschen.

Zu reich, zu voll ist dieser Sommertag. Mehr, als man ertragen kann. Man möchte die Götter anflehen, davon erlöst zu werden. Wie können wir, auf die viele Monate lang dieselben Götter das Gift ihres Schnees und Regens ausspien, dem plötzlichen Übermaß von Wärme und Sanftheit gewachsen sein? Wir sind darauf nicht vorbereitet. Wir möchten uns daran klammern und es festhalten, aber es ist zu übermächtig, zu maßlos, zu wahnhaft, als daß es sich ergreifen ließe. Wir besitzen weder die Liebe noch die Triumphe, die solchen Tages würdig wären. Nichts anderes können wir tun, als blinzelnd und verblüfft über die heißen Pfade der Parkanlage zu wandern im beunruhigten Wissen um eine Pracht, an der wir kein Teil haben, eine Herrlichkeit, von der uns die unbezwingbare Kleinheit unseres Lebens erbarmungslos ausschließt.

10. JUNI 1929
AUF DEUTSCH GESCHRIEBEN

Es ist vormittags ein trüber Tag. Nachmittags kommt aber überraschenderweise die Sonne heraus, und am Abend ist es schon hell, frisch und kalt.

Gegen acht Uhr fahren wir an den Strand, der riesigen, nordischen, schrägsinkenden Sonne entgegen.

Plötzlich bemerke ich vor mir einen Wagen, der stehenbleibt, und eine Gruppe von Menschen. Ich ahne, worum es sich handelt, und laufe hin, um zu sehen, ob ich behilflich sein kann.

Die junge Frau, von ihrem Fahrrad zu Boden geschleudert und offenbar überfahren, liegt mitten auf der Straße auf dem Rücken, umgeben von Bauern, die ihr ein schmutziges Kissen unter den Kopf gelegt haben und nun Wasser reichen und vergebens das Blut abzuwischen versuchen, das vom Munde und aus den Ohren ausströmt. Die Knie sind hochgezogen vor Schmerz, und kein Mensch kümmert sich in diesem Moment darum, daß das Kleid über die nackten Beine hinaufgerutscht ist. Hier geht es nicht mehr um das Geschlecht, sondern um das Leben schlechthin.

Da liegt die junge Frau und windet und dreht sich, und die Augen sehen nichts in dieser Welt, sehen nur einen ungeheuren, unbeschreiblichen Schmerz. Man sagt mir, ein Arzt und eine Ambulanz seien schon bestellt. Ich gehe wieder zum Wagen zurück, und wir fahren weiter. Es wird gelacht und geschwatzt und gegessen in dem langen, kitschig geschmückten Saale des Strandhotels, und schließlich geht es wieder nach Riga zurück.

Aber es ist nicht alles so schnell ausgeglichen, und hinterher gibt es ein Fragen und ein Protestieren. Warum müssen Menschen so leiden? Warum hat der allmächtige Gott den Menschen so geschaffen, daß er nur begrenzt genießen, wohl aber unendlich, entsetzlich gequält werden kann? Hat das einen Sinn, eine Berechtigung?

Ich weiß es selber nicht. Ich weiß nur, daß ich beschämt, entmutigt und verbittert bin durch diesen Vorfall, und hasse den Gott, der ihn erlaubt. Denn aus dieser schmutzigen, blutenden Frau strömte nicht nur das dunkle Blut, sondern auch die grundsätzliche Unschuldigkeit, die heilige Anspruchslosigkeit des gemeinen Menschen.

Von Sommer 1929 bis Sommer 1931 studierte ich in Berlin als Angehöriger des Auswärtigen Dienstes russische Sprache und Kultur an der Friedrich-Wilhelms-Universität sowie am Seminar für Orientalische Sprachen. Nach der Diplomprüfung am SOS reiste ich für einen kurzen Urlaub per Schiff in meine Heimat.

Die nachfolgenden Einträge entstanden auf Deutsch.

12. MAI 1930
BERLIN

Man bereitet sich auf die Prüfung vor.
Inzwischen fließen die Frühlingstage und die Frühlingsnächte vorbei; die Bäume blühen und die Blüten fallen; das Laub wird immer dichter über den Boulevards und träumt schon geheimnisvoll bei Nacht, wie im Sommer, durchnäßt vom klebrigen Licht der Straßenlaternen; am Tage wechselt leidenschaftsloser Sonnenschein mit warmem, entspannendem Regen.

Aber all das hat keine Bedeutung. Man ist Student, man bereitet sich auf die Prüfung vor. Es könnte ebensogut Januar sein. Frühling betrifft nur das persönliche Leben. Und man hat kein persönliches Leben. Man hat sogar keine Persönlichkeit. Man ist nur ein überarbeitetes Gedächtnis in einem müden Körper. Das eigentliche Ich lebt nur im Traum.

Ich träumte heute nacht, daß zwei meiner Freunde, eigentlich ganz nette Kerls, sich gezankt hatten. Und nun kam der eine, der jüngere, zu mir und sagte: »Ich habe ihn schließlich gehörig verhauen.« Ich war entsetzt; es schien mir etwas unbeschreiblich Erschütterndes, Ungeheures zu sein. Ich erwartete fast, daß wir gleich die Stimmen von Engeln hören würden, die gegen diese Lästerung protestierten, wie im Faust:

»Weh! weh!
Du hast sie zerstört,
Die schöne Welt,
Mit mächtiger Faust,
Sie stürzt, sie zerfällt.«

Aber kurz darauf sah ich vor mir die Haare eines Menschen, glatt zurückgekämmt, ohne Scheitel. Ich nahm einen Kamm und zog einen Scheitel in der Mitte. Der Scheitel wurde plötzlich zu einer endlosen weißen Landstraße, und die Haare auf beiden Seiten wandelten sich in zwei Reihen von Schattenbäumen, diese ganze Straße entlang. Da sagte ich zu den Bäumen: »Jetzt könnt ihr euch nicht mehr zanken, denn ihr seid Bäume und in der Erde gewurzelt, und ihr könnte nicht mehr aufeinander losgehen.« Und war zufrieden mit meiner Tat und mit meiner Logik.

Was die Psychoanalytiker bestimmt auf die gute deutsche Redensart »sich in den Haaren liegen« (über die ich einmal einen schlechten Witz hörte) zurückführen würden . . .

31. JULI 1930

Von Berlin nach Hamburg. Völlige Erschöpfung läßt nur für die schwache Feststellung Raum, daß immer Herbst ist in der Mark.

1. AUGUST 1930
AUF DEM MEER

Ich habe große Angst vor meinen Landsleuten.

Ich kann nicht erklären, warum.

Ich fürchte mich besonders, in ein Gespräch mit ihnen zu kommen. Ich fürchte ihre Neugier, ihre Fragen über mein Leben in Europa. Ich möchte die Reise am liebsten hinter einem Schleier der Unsichtbarkeit ausführen.

3. AUGUST 1930

Der Dampfer bahnt sich stampfend und zischend den Weg über einen frostigen, regnerischen Ozean.

Mitten im hotelähnlichen Prunk eines Ozeandampfers neidet man bald den Schiffsoffizieren ihre kleine, aber wohnbare Kammer.

9. AUGUST 1930
NEW YORK

Wir kommen spätnachmittags in New York an. Schwüle, bedrükkende Hitze auf dem Wasser des Hafens.

Wir fahren den Strom hinauf, zur 46. Straße. Rechts ragen die Wolkenkratzer von Manhattan und Brooklyn empor. Sie kommen mir kastenartig, sinnlos, unreal vor, zu neu und geradlinig. Aus der Ferne kann man nichts von dem Leben sehen, das in ihnen summt. Sogar die Riesenbrücken über den Ostfluß zeigen bei dieser Entfernung nicht ihre bewegliche Last von Zügen und Wagen und Menschen. Alles ist wie im Traum. Die ganze Stadt scheint phantastischerweise eingeschlafen zu sein und liegt da in der schwingenden Nachmittagshitze wie eine ungeheure, verlassene mittelalterliche Burg. Es gibt etwas Ansteckendes an dieser Schläfrigkeit, und nur wie im Traum höre ich die hölzerne Stimme einer jungen Amerikanerin, der ein Herr von den Wolkenkratzern erzählt und die sich nun an ihre Freundin wendet: »Jane, don't you think that's remarkable? He says that building's 76 storeys high.«

Auf der linken Seite, gegen das Ufer von New Jersey, hinter dem Rauch und Dunst, die ewig über diesem weiten Industriegebiet schweben, geht die Sonne unter. Die schmutzige Glühe spiegelt sich in dem Wasser des Flusses, in dem schmierigen, sanftfließenden Hudsonwasser, und gegen diese Glühe schwimmt die Silhouette eines Schleppers, der an einen mit Eisenbahnwagen geladenen Lichter gebunden ist. Der Schlepper ruht, und der Rauch aus seinem Schornstein steigt nur langsam, wie eine umgekehrte Pyramide, zum glühenden Himmel empor. Aus diesem Bilde spüre ich mit einem Mal ... wie vielleicht aus einer Radierung von Pennell ... die längst vergessene Atmosphäre des ausgedehnten Hinterlandes von New Jersey mit seinen endlosen Docks, Lagerhäusern, Bahnhöfen, Bahnen, Flugplätzen, Tanks, Fabriken, Zementstraßen, Städten, Vororten. Die ganze leblose Szene geriet plötzlich in Bewegung vor der angestachelten Phantasie. Ich fühle jetzt, wie unter unserem Schiff, unter dem Boden des Flusses, die Züge und Autos durch ihre Tunnel rasen, wie auf dem Festland alles rollt und dampft und hebt und zieht und Takt hält mit dem kolossalen, uns unzugänglichen Rhythmus der ökonomischen Maschinerie – und ich erkenne unwillkürlich dieses Ufer von New Jersey an, lieber als die Wolkenkratzer von Manhattan, als ersten Kontakt mit der Heimat.

Wieder in Berlin.

7. FEBRUAR 1931

Es ist kalt geworden, endlich. Der trockene Schnee, der im frühen Abenddämmer auf die Kaiserallee fällt, wirbelt unter den schmutzigen Rädern der Taxis.

Eisblumen bedecken die Fenster der Elektrischen, und der Holzfußboden ist naß vom geschmolzenen Schnee, den sich die Fahrgäste von den Stiefeln klopfen. Über den vereisten Scheiben hängen recht unpassend die Reklameschilder der Stadtwerke: »Mit der Straßenbahn ins Freie«. Darunter die Ziele, die man mit der Straßenbahn erreichen kann: Tegelsee, Muggelsee, Wilhelmshorst usw., und unter jedem Namen ist ein schilfbestandener, sonnenbeschienener See mit Segelbooten abgebildet.

Wo man wohnt, hat hier wenig zu besagen: In Berlin gehört man nicht einer Gegend, sondern der Stadt.

In der Luisenstraße ... – aber das ist lange her. Die Stadt hat sich geändert, ich habe mich geändert.

Die Fenster meines Zimmers in der Mühlenstraße gingen auf den Platz vor dem Schöneberger Rathaus hinaus. In den kühlen Frühjahrsnächten pflegte ich aus dem Fenster zu lehnen und den Platz zu betrachten. Außer dem Platz sah man auch noch eine Ecke vom Stadtpark. Gegenüber der kalten Masse des Rathauses und der umgebenden Gebäude wirkten die schmalen, jungen Pappeln am Park hilflos und mutlos. An der Ecke des Parks lag die Endhaltestelle der Buslinie 14; stets warteten zwei oder drei Busse, bevor sie sich wieder auf den Rückweg nach Osten machten. Straßenbahnen bimmelten, die Motoren der wartenden Busse brummten. Ein einsames Freudenmädchen zog ihre endlose Runde um den Block, einem nächtlichen Raubvogel gleich, und ich fragte mich immer, welche Beute ihr wohl ins Netz gehen wollte in dem unerotischen Stadtteil dort unten. Manchmal waren auf dem Platz noch die Überreste eines Marktes zu sehen, alte Weiber, die allerlei Zeug in klapprige Fuhrwerke oder auf Schubkarren luden, und Männer, die die Straße fegten. Hin und wieder gab es eine politische Demonstration, junge Leute im Trainingsanzug und mit trotzigen Gesichtern zogen mit Fahnen und Trommeln auf.

In der Giesebrechtstraße blickten die Wohnungsfenster in einen finsteren Hinterhof, »Garten« genannt. Ein paar Bäume, ein Stückchen Gras, Mülltonnen und eine Unzahl lohfarbener, schmutziger Katzen. In den Sommernächten hörte man die Katzen jaulen und hin und wieder das dumpfe Grollen der Stadtbahn. Wenn es warm war, saßen die Leute sonntags draußen auf ihren hohen Eisenbalkons, tranken Kaffee, lasen die Sonntagszeitung, und über allem dröhnte der Chor der Radios, die Kirchenmusik und Wagneropern plärrten, vermischt mit kreischendem Grammophon-Jazz.

Immerhin war die Giesebrechtstraße so etwas wie eine »Gegend«, lag sie doch nahe am Kurfürstendamm. Viel persönlichen Kontakt mit der Prachtstraße hatte man freilich nicht. An der Ecke der Giesebrechtstraße gab es eine Kneipe, in der die Polster stanken und keine Mahlzeit schmeckte, wo man aber, ohne etwas zu verzehren, telefonieren konnte (sehr praktisch, wenn man sich aus der Wohnung ausgeschlossen hatte). Und einmal, als auch das nicht funktionierte, mußte ich (auf Pump) in dem neuen, ultramodernen Hotel ein Stück weiter den Kurfürstendamm hinauf übernachten, wo ich am nächsten Morgen im großen Speisesaal im Smoking frühstückte, sehr zum Erstaunen der Kellner und der übrigen Gäste. Der Kurfürstendamm war hell erleuchtet und voller Leben. Tag und Nacht brauste auf ihm der Verkehr, und es tat immer gut, spätabends über den unbenutzten Mittelstreifen zu spazieren und sich einzubilden, daß dies alles etwas zu bedeuten habe.

In der Hitzigstraße versteckten sich die großen, alten Herrschaftshäuser im Schatten hinter hohen Eisengittern und höhlenartigen Vorhöfen. Auch hier brauste Tag und Nacht der Verkehr – eilfertige, hochnäsige Taxis und Limousinen – auf dem Weg zwischen Westen und Stadtmitte, und der stete Strom erinnerte einen unablässig daran, daß dies hier überhaupt keine Gegend war, sondern nur ein belangloser Straßenstreifen zwischen den wirklichen Zentren des Lebens.

In den Zelten, in dieser Straße lebte man praktisch wie auf dem flachen Land. Nicht einmal ein Laden war in der Nähe. Eingeklemmt zwischen den Park und den stillen Kanal, war es ein stilles Fleckchen im Strudel der Stadt, in das nur an Sommerabenden der Klang der Kapellen im Krollgarten und das Stimmengewirr aus den Biergärten am anderen Straßenende störend einfiel.

Selbst hier in den Vorstädten (Lichterfelde) gibt es praktisch keine Nachbarschaft. Die unpersönlichen Villen stehen ausdruckslos und stumm Seite an Seite, unterscheiden sich alle und sind doch alle gräßlich gleichförmig, säumen endlose Straßen. Die Stille und Flachheit des Geländes erinnert immer noch vage an die sandigen Nadelwälder, die hier vor kurzem noch standen. Tagsüber ist man selten zu Hause. Abends und nachts herrscht willkommene Stille, selten nur unterbrochen vom Schritt eines dunklen Heimkehrers oder dem mahlenden Kreischen einer einsamen Straßenbahn, die verlassen und schläfrig durch die Nacht winselt auf ihrem Weg, ihr Woher nicht kennt, noch auch ihr Wohin.

Im Winter 1931 legte ich während der Semesterferien einen kurzen Ski-Urlaub in den Schweizer Alpen ein.

8. MÄRZ 1931
EIN SKI-ORT IN DER SCHWEIZ

Die steile Felswand an der einen Seite der Schlucht wurde in 2000 Meter Höhe von einer großen Talsenke mit einem oder zwei kleinen Seen unterbrochen. In dieser Senke lag der Ski-Ort gleich einem Juwel in der weißen Handfläche der Berge. Von der schmucken Bahnstation führte eine schmale Straße in vielen Kehren zu dem Bergdorf hinauf, dem die Gemeinde ihren Namen verdankte. Diese Hauptstraße war gesäumt von Cafés, Apotheken, Sportausrüstern, Friseurläden, Photogeschäften, Reisebüros und Zeitungskiosken mit den Tageszeitungen von fünf Hauptstädten und einer Zufallsauswahl der Tauchnitz-Edition. Von der Hauptstraße zweigten nach beiden Seiten Nebenstraßen und Wege zu den Hotels, Pensionen und Sanatorien ab. Über allem lag meterhoher Schnee, nirgends schien die Erde durch.

Das Hotel war groß, sauber, gut geführt, funktionell, etwas kalt. In dem strengen und nichtssagenden Aufenthaltsraum standen Sessel, und auf einem Tisch lagen Londoner Zeitungen. Die modern ausgestattete und sicher in bester Absicht eingerichtete Bar schien in diesem achtbaren Schweizer Hotel irgendwie fehl am Platz. In dem unterkühlten und übertrieben reinlichen Raum mit dem braven, pedantischen Mädchen, das als Bardame fungierte, konnte sich keine Atmosphäre entfalten. Die übrigen Gäste waren ein buntes Gemisch aus der Bourgeoisie von vier Ländern: Deutsche aller Art, darunter auch ein flotter Bursch mit grauer Lockenpracht, modisch gebräuntem Gesicht und einem unangenehm schwächlichen Mund.

Ziemlich hartgesottene junge Engländerinnen, die ihre Ehemänner zu Hause gelassen hatten und sich vergeblich in Frohsinn versuchten. Ein amerikanischer Student mit ungeheurem Körperbau und fliehender Stirn, der freimütig gestand: »Lieber körperlich o.k. und dumm als umgekehrt«. Eine französische Familie und ein holländisches Paar ragten aus den übrigen durch ihre Rasse und Ausgewogenheit heraus.

Abends ging man ins Kasino tanzen. Irgendwo stand ein lustloser Roulettetisch, an dem die Leute manchmal bis zu zehn Franken riskierten. Auf der Tanzfläche die übliche europäische Kurort-Gesellschaft bis hin zum Eintänzer mit den gepolsterten Schultern und dem lackierten Glanzhaar, immer mit einem Auge auf die jungen Engländerinnen schielend. Die Abende waren lang, so lang, wie nur Abende sein können, an denen man seine Jugend sanft, aber sicher verstreichen spürt, ohne daß Laster oder Tugend auch nur irgendeinen Ersatz bieten. »Sind Sie schon lange hier? Waren Sie schon Schifahren? Spielen Sie Bridge?«

Aus der Musik, die über den Tanzboden dudelte, hoben sich die Töne eines schwarzen Kornettbläsers heraus, tanzten und umspielten und umkreisten die gewissenhafteren Rhythmen seiner weniger phantasiebegabten europäischen Kollegen.

danc-
ing
with
tears
in
»I'm a-a-a-e-e-es ...«
my

(Na, wer hätte das gedacht. Du tanzt mit Tränen in den Augen, wie? Das ist aber schlimm, hörst du?)

»Nein, ich bin noch nicht Schi gefahren. Wissen Sie, ich will hier Schlittschuh laufen.«

(Was soll das, junger Mann, daß du in deinem jugendlichen Alter mit Tränen in den Augen tanzt? Gehört sich das für einen Mann?)

arms
»For the girl
is’nt yo-o-o-o-o-ou . . .«
my
in

»Muß schön sein, wenn man’s kann.«

(Nun erzähl mir bloß nicht, daß du, ein ausgewachsener junger Amerikaner, wie wir doch wohl annehmen dürfen, heulst – *heulst* wie ein kleines Kind –, bloß weil du mit ’nem anderen Mädchen tanzen mußt . . .)

»Nein, Bridge habe ich nicht mehr gespielt, seit es die Konventionen gibt; hatte einfach nie die Zeit dazu.«

(Hältst du es nicht für abartig, einfach unnormal, wenn ein junger Mann deshalb mit Tränen in den Augen tanzt? Mein Gott, da bist du doch alles andere als ein Bollwerk der Kraft und Selbstsicherheit, die eine Frau schließlich vom Mann erwarten darf? Merkst du nicht, daß du eigentlich gar keine Frau als Frau willst, daß du eine Mama brauchst, der du den Kopf in den Schoß legen kannst, die dir die Tanztränen trocknet, deiner aufgesetzten Selbstsucht schmeichelt und dir alles Unangenehme abnimmt? Das ist schlimm, mein Kleiner, sehr, sehr schlimm. Am besten unternimmst du gleich etwas dagegen. Laß das arme, ungeliebte Mädchen lieber gleich stehen, wenn du nichts Besseres fertigbringst, als ihre Schminke mit deinen blöden Tränen zum Laufen zu bringen. Geh raus in die frische Luft, und merke dir, daß Mama weit weg ist und niemand dich je verstehen wird und das auch überhaupt nicht wichtig ist. Vielleicht solltest du lieber selber mal jemanden zu verstehen suchen.)

»Nein, diesmal müssen Sie mich bezahlen lassen, Sie haben die letzte Runde bezahlt. Also, was hatten wir? Einen Cognac pur, drei Cognac mit Soda . . .«

Der Schnee knirschte unter unseren Füßen, als wir das Kasino verließen und uns in der klaren Nachtkälte auf den Weg machten. Das Mondlicht spiegelte sich im Schnee, die Welt lag in gebrechlichem Halbdunkel, aus dem die schneebedeckten Gipfel vom Himmel schielten und die Lichter im Tal so unwirklich und künstlich glühten, als entstamme das Ganze einer billigen Inszenierung.

Nach zweijährigem Russischstudium in Berlin ging ich im September 1931 nach Norwegen und heiratete Annelise Sørensen, die bis heute meine Frau ist. Danach tat ich zwei Jahre lang in Riga Dienst; dort kam unser erstes Kind, Grace, auf die Welt.

Im Dezember 1933 begleitete ich unseren ersten Botschafter in der Sowjetunion, William C. Bullitt, zur Übergabe seines Beglaubigungsschreibens nach Moskau. Danach wurde ich Zweiter Sekretär der neuen Moskauer Botschaft und tat dort fast ohne Unterbrechung bis Mitte 1937 Dienst. Dieser Dienst war schwer, zum Reisen war selten Gelegenheit. Trotzdem machte ich ein paar Fahrten ins Land, besuchte vor allem die Orte, an denen Anton Tschechow gelebt hatte, über den ich eine Biographie hatte schreiben wollen. Eine weitere Reise führte mich ans Schwarze Meer und in den Kaukasus.

MÄRZ 1936
FAHRT NACH BABKINO,
EIN DORF BEI MOSKAU

Der Himmel war bedeckt. Auf der Straße lag viel halbgeschmolzener Schnee mit Dreck vermengt, entlang der Mitte liefen zwei tiefe, glitschige Spuren.

Am Moskau-Wolga-Kanal wurde weitergebaut. Der ganze Bereich, in dem die Sträflinge arbeiteten, war eine große Schmutzbrühe, über der – Bergen gleich, die aus dem Meer ragen – die Uferbefestigungen und von den Dampfbaggern aufgeworfene frische Dreckhaufen standen. Die Wachleute – die Kragen der Schaflederjacken zum Schutz gegen den Wind hochgeschlagen, die Gewehre wie Silhouetten vor dem Himmel – lehnten am Geländer der Holztürme, die den Bauabschnitt überragten.

In Wokressensk begrüßten uns die Kuppeln des Klosters Neu-Jerusalem, das wir uns ansehen wollten. Ein mondgesichtiges Mädchen in Mantel und Filzstiefeln führte uns durch das historische Museum. Es erwies sich als riesige Einrichtung, die sich mit Durchbrüchen und Brücken über die Mauern des einstigen Klosters erstreckte. Die Ausstellungsstücke schienen noch umfangreicher als die im Moskauer Historischen Museum. Irgendwo in der Mitte war ein vollständiges Herrenhaus eingepaßt samt Studierzimmer, Salon, Schlafzimmer, Eßzimmer und Eingangshalle – vollständig eingerichtet und von Wachsfiguren bewohnt. Im Studierzimmer fanden wir den leibhaftigen alten *pomeschtschik* (den einstigen Besitzer) in prachtvollen orientalischen Gewändern vor, der vor dem Schreibschrank in einem Armsessel lehnte und an einer langen Pfeife sog. In einer Fensternische prangte das breite Hinterteil einer bodenschrubbenden Leibeigenen. Wir fragten unsere Begleiterin, woher die Möblierung stamme. Sie machte ein ängstliches Gesicht und bekannte, sie wisse es nicht. In diesem Augenblick kam zu unserer Verblüffung plötzlich der Hintern der Magd in der Fensternische in Bewegung, und wir erfuhren, das alles sei aus nahe gelegenen Besitzungen zusammengetragen worden.

Neben dem Herrensitz gab es weitere Ausstellungsräume, die den Bauernaufständen und der revolutionären Bewegung gewidmet waren. Nachdem wir den Bürgerkrieg absolviert hatten, gelangten wir erleichtert in eine langgestreckte Galerie, die in unseren angestrengten Gemütern die Hoffnung auf den Ausgang keimen ließ. Doch nein – so schnell entließ einen die gestrenge Wirklichkeit der sowjetischen Geschichte nicht. Die Galerie führte in mehrere riesige Räume, in denen die Errungenschaften der Sowjetunion versammelt waren, vom aufrechten Proletarier in Wachs in seiner Wohnung bis zu den Traktoren, Kombinaten und Flugzeugen, denen er seinen Wohlstand verdankte. Gekrönt wurden diese Ausstellungsstücke von einem hölzernen Phantasiegebilde, das Anklänge an die barocken Pestsäulen Österreichs zu enthalten schien. Hier waren Traktoren, Eisenbahnen, Flugzeuge und Fabriken im glorreichen Traumgewirr eines Jungkommunisten kunterbunt ineinanderverschachtelt. Ein holzgeschnitzter Stalin im langen Mantel und mit der Kappe der Roten Armee umarmte die Hochöfen von Magnitogorsk. Und über dem allen wies ein Lenin, zwar kleinerer Gestalt als Stalin, aber dennoch oberster Herr, mit charakteristisch ausgestrecktem Arm auf die Verheißung einer fernen Welt.

Von Wokressensk fuhren wir auf einer Nebenstraße nach Babkino. Als wir uns auf etwa eine Meile dem Platz genähert hatten, wo wir das Dorf vermuteten, stiegen wir aus dem Wagen und fuhren auf Skiern weiter, um nicht zu viel Aufmerksamkeit zu erregen. Der Schnee war fest gefroren. Ein starker, vom scharfen Geruch schmelzenden Schnees schwerer und feuchter Südwind schob uns voran, so daß wir leicht über die Felder wegglitten.

Wir kamen durch ein Wäldchen. Auf der anderen Seite öffnete sich ein zwei bis drei Meilen langes Tal. Unten in den Wiesen lag das Dorf (die heutige Kolchose) Babkino.

Wir fragten uns zum alten Herrenhaus durch. Ein langes, niedriges, eingeschossiges Holzgebäude stand noch. Es war verlassen und vernachlässigt. Fenster und Türen waren herausgebrochen. Der Wind heulte durch die leeren Raumhöhlen. Auf dem Fußboden lag überall menschlicher Unrat verstreut.

Ich ging wieder auf die Straße hinaus und fragte eine Bauersfrau, ob dies wirklich das alte Herrenhaus sei. Sie sagte, ja. War es seit dem Krieg je benutzt worden? Ja, weiter unten an der Straße sei etwas gebaut worden, und die Sträflinge hätten drin gewohnt. Sträflinge? Natürlich Sträflinge, was sonst?

Und tatsächlich schimmerte etwa zwei Kilometer weiter im Tal ein großes, rundes Silo vor dem dunklen Hintergrund, nagelneu und in der russischen Landschaft völlig fehl am Platze.

Das alte Herrenhaus hatte auf der hohen Böschung in einer Flußwindung gestanden. Ein Teil des Grundstücks war offenbar abgegraben worden, denn ein tiefer Einschnitt reichte bis wenige Meter vor den noch vorhandenen Bau, und im Einschnitt lag umgekippt ein verlassener Dampfbagger.

Wir gingen ins Dorf hinüber. Im Gegensatz zu den meisten russischen Dörfern lag es nicht an der Straße, sondern ganz allein für sich in einer Wiese am Fluß. Zwei Reihen Holzhütten, jede der anderen gleich. Nirgends ein Baum, nirgends das geringste Zeichen eines Verschönerungsversuchs, nicht einmal ein Zaun oder ein begehbarer Weg. Nichts als ein Dutzend Holzhütten in einer Wiese.

Ich ging in das Haus des Vorsitzenden des Kollektivs. Wie die meisten Isbas betrat man es durch den Holzschober. In dem einzigen geheizten Raum, der zugleich als Schlafzimmer, Eßraum und alles andere diente, waren mehrere Leute. Einige Frauen hatten ein paar Bohlen des Fußbodens hochgehoben und holten Kartoffeln aus einem Verschlag. Ein fast zur Decke reichendes Regal trennte eine Ecke des Raums ab, wo wohl der Ofen stand. Vom Trennregal blickten die Augen eines Kindes in ungenierter Neugier auf die Szene herunter. Ein junger Mann in der Uniform der Roten Armee, eine Papirossa vom Mund hängend, räkelte sich in einem Stuhl neben einem Tischchen. Auf dem Tisch ein aufgeschlagenes Buch und zwei Exemplare der Moskauer *Prawda*. Über dem Tisch in einer Ecke eine Ikonenreihe.

Der Vorsitzende, der am anderen Tischende saß, gab mir die Hand und bat mich, Platz zu nehmen. Er war ein großer, braunbärtiger Bauer mit hellen und ernsten blauen Augen.

Ich sagte ihm, wozu ich hierhergekommen sei. Viel konnte er mir nicht sagen. Er erinnere sich, gehört zu haben, irgendwann habe hier einmal ein Schriftsteller gelebt. Der Bau, den wir gesehen hätten, sei nur ein Flügel des alten Herrenhauses gewesen; das Hauptgebäude sei abgebrannt. Zwischen 1886 und dem Krieg habe das Grundstück viermal den Besitzer gewechselt. Alles habe sich geändert. Im Nachbardorf gebe es einen alten Mann, der sich noch an »die Tage der Leibeigenschaft« erinnere – vielleicht könne der mir mehr über die ehemaligen Besitzer sagen.

Auf dem Rückweg machten wir auf dem Hügel beim Wald Pause und schauten ins Tal zurück. Fünfzig Jahre! Was hatte sich in dieser Zeit geändert? Der einzige Kulturflecken im ganzen Bezirk war im wesentlichen ausradiert, der einzige Platz, wo ein Leben in Würde gelebt worden war und wo es Sauberkeit und Schönheit und Frohsinn gegeben hatte. Selbst die Glocken der kleinen Kirche auf dem Erdhügel am Ende des Tals, die einst im Dunkel der Feiertags-Vorabende gespenstisch und traurig geschlagen hatten, schwiegen jetzt. Vielleicht hatten sich die Lebensumstände des Bauern ein wenig verändert, aber wohl kaum merklich, auch wenn die Arbeitsorganisation heute ganz anders aussah. Anstelle des Herrenhauses und der Kirche hatten sie jetzt – was? Ein neues Silo und einen starken Herrn in Moskau, der ihnen den Himmel auf Erden versprach. Vielleicht hofften sie – wenigstens einige –, daß es eines Tages wirklich besser werden würde.

Auf dem Rückweg machten wir in Wokressensk halt, um ein anderes Haus zu besichtigen, in dem einst Tschechow gelebt hatte. Es hatte den Dorflehrer beherbergt, damals Tschechows Bruder. Jetzt diente es als Kindergarten. Wir betraten es durch die Küche. Sie war dunkel und verraucht und voll von Frauen, die barfuß über den schmutzigen Fußboden schlurften.

Die anderen Räume waren schäbig und schlecht gelüftet. An der Wand hingen blaue Kittelchen an Haken, über denen jeweils der Name stand: Olja, Nadja, Alescha und so weiter. Ein arg mitgenommenes Klavier, kleine Tische und Stühle waren das ganze Mobiliar. In einem weiteren Raum standen kleine Betten in Reihen, hier ruhten sich die Kinder mittags aus.

Als wir ankamen, gingen die Kinder gerade nach Hause. Putzfrauen wuschen den Fußboden mit einer rötlichen Lösung. Ein müdes Mädchen in weißem Kittel begrüßte uns und bat wegen des Zustands des Kindergartens um Nachsicht. Ja, die Kinder kämen alle aus der Stadt; vom Land komme keines her. Über Tschechow wußte sie nichts. Wir sollten ein anderes Mal wiederkommen, wenn der aufsichtführende Funktionär da sei. Irgendwann im Sommer.

MÄRZ 1936
MOSKAU–KAUKASUS–MOSKAU

Im Morgengrauen startete das Flugzeug auf vereister Piste. Es war ein altes, mit Fracht beladenes, einmotoriges Flugzeug. Ich war der einzige Passagier.

Als wir starteten, ging die Sonne über den Dächern von Moskau auf und warf einen kalten Strahl über das gezackte Eis der Startbahn.

Ein, zwei Stunden lang flogen wir nach Süden entlang der Bahnlinie nach Charkow. Nach und nach machte der Schnee auf den Feldern einer schmutzigen Eiskruste Platz, durch die hin und wieder ein Stück barer Erde sichtbar war. Am Anfang der Steppe hörte der Schnee ganz auf, und unter uns lag nichts mehr als die baumlose Ackerebene der Ukraine, von zahllosen Bächen und kleinen Schluchten durchzogen.

An den Kränzen der Schluchten wanden sich endlose Dörfer entlang: manchmal Hunderte strohgedeckter Häuser mit weißen Gipswänden, Seite an Seite in langer, unregelmäßiger Reihe. Nur ganz selten lockerte ein Baum oder eine Gartenmauer das monotone Bild auf.

Als Reiselektüre hatte ich Gogols Roman *Die toten Seelen* mitgenommen. Es war schwer zu glauben, daß dies das gleiche Land sein sollte, das Gogol gemalt hatte. Wo waren die Besitztümer mit ihren säulenbewehrten Herrenhäusern, ihren Geißblatt- und Fliederbüschen, ihren Birkenhainen, den Alleen und Teichen?

Irgendwo mußte es sie natürlich geben, jedenfalls ein paar davon, und so völlig anders konnten sie im Frühjahr 1936 von einem Flugzeug aus nicht aussehen als vor hundert Jahren aus derselben Perspektive. Überhaupt konnten sich, abgesehen vom Untergang der bescheidenen Zutat an Kultur, die der Adel dargestellt hatte, die Lebensbedingungen in dieser riesigen Grasebene nicht so sehr gewandelt haben, als man annehmen mochte. Wäre Gogol noch am Leben, so fragte ich mich, würde er heute nicht genauso hochtrabend die Unwissenheit der Bewohner geißeln? Gewiß hätte er auch heute die Gefahr gebrandmarkt, Rußland werde weniger von »Fremdeinflüssen« als aus eigenem Zutun ruiniert, denn

> »parallel zur rechtmäßigen Verwaltung hat sich eine völlig andere Verwaltung eingenistet, weitaus mächtiger noch als jene. Höchst eigenartige Umstände sind entstanden; alles hat seinen Preis, und er wird öffentlich kundgemacht. Kein Herrscher, und sei er der weiseste aller Herrscher und Gesetzgeber, kommt gegen das Übel an, mag er sich noch so sehr bemühen, dem Treiben der schlechten Beamten dadurch Einhalt zu gebieten, daß er andere Beamte zu ihrer Kontrolle einsetzt. Es nutzt alles so lange nichts, bis ein jeder von uns merkt, daß er gegen die Falschheit ebenso revoltieren muß wie zur Zeit des Aufstands des Volkes . . .«

Auf dem Charkower Flughafen mußte ich zwei Stunden warten, bis eine Extramaschine aus Rostow herbestellt war. Normalerweise hätte es an diesem Tag überhaupt keinen Flug von Charkow nach Rostow gegeben, aber man wollte mir imponieren. (Ein Pilot klagte mir gegenüber, die Zivilluftfahrt werde in der UdSSR vernachlässigt, alles gehe an die Militärs.)

Um die Mittagszeit hing lastende Langeweile über dem kleinen Flughafen. Ein kalter Wind wehte aus dem Norden und machte den Aufenthalt im Freien unangenehm. Nur auf der abgeschirmten Südseite sonnten sich ein paar Müßiggänger und drei Bäuerinnen auf den Betonstufen. Die Bummler schwatzten und pflaumten sich gegenseitig an. Die Frauen kauerten sich in ihre Schals und beobachteten die anderen in undurchdringlichem Schweigen.

Innerhalb des Gebäudes räkelten sich ein paar bessergestellte Bummler an den Tischen, tranken Tee und rauchten. Die Frau am Buffet döste hinter ihren toten Fischen und vertrockneten belegten Broten vor sich hin, und vor ihren Augen tat sich ungestraft eine einsame Maus auf der Theke gütlich. Ein Radiolautsprecher quakte russische Volkslieder.

Das Rad der Zeit schien fast stillezustehen, die russische Provinz gehüllt in ein Leichentuch der Langeweile, fast so erdrückend riesig wie ganz Rußland.

Um zwei Uhr nachmittags traf endlich mein Flugzeug aus Rostow ein. Ein uralter Kasten; ein offener Doppelsitzer, an den Verstrebungen war die ganze Farbe abgeblättert. Man gab mir einen Helm und eine Brille, die mir während des ganzen Flugs vollends die Sicht nahm, außerdem eine lumpige alte Schuba, wie sie die Nachtwächter in Moskau tragen mochten, an der jedoch alle Knöpfe fehlten und deren Rücken einen riesigen Riß aufwies. Über zwei Stunden lang kämpfte ich auf dem Weg nach Rostow blindlings mit dem Wind um die letzten Fetzen der Schuba. Meine Chance war gering: Ich hatte nur zwei Arme, der Wind hatte hundert. Nach langem, vergeblichem Kampf kriegte der Wind den größten Teil der Schuba, ich eine ausgewachsene Erkältung.

Am frühen Abend verließ der Zug Rostow. Am Rande des Horizonts raste die untergehende Sonne wie ein Feuerball die Kubanniederung entlang.

Als der Morgen graute, waren wir im Gebirge. Zwar schien die

Sonne, aber der Nordwind blies weiterhin kalt. An den Berghängen standen wilde Blumen, im Tal blühten Obstbäume.

Mitte des Vormittags erreichten wir Tuapse am Schwarzen Meer, dann fuhr der Zug die Küste entlang nach Sotschi. Die Geleise verliefen unmittelbar zwischen dem Ufer und dem Fuß der fast senkrecht aus dem Meer aufragenden Berge. Auf der einen Seite nichts als Fels und Blätterwerk, auf der anderen tiefblaues, völlig einsames Wasser.

Sotschi war sonnig, aber kalt. Der schneidende Nordwind schüttelte die Blätter der Palmen, fegte Staubwolken durch die Straßen, trieb die geduldigen Urlauber in die Häuser und peitschte eine Brandung auf, die große Teile der Kaimauern in Stücke schlug und ins Betonfundament des Speisesaals eine halbmetergroße Lücke riß. Niemand schien das zu kümmern. Man schüttete frischen Beton in das Loch, und die Mauer hing weiterhin wie betrunken dem Meere zu. Der Speisesaal wurde weiter genutzt, als sei nichts geschehen.

Die Gäste waren zumeist Arbeiter oder jedenfalls Funktionäre proletarischer Herkunft (die Saison für die Intelligenzija hatte noch nicht begonnen). Den größten Teil ihrer Zeit brachten die Proletarier in der großen, übers Meer ragenden Glasveranda, die als Speisesaal diente, mit Essen oder mit Warten aufs Essen zu. Zwischen den Mahlzeiten wanderten sie, den Kragen gegen den Wind hochgeschlagen, schweigend und mürrisch über die sturmgezausten Gartenwege oder spielten in einem dafür bestimmten Flügel des Gebäudes Schach und Miniaturbillard.

Tagelang hielt ich – vergebens – Ausschau nach einem einzigen frischen, lebhaften Gesicht, einem einzigen Anzeichen von Gesundheit, Jugend und Lebenslust. Nur einmal herrschte wirkliche Aktivität und Lebensfreude. Um zwei Uhr in der Früh stand ich auf, um mir einen »Tanzabend« auf dem Höhepunkt anzuschauen. Die Stadt selbst lag still und dunkel. Die Straßen waren völlig menschenleer. Aber in einem großen, rauchigen Saal in einem Neubauflügel des Hotels waren drei- oder vierhundert Leute an den Tischen um eine Tanzdiele versammelt. Ein Wettbewerb war im Gange. Die jungen Paare tanzten kräftig und nicht allzugut, sehr ernsthaft und konzentriert. Als die Preisverleihung angekündigt wurde, herrschte ungeheure Aufregung. Eine schreiende, gestikulierende Menge belagerte den Preisrichter wie Makler einen Kaufwilligen auf der Chikagoer Weizenbörse. Das Paar, das den ersten Preis gewonnen hatte, schritt feierlich durch den ganzen Raum und ließ sich bewundern. Es genoß seinen Ruhm ungeheuer. Der junge Mann hatte ein schwächliches Gesicht und hängende Schultern. Seine Fingernägel waren schwarz. Ich fragte mich, was er jetzt empfinden mochte. Und was sie empfinden mochte. Und was sie mit dem Sozialismus zu tun hatten.

Die müden Kellnerinnen im braunen Rock kamen und gingen zwischen den Tänzen, brachten Tee und Bier, und während der Tänze lehnten sie sich ruhesuchend an die Wand. Von allen Anwesenden sahen sie noch am hübschesten aus. Es waren dieselben Frauen, die im normalen Speisesaal servierten. Dort hatten sie von morgens acht bis Mitternacht gearbeitet. Seit Mitternacht servierten sie im Tanzsaal. Hier würden sie bis vier oder fünf Uhr morgens arbeiten. Um acht würden sie wieder für einen langen Arbeitstag ihren Platz im Speisesaal einnehmen. Sie erhielten 85 Rubel pro Monat, und wenn Haferbrei übrigblieb, durften sie ihn essen. Ansonsten mußten sie selbst für ihre Verpflegung sorgen.

Auf einem nahe gelegenen Berg hausten mehrere hundert Sträflinge in einem großen Zeltlager und arbeiteten, von Bewaffneten bewacht, Tag für Tag, besserten eine Straße aus. Lauter politische Gefangene aus anderen Teilen der Sowjetunion. Sie sahen gesund und gut genährt aus. Ich ließ mir sagen, sie ließen sich mit Hilfe derselben angeblich humanen Methoden »umerziehen«, die schon am Ostsee-Weißmeer-Kanal angewandt worden seien.

Auf der Bergkuppe wurden ein Restaurant und ein Aussichtsturm gebaut. Untersetzte Bauernweiber in dreckverschmierten Steppjacken, Kopftüchern und Filzstiefeln trugen Ziegel auf kleinen Holztragen hinauf. Eine Frau saß auf einem Holzklotz und tat nichts.

Vom Gerüst des halbfertigen Turms aus hatte man eine großartige Aussicht. Auf der einen Seite lächelte das Schwarze Meer in der Morgensonne, und siebenhundert Meter tiefer leckten winzige Kräuselwellen am Strand. Auf der anderen Seite leuchtete über die fünfundsiebzig Kilometer weiten, bewaldeten Vorhügel hinweg das große, weiße Panorama der kaukasischen Alpen am Horizont. Als wir das Gerüst herabstiegen, ging ein deutscher Reisender aus unserer Gruppe zu der Frau auf dem Holzklotz und fragte sie in typisch deutscher Unmittelbarkeit: »Sind Sie eine Stachanowa?« Die Frau sah langsam und eisig zu ihm auf, voll gelangweilter Verachtung. »Natürlich«, antwortete sie.

In Sotschi wartete ich einen geschlagenen Tag lang auf das planmäßige Flugzeug nach Suchumi. Die Maschine sollte am selben Tag von Suchumi nach Sotschi und wieder zurück fliegen. Sie kam nie. Den Flughafenbeamten war es egal. »Irgendwas«, sagten sie philosophisch, »muß nicht in Ordnung sein.«

Später erfuhr ich, daß die Zuständigen in Suchumi an diesem Tag kein Flugzeug auf den Weg geschickt hatten, weil es ein »freier Tag« war. An einem »freien Tag« brauchte ihrer Meinung nach niemand zu fliegen. Offenbar war es ihnen nicht im Traum eingefallen, die Verantwortlichen in Sotschi von ihrer Auffassung in diesen Dingen zu informieren.

Am wirklichen Vorhandensein einer regulären Flugverbindung zweifelnd, mietete ich ein kleines Sportflugzeug und flog früh am nächsten Morgen nach Suchumi.

Vom Flugzeug aus hatte man eine herrliche Sicht; unten lag im klaren Sonnenlicht eines Frühlingsmorgens die ganze Gebirgsküste. Die neuen, weißgekalkten Sanatorien von Gagra lagen wie die Perlen einer Halskette um die runde Bucht am Fuße der Steilhänge. Nach Osten zu hingen die massiven, schneebedeckten Gipfel fast schwerelos wie Wolken im Himmel.

In Suchumi hieß es wieder zwei oder drei Stunden warten. Die reguläre Maschine nach Tiflis – ein offener Doppeldecker mit einem einzigen Zwölfzylindermotor – wollte nicht anspringen. Fünf oder sechs Männer machten sich am Zündmagneten zu schaffen und stritten erhitzt über die Ursache der Panne. Jedem, der ihnen zuhörte, war sofort klar, daß sie nicht die leiseste Ahnung hatten. Der Bordmechaniker befand sich in Tiflis. Der Pilot lag im Gras, kaute an ein paar Halmen und machte sich über die Hilflosigkeit der Mechaniker von Suchumi lustig. Ich fragte ihn, ob ihm nicht mulmig werde bei dem Gedanken, mit dieser Maschine über die Berge fliegen zu müssen, wenn erst die Burschen damit fertig seien (mittlerweile hatten sie sämtliche Zündkabel des einen Sechszylinderblocks herausgezogen und stritten sich über die Zündreihe). Nein, war die Antwort, er mache sich keine Gedanken. Wenn die Maschine überhaupt ansprang, sei alles in Ordnung. Und wie es im Ausland stehe, wollte er von mir wissen.

Zum Glück für mich sprang die Maschine trotz allen Zuredens gleich gar nicht an. Schließlich brachte man mich also in einem anderen Sportflugzeugwinzling nach Kutaissi, meinem nächsten Ziel, auf den Weg. Wir drehten von der Küste ins Landesinnere ab, überflogen eineinhalb Stunden lang die kaukasischen Vorgebirge und langten schließlich über einer großen, baumlosen Ebene an, die im Norden und Süden an eindrucksvolle, schneeverkappte Berge grenzte.

Wir landeten auf einer Grasnarbe mitten in der offenen Steppe, meilenweit von jeder menschlichen Behausung entfernt. Hier mußte ich eine oder zwei Stunden warten, bis ein Lastwagen kam, der mich in die Stadt brachte. Inzwischen war es Mittag. Die heiße Sonne verwandelte die Ebene in einen Backofen. Kein Lüftchen rührte sich. An dem kleinen Flugplatzbau floß Wasser in einem Entwässerungskanal vorbei. Darüber führte eine Brücke mit Betongeländer. Hier saß ich mit ein paar Leuten des Flugplatzpersonals in der Sonne. Neben dem Graben unter uns suhlten sich drei Schweine. Etwas weiter weg wusch eine junge Frau in Wasser aus dem Graben über einem offenen Feuer ihre Wäsche und gab hin und wieder einem Zweijährigen die Brust. Ein sehr friedlicher kleiner Flugplatz.

Einmal vernahmen wir das Stampfen und den Singsang kaukasischer Musik. Plötzlich tauchte wie aus dem Nichts eine von zwei Pferden gezogene offene Droschke (wie wir Amerikaner es nennen würden; die Russen sagen *proljotka*) auf, jagte über die Steppe, auf dem Rücksitz zwei Betrunkene und ein Mann mit Ziehharmonika. Der Trommler saß mit dem Kutscher auf dem Fahrersitz. Die schweißnassen Rücken der Pferde glänzten in der Sonne.

Die Ortsansässigen zuckten die Schultern. »Scheint jemand zu feiern«, sagten sie. Die fluchtartige Erscheinung verschwand ebenso plötzlich wieder in den Feldern, wie sie aufgetaucht war.

Ich unterhielt mich mit einem schwatzhaften, weißhaarigen Alten, der den andern zur Zielscheibe ihres Spotts diente (sie hatten ihn geneckt, er solle sich doch um die rote Krawatte der jungen Pioniere bewerben). Er meinte, inzwischen gehe es schon etwas besser in diesem Teil der Welt. Einige Zitrusbauern an der Schwarzmeerküste seien inzwischen so wohlhabend, daß sie sich Klaviere leisten könnten. Bis zu 1000 oder 1500 Rubel verdienten die doch in der Saison. »Aber«, fuhr er leicht bitter fort, »bis zu uns ist das alles noch nicht gedrungen. Wir sind ja auch nur Arbeitnehmer.«

AUF DER RÜCKFAHRT NACH MOSKAU

Ich nahm den Mann mit, als ich abends vom Land nach Moskau zurückfuhr. Er hat nie mein Gesicht gesehen, noch ich seines. Er saß auf dem Rücksitz, während ich fuhr. Er redete mich als »Genosse Maschinist« an und kam gar nicht auf die Idee, ich könnte ein Ausländer sein.

Die Aussicht auf eine Fahrt im Auto bereitete ihm größtes Vergnügen.

»Du bist ein Glückskind«, sagte er. »Machst den lieben, langen Tag Vergnügungsfahrten und wirst auch noch dafür bezahlt.«

Ich fragte ihn, was er tue.

Er sei Buchhalter auf einem landwirtschaftlichen Kollektiv bei Moskau. In Moskau habe er eine Wohnung und seine Familie und fahre jeden Tag mit dem Vorortzug zur Arbeit. Im Monat bekomme er 200 Rubel, dazu noch sechzig Kilo Kartoffeln, dreißig Kilo Milch und etwas Gemüse der Jahreszeit.

Und wie es auf dem Kollektivbetrieb gehe?

Fürchterlich.

Warum? Reichte die Ernte nicht zum Lebensunterhalt?

Zum Lebensunterhalt? Kein Pfennig blieb zu verteilen. Inzwischen sei schon März, und noch immer habe er die Abrechnung für 1935 nicht abgeschlossen. Er wage es nicht. Das Problem sei nicht die Ernte. Das Problem sei die Korruption. Die Betriebsführer würden alles stehlen. Für die Bauern bleibe nichts übrig. Die Funktionäre schrieben sich immer wieder *komandirowki* für eine Dienstreise nach Moskau aus. Die Bauern machten im Winter Kartons, und die Betriebsführer bekämen dann solche *komandirowki* unter dem Vorwand, sie müßten im Zusammenhang mit der Kartonherstellung in die Stadt. Jedesmal ließen sie sich aus der Kasse 20 Rubel auszahlen für die Reisekosten – Fahrkarte, Mahlzeiten und so. Dann blieben sie aber einfach im Dorf, vertränken das Geld und verlangten zusätzlich noch ihren Tageslohn. Für 1935 habe der gesamte Barumsatz nur 50000 Rubel ausgemacht, und die *komandirowki* allein hätten über 5000 verschlungen.

»Und die Partei interessiert sich nicht für diese Zustände?«

»Die Partei?« Mein Freund lachte höhnisch. »Mann, der Betriebsführer war Parteimitglied, und er war von allen der schlimmste. Jetzt ist er weg. Er ist in einer Verbraucherkooperative Rayonchef geworden. Da wird er noch mehr klauen. An seiner Stelle haben wir jetzt eine Frau, aber die kann nichts machen. Sie hat nicht genug Autorität.«

»Aber wieso kommen die damit durch? Hält sie keiner auf?«

»Ich selbst habe sie monatelang davon abzuhalten versucht. Ein paar Untersuchungen habe ich in Gang gesetzt, aber ohne Erfolg. Gestern war ich bei der sowjetischen Kontrollkommission und hoffe, daß bald mal ein Inspektionsausschuß kommt.«

»Da mögen die dich im Betrieb sicher besonders gut leiden.«

»Gut leiden? Mann, das ist ein regelrechter Krieg.«

Wir kamen in die Stadt. Immer noch war er voll Ehrfurcht und Bewunderung für die mechanische Perfektion des Autos.

»Ist, als sei die Maschine lebendig, ein richtiges Lebewesen. Man meint, sie macht alles von alleine. Tut sie das alles nur, weil du auf die Hebel drückst?«

Ich ließ ihn im Arbat aussteigen; er war völlig hingerissen von seinem Erlebnis und haderte lediglich mit dem ungerechten Schicksal, das ihn zum Buchhalter eines landwirtschaftlichen Betriebs anstatt zum Chauffeur bestimmt hatte.

Von Mitte 1937 bis Mitte 1938 arbeitete ich im State Department in Washington. Während des Urlaubs im Juni 1938 fuhr ich mit dem Fahrrad kreuz und quer durch meinen Heimatstaat Wisconsin. Hier das Tagebuch dieser Radtour.

JUNI 1938
HEIMKEHR

Für den Start meiner Tour hatte ich mir einen jener wenigen Plätze in den mittleren Nordstaaten ausgesucht, wo eine szenische Besonderheit – ein Felstal, ein Wasserfall oder eine plötzliche Erhebung – die schöne Monotonie der Landschaft unterbricht und eine passende Ausrede liefert, dem durchreisenden Autofahrer aufzulauern und ein paar Dollar aus der Tasche zu ziehen, ehe man ihn über die langweilig ebenen Straßen weiterbrausen ließ. Mit seinem schreienden touristischen Gehabe, seinen Reklametafeln, Souvenirs, Informationsständen, Hotels und Pensionen ähnelte der Ort den mitteleuropäischen Wallfahrtsstätten, und ich war froh, als ich an einem strahlenden Junimorgen seinen Staub von den Reifen schütteln und über die Hügel gen Osten radeln konnte.

Die Luft, die auf der Straße vor mir in der Sonne flimmerte, roch kräftig nach Frühsommer, nach frisch gemähtem Gras und dem lebhaften Gewimmel in den Sumpfteichen. Die Straße war breit und von glatter, ölig-dunkler Oberfläche.

Tatsächlich waren alle Straßen – Land- wie Bundesstraßen –, über die ich in den nächsten Tagen fahren sollte, topfeben und geteert. Sie führten durch wohlhabendes und dicht bevölkertes Farmland. Sie wurden gesäumt von stillen, großangelegten Bauernhöfen hinter baumbestandenen Grünflächen und kiesbestreuten Zufahrten. Alle 10 bis 15 Meilen kam ein Dorf oder Städtchen.

Dennoch schienen diese großartigen Überlandstraßen zum Verlassensten zu gehören, was mir je begegnet ist. Während der ganzen, 150 Kilometer langen Fahrt begegnete mir auf der freien Strecke kein einziger Radlerkollege, kein einziger Fußgänger, kein einziges Pferdegespann. Und die Insassen der gelegentlich vorbeisurrenden Limousinen hatten ganz offenkundig keinerlei Verhältnis zu der Landstraße, die sie befuhren. Sie lehnten lässig im Polster ihrer Stromlinienkarossen und fuhren so schnell, daß die vorbeihuschende Landschaft nicht mehr war als ein verschwommenes grünes Band, und hatten zu der Gegend etwa so viel Beziehung wie ihre Genossen in den Flugzeugen, die von Zeit zu Zeit über sie hinwegdröhnten: verlorene Gestalten, vorübergehend in anderer Ebene schwebend, wo Raum nur Zeit war. Für die wirklichen Bewohner dieser Überlandstraße - die Vögel, Insekten, Schlangen, Schildkröten, Backenhörnchen und den einsamen Radfahrer – stellten diese Autos eine unpersönliche Gefahr dar, gewissermaßen eine natürliche Bedrohung vergleichbar dem Blitz, dem Erdbeben oder der Überschwemmung - Gefahren also, mit denen man zwar rechnen und fertig werden muß (das schien den Schildkröten, deren Leichen Meile um Meile über den Asphalt verstreut lagen, am schwersten zu fallen), zu denen aber kein menschliches Verhältnis besteht und die unsere Einsamkeit eher betonen als stören.

Jedem, der in unserem modernen Leben über mangelndes Alleinsein klagt, rate ich, über eine Überlandstraße zu wandern oder zu radeln. Tagelang bleibt er ganz für sich. Wer indessen der Meinung frönt, ungezwungenes und lockeres Zusammensein von Menschen sei Voraussetzung für ein solides gesellschaftliches und politisches Leben, dem möchte ich weniger zu diesem Unterfangen raten. Er würde dem lebhaften Treiben auf britischen Straßen in Chaucer's Tagen nachtrauern, wie man sie in den *Canterbury Tales* nachlesen kann, und die gnadenlose Isolierung des modernen Reisenden auf seinen Wegen wäre ihm Anlaß zu düsteren Betrachtungen.

Doch wie dem auch sei: Die Morgensonne – der eine verlassene Landstraße gleichviel gilt wie jede andere – fing munter zu brennen an, und nachdem ich zwei Stunden lang kräftig in die Pedale getreten hatte, empfand ich es als Erleichterung, als ein Dorf an einem See auftauchte. Der Gasthof war verhältnismäßig neuen

Datums, an der Stelle einer alten Unterkunft aus Pioniertagen errichtet und mit »Antiquitäten« aus der Umgebung bestückt. Vielleicht war das besser als die schwarzen Ledersofas und die Spucknäpfe in den Landgasthöfen meiner Kindheit. Ich schwamm ein paar Züge im See und genehmigte mir – für 65 Cents – ein Lunch aus jungen Zwiebeln, weißen Rettichen, gesottenem Hecht mit Apfelscheiben, Brot und Butter, Salat mit Kirschen und Ananas, Milch, Eis und Erdbeeren. So begab ich mich fast mit einer Art Schuldgefühl ob der Großzügigkeit der Natur meiner Heimat in der sengenden Sonne des frühen Nachmittags wieder auf den Weg zur zweiten Etappe meiner Fahrt.

Diese Etappe war ausgesprochen trocken. Die einzige Gemeinde am Weg war ein Dorf mit dem hochtrabenden Namen »Endeavor«, durch das ich am Nachmittag kam. Unseligerweise hatte die Strebsamkeit der Väter des also benamsten Ortes wohl vor allem der Moral gegolten. Den Platz, an dem in aller Regel die Taverne hätte stehen müssen, nahm ein strengblickender »Evangeliums-Tabernakel« ein. Zwei Männer im Overall, die ich nach einem möglichen Glas Bier befragte, grinsten breit und sagten: »Nee, gibt's hier nicht. Der Ort ist furztrocken.« Ihre Herzen hingegen waren weniger trockenheitssüchtig, denn kaum war ich aus der Stadt, holten sie mich in ihrem Ford ein und riefen mir zu: »Eine Meile weiter, links.« Und siehe da, nach einer Meile winkte zur Linken das vertraute Bierschild, und dahinter lag die Absteige mit ihrer dunklen, kühlen Bar, bevölkert von vier betrunkenen Riesen, die sich an der Bar liebevoll abklopften und sich gegenseitig immer wieder in ernster Besorgnis befragten: »Biste hart im Nehmen?«

Um vier Uhr erreichte ich mein Tagesziel. Diesmal war es ein ödes Nest, von Straße wie Eisenbahn unbeleckt. Die neue Asphaltstraße war einen Kilometer weiter weg gebaut worden. Die Eisenbahnverwaltung hatte auf der zu diesem Ort führenden Nebenlinie den Dienst eingestellt und, wie mir die Einheimischen sagten, zu dem Schaden noch den Spott gefügt, indem sie den Bahnhof gleich mit niederriß. So schlummerte die Gemeinde friedlich vor sich hin, fern der Flut der Einheits-Urbanisierung, die die Umgebung weithin durchströmte.

Die Anziehungskraft des Ortes bestand für mich hauptsächlich darin, daß er gleich neben einem großen Besitz lag, den mein Großvater väterlicherseits nach der Heimkehr aus dem Bürgerkrieg erworben und weitgehend selbst gerodet, gepflügt und mit fünfspurigem Draht eingezäunt hatte. Zu Hause bewahrte ich die Kindheitserinnerungen meines Vaters auf, die er kurz vor seinem Tode niedergeschrieben hatte, und war deshalb neugierig, was aus dem Land geworden war, das vor 75 Jahren noch durch die holzgefeuerten Dampfboote auf den schmalen Flüssen mit der Außenwelt verbunden war und wo Jahr um Jahr – wie mein Vater schrieb – Indianer und Enten scharenweise herbeiströmten, um den wilden Reis zu ernten, der auf moorigem Boden in Fülle gedieh.

Nach Ankunft im Dorf suchte ich den Saloon auf, Quell aller nützlichen Informationen. Ich wurde nicht enttäuscht. Die Gesellschaft bestand aus dem Barkeeper, einem deutschen Farmer und einem ältlichen Zeitungsredakteur aus dem Nachbarort. Sie hörten sich die Rundfunkreportage über ein Baseballspiel zwischen Washington und den White Sox an und diskutierten den voraussichtlichen Ausgang des Boxkampfs zwischen Joe Louis und Max Schmeling. Der Redakteur zeigte sich jedoch meinen Fragen aufgeschlossen, gab selbst ein paar Anregungen zum besten und verwies mich dann an den ältesten Dorfbewohner.

Dessen Haus fand ich ohne Schwierigkeiten. Er war ein guterhaltener Greis von über Neunzig und trug einen würdevollen Bart. Wir saßen nebeneinander auf seiner Veranda im Schaukelsofa, und er erzählte mir von alten Zeiten. Er erinnerte sich an die Pionierzeit vor dem Bürgerkrieg. Hinter uns, im dunklen Wohnzimmer, saß seine Frau, die krank war und unter Schmerzen litt, erbärmlich auf der Bettkante. Ich spürte ihre Augen aus dem Düster auf uns gerichtet wie die eines alten, kranken, schmerzgeplagten, verzweifelten und nachtragenden Vogels. Noch während ich da war, kam der Arzt, und ehe er ging, hörte ich zum ersten Mal die Stimme der alten Frau – rauh, hart und schmerzverzerrt. »Doktor«, sagte sie langsam, »meinen Sie nicht, ich sollte Kate bitten, herzukommen und mich zu versorgen? Lang wird's nicht mehr dauern, dann gibt es mich hier nicht mehr. Sie sagte, sie könne jederzeit kommen, wenn ich sie brauche.« Der Arzt verzog berufsgewohnt das Gesicht. »Das ist doch Unsinn. Wissen Sie, wo Sie schon bald wieder sein werden? Bald arbeiten Sie wieder auf der Farm.« Sprach's und schritt fröhlich zu seinem Auto und fuhr davon. Doch die alte Frau kauerte weiter auf ihrer Bettkante, und keine neue Hoffnung kroch in ihre sorgenvollen alten Augen.

Auf den Rat des alten Mannes hin machte ich mich auf die Suche nach einem der Farmer, die jetzt auf unserem einstigen Familienbesitz wohnten. Ich wanderte durch die schläfrigen, stillen Straßen zum Dorf hinaus. Am Fluß luden Fischer riesige, luftschnappende Karpfen aus einem Behälter in einen Lattenverschlag und hoben ihn auf einen Lastwagen. Ich fragte, was sie mit den Fischen vorhätten, und sie sagten abschätzig, das äßen Stadtmenschen wie ich als Lachs.

Ich überquerte die Brücken über den Fluß und das Moor und stieg den Hügel auf der anderen Seite hinauf. Der Erdaufwurf zur Linken, wo einst das Wohnhaus gestanden hatte, war von dichtem Gras überwuchert. Als ich vorbeikam, huschte ein fettes Waldmurmeltier den Hang hinauf.

Auf dem Gehöft auf der Hügelkuppe wurde Heu eingefahren. Ein Gespann Pferde betrieb einen Heuaufzug, mit dem das Heu vom Wagen in die große Scheune gehoben wurde. Der Farmer sei auf dem Feld, hieß es. Ich fuhr auf einem leeren Heuwagen über die sandigen Wege hinaus und traf ihn unterwegs. Er sah gut aus, hatte sanfte blaue Augen und einen festen, empfindsamen Mund. Während der Wagen langsam rund ums Feld fuhr und der junge Landarbeiter das Heu auflegte, das unaufhaltsam den Belademechanismus hinaufrollte, ging ich im Spreuregen nebenher und sprach mit dem Farmer über die Familiengeschichte.

Die lakonische Antwort, ich solle abends zum Hof kommen, griff ich gerne auf. Im Haus gab es zwar ein Bad und ein Eßzimmer, aber wir alle wuschen uns und aßen in der großen Küche, die mitten durchs Gebäude lief. Zur Essensgesellschaft gehörten der Bauer und seine Frau, ihr Sohn, drei Landarbeiter (einer davon ein junger Indianer) und ich. Die Bauersfrau hatte das Mahl selbst zubereitet. Sie hatte keine »Hilfe«. Das Essen bestand aus geräuchertem Karpfen, Zwiebeln, Dampfkartoffeln, süßen Fladen mit den eingemachten Erdbeeren aus diesem Jahr, Schokoladekuchen, Erdbeeren mit Sahne und Limonade.

Nach dem Essen zogen sich die Landarbeiter zurück, und wir übrigen saßen in der »guten Stube« und redeten. Der Sohn war etwa zwanzig Jahre alt, kurzsichtig, gutmütig und nicht übermäßig gescheit. Er trug wenig zur Konversation bei. Später am Abend kam dann auch noch die Tochter des Hauses. Sie hatte den Tag bei Freundinnen in der Stadt verbracht. Sie hatte studiert und bereitete sich jetzt auf den Beruf als Sportlehrerin vor. Der Auftritt einer solchen Person – klug, hübsch gekleidet, selbstsicher, von Gesundheit und Kraft sprühend – in dem müden alten Bauernhaus war wie ein frischer Luftzug aus einer anderen Welt. Zum Besseren oder Schlechteren? Die Frage war müßig. Eine Bauersfrau wie ihre Mutter würde sie wohl nicht abgeben, war zweifellos gebildeter und wacher als diese je. Wie so viele andere Bauernkinder hatte die Stadt, bedrohlich und verheißungsvoll zugleich, sie für sich mit Beschlag belegt; in deren offenen Armen und nicht auf der Farm lag ihre Zukunft.

Man gab mir das Gästezimmer mit dem großen Eichenbett und dem Zedernschrank. An der Wand hing in breitem Goldrahmen die Vergrößerung eines viele Jahre alten Familienphotos. Feierlich gekleidete Mädchen in schwarzen Stöckelschuhen und schlechtsitzenden Sonntagskleidern stierten reglos auf den Photographen. In einem kleinen Jungen mit großen, abstehenden Ohren und einem genierten Lächeln erkannte ich meinen fünfundfünfzigjährigen Gastgeber. An einer anderen Wand hing das Bild eines Burschen, der am Herdfeuer Cello spielte und dem ein alter Mann zuhörte. »Herzensbalsam und Wonne zaubert der Bogen zuhauf, Traum von den Tagen der Zukunft und von des Lebens Lauf«, stand darunter. Inmitten dieser tröstlichen Überbleibsel einer alten, vertrauten Zeit schlief ich wohlbehütet ein und erhob mich wieder um sechs Uhr in der Früh zu einem Frühstück, das nicht weniger herzhaft war als das Essen am Vorabend.

Der nächste Tag brachte mich sechzig ereignislose Kilometer weiter. Wieder kam um Mittag ein schöner See gelegen. Mein Ziel, das ich am Spätnachmittag erreichte, war eine größere Landmetropole, ein College-Städtchen von zwanzig- bis dreißigtausend Seelen.

Ich quartierte mich für 75 Cents pro Nacht in einem Privathaus ein, das Zimmer an Touristen vermietete. In diesen Häusern, die den Hotels immer mehr Kundschaft abjagen, werden keine Mahlzeiten serviert, so daß ich für mein Abendessen ins Hauptgeschäftsviertel gehen mußte. An diesem Abend fand der große Boxkampf statt. Überall brüllten Lautsprecher, in den Restaurants, Saloons und Zigarrenläden. Auf einer Tribüne mitten auf der Hauptstraße spielte ein Schulorchester tapfer die Ouvertüre zu *Wilhelm Tell* und die *Stars and Stripes Forever*, aber es gab kaum Zuhörer, und auch sie waren es, wie mir schien, eher unfreiwillig. Alle Welt war zu Hause und hörte die Boxreportage.

Nach diesem kurzen Zwischenspiel ging ich wieder zu dem Haus zurück, in dem ich das Zimmer hatte. Es war niemand zu Hause, und eine Zeitlang saß ich allein in der Dunkelheit auf der Veranda. Die baumgesäumte Straße unter den Bogenlampen verlor sich hügelabwärts. Die Trottoirs waren menschenleer, aber dazwischen floß in beiden Richtungen ein steter Strom blankpolierter, dunkler Wagen. In jedem Wagen saßen ein oder zwei Pärchen auf dem Weg zu irgendeinem (meist Ersatz-)Vergnügen: Film, Tanzerei, Knutscherei. Wehe, ein Junge oder Mädchen fand keinen Zugang zu diesen privaten, mathematisch korrekten, nächtlichen Autogesellschaften, in denen sich das Abendleben erschöpfte. Es gab nichts anderes. Nirgends konnten Fremde ungezwungen zusammenkommen wie etwa in einer bayerischen Bierhalle oder einem russischen Vergnügungspark, eben beisammen sein und neue Bekanntschaften schließen. Selbst die Wirtshäuser waren fast leer.

Einen Augenblick schien es, als sei dieser nächtliche Strom dahingleitender Gefängnisse die Reductio ad absurdum der übertriebenen amerikanischen Eigenbrötelei. Was in England ein Übel der oberen Zehntausend war, schien hier zum Laster der gesamten Bevölkerung geworden. Es war der traurige Gipfel des Individualismus, die Sackgasse einer Generation, der der Gemeinsinn abhanden gekommen, eines Volkes, dessen Privatleben so labil und zerbrechlich wie Glas geworden war, daß es dieses Leben keinem noch so unschuldigen gesellschaftlichen Kontakt mit dem Zufallsfremden auszusetzen wagte, eines Volkes, das für die Masse derer, die sein Gemeinschaftsdasein und seine Gemeinschaftsprobleme teilten, weder Neugier noch Verantwortung empfand.

Dabei war dieses selbe Volk hervorragend befähigt, über sich selbst hinauszuwachsen und das persönliche Interesse einer gemeinsamen Anstrengung unterzuordnen, wenn eine Naturkatastrophe eintrat – eine Überschwemmung, ein Orkan oder ein Krieg. Mich beschlich das Gefühl, fast müsse man jedes kollektive Unglück begrüßen, wie schmerzhaft und schlimm es auch sei, wenn es nur diesen dumpfen Individualismus hinwegschwemmte und die Menschen dazu zwang, Glück und Heil im Verhältnis zur Gesellschaft als Ganzes zu suchen anstatt im kleinkarierten Starren aufs eigene Ich und den engsten Familienkreis. Daß ein solches Unheil in nächster Zukunft – binnen des nächsten oder übernächsten Jahrzehnts – drohte, war deutlich genug, und so stellte ich plötzlich fest, daß ich ihm erwartungsvoll entgegensah, nicht unähnlich Anton Tschechow in den neunziger Jahren des letzten Jahrhunderts, der hoffnungsvoll und hangend und bangend zugleich jenem »grausamen und mächtigen Sturm« entgegenblickte, »der sich uns nähert, schon ganz nahe ist, und bald die ganze Faulheit, Gleichgültigkeit, Verachtung der Arbeit und die faulige Langeweile aus unserer Gesellschaft verjagen wird«.

Vor mir lag ein weiterer Tag voll herrlicher Landschaften, einsamer Straßen, heißer Sonne und kühlender Züge aus den Bierkrügen der Ausschänke am Wegrand. Aber was immer ich sehen sollte: Nichts konnte mich von dem Gedanken erlösen, daß dieser traurige Zusammenbruch des menschlichen Beieinanderseins im städtischen Amerika nicht von Dauer sein konnte, und daß – welche Opfer die kommenden Jahre auch fordern mochten – jedenfalls der Geist der Kameradschaft, der seinen denkbaren Tiefpunkt erreicht hatte, notwendig der Gewinnende sein mußte.

Vom 29. September 1938, dem Tag der Münchener Konferenz, bis zum Kriegsausbruch ein Jahr später war ich als Zweiter Sekretär der amerikanischen Gesandtschaft in Prag stationiert. Nachstehende Passage entstand kurz nach meiner Ankunft in Prag, etwa eine Woche nach der Münchener Krise.

ANFANG OKTOBER 1938
PERSÖNLICHE NOTIZEN ZUR MÜNCHENER KRISE

Nie war Prag schöner als in diesen Septembertagen, in denen sein Schicksal an einem so dünnen Faden hing. Die alten Straßen, aus denen die Armee dankenswerterweise die Motorfahrzeuge verbannt hat, atmen wieder ihre ursprüngliche Stille und Behaglichkeit. Barocktürme steigen in unwirklich ätherischer Friedsamkeit in den Himmel, dessen strahlendes Herbstblau häufig ein paar dahineilende Wolken durchziehen. In den schläfrigen Innengärten wechselt die Sonne mit kurzen, sanften Schauern. Auf dem Marktplatz sammeln sich wie seit Jahrhunderten zu jeder vollen Stunde die Passanten und sehen den Heiligen zu, die in der Rathausuhr ihre ewig gleiche Runde drehen.

Doch in diesen seltsamen Tagen wirkt die malerische Altstadt noch musealer, wirklichkeitsentrückter als sonst. Als habe sich die Welt endgültig von allem verabschiedet, wofür diese steinernen Zeugen standen. Verschwunden der einigende Glaube und die nationale Toleranz des Mittelalters; verweht der Glanz der Gegenreformation, die äußeren Zeichen von Roms Reichtum und Macht; erloschen die fröhlichen Reichsträume Josephs II. und Maria Theresias; Wiens lachende Stimme verstummt, der Geist Mozarts dahin. Wir stehen an der Schwelle zu einem strengeren Zeitalter, und einzig die Geisterfinger der Týn-Kirchtürme – jene grimmen Zeugen des jahrhundertelangen Kampfes eines unbeugsamen Böhmen gegen die geballte Macht Westeuropas – scheinen dem Problem dieser Tage gewachsen. Die Geister Jan Hus' und der Böhmischen Brüder staken durch »verdunkelte« Straßen, die dunkler auch im 15. Jahrhundert nicht sein konnten. Wieder einmal steht ein bemerkenswertes kleines Volk, dessen Stärken wie Schwächen im Mißgeschick wurzeln, einem ungerechten, übelwollenden Europa gegenüber.

Den nachstehenden Brief schrieb ich im Krieg an meine Schwester während eines kurzen dienstlichen Besuches in Prag (ich war damals in Berlin stationiert). Er gibt einen besseren Rückblick auf das zuvor dort verbrachte Jahr als irgendwelche Einzeleinträge im Tagebuch.

7. DEZEMBER 1940
PRAG

Liebe Jeanette,
vielleicht kommt dieser Brief vor mir an oder ich vor dem Brief, oder einer von uns bleibt auf der Strecke, womöglich wir beide. Aber wenn ich in Prag bin, muß ich einfach schreiben. So ergeht es mir, seitdem ich 1938 an jenem gespenstischen Münchener Tag hier ankam. Auch jetzt, da ich aus der sterilen Neuartigkeit Berlins nach hier komme und durch die ehrwürdigen, verwaschenen Straßen gehe, kann ich nicht an mich halten.

Über diesen Teil der Welt habe ich so viel Formgerechtes geschrieben, daß meine Schuldigkeit gegenüber der literarischen Disziplin wohl getan sein dürfte und ich mich berechtigt fühle, mich wenigstens einmal vom »Bewußtseinsstrom« treiben zu lassen. Ich frage mich sogar, ob das nicht überhaupt der einzige Weg ist, will man diesem verträumten, seelenumrührenden Platz zu Leibe rükken, der tausend Geschichten zu erzählen weiß und nichts beweist, außer vielleicht die unverbesserliche Eitelkeit, Tragik und Nichtigkeit allen menschlichen Strebens. In der Geschichte Böhmens hat es nie klare Fronten, vollkommene Siege oder vollständige Niederlagen gegeben.

Ich kenne keinen Ort der Welt, der sich mehr über die Gegenwart hinwegsetzt, keinen Platz, der die Vergänglichkeit des eigenen

Ich und der eigenen Generation und allen Tuns und Lassens deutlicher ins Bewußtsein hebt.

Vor einigen Wochen wurde das Generalkonsulat geschlossen. Ich soll mich um den Schutz und die Instandhaltung der regierungseigenen Grundstücke und Gebäude kümmern und bin für ein paar Tage zur Besichtigung hierhergereist. Ich wandere durch den alten Palast, der einst unsere Gesandtschaft beherbergte, erteile Anweisungen für die Reparatur einer Stützmauer im Garten, befinde über die nächste Frühjahrsbepflanzung, mache Pläne, wie wir den alten, unbenutzten Renaissanceflügel loswerden können, prüfe den Zustand der über dreitausend Holzfensterrahmen. Unablässig ist mir dabei bewußt, daß all das schon hundertmal zuvor von zahllosen Grafen und Kardinälen und Verwaltern und Architekten getan worden ist, von denen ein jeder sich wichtig nahm, seine Vorstellungen hatte, was aus dem Riesenbau werden sollte, und ihn seiner machtvollen Würde gemäß nutzen zu können hoffte. Und unablässig ist mir, als grinse mich das alte Gemäuer skeptisch an und spreche:

»Der Mensch hat mich erbaut als Rahmen für große Taten, hehre Entscheidungen, als Schauplatz der Machtausübung. Ich sollte Symbol seiner Stärke und Größe sein. Und doch hat er in all den Jahrhunderten meiner Existenz kaum einmal fünf Jahre lang meine Mauern auch nur entfernt angemessen und repräsentativ zu füllen vermocht. Jahr um Jahr standen meine Räume kalt und leer. Kein Pferd stampfte in meinen Marmorställen. Besitzer um Besitzer verlor entweder die Mittel oder besaß nicht die Statur, durch meine Hallen als einer zu wandern, der wirklich hierher gehörte. Verarmte Kirchenfürsten hausten in meinen Dienstbotenquartieren, in meinen herrlichsten Staatsräumen kampierten wie Duckmäuser kümmerliche Krämerseelen, verschüchert von den massiven Decken und aufstrebenden Wänden, einsam und verirrt im Gepränge der Größe. Ich war und bin ein Traum, dem noch kein Mensch gewachsen war.

Die Jahreszeiten kamen und gingen. Durch meine Dachsparren trieb der Winterschnee; im Frühling flatterten die Blüten der Obstbäume im Obergarten auf mein Fenstergesims; leichte Mittsommerschauer schwebten an zahllosen Tagen über den Hügel, kühlten die heißen Ziegel meiner Dächer; im Hof trieb der Herbst das dürre Laub zu wirbelnden Scharen; in langen, schwarzen Nächten heulte der Wind durch meine Arkaden. Seit Jahrhunderten schlagen nahe Kirchglocken die Stunden. An unzähligen Tagen hallte das Kopfsteinpflaster den Hügel hinauf und hinab von Tritten wider, die im Triumph marschierten, in Schrekken und Verzweiflung flohen oder dumpf und mechanisch dahintrotteten.

Dies alles habe ich mitangesehen. So war es durch die Jahrhunderte. So wird es durch Jahrhunderte bleiben. Nichts hat sich merkenswert gewandelt, keiner überdauerte für lange Zeit.

Und nun kommst du daher, angetan (verzeih es mir, Shakespeare, Freund meiner Kindertage) mit kleiner, kurzer Autorität, tust dich groß wie vor dir die andern, träumst deinen Traum von dem, wozu ich gut, und weißt doch gerade du nur zu wohl, daß auch du nicht den Tag überdauerst, daß du und alles, wofür du hier stehst, schon bald dahin sein werdet – ich aber bin beständig, allen überlegen, die mich schufen, ein Denkmal für des Menschen Wahn und Eitelkeit, hohnlachend seinem Streben«.

Vielleicht bin ich besonders hellhörig für das poetische Gemurmel des alten Hauses, denn so viel, so toderschrecklich viel, ist geschehen und vergangen in den kaum zwei Jahren, da ich dieses Gemäuer kenne. Es ächzt von Erinnerung. Hergekommen bin ich, wie schon gesagt, am Tage von München. Das Ambassador-Hotel wimmelte von internationalen Journalisten. Prag war der Mittelpunkt der Welt. Würde die »Tschechoslowakei« bleiben oder fallen? Man brachte mich hier im Palais unter. In jener Nacht war die Stadt so schwarz verdunkelt wie keine Stadt zuvor oder seither. Grabesstille herrschte auf dieser Uferseite. Im Dunkel machten wir einen Spaziergang über die Karlsbrücke, unterhielten uns flüsternd, damit niemand uns Englisch sprechen hörte.

Am nächsten Morgen ging die Nachricht [von der Münchener Konferenz] wie ein Lauffeuer durch die Stadt. Um sechs Uhr in der Früh stimmte unmittelbar unter meinem Fenster eine alte Marktfrau an ihrem kleinen, schirmüberdachten Stand ihr bitteres Klagelied an. Bis in den Nachmittag fuhr sie fort, hielt niemals inne. Für sie war die Republik tot, in diesem Augenblick gestorben, und sie hatte recht. Ihr Klagelied war das letzte Wort der Tschechen, danach verfielen sie dem Schweigen und der Hilflosigkeit. Am Morgen spuckten Lautsprecher in der Innenstadt die Rede des Ministerpräsidenten aus, und in der Einkaufspassage, in der ich war, standen die Menschen und weinten.

In jenen dunklen Schicksalstagen wohnte ich weiterhin im Palais. Oft war es so still, daß die Stille in den Ohren dröhnte. An einem Abend fand ich den alten Gesandten mutterseelenallein in einem der riesigen Salons vor, er war aufrecht sitzend auf dem steifen, förmlichen Sofa eingeschlafen, der gewaltsamen, kreischenden Gegenwart entrückt, eins mit dem Palais – und mit den Jahrhunderten.

Ich kann hier keinen Schritt tun, ohne daß es mich zum Lachen oder Heulen reizt. Drüben im Garten pflegten an Frühjahrsmorgen die weißen Kleidchen meiner Kinder zwischen den Fliederbüschen hin und her zu huschen. Ich konnte sie von meinem Büro aus sehen. Diesen Kiesweg ging ich immer wieder mit dem Korrespondenten der Londoner *Times* ins politische Gespräch vertieft auf und ab, debattierte mit ihm Fragen und Probleme, die längst erledigt sind und tot. Hier ist die Bank, auf der ich oft mit dem fetten Medizinstudenten saß, der mir Tschechisch beibrachte – stets setzte ich ihn windabwärts von mir, weil er so schrecklich roch. Hier in der zugigen Einfahrt ließ mich der alte, taube Jim, unser Portier, betrunken oder nüchtern Nacht für Nacht mit dem Wagen ein, und hier hatte sich an einem regnerischen Aprilmorgen der Gesandte in seiner alten Lincoln-Limousine ein letztes Mal verabschiedet, während das Gesandtschaftspersonal ratlos dastand und flennte und wußte, daß dies das Ende vieler Dinge war.

Wohin ich mich auch wende in der Nachbarschaft – nirgends ist es besser. Manchmal mache ich einen Spaziergang, so heute morgen. Da ist der Wallenstein-Palast, düster und herrisch. Sein Erbauer, von seinen Zeitgenossen gefürchtet, war ein Zerrbild aller Bestrebungen der böhmischen Gesellschaft. Als Tscheche geboren, plünderte er die tschechischen Lande erbarmungslos aus und verschacherte den Erlös um persönlicher Macht willen an den deutschen Kaiser. Als Protestant geboren, eroberte er fast ganz Deutschland dem Katholizismus. Hier im Garten seines Palais sah ich während der deutschen Besatzung an einem kühlen Sommerabend tschechische Schauspieler alte tschechische Märchen spielen. Sie taten es ausgezeichnet, mit ausgesucht feinem Formalismus, so als spielten sie in einem Traum, und mit diesem ungerührten, mechanischen Formalismus des Dramas lehrten sie ihr Volk das wirkliche Geheimnis der Selbsterhaltung in der Ohnmacht gegen die feindselige Fremdherrschaft.

Auf der anderen Straßenseite steht der Kolowrat-Palast, Sitz der tschechischen Regierung, wo ich am 9. März 1939 einen Kellner die schwer ringenden Kabinettsmitglieder mit Bier in Krügen versorgen sah und nicht begriff, daß schon das Todesröcheln der Republik eingesetzt hatte. Gleich daneben die ehemalige polnische Gesandtschaft, deren längst entschwundene Bewohner sich so fabelhaft auskannten in den ständig wechselnden Verwicklungen mitteleuropäischer Politik und die nunmehr – sofern sie überhaupt noch leben – die Neige einer tieferen und noch viel bittereren Weisheit kosten müssen.

Drüben eine weitere Gesandtschaft. In ihrer Eingangshalle stand ein schöner, ausgestopfter Vogel, den wir stets bewunderten. Hier tanzten wir nach dem Grammophon bis in die frühen Morgenstunden. Hier auch gab es den Gesandten, mit dem mich – obwohl wir beide mit der Frau des anderen flirteten – Achtung und Freundschaft verband und dessen Familie gewiß längst vom Krieg ruiniert und in alle Winde verstreut sein muß.

Weiter die Anhöhe hinauf; zur Linken das seltsame kleine Restaurant, das sich an die Terrassen des steilen Abhangs klammert und in dem wir an Sommerabenden Bier tranken und über die Lichter und Dächer und Brücken einer Stadt blickten, deren Urteil schon gesprochen war.

Durch die Innenhöfe des Hradschin. Dort hatten in einem der großen Ballsäle die zum traditionellen Neujahrsempfang versammelten Mitglieder des diplomatischen Korps ein letztes Mal gestanden, mit grün verkaterten Gesichtern, eng verschnürt in ihre gestickten, nach Mottenkugeln riechenden Diplomatenfräcke, während der Nuntius seine Rede vortrug und der neue Präsident seine Begrüßungsrunde absolvierte. Der kleingewachsene Präsident tat es mit Würde und Entschlossenheit, betrachtete seine ausländischen Gäste aus halbgeschlossenen Augen, in denen die ganze Müdigkeit eines kleinen, fehlgelenkten und glücklosen Volkes zu lesen stand.

Auf diesem Platz vor der Burg waren am Morgen des 15. März 1939 die deutschen Panzer und Fahrzeuge in Reih und Glied aufgefahren. Sie waren weiß eingedeckt mit Schnee. Ihre hungrigen Fahrer schlugen die blaugefrorenen Hände gegen die Lenden, um den Kreislauf anzuregen, und murmelten den vor Zorn weinenden Tschechen zu: »Was können wir dafür?«

Hier auf dem Platz eine weitere Gesandtschaft, deren unglücklicher Gesandter mit seiner amerikanischen Frau in dem Geschehen ringsum nichts als Schrecken und Rückschritt erblicken konnte, während der von ihm selbst gegebenen Essen düster vor sich hinstarrte und in den Deutschen den verkörperten Antichristen sah. Unter ihnen wohnte ein britischer Sekretär, der die Welt um sich herum mit gutmütig-hoffnungslosem Amüsement betrachtete und die Wochenenden mit Besuchen beim Landadel zubrachte.

Ein paar Türen weiter das Haus, in dem ich in den Tagen nach der Besetzung Alice Masaryk zu trösten versuchte, die bei meiner Ankunft gerade die Fußböden putzte, um ihre Nerven zu beruhigen.

Wieder hügelabwärts durch unsere Straße, die enge, abschüssige Straße, in der wir wohnten. Hier unser Haus, die kühle Bogeneinfahrt zum Innenhof mit der Barockfontäne, wo die tschechische Armee ihre Pferde zu versteigern pflegte. Zwei Treppen höher unsere Wohnungstür – doch nun endlich Schluß mit den Erinnerungen! Zu viel gibt es zu erinnern, und es steht noch allzu nahe. Denn ist es auch traurig und seltsam genug, zu wissen, daß alle diese andern jetzt verstreut und fern sind, als hätten sie wie Wallenstein im 17. Jahrhundert gelebt, so ist der Hingang eines Heims seltsamer noch. Ich selbst bin mit ihm hingegangen. Ich bin nicht mehr der, der diese Treppen hinauf- und hinunterging. Irgendwo da oben geistert noch mein damaliges Ich, vereint mit den Geistern all derer, die dort seit dem Dreißigjährigen Krieg gewohnt. Zwei Jahre erst ist es her, und doch: Es war eine andere Zeit, ein anderes Leben. Nun ist es um uns alle einsam geworden. So vieles schied dahin ...

Ich fürchte, ich bin nicht sehr modern. Ich fürchte, für den *New*

Yorker wäre das nicht geeignet. Meine Welt ist weder sehr neu noch sehr tapfer. Ich habe heute Abend keine Trostsprüche für Prag parat. Und so ist es vielleicht gut, daß es schon Abend ist, mein Zug in einer Stunde geht, ich meine Sachen packen und dieses schweigende alte Haus verlassen muß, in dem niemand mehr wohnt als allein der kleine Frank, der Hausverwalter, und Franzi, das Faktotum, und wo es so viele Fenster gibt, daß wir nicht im Traum dran denken konnten, alle Verdunkelungsrollos herunterzulassen und deshalb nachts mit Taschenlampen durch die höhlengleichen Räume hasteten, deren Decken sich im Dunkel verloren.

Falls dich dieser Brief vor mir erreicht, kannst du ihn den kriegsgestreßten Nerven zuschreiben, und zeige ihn bitte höchstens A. und C. und K., auf deren Nachsicht ich hoffe.

Dein George.

Der nachstehende Tagebuchauszug wurde am Ende meines Prager Dienstjahres, mehrere Monate nach dem deutschen Einmarsch, geschrieben. Zwei Wochen später brach der Zweite Weltkrieg aus.

19. AUGUST 1939
PRAG

Wieder neigt sich ein Sommer dem Ende zu – der unseligste seit den Tagen des Ersten Weltkriegs. Ein seltsamer Sommer, durchzogen von vielen zerstörerischen Gewitterstürmen, die Ernteschäden in Hundertmillionen-Höhe anrichteten und grimmig den schnellen Wechsel von Hoffen und Bangen der Menschen widerzuspiegeln schienen. Die Arbeit geht unverändert weiter. Selbst jetzt noch mühen sich die Bauern – von den Deutschen getrieben, von den häufigen Regengüssen abgeschreckt – um das Einbringen der Ernte, ehe die neue Krise den Höhepunkt erreicht. Und die gewerbliche Wirtschaft hat alle Hände voll zu tun, den unersättlichen Appetit des Reiches auf ihre Erzeugnisse zu stillen. Indessen hat seltsame Lethargie, fast Lähmung, alles andere Tun der Menschen befallen. Über allem ein Fragezeichen. Niemand wird initiativ, keiner plant für die Zukunft. Das kulturelle Leben und die Vergnügungen gehen halbherzig, mechanisch weiter. Theater und öffentliche Veranstaltungen ziehen nur wenige, gleichgültige Zuschauer an. Die Menschen verbringen die Sommerabende lieber in den Biergärten oder den kleinen Parks am Ufer, raunen einander die zahllosen Gerüchte zu, die sie selbst kaum glauben, und warten mit erzwungener Geduld auf das Nahen von etwas, das sie nicht zu beschreiben vermögen und das doch unabwendbar kommen muß und ihr Dasein völlig umstülpen wird. Die nahe Zukunft wird zeigen, ob dieses Abwarten einem gesunden Instinkt entspringt, oder ob es nur Ausdruck des natürlichen Widerwillens eines Volkes ist, das, eben aus einem zwanzigjährigen Unabhängigkeitstraum erwacht, einer neuen Versklavung entgegengeht.

Zwischen 1933 und 1939 hatte ich kaum Gelegenheit, mich in Nazideutschland umzusehen. Die folgende Passage stammt aus einer kurzen Durchreise durch Hamburg auf dem Weg nach London, drei Monate vor Kriegsausbruch, als ich offiziell noch in Prag tätig war.

Inzwischen war unser zweites Kind, Joan Elizabeth, zur Welt gekommen und jetzt fröhliche drei Jahre alt.

JUNI 1939
HAMBURG, CUXHAVEN

Im Zug von Berlin nach Hamburg würfelten S. (das Kindermädchen), Grace und ich um die Wette Tricktrack, und eine deutsche Mitreisende sah uns mißbilligend zu, weil wir uns ihrer Meinung nach zu wenig um Joany kümmerten.

Das Hotel in Hamburg war fast leer, weshalb uns der Direktor mit ausgesuchter Höflichkeit empfing und uns eine herrliche Suite mit Blick auf die Alster gab. Als gerade die Kinder zu Bett gebracht werden sollten, erschien mein Freund Charlie T.* Wir tranken irischen Whisky mit Soda und plauderten angeregt, während draußen die Schatten über dem See immer länger wurden. Bevor Grace ins Bett ging, zog ich ihr noch mit den Fingern einen losen Zahn.

Charlie führte uns zum Essen aus. Während der Fahrt zum Uhlenhorster Fährhaus stritten wir uns, was das Zeug hielt, über unser Land und die Vor- und Nachteile seiner Außenpolitik, waren aber tief im Herzen glücklich darüber, daß wir uns – kaum saßen

* Die Rede ist von meinem früheren Botschaftskollegen in Moskau, dem inzwischen verstorbenen Charles W. Thayer, der später als Schriftsteller und Humorist großes Ansehen genoß – ein höchst geistreicher und origineller Mann.

wir eine halbe Stunde beisammen – unweigerlich nach guter alter Moskauer Manier zu zanken anfingen.

Die »Fährhaus«-Terrasse war bis auf den letzten Platz mit neureichen Nazis besetzt. Wir mußten einen Tisch im Innenraum nehmen. Auf dem See gab es ein Feuerwerk, dem zuzusehen wir uns nicht die Mühe machten. Charlie kriegte Krach mit dem Kellner, weil die Erdbeeren ausblieben. Zwei faschistische Würdenträger aus Italien mit kantig geschnittenem schwarzem Bart und in makellos weißer Uniform tauchten auf; die Nazi-Ortsgrößen zeigten ihnen die Stadt.

Hamburg schien lustlos und leer. Immer noch vollführte es sämtliche Bewegungen seiner gewöhnlichen Aktivität, aber das Herz war nicht mehr dabei. Es hatte sein besonderes Flair verloren und war provinziell geworden, etwa wie Leningrad. Ich fühlte mich plötzlich sehr alt, als mir einfiel, daß es zwölf Jahre her war, seit ich hier gearbeitet hatte, und nun feststellte, wie sehr alles mir damals Bekannte schon der Vergangenheit angehörte.

8. JUNI 1939

Am frühen Morgen die Kinder und das Kindermädchen zum Bahnhof gebracht. Die kleinen Gesichter strahlten uns aus dem Zug herab an, und Grace winkte selig, als der Zug abfuhr. Ich war zu müde und zu sehr in meine Sorgen vertieft, als daß ich in dem Augenblick die ganze Bedeutung dieser Trennung erkannt hätte. Erst zwölf Stunden später, als schon die Sonne in der gleichgültigen Nordsee unterging, traf sie mich mit voller Wucht.

Der Zug zur Fähre verließ Hamburg um 21.30 Uhr und bummelte durch die flachen Wiesen dem Meer entgegen. In Cuxhaven prüfte ein feister Gestapo-Mann eingehend unsere Pässe, während zwei gelangweilte Beamte in schwarzer Uniform in vergeblicher Suche nach unseren Namen die dickleibigen Bände der schwarzen Liste wälzten. Es war eine traurige Seereise, die traurigste je in meinem Leben. Von Norden blies eine frische Brise, kalt und herbstlich. Über uns drehten Möwen ihre Kreise. Der kleine Hafen lag unter uns, stumpf und gelangweilt. An Deck spielte brav die

Schiffskapelle, aber ihre Müh war fehl am Platz. Wir waren nur eine Handvoll Passagiere, und keinem war schneidig zumute; ebensowenig wohnte unserer Abreise irgendeine Hoffnung auf Erlebnisse oder Abenteuer inne, die martialische Begleitmusik gerechtfertigt hätte. Schließlich wurde die Gangway eingezogen. Die Kapelle spielte »Deutschland über alles« und das Horst-Wessel-Lied, und die Fahrt konnte beginnen.

Als 1939 der Krieg ausbrach, wurde ich von Prag an die Botschaft in Berlin versetzt, wo ich bis zum Überfall auf Pearl Harbor und die deutsche Kriegserklärung an Amerika im Dezember 1941 für Verwaltungsangelegenheiten zuständig war; dann wurde ich wie das gesamte Botschaftspersonal von den Deutschen interniert.

In jenen Jahren gab es nur sehr wenige Reisen, und fürs Tagebuch blieb kaum Zeit und schon gar keine Kraft. Die nachstehenden Passagen – die erste ist halb (freilich nur halb) erdichtet – sind alles, was übriggeblieben ist.

IRGENDWANN ZWISCHEN
FEBRUAR UND APRIL 1940
KRIEGSDEUTSCHLAND

Der Nachtzug von Berlin nach München hielt in Halle. Es war elf Uhr abends. Der Bahnhof war verdunkelt, der Bahnsteig lag in grauem Düster.

Der Zug war wie gewöhnlich überfüllt, und unter ihrem Gepäck und ihrer Ausrüstung stolpernde Soldaten kämpften mit den Zivilisten um einen Stehplatz in den drangvollen Korridoren und Verbindungsgängen zwischen den Waggons. Es herrschte Stimmengewirr, Stiefel schlurften übers Pflaster, Lokomotiven keuchten und menschliche Schemen huschten durchs Dunkel.

Der internationale Schlafwagen, der – Krieg hin, Krieg her – die zeitlose Aufschrift »Compagnie Internationale des Wagons-Lits et des Grands Express Européens« trug, wurde an die Spitze des Zuges rangiert. Der Schlafwagenschaffner stand in der Waggontür, blickte auf den Bahnsteig hinunter und kaute am Stummel einer erloschenen Zigarette. Er war ein drahtiger kleiner Südeuropäer mit großen, dunklen Augen und unrasiertem, tiefgefurchtem Gesicht.

Seine schrumplige Uniform war am Kragen offen, auf der Brust prangten Kaffeeflecken. Er stand da, wachte über seine privilegierten, schlafenden Gäste und betrachtete mit breiter latinischer Verächtlichkeit die Szene unter sich – das Kommen und Gehen der dünnhaarigen, farblosen, sentimentalen Nordbewohner.

Eine junge Frau bahnte sich den Weg durch den dichtbestandenen Korridor des Anschlußwagens und kletterte die Trittbretter hinunter. Sie trug eine rote Bluse, einen dunkelblauen Rock und war ohne Hut. Sie atmete ein paarmal tief und brachte ihr Haar in Ordnung. Als sie sah, daß der Schaffner eine Uniform anhatte und mithin offenkundig eine gewisse Autorität genoß, wandte sie sich kokett weinerlich an ihn: »Können Sie mir nicht helfen?« fragte sie. »Gibt es denn nicht irgendwo einen Platz zum Sitzen oder wenigstens einen vernünftigen Stehplatz? Ich muß morgen früh in Innsbruck wieder bei der Arbeit sein und kann nicht die ganze Nacht in dem Gedränge stehen.«

Der Schaffner maß sie mit kaltem Blick von Kopf bis Fuß und überlegte einen Augenblick. »Doch«, sagte er leise, »kommen Sie herauf.« Sie stieg ein und stand im Schein der bleichen, blauen Birne. Sie war etwa Ende Zwanzig. Sie hatte engstehende Augen und einen selbstsüchtigen, schmallippigen Mund, und in ihrem Gesicht standen die Gier, Anmaßung und Engstirnigkeit der unteren Mittelschicht geschrieben, der sie entstammte.

»Und was mache ich mit meinem Gepäck?« fragte sie.

»Geht schon in Ordnung«, sagte der Schaffner, »Sie können ja hin und wieder danach schauen.«

Der Zug setzte sich in Bewegung und schob sich langsam in die schwarze Nacht. Die beiden standen eine Viertelstunde auf der Eingangsplattform und unterhielten sich. Sie war ob dieser unerwarteten Gastfreundschaft hocherfreut und redete ohne Unterlaß, um ihre Chance zu verlängern und zu sichern. Schließlich sagte der Schaffner, sie solle in den Waggon kommen und sich setzen.

Der menschenleere Schlafwagengang war mit einem Teppich ausgelegt und hatte Vorhänge an den Fenstern. Das helle Licht ließ sie blinzeln. Im Verhältnis zum Dritter-Klasse-Wagen gleich dahinter erschien dies ein Hafen der Wärme, der Geräumigkeit und des

Luxus. Am anderen Ende des Waggons gab es eine mit schwarzem Ersatzleder gepolsterte Bank für den Schaffner, die er in den Korridor herunterlassen und auf der er sich hinlegen konnte; daneben war eine schmutzige kleine Kaffeeküche mit einem Holzhocker und einem Waschbecken; sie bot zwei Leuten kaum genug Platz zum Stehen.

Erst saßen sie auf der Bank, wo ihr der Schaffner ausgesuchte Komplimente machte und in gebrochenem Deutsch schlüpfrige italienische Geschichten erzählte. Sie wurde rot und lachte im Vollgefühl ihres Erfolgs und ihrer Leistung.

Er nahm sie bei der Hand und zog sie in die kleine Küche. Die Luft war stickig. Die Waggonwände stöhnten und die Räder stampften ohne Unterlaß. Auf der Ablage über dem Waschbecken tanzten zwei ungespülte Gläser und rieben sich klingelnd aneinander.

Der Schaffner legte einen Arm um sie und grinste ihr lüstern ins Gesicht. Er hatte zwei Goldzähne und roch übel aus dem Mund. Sie schreckte zurück. Dann erinnerte sie sich des Dritter-Klasse-Wagens und der elend die Nacht durchstehenden Menge.

»Aber nein«, sagte sie schwach und kicherte nervös, »das geht doch nicht. Das sollten Sie eigentlich nicht machen.«

Die Räder stampften, die Wände ächzten, die zwei ungespülten Gläser klingelten weiter.

Um zwei Uhr morgens fuhr der Zug durchs nachtschwarze Thüringen. Der Schaffner lag ausgestreckt auf seiner Bank im Gang und schlief. Sein Mund stand offen, und sein Schnarchen übertönte den Fahrlärm. Die Frau saß an seinem Fußende, das Kinn in der Hand, die Ellbogen auf den Knien, und starrte die ganze Nacht trübsinnig in den leeren Flur. Sie hatte Durst und war unglaublich müde. Ihr Rock war beschmutzt. Den Kamm hatte sie beim Gepäck gelassen.

Plötzlich stand sie auf, ging in die Küche, packte eines der beiden tanzenden Gläser und schob es heftig an den anderen Rand. Sie ging in den Flur zurück, setzte sich wieder auf die Bank und starrte dumpf auf den Schaffner, dessen Unterlippe bei jedem Ausatmen leise zitterte. Dann legte sie den Kopf wieder in die Hände und fing leise zu weinen an.

Um fünf Uhr in der Früh schob sich fahles Tageslicht durch die Vorhangritzen in den Korridor. Der Zug stand endlos lange auf einem Bahnhof, und die plötzliche Stille war bedrückend. Zwei Männer in Soldatenuniform brachen unter lautem Geschnatter in den Wagen ein und gingen durch den Flur. Im Vorbeigehen schauten sie die Frau an, und einer sagte: »Nu, nu, was haben wir denn da.« Aber die Frau sah reglos an ihnen vorbei, und sie gingen lauthals lachend weiter.

Der Zug setzte sich wieder in Bewegung. Der Schaffner, den die Unterbrechung geweckt hatte, zog seine Beine langsam hoch, streckte sich und setzte sich auf. So saß er ein paar Minuten, blickte brummig vor sich hin und kratzte sich im dichten schwarzen Haar am Hinterkopf. Dann sah er auf die Uhr, stand auf, streckte sich wieder und verschwand den Gang hinunter.

Als er wiederkam, saß sie immer noch am Ende der Bank, hatte sich aber jetzt an die Wand geschmiegt und die Augen geschlossen. Er merkte, daß jetzt kein Platz mehr für seine Beine war.

Er bückte sich, schüttelte sie an der Schulter, bis sie die Augen aufmachte. Dann grinste er und sagte: »Jetzt müssen Sie wieder in den anderen Wagen zurück. Sie können nicht mehr hierbleiben. Wir sind gleich in München, und bald kommt der Schaffner.«

Die Frau stand auf und schoß ihm einen unbeschreiblich haßerfüllten Blick zu. Dann wandte sie sich um, ging langsam den Gang hinunter, strich dabei ihren zerknitterten Rock glatt und verschwand durch die Tür am anderen Ende.

Der Schlafwagenschaffner sah ihr grinsend nach. Dann legte er sich wieder auf seine Bank und schlief sofort ein.

In der Kaffeeküche hatte sich das weggeschobene Glas in den Morgenstunden mühsam über die Ablage zurückgekämpft und endlich den Genossen am anderen Ende wiedergefunden, und sogleich begann wieder ihr fröhlich schwankender Reigen.

Die deutschen Heere, die im Juni 1940 über die Niederlande und Nordfrankreich wegfegten, überrannten natürlich auch die amerikanischen Botschaften in den jeweiligen Hauptstädten, so daß sämtliche normalen Verbindungen zur Außenwelt vorübergehend unterbrochen waren. Eine Zeitlang konnten weder Washington noch die Botschaft in Berlin telephonisch oder telegraphisch mit diesen Vertretungen Kontakt aufnehmen oder feststellen, was aus ihnen und ihrem Personal geworden war. Die deutschen Militärbehörden erlaubten jedoch einem Mitarbeiter der Berliner Botschaft, mit den Verkehrsmitteln, die er auftreiben konnte, in die fraglichen Städte zu reisen und mit dem amerikanischen Restpersonal Verbindung aufzunehmen. Diese Aufgabe wurde mir übertragen. Hier einige Auszüge aus meinen damaligen persönlichen Berichten über den Besuch in Den Haag und Paris. Der Leser sollte sich vor Augen halten, daß die militärischen Operationen eben erst zu Ende gegangen waren. Die überrannten Gebiete standen noch unter strikter militärischer Besetzung durch die deutschen Truppen. Zur Außenwelt bestand kaum ein Kontakt.

14. JUNI 1940

Habe Berlin kurz vor ein Uhr auf dem eben wieder eingesetzten Schnellzug nach Paris verlassen. Zwischen Berlin und Hannover arbeiteten Kriegsgefangene, vermutlich Polen, auf den Feldern. Die Sonne brannte auf die flachen, baumlosen Äcker, und die Wachmannschaft sorgte dafür, daß die Gefangenen in makellosen germanischen Reihen blieben.

Hinter Hannover begegneten uns lange Güterzüge mit weiteren Kriegsgefangenen, vermutlich von diesem Abschnitt der Westfront. Nur durch schmale Luken am jeweiligen Wagenende drang etwas

Licht und Luft in die geschlossenen Waggons, dahinter konnte man enggedrängt die Köpfe, bleichen Gesichter und verstörten Augen sehen, die müde und heimwehvoll auf die kalte Strenge der norddeutschen Tiefebene starrten.

An der Grenze standen auf einem Nebengeleis wartend zwei Eisenbahnzüge voller SS mit vollständiger Ausrüstung; Kraftfahrzeuge, Flakgeschütze und Feldküchen waren auf Flachwagen festgezurrt. Im Gegensatz zu den Gefangenenwaggons standen hier die Schiebetüren der Waggons weit offen; in den Türöffnungen drängten sich Soldaten, die alle ziemlich gleich aussahen, starrten auf unseren Luxuszug und verschlangen die Zeitungen und Illustrierten, die ihnen einige Passagiere zuwarfen.

In Holland waren, jedenfalls in dem Distrikt, durch den wir fuhren, kaum Kriegsschäden zu bemerken. Längs der Strecke hin und wieder ein ausgebrannter Bauernhof oder ein halbzerstörtes Lagerhaus. Aber alles war schon in echt niederländischem Reinlichkeitssinn gründlich aufgeräumt, und die gesprengte Ijssel-Brücke war von den Deutschen wieder so weit in Ordnung gebracht worden, daß unser schwerer Zug sie langsam überqueren konnte.

Als wir Deventer erreichten, dämmerte es schon, so daß wegen der Verdunkelungsvorschriften die Rollos im Zug heruntergelassen werden mußten. Den restlichen Abend brachte ich damit zu, mir ein Gespräch zwischen einem blasierten Nazi-Geschäftsmann und einem erfolgreichen Holländer der Fünften Kolonne anzuhören. Ich mußte an mich halten und verkrallte meine Finger im Sitzkissen des Erster-Klasse-Abteils, so sehr reizte es mich, den selbstgefälligen und heuchlerischen Schwätzern die Leviten zu lesen. Den kalten, aufgeblasenen Deutschen, der lediglich die Leitartikel des *Völkischen Beobachters* nachbetete, lohnte es sich kaum in Verlegenheit zu bringen. Der Holländer hingegen, der Scharfsinn und Sprachgewandtheit besaß, stellte meine Selbstbeherrschung auf eine harte Probe. Er lobte die Ideale des Nationalsozialismus, belehrte den Deutschen über die holländische Tradition und den bürgerlichen Konservatismus der Niederlande und meinte bedauernd, es werde schwer sein, die holländische Jugend, die nur ein kleines Land ihr eigen nenne und keine großen Eroberungen zu erwarten habe, für den Nationalsozialismus zu gewinnen.

Der Gesandte, der über Funk aus New York von meiner Ankunft erfahren hatte, holte mich am Bahnhof ab und nahm mich mit sich nach Hause. Dort mußte ich den ersten Ausbruch seiner (durchaus, aber doch wieder nur teilweise gerechtfertigten) Wut über mich ergehen lassen, daß er so lange Zeit ohne jede Verbindung geblieben war. Dann, nach mehreren Gläsern eines ausgezeichneten Champagners, wurde ich in ein bequemes Bett verstaut, wo ich bis tief in den nächsten Morgen schlief.

15. JUNI 1940
DEN HAAG

Regen – ein englischer Nebelregen, der nach aufgeweichten Wiesen und dem nahen Meer roch – nieselte durch die großen Linden auf das Haager Kopfsteinpflaster.

Am Nachmittag machte ich einen langen Spaziergang. Die zierlichen, sauber proportionierten Fassaden atmeten puritanische Lebensart und soliden, unprätentiösen Wohlstand. Alles nahm sich derart förmlich aus, daß sich mir kein anderes Bild einstellen wollte als das von Generationen von Gästen, die zum Tee kommen und von der Dienerschaft eiskalt und mißtrauisch auf ihre gesellschaftliche Qualifikation hin beäugt werden. Ganz offenkundig war dies ein Land, in dem kein Erwachsener, der vom strengen Pfad der Tugend abwich, auch nur den geringsten Anspruch auf Wärme oder Vergebung oder Zärtlichkeit hatte. Aber Kultur hatte es, o ja.

Ich ging zu Fuß nach Scheveningen und kam dort völlig durchnäßt an. Aus Nordwesten blies ein halber Sturm. Die großen Brecher stürzten sich mit lautem Gezisch auf den Sandstrand. Über den menschenleeren Gehsteig stob der Regen, und im minenverseuchten Meer bewegte sich kein Schiff.

Der Bahnhof war dunkel und leer. Zunächst war ich nicht sicher, ob überhaupt eine Bahn fuhr. Im Wachraum saßen ein paar deutsche Soldaten und tranken Bier, und eine häßliche Kellnerin kraulte einen am Kinn. In der Bahn zurück nach Den Haag waren meine einzigen Fahrtgenossen vier holländische Schulkinder, die fröhlich schnatterten und sich von dem grauen Tag, den regenverschmierten

Scheiben, den leeren Plätzen und den Ruinen überhaupt nicht stören ließen.

An einer großen Haltestelle irgendwo im Osten der Stadt stiegen wir aus. Ich brauchte fast eine Stunde, bis ich zur Gesandtschaft zurückgefunden hatte. Auf meiner Suche marschierte ich meilenweit durch nüchterne Straßen, überquerte Brücken, ging an stillen Kanälen entlang und über dunkelschattige kleine Plätze. Ich sah mir die derben, ungerührten, hartnäckigen Leute an, die ihre Fahrräder fuhren oder schoben und ihre Lastkähne bewegten. So sehr gewohnheits- und traditionsvertieft waren sie, daß man den Eindruck hatte, nichts könne sie je berühren. Doch so sehr ich mich auch bemühte, ich konnte mir für die meisten von ihnen kaum etwas anderes als Zerfall und Niedergang vorstellen, falls Deutschland den Krieg gewann. Was hatte Deutschland diesem Land wirtschaftlich als Ersatz für die verlorengegangene Position als Zentrum eines Kolonialreiches oder Durchgangshafen für den Überseehandel zu bieten? Ähnlich wie Norwegen und Dänemark lebten diese Provinzen weitgehend von ihren überseeischen Verbindungen. Sie waren Europas Fenster zur Welt. Aber brauchte ein von Deutschland beherrschtes, ökonomisch zu kontinentaler Autarkie verurteiltes, jedenfalls im Norden all seiner Kolonialreiche beraubtes Europa, ein Europa, das an seiner Küste das große, wirbelnde Wirtschaftsleben Englands gekappt hatte – brauchte ein solches Europa überhaupt so etwas wie Fenster zur Welt? Rotterdam bliebe Transithafen, gewiß. Doch das – und etwas Blumen- und Gemüsezucht – würde kaum hinreichen zum Erhalt der dichten Bevölkerung und des hohen Lebensstandards dieser wasserverhafteten Provinzen.

Zu erwarten stand lediglich, daß zur geistigen Not, die mit der Zerstörung einer großen Kultur und Tradition einhergeht, noch das Elend der Fremdausbeutung und des Wirtschaftsniedergangs träte und eines Tages große Teile dieser holländischen Städte in die Sümpfe zurücksänken, aus denen sie so stolz und gekonnt errichtet worden waren, und von ihnen nichts anderes bliebe als eine Kuriosität zur Erbauung künftiger Generationen deutscher Touristen, denen dann vielleicht aufginge – spät und hilflos aufginge –, welche Werte ihre Vorväter so leichtsinnig zerstört hatten.

Heute morgen unternahm ich wiederum einen langen Spaziergang, auf dem ich lediglich eine deutsche Militärkapelle einer großen, ungerührten, freundlich applaudierenden holländischen Zuhörerschar aufspielen hörte und nur ein oder zwei Straßen von der Gesandtschaft entfernt einen zum größten Teil von Bomben wegradierten Häuserblock vorfand.

Nachmittags Ausfahrt mit E. in seinem Wagen. Erst fuhren wir in eine kleine Stadt ganz in der Nähe und besuchten dort unseren Konsul von Rotterdam, dessen Kanzlei und Residenz beim Bombenangriff zerstört worden war und der sich jetzt vorübergehend hier niedergelassen hatte. Wir trafen ihn zu Hause an und tranken ein Glas mit ihm. Das Zimmer war auf der einen Seite, dem Garten zu, völlig offen. Dort tropfte der Regen ins dichte Gras und auf einen kleinen, überwucherten Kanal, und alles sah sehr holländisch und traurig und friedlich aus. Auf der anderen Seite des Kanals strömten unablässig Radfahrer vorbei, und eine herrliche Blutbuche glänzte im Regen.

Von da aus ging es weiter nach Rotterdam. Wir fuhren durch eine normale Ladenstraße in die Stadt, die Geschäfte waren geöffnet, die Straßenbahnen fuhren, und auf den Trottoirs herrschte geschäftiges Treiben. Plötzlich, völlig übergangslos, wie mit einem gewaltigen Beilhieb markiert, hörten die Häuser auf und tat sich ein weites, offenes Trümmerfeld auf. Hie und da stand noch eine Mauer oder sogar der ausgemergelte Rahmen eines Hauses, aber ansonsten lag alles flach und grau und verwüstet. Die diese große Ruinenwüste durchziehenden Hauptadern waren unberührt geblieben. Auf ihnen fuhren Straßenbahnen und Autos und strampelten die unergründlichen Holländer auf ihren Fahrrädern, als sei nichts geschehen. An einer wichtigen Kreuzung war der Verkehr sogar ziemlich dicht, aber nirgends in der Umgebung stand auch nur ein einziges Gebäude. Man hatte den Eindruck, als handle es sich um irgendeine Kreuzung draußen auf dem Land, inmitten von Feldern, die als Schuttplatz für Trümmer und Abfall dienten.

Am auffallendsten – vom gespenstischen Umfang der Zerstörung (die zerstörten Häuser mußten in die Tausende gehen) einmal abgesehen – war das völlige Fehlen jeglichen Übergangs. Wo keine Bomben gefallen waren, schien alles vollkommen in Ordnung. Dort, wo sie gefallen waren, war rein gar nichts übriggeblieben. Auf der einen Seite sah ich ein völlig normal funktionierendes Geschäft und Menschen in einem Haus wohnen, während auf der anderen Seite, direkt daneben, nichts lag als eine Wüste aus gebleichten, rauchenden Trümmern, so weit das Auge blickte...

Von Rotterdam nach Den Haag zurück fuhren wir über die breite Landstraße, auf der am ersten Morgen der Invasion die deutschen Transportflugzeuge gelandet waren. Die Hecken waren an vielen Stellen beschädigt, wo die schweren Maschinen von der Straße abgedreht hatten und zum Stehen gekommen waren. An der Einfahrt zum Flughafen bei Den Haag lehnte eine Menschenmenge auf den Fahrrädern und starrte durch den Zaun auf ein paar rauchende Trümmer neben dem zerfetzten Verwaltungsgebäude. Auch wir hielten, um uns das anzusehen, aber ein wütender Luftwaffenleutnant schrie die Wachen an, sie sollten die Amerikaner wegscheuchen, und gehorsam machten wir uns davon.

17. JUNI 1940

Heute sehr früh aufgestanden, um den Sechs-Uhr-Zug zurück nach Berlin zu erwischen. Die fünfstündige Fahrt durch das besetzte Holland in den öden Sonntagmorgenstunden war wirklich stumpfsinnig. Es regnete immer noch, die Städte waren wie leergefegt; man hatte das Gefühl, als sei die Welt von allem und jedem verlassen, ausgenommen von den Kühen. Ich las die deutsche Zeitung, brütete düster über das Propapagandagerede vom »sinnlosen« holländischen Widerstand und dachte, wenn für mich in diesem Krieg überhaupt irgend etwas Sinn hatte, dann der Widerstand, der die Ruinen von Rotterdam verursachte.

Da von den Deutschen immer noch keine freie Reisemöglichkeit in Sicht war, bot mir B. eines seiner Autos und die erforderliche Benzinmenge an, und so setzte ich mich Punkt 14 Uhr von seinem Landhaus bei Waterloo aus in einem kleinen Chevrolet gen Paris in Marsch. Mit mir fuhr ein amerikanischer Ambulanzfahrer, der in Paris seine Kleider holen wollte. Da man uns warnte, die vor uns liegende Strecke sei von den Kämpfen schlimm zugerichtet und für Reisende etwa so unwirtlich wie eine Wüste, bewaffneten wir uns für den Fall einer Panne mit einer Flasche Trinkwasser und etwas Schokolade als Notzehrung.

Tatsächlich waren die Verheerungen, insbesondere südlich der alten belgischen Grenze, geradezu erschreckend. Alle Städte waren beschädigt; ein paar größere – vor allem Valenciennes und Cambrai – waren völlig zerfetzt, menschenleer und unbewohnbar. Hier führte der Weg durch beiderseits von Fassaden bestandene Straßen, hinter denen man jedoch durch die gähnenden, zersplitterten Fenster nur Ruinen, Asche und Trümmer sah. An manchen Stellen stahl sich noch der grimme Geruch verwesender Leichen unheilvoll zur Straße vor. Diese Gemeinden schienen, wohl auf Befehl der Militärbehörden, von allen Bewohnern verlassen, die der Zerstörung entronnen waren. Deutsche Wachmannschaften sperrten sie ab und bewachten sie, vermutlich, um Plünderungen zu vermeiden; ein seltsames Gefühl bemächtigte sich meiner beim Anblick der unerforschlichen, wetterharten Gesichter der deutschen Posten, die hier vor ihrem eigenhändigen Zerstörungswerk Wache standen. Als komme es jetzt noch im geringsten darauf an, wer vor diesen zerquetschten Wohnungen und stinkenden Leibern Wache halte! Als hätte dieses Abfallgewirr halbzerstörter menschlicher Habe noch irgendeinen Wert, wo alles Leben und alle Hoffnung schon vernichtet waren!

Auf der Suche nach ihrer Heimat kämpften sich Flüchtlinge mühselig nach Norden zurück. Ihr Transportmittel war zumeist der typisch französische, zweirädrige, pferdebespannte große Bauernkarren, auf dem eine ganze Familie und viel Hausrat Platz fanden. Einige fuhren auf Fahrrädern. Andere schoben Kinderwagen, in denen ein paar Habseligkeiten lagen. Ihre Gesichter waren unvergeßlich, aller Verstellung, aller Falschheit, aller Eitelkeit, allen Selbstbewußtseins bar, welk vor Müdigkeit, Angst und Not.

Auf einem Karren sah ich ein Mädchen dahinzuckeln. Ihr Kleidchen war verdreckt und zerrissen. Vermutlich hatte sie seit Tagen die Kleider nicht vom Leib gebracht, geschweige denn sich waschen können. Sie saß da, das Kinn in die Hände gestützt, und starrte unbewegt auf die Straße. Aus ihrem Gesicht war alle Kindlichkeit verschwunden. Übriggeblieben war nichts als eine Bitterkeit, zu tief selbst für einen Seufzer, ein Wundern, zu dicht selbst für eine Frage. Wie würde sie nach dem allem dem Leben begegnen? Versuch doch mal, ihr etwas über Liberalismus und Demokratie, über Fortschritt, Ideale, Traditionen, Liebesromantik zu erzählen – du wirst schon sehen, wie weit du damit kommst. Was soll sie von der Menschheit halten? Meinst du etwa, sie wird nach alledem zur flammenden Patriotin? Sie hat den völligen moralischen Zusammenbruch und Niedergang ihres eigenen Volkes mitangesehen. Sie sah, wie ihre Landsleute einander beiseite schoben und übereinander stolperten in der blinden, panischen Flucht, mit der sie vor den heranrückenden Deutschen zu entkommen und ihren Besitz zu retten trachteten. Sie sah, wie ihre geschlagenen, demoralisierten Soldaten sich durch die Flüchtlingsströme auf den Landstraßen durchschoben. Sie sah ihre Landsleute rauben und plündern in einer wahren Orgie der Auflösung auf der Flucht vor dem vorrückenden Feind; vielleicht hatte sie selbst mit Hand angelegt beim Stehlen. Sie sah diese Franzosen in der ganzen Häßlichkeit der Panik, Besiegung, Demoralisierung.

Die Deutschen hingegen erlebte sie als diszipliniert, erfolgreich, selbstsicher. Deren Soldaten waren sonnengebräunt, kräftig und wohlgelaunt. Sie sah sie an Kreuzungen Nahrung und Wasser an Flüchtlinge verteilen, Lager und Erste-Hilfe-Stationen errichten, die Alten und Kranken auf ihren großen Diesellastern und Anhängern transportieren, Plünderern den Weg versperren. Welcher Nährboden für die deutsche Propaganda, welch frisch gepflügtes Land für die soziale Revolution, die der Nationalsozialismus mit sich führt.

Als wir uns Senlis näherten, war die Straße meilenweit gesäumt von Dingen, die die Franzosen weggeworfen hatten – meist Papier und Kartons und Kleidungsstücke, wie es schien. Fast kein Fleckchen Erdreich dazwischen. Das Papier konnte ich mir erklären, denn es bestand weitgehend aus leeren Patronenschachteln. Die Kleidungsstücke sind mir heute noch ein Rätsel, es sei denn, man habe sie den Toten und Verwundeten abgenommen.

An einer Stelle sahen wir eine große Wiese, auf der die Deutschen Hunderte herrenloser oder versprengter Pferde zusammengetrieben hatten. Ein paar alliierte Kriegsgefangene bewachten sie hoch zu Roß.

In den Vororten von Paris war kaum jemand zu sehen, aber die Straßen sahen genauso normal aus wie die in Brüssel. Als wir die Rue Lafayette hinabfuhren, wurden die Passanten immer weniger. Als wir schließlich die Oper erreichten, waren die Straßen praktisch menschenleer. Die Stadt war ganz einfach tot. An den Straßenecken standen lustlos Polizisten, aber es gab weder Verkehr zu regeln noch Fußgänger zu bewachen. Vor dem Café de la Paix saßen sechs deutsche Offiziere an einem Tisch. Sie nahmen sich recht einsam aus, wie sie da saßen, hinter sich das leere Café, vor sich die leere, kalte Straße – keine Passanten, die man sich ansehen, keine anderen Gäste, an die man sich halten konnte, niemand als nur sie ganz allein, ihren Triumph zu kosten.

Der Place de la Concorde war so leblos wie ein Dorfplatz an einem verregneten Sommerabend. Weder Flagge noch Schrifttafel an der amerikanischen Botschaft. Das schwere Eisengitter war geschlossen. Ich ging zur Seitentür und klingelte. Ein Nachtwächter musterte mich mißtrauisch und sagte mir dann, der Botschafter und Murphy (der zweite Mann) seien nach Clermont gegangen, wo die neue französische Regierung war. Er verhalf mir zu einem Telefongespräch mit B., der die Aufsicht hatte. B. bat mich zum Abendessen zu sich.

Ich ließ meinen Ambulanzfahrer und mein Gepäck im Hotel Bristol. Es war den verbliebenen Amerikanern als Zufluchtsstätte zugewiesen worden. Ein Großteil des Hotelpersonals fehlte, alles wirkte sehr improvisiert, aber es war den Amerikanern gelungen, die Deutschen fernzuhalten, und so gaben sie sich gerne zufrieden.

B. wohnte am Étoile. Auch hier vermittelten die Straßen den

Eindruck einer verlassenen Stadt. Die Häuser waren mit Brettern vernagelt. Die Stille war drückend. Gegenüber von B.s Wohnung hatte die deutsche Wehrmacht ein Gebäude besetzt, und während wir uns bei ihm im Wohnzimmer unterhielten, hörten wir die Stiefel der Wachsoldaten auf dem Pflaster klacken und zwischen den Häusern widerhallen.

Erst nach der Sperrstunde um zehn Uhr fuhr ich den Wagen zur Botschaft und ging durch die völlig verlassenen Straßen zu Fuß zum Hotel zurück. Die bekümmert dreinschauenden Pariser Polizisten und die deutschen Streifen starrten auf die ungewohnte Gestalt des Fußgängers und waren viel zu überrascht, als daß sie sich gerührt hätten. Nicht weniger verwundert war der Bursche am Empfangsschalter im Bristol, daß jemand zu solch unpassender Stunde Einlaß begehrte, und er schob die Riegel an der Tür mit dem ganzen Zeremoniell eines Mannes zurück, der eine belagerte Zitadelle öffnet.

Im Hotel fühlten sich der Ambulanzfahrer und ich zu sehr dem Weltuntergang nahe, als daß an Schlaf zu denken gewesen wäre, und wir entkorkten eine Flasche Whisky. Unsere nicht mehr ganz junge Nachbarin im Nebenzimmer gesellte sich zu uns. Sie war ein typisches Produkt der Pariser amerikanischen Gesellschaft und ertrug ihre Entbehrungen so frohgemut, daß sie uns mit ihren Erzählungen wahre Lachsalven entlockte.

3. JULI 1940
PARIS

Den Morgen quer durch die Stadt damit verbracht, Freunde von Bekannten aufzusuchen, aber niemand angetroffen. Ich fragte mich, was die Deutschen wohl so denken mochten. Ich sah ihre Offiziere in den Restaurants verzweifelt um vornehmes Gehabe bemüht, wo doch keine Menschenseele da war, vor der man hätte vornehm tun können. Ich hörte, Goebbels sei im Ritz abgestiegen, und dachte, wie so ganz anders und gottverloren der Place Vendôme aussehen mochte, verglichen mit dem Glanz und Luxus, den er sich wohl vorgestellt hatte. Ich ließ mir sagen, die Deutschen hätten versucht, das Casino de Paris für die Truppenbetreuung wiederzueröffnen, aber das sei ihnen gründlich mißlungen, denn die ganzen englischen Mädchen seien weg und die Französinnen, sofern man welche auftreiben konnte, seien so sehr Individualistinnen, daß sie den Takt nicht halten könnten.

Den ganzen Tag lang mühte ich mich ab, ein Gleichnis für das Geschehene zu finden. Konnte man den Deutschen nicht sagen, der Genius von Paris sei viel zu delikat und scheu gewesen, als daß er ihre Herrschaft ertragen hätte, und sei deshalb in eben dem Augenblick vor ihnen weggeschmolzen, da sie ihn im Griff zu haben glaubten? Gab es nicht eine griechische Sage von dem Mann, der eine Göttin zu rauben versuchte und feststellen mußte, daß sie in dem Augenblick, da er sie anrührte, zu Stein erstarrte? Eben das war buchstäblich mit Paris passiert. Als die Deutschen einrückten, entschwand ganz einfach seine Seele; übrig blieb nichts als gefühlloser Stein. So lange sie bleiben (und das wird wohl lange sein), bleibt auch Paris bloßer Stein. Ihre Ankunft ließ die Mauern einer pulsierenden Stadt zum kalten Marmor eines Denkmals erstarren. Und selbst die Schönheiten der Stadt fingen nach zweiwöchiger Entseelung schon an, leicht schäbig, nutzlos und phantastisch auszusehen, Versailles und Fontainebleau zum Beispiel – als gewärtigten sie, jeden Augenblick ausgehoben, plakatiert und für den Rest aller Zeiten von Fremdenführern herumgezeigt zu werden.

Kurzum: Die Deutschen hielten den verblichenen Leichnam von Paris in den Armen. Vielleicht reden sie sich jetzt ein, die Stadt habe noch nie eine Seele besessen. Das ist noch das Beste, womit sie sich trösten können.

Nachstehend ein Auszug aus einem Brief an meine Frau, den ich ihr kurz vor Pearl Harbor und meiner Internierung durch die Deutschen von Berlin aus schrieb.

21. OKTOBER 1941
BERLIN

Im allgemeinen ist Berlin so geblieben, wie Du es gekannt hast. Die wichtigste Veränderung ist, daß die Juden jetzt Sterne tragen. Eine unglaubliche Barbarei. Nie werde ich die Gesichter der Menschen mit dem großen, gelben Stern auf dem Mantel vergessen, die in der U-Bahn stehen, sich nicht hinzusetzen oder jemanden zu streifen wagen, vor sich hinstarren mit Augen wie verschüchterte Tiere, noch auch den Anblick der Kinder, die mit dem aufgenähten Stern herumrennen. Soweit ich sehen konnte, war die Masse der Bevölkerung von der Maßnahme schockiert und beunruhigt, und kam es mal zu einer Demonstration, dann war sie meist den Opfern freundlich und entgegenkommend gesinnt. Wahrscheinlich werden deshalb die übriggebliebenen Juden jetzt in großen Schüben abtransportiert und sind kaum noch Sterne zu sehen.

In Liebe Euch allen
George

1942 und 1943 war ich in Portugal stationiert, wurde Anfang 1944 noch kurz nach London versetzt und ging im selben Jahr erneut nach Moskau, diesmal als Stellvertreter von Botschafter Averell Harriman. In Europa und im Fernen Osten war noch der Krieg im Gange, so daß die einzige Route nach Moskau über Nordafrika, den Nahen Osten und Iran führte.

Die nachstehenden Reisenotizen setzen in Lissabon ein, wo meine Frau und meine Kinder noch wohnten und wo ich auf dem Weg von London nach Moskau Station machte. Von Lissabon ging es dann weiter über Gibraltar, Algier, Neapel, Kairo, Bagdad und Teheran nach Moskau.

15. JUNI 1944
LISSABON–ALGIER

Abreise aus Portugal. Gegen Mittag das Gepäck zur Fluggesellschaft gebracht. Danach saßen Annelise und ich noch etwa eine Stunde lang in einem Straßencafé auf der Avenida und sahen dem bunten Treiben zu: den Wasserstoff-Blondinen Portugals, den Frauen mit dunkler Unterwäsche unter leichten Sommerkleidern, den ausgemergelten Pferden vor den schweren Zweiradkarren, der schulterklopfenden Herzlichkeit der Männer, die sich in den Cafés trafen. Dann fuhren wir zum Flughafen. Um zwei Uhr nahmen wir wieder einmal einen jener nervenzehrenden Kriegsabschiede, die mittlerweile so gewohnt geworden sind.

Den Flug nach Gibraltar teilte ich mit einem gelangweilten Kurier Seiner Majestät; ansonsten war nur Frachtgut an Bord. Unter uns zogen wie auf einem Riesenglobus langsam der Alentejo und die Algarve durch, wirkten dürr und kahl in der flimmernden Mittagsglut. Nach kurzem Zwischenaufenthalt in Gibraltar wurde ich am

Spätnachmittag in eine englische Militärmaschine verfrachtet, die auf dem Weg nach Algier einen Beobachtungsflug über das westliche Mittelmeer absolvierte. Stolz saß ich neben dem Piloten, betrachtete weit unter uns die weißen Schaumkronen auf dem herrlich blauen Mittelmeer, und es hätte mir gar nicht besser gehen können.

Am Flugplatz wurde ich von amerikanischen Kollegen erwartet und nach Algier gebracht. Vegetation und Landschaft erinnerten an Portugal, aber die französische Beschilderung ließ mir warm ums Herz werden. Das Meer hatte seinen ganz eigenen Geruch, dessen stechende Schärfe völlig anders war als die kühle Frische des Ozeans vor der portugiesischen Küste.

16. JUNI 1944
NEAPEL

Flug nach Neapel auf dem Klappsitz eines Militärtransporters. Das Wetter makellos. Die algerische und tunesische Felsküste wirkte still und verlassen. Selbst das in der heißen Junisonne bratende Neapel hatte etwas von der Alltagslangeweile der Friedenszeit zurückgewonnen. Die große Überraschung, die sich dem Reisenden in diesem Teil der Welt aufdrängt, ist nicht etwa der Umfang der Kriegsverheerungen, sondern vielmehr die Offenbarung, wie schnell die Kriegswogen eine Landschaft überfluten und wieder versickern und wieviel dennoch überleben kann.

Mittagessen mit Alexander Kirk und den beiden Kollegen M. und O. in Kirks Amts- und Wohnsitz, einer großen Villa mit Blick auf die Bucht.* Nach dem Essen spazierte ich durch den Garten, neugierig, wie wohl ein italienischer Garten aussehen mochte. Über die Wege huschten Schwärme winziger Eidechsen. Die Sonne brannte auf die hohen Rebstöcke herunter, aber ohne zu stechen. Inmitten eines winzigen, von jungen Obstbäumen umstandenen Kornfelds waren Garben frischgeschnittenen, saftgelben Weizens

* Alexander Kirk, ein älterer Karrierebeamter, war noch vor kurzem unser Geschäftsträger (und mein Chef) in Berlin gewesen. Jetzt diente er als politischer Berater des Alliierten Oberbefehlshabers in Italien.

übereinander geschichtet. Ein schläfriger Wachhund, den ich im Vorübergehen aus der Siesta gerissen hatte, bellte mich pflichtschuldigst und gutmütig an, kam dann zu dem Schluß, daß er an mir keine Anzeichen schlechten Gewissens entdecken konnte, und döste in klassischer Schlafpose wieder ein. Unter mir bog sich weit die Bucht mit ihren Schiffen, den weißen Stadtfassaden, den sanften Hängen der Hügel, in unanfechtbar majestätischer Stille und Anmut.

Am späteren Nachmittag nahmen mich M. und O. zu einer ausgedehnten Stadtrundfahrt mit. Nicht gerade ein erfreulicher Anblick. Die Menschen sahen zwar einigermaßen gut ernährt, aber abgerissen und schmutzig aus. Am meisten schienen sie mir unter dem völligen Fehlen aller Verkehrsmittel zu leiden. Nur einmal sah ich einen Straßenbahnzug aus drei unglaublich dreckigen und ramponierten Wagen durch eine Stadtrandstraße kriechen, und einmal schien ein amerikanischer Rotkreuzbus Zivilisten zu transportieren. Ansonsten gab es offenbar keinerlei öffentliche Verkehrsmittel, und die Kollektion uralter Pferdewagen, die hier zum Dienst gepreßt waren, wirkte lachhaft und mitleiderregend.

19. JUNI 1944
NEAPEL–KAIRO

In aller Herrgottsfrühe aufgestanden und ab zum Flughafen, wo einer der unerquicklichsten Reisetage begann, die ich je erlebt habe. Nichts als ein Klappsitz während eines endlosen Tages in einem abgedunkelten Flugzeug, in dem man unmöglich schlafen und kaum lesen konnte. Bei der Zwischenlandung in Malta konnte ich keine Erfrischung bekommen, denn das britische Offizierskasino wollte keine Dollar annehmen. Hungrig und schon jetzt hundemüde stieg ich am frühen Nachmittag in Bengasi aus der Maschine, und sogleich überfiel mich schlimmste Glut. Es war wie in einem Hochofen. Die Luft flimmerte vor Hitze, und über der Wüste drüben hing das Meer als Fata Morgana. Den ganzen Nachmittag lang dröhnte das Flugzeug über die Cyrenaika und die Libysche Wüste hin. Langsam schob sich der Halfaya Pass unter den Tragflächen durch, verlassen und reglos in der Nachmittagsglut, nichts als ein Kamm aus Fels und Sand, alle Zeichen der jüngsten Kämpfe und Leiden schon wieder verschlungen von der unbesiegbaren Gier der Wüste – wie des Meeres – nach gefräßiger, uferloser Einförmigkeit. In El Alamein waren noch Überbleibsel von Schützengräben und Geschützstellungen erkennbar, doch auch ihrer werden ein, zwei Jahre Herr werden.

Es dunkelte schon, als wir den ägyptischen Zielflughafen erreichten. Eng gedrängt auf der Ladefläche eines Lastwagens holperten wir weitere eineinhalb Stunden lang durch die Dunkelheit, der Himmel hinter uns vom verschwommenen Glühen des Wüsten-Sonnenuntergangs gesäumt. Um zehn Uhr abends fand ich mich mehr tot als lebendig ganz ohne meine Schuld, sondern einfach des Aberwitzes von Kriegsreisen willen, trübsinnig in der Halle von Shepherd's Hotel wieder. Sie hatten kein Zimmer für mich. Ich hatte kein ägyptisches Geld. Sie wollten weder meine Dollar noch eine sonstige Währung in meinem Besitz wechseln. In der Gesandtschaft war keine Menschenseele, die am Telefon auch nur einen Satz zu verstehen schien. Der Boy, der mein Gepäck hereingetragen hatte, wartete ungeduldig auf das Trinkgeld, das ich ihm nicht geben konnte. Ich fühlte mich miserabel.

20./21. JUNI 1944
KAIRO

Diese beiden Tage glichen einander so aufs Haar, daß sie keiner getrennten Beschreibung fähig waren. Ägypten, dieses ums Delta eines verseuchten Stroms versammelte Dreieck aus bewässerter Wüste, litt unter einer Hitzewelle. Meilen um Meilen brauner Ziegelwände staken im heißen Atem der Sahara. Die Drecklachen in den Außenbezirken dampften und stanken unter dem afrikanischen Feuerhimmel. In den Straßen des Ausländerviertels brütete das weißglühende Gleißen zwischen den nackten Betonmauern der Villen. Die Menschen verbarrikadierten sich in ihren Häusern gegen die Glut, und die Autos standen in schattigen Kellergaragen, weil sie sonst zu sehr aufheizten, als daß man sich noch in sie hätte setzen können.

Am Abend des ersten Tages, als die Sonne gesunken war und der Himmel sich abgekühlt hatte, spürte man die Hitze wie Dampf aus der Backofenerde hochsteigen. Ältliche Engländer, von ihrer Siesta noch benommen, schlenderten zum obligaten Golfspiel. Wandernde Araber, die während der Hitze des Tages im Schatten einer Mauer auf dem Pflaster gelegen hatten, erhoben sich, schüttelten etwas Schmutz von ihren Gewändern, schlugen auf ihre stumpfen Esel ein und nahmen den endlosen Treck von Irgendwo nach Nirgendwo wieder auf. Jeeps und Kübelwagen fuhren die Straße von den Pyramiden herunter und begegneten einer Karawane von Dromedaren, die langsam und geduldig den zeitlosen Hügel in die zeitlose Wüste hinaufstapften. Im Hotel Mena waren die Türen auf die Terrassen weit aufgestoßen. Von der Bar aus wurden im Freien Getränke serviert. Im Musikraum, umgeben von maurischem Gitterwerk, spielte die bleiche polnische Flüchtlingsfrau Chopin auf dem Klavier, ihr Hund hörte ihr zu, und eine einsame, vor Hitze kranke und benommene Ratte rannte erbärmlich zwischen den Palmentöpfen auf den Fußbodenziegeln hin und her auf der Suche nach einem Ausgang ins Dunkel und in die Frische des Gartens.

Am Abend des zweiten Tages endete die Hitze in einem Sandsturm. Trockene Wolken rollten und wirbelten durch die Stadt. Der Wind pfiff in den Jalousien des Hotels wie im Tauwerk eines Schiffes auf dem Meer, und in pausenlosem Zischen peitschte der Sand gegen Mauern und Fenster. Die Palmen im Garten bäumten sich klagend hin und her, ihre langen Zweige klapperten wild unter der Geißel des Sturms. Die Gäste saßen bei geschlossenen Läden und eingeschalteter Beleuchtung im Salon und lauschten wie Schneesturmgeblendete aufs Heulen des Windes.

Im Laufe der Nacht legte sich der Wind. Als der Morgen anbrach und ich mich zur Abfahrt zum Flugplatz fertig machte, war es wieder kühl geworden. Saubere, frische Luft lag über der schlafenden Stadt. Doch schon schob sich die Sonne groß und unheilkündend in den wolkenlosen Himmel, und binnen kurzem würde sich die Hitze und Verderbtheit des Tages erneut auf das fruchtbare, unheimliche Land senken.

22. JUNI 1944
KAIRO–BAGDAD

Um 7.30 Uhr in einem riesigen alten Überlandflugzeug der Imperial Airways nach Bagdad abgeflogen. Bis Palästina, wo wir kurz auftankten, verlief alles glatt. Von Palästina über die Wüste bis Bagdad wurden wir ordentlich durchgeschüttelt, und war es kalt in der Maschine. In Bagdad tauchten wir in eine plötzliche Hitze von 44 Grad im Schatten und noch viel mehr in der gleißenden Sonne auf dem Flughafen.

L. holte mich ab und brachte mich zur Gesandtschaft – ein modernes Gebäude, dessen Räume fast höhlenhafte Ausmaße hatten, das Ganze mit einer Klimaanlage ausgestattet, die nicht funktionierte, einem Swimmingpool, der sich im Augenblick nicht füllen ließ, und Badezimmern, in denen nur selten einmal Wasser lief.

23./25. JUNI 1944
BAGDAD

Von den drei Tagen im sommerlichen Bagdad nahm ich im wesentlichen das Gefühl der Klaustrophobie mit. Den ganzen Tag über verbarrikadierte uns die noch wütendere Außenhitze in der Gesandtschaft (in der die Temperatur nie unter 33 Grad sank). Hin und wieder taten wir einen Blick durchs Fenster (etwa so, wie man im Norden bei o Grad hinausschaut) und sahen den sengend heißen Wind an den Eukalyptusbäumen zerren und das flache, gebleichte Land in farblosen Wüstensonnenschein gehüllt, einen Sonnenschein ohne alle Nuancierung, Abstufung, Schatten, einen Sonnenschein, der nicht einmal die Haut bräunt, sondern nur erbarmungslos zuschlägt und alles mit unzähmbarer Feindseligkeit durchdringt und auflöst. In dieses Inferno konnten sich nur, wie Noël Coward singt, »tolle Hunde und Engländer« hinauswagen. Nachts kühlte es beträchtlich ab, so daß wir einigermaßen erträglich auf dem Dach schlafen konnten. Jetzt aber waren wirkliche tolle Hunde und Schakale aus der Wüste gekommen, so daß man sich in dem Außenbezirk, in dem die Gesandtschaft lag, nicht ohne Gefahr nach draußen wagen konnte. Die einzig erträgliche Tageszeit, zu der man aus den Gefängnismauern ausbrechen konnte, waren die frühen Morgenstunden.

Die trockene Hitze war nervenzerrüttend. Von morgens bis abends mußte man Wasser trinken, und selbst dann noch wollten die Nieren ihre Tätigkeit einstellen.

Einigermaßen gesund bleiben konnte man nur durch Einhaltung einer strengen und wissenschaftlich ergründeten Disziplin und Routine im Privatleben.

Soweit zu den Erschwernissen; doch wie stand es mit den dienstlichen Möglichkeiten in Bagdad? In diesem Land haben Egoismus und Gleichgültigkeit fast die gesamte Produktivität der Natur lahmgelegt, kann sich eine Vegetation nur an den Ufern der großen Flüsse halten, die seine Wüsten durchqueren, ist das Klima der menschlichen Gesundheit und Kraft nachteilig gesonnen.

Die Bevölkerung pflegt unhygienische Gewohnheiten, ist von Krankheit schwer geschwächt und angeschlagen, neigt zu allerlei religiöser Bigotterie und zum Fanatismus, ist von den Lehrsätzen des am weitesten verbreiteten Glaubens dazu verurteilt, die eine Hälfte der Bevölkerung – die weibliche nämlich – durch ein System unbegrenzten Hausarrests eingesperrt und den produktiven Anstrengungen der Gesellschaft fern zu halten, ist tief und unausweichlich geprägt von den psychologischen Gewohnheiten des einstigen Hirtendaseins, das seit jeher im Widerspruch steht zur Agrar- und Industriekultur – was, so frage ich mich, soll daraus werden?

28. JUNI 1944
TEHERAN

Am Montag, dem 26. Juni, verließ ich Bagdad und flog in einer von Briten gesteuerten Lockheed nach Teheran. Das Land schien aus hohen, unfruchtbaren Bergkämmen zu bestehen, die von Nordwesten nach Südosten verlaufen und lange, gerade, fruchtbare, von den Gebirgsflüssen bewässerte Täler umschließen. In Teheran empfing mich ein Mitarbeiter der Gesandtschaft, ein kläglicher Herr, der mir sofort erklärte, er sei krank, und alle Fragen über Persien entweder im Tone rabenschwarzer Verzweiflung oder so geheimnisvoll ausweichend beantwortete, daß man daraus nur auf das Schlimmste schließen konnte, wohl auch sollte. Er war indes sehr entgegenkommend, lieh mir Geld und brachte mich in einem verdreckten und lauten Hotelzimmer unter. Abends spielte eine Kapelle im Garten und fuhren unablässig Wagen mit Offizieren und Beamten von mindestens vier verschiedenen Nationen vor und wieder ab.

Als ich noch ein paar Schritte nach draußen tat, stellte ich zu meiner Überraschung fest, daß die Stadt sehr russisch wirkte. In der schnurgeraden, kopfsteingepflasterten Straße, den hohen Zäunen, den russischen Wegweisern, der im Dunkel wandernden Menge und im kosmopolitischen Zungengewirr roch ich geradezu den bekannten Atem der Sommerabende im fernen Reval. Daß diese zwei Hauptstädte einander so fern und zugleich so nahe waren, verbunden durch das riesige Fluidum Rußland, war schon ein eindrucksvoller Gedanke.

1. JULI 1944
TEHERAN–MOSKAU

Um fünf Uhr in der Früh kamen wir auf dem russischen Flughafen an. Dort warteten wir fast eine Stunde, bis wir starten konnten. Ein gesatteltes, aber halfterloses Pferd, an dessen Seite ein klappernder Offiziersdegen baumelte, hatte sich auf dem Flugplatz losgerissen und schlug zwischen den geparkten Maschinen seine Kapriolen. Nachdem zwanzig oder dreißig Flughafenbedienstete das Pferd unter großem Geschrei und Gelächter eingefangen hatten, fehlte noch ein russischer Leutnant, der mit uns fliegen sollte. Offenbar handelte es sich um eine Art Kurier. Schließlich wurde ein Jeep nach ihm ausgesandt; kurze Zeit später tauchte er schreckensbleich ob dieses Vergehens auf und stammelte immer nur, es sei »das erste Mal«.

Zunächst flogen wir über die Berge und das Kaspische Meer nach Baku. Von dort aus ging es weiter nach Stalingrad – zuerst übers Meer bis Machatschkala, dann landeinwärts. Dieser Teil des Fluges war besonders desolat, vor allem die zwei- oder dreihundert Kilometer Landstrecke nördlich von Machatschkala, die im wesentlichen aus Salzsümpfen zu bestehen schien.

In Stalingrad schien außer dem Flughafengebäude (an dem noch gearbeitet wurde) fast alles zerstört. Gleich neben den Landepisten war ein Schrottplatz für Flugzeug- und Panzerwracks. Das Flughafengebäude summte von Wiederaufbaufleiß. Der Lunch wurde in einer kleinen *stolowaja* serviert, in der es nur ein einziges Glas gab und auch die Stühle etwas rar waren; aber alle Welt war gutwillig und hilfsbereit. Welch tiefe Sympathie bringt man doch den Russen entgegen, wenn man ihnen im wirklichen Leben und nicht durch das Zerrglas der Regierungspropaganda begegnet.

Auf dem ganzen, viereinhalbstündigen Flug von Stalingrad über die Schwarzerd-Region nach Moskau klebte ich am Fenster, tief bewegt und fasziniert vom erneuten Anblick dieses weiten, fruchtbaren, geheimnisvollen Landes, das zu verstehen ich so viele Jahre versucht hatte.

In Moskau wurde ich abgeholt und in die Botschafterresidenz Spasso House gebracht – und damit begann ein neues Leben.

Nach meiner Rückkehr nach Moskau nahm ich soweit wie möglich meine alte Gewohnheit wieder auf, an Sonn- und Feiertagen stille Erkundungszüge im Land zu unternehmen. Nachstehend die Niederschrift eines dieser Ausflüge.

Es war ein strahlender Julimorgen, das Moskauer Wetter zeigte sich von seiner besten Seite. Schon früh am Morgen machte ich mich auf die Suche nach einer der beiden Kirchen im Großbezirk Moskau, die ich zeichnen wollte und von denen es hieß, neben der Basilius-Kathedrale am Roten Platz stammten auch sie aus der Zeit vor Iwan dem Schrecklichen.

Um diese Jahreszeit geht in Moskau die Sonne sehr früh auf. Auf meinem Weg zur U-Bahn-Station durchflutete sie bereits die kopfsteingepflasterten Straßen und umstrahlte die abblätternden Fassaden der alten Häuser, die einst der Moskauer Oberschicht zur Residenz gedient hatten und – trotz des in ihnen herrschenden Menschengedränges und trotz allen Zerfalls – auch heute noch den Charme der russischen Architektur der Empirezeit verbreiten.

Aus den U-Bahn-Schächten am Briansker Bahnhof quollen Menschenscharen, viele mit primitiven Hacken und Schaufeln und anderen ausgefallenen Utensilien bewaffnet, ergossen sich über den Asphalt des riesigen, leeren Bahnhofsvorplatzes, blinzelten einen Augenblick lang in der grellen Sonne, sichteten am anderen Ende die Fahrkartenschalter für die Vorortzüge und rannten wie im Hundertmeterlauf um die Wette dorthin. An den Schaltern herrschte bereits heftiges Drängeln und Schieben, und die Neuankömmlinge warfen sich ungebärdig und begeistert in dieses wilde Treiben.

Am Bahnsteig wartete der Vorortzug. Zwar war er noch ohne Lokomotive, aber schon war kein Sitzplatz mehr zu haben, waren sämtliche Korridore voll, alle Außenplattformen besetzt, und auf jedem Puffer saß schon einer. Sogar die Trittbretter hingen voller Menschentrauben. Die Nachzügler, darunter auch ich, rannten verzweifelt den Bahnsteig entlang und suchten die lange Waggonkette danach ab, ob sich noch irgendwo wenigstens für eine Zehenspitze Platz finde.

Schließlich fand ich ein Trittbrett ganz unten, das noch für einen weiteren Fuß Platz zu bieten schien, und sprang entschlossen drauf. Ein Mädchen sah meinen Erfolg, sprang sofort hinter mir hoch und griff, mich mit beiden Armen umschlingend, nach dem Plattformgestänge. Sie ließ sich weit auf den Bahnsteig hinaushängen und rief einer unsichtbaren Begleiterin triumphierend zu: »Sonja, Sonja, ich habe einen freien Platz gefunden!«

Wir warteten. Endlich kam die Lokomotive angedampft und wurde angekoppelt. Jetzt wurde das wilde Rennen der Nachzügler über den Bahnsteig zum tragischen Toben. Die Lokomotive pfiff. Vom leeren Bahnsteig gegenüber kletterte plötzlich eine Herde schäbiger Burschen, sackleinene Bündel über der Schulter nach echter Tippelbrudermanier, unter der Nase der bewaffneten Wachen durch auf den Zug und ließ sich genau in dem Augenblick, als der Zug losfuhr, mit dem verächtlichen Grinsen des Könners auf den Bremsschläuchen nieder. Wir zuckelten los.

Langsam, fast lautlos, kämpfte sich der schwere, lange Zug den Anstieg am jenseitigen Moskwa-Ufer hinauf. Der Rock des Mädchens hinter mir flappte gegen jede Weiche und jeden Signalmast, an denen wir vorbeifuhren, aber sie merkte es nicht und strahlte weiterhin triumphierend der unsichtbaren Sonja zu, die offenbar weiter hinten einen ähnlichen »freien Platz« gefunden hatte. Als wir das Bahngelände hinter uns gelassen hatten, tauchten endlose, zumeist mit Kartoffeln bepflanzte »Kriegsbeete« auf (sie waren während der Belagerung Moskaus angelegt worden). Zu beiden Seiten des Zuges sah man weit ins Land hinein die Rücken arbeitender Frauen, die mit großen, breiten Hacken ihre Kartoffeln jäteten und häufelten. Irgendwann kamen wir an Panzerfallen und Schützengräben vorbei. Hier hatten die Russen offenbar 1941 die Eisenbahnlinie gegen die vorrückenden Deutschen verteidigen wollen.

Über uns wölbte sich ein unglaublich tiefblauer Himmel, am

fernen Ende standen dicht und füllig die weißen Wolken der weiten Mittelrussischen Platte. Hin und wieder ragte aus den Feldern eine Pappel, deren Blätter im Wind zitterten, und immerfort lief die kalte, dunkle Linie der Fichtenwälder den Horizont entlang.

Auf der überfüllten Plattform unseres Wagens summte das Gespräch. Ich konnte nur hin und wieder ein paar Wortfetzen aufschnappen. Jemand hatte in der Morgenzeitung die neue Heirats- und Scheidungsverordnung gelesen, und die für Großfamilien zugesagten Prämien wurden von den Frauen mit kreischender Fröhlichkeit kommentiert. Gleich über mir erging sich eine junge Bäuerin in der Schilderung dessen, was sie und ihre Freundinnen im Nachbardorf unter den Deutschen hatten erdulden müssen. Die Geschichte begann mit einem versteckten Faß Honig und schloß mit dem Tod ihres Mannes und ihrer Verwandten. Ich konnte den mit der vollkehligen Beredsamkeit der russischen Zunge einem mitfühlenden Publikum vorgetragenen Schluß verstehen: »Wer braucht mich jetzt noch? Für wen bin ich jetzt noch nütze?«

In der Hoffnung, mehr von den Gesprächen mitzubekommen, versuchte ich, mich umzudrehen und ein Trittbrett höher zu hieven. Aber ein altes Bauernweib fauchte auf mich runter: »Was nimmst du dir raus, Genosse?« schrie sie, »Unverschämtheit! Jetzt hast du mich schon zum zehnten Mal angerempelt. Dabei siehst du noch wie ein kultivierter Mensch aus.« Da mir dazu keine passende Antwort einfiel, begnügte ich mich bis zur Ankunft in meinem Zielbahnhof wohl oder übel mit meinem Trittbrett.

Schon vom Bahnhof aus war der Kirchturm zu sehen. Ich fand den Weg problemlos. Der alte Bau stand in einem kleinen Hain, der von eingeschossigen Vororthäuschen umringt war. Kreuz und quer durch das Wäldchen führten Fußwege, auf denen sich ein steter Strom sonntäglicher Spaziergänger erging. In der Kirche war gerade Gottesdienst. Der volltönende Chorgesang drang ins sonnige Freie und vermischte sich dort mit dem Summen der Insekten, den Gesprächsfetzen auf den Wanderwegen, dem Rascheln des Windes in den Baumkronen. Es war zwar nicht gerade der beste Kirchengesang, aber er war sauber und geradeheraus. Ich fragte mich, wer in der bunten Bevölkerung dieser Vorortgegend sich wohl die Mühe gemacht hatte, die langen, teils wunderschönen, teils todlangweiligen Variationen der traditionellen Gesänge zu erlernen. Ich setzte mich auf eine kleine Erhebung und begann zu zeichnen. Wären die Bäume nicht gewesen, die mich zu einem präzisen 45-Grad-Winkel zwangen, hätte die Kirche ein gutes Skizzenmotiv abgegeben. Mir schwante zwar, daß sie eher etwas nach Iwan dem Schrecklichen erbaut worden war, aber auch so war sie alt und ehrwürdig genug.

Der Gottesdienst dauerte lange. Er endete, als auch ich nach einer guten Stunde meine Skizze fertig hatte. Die Andächtigen, zumeist alte Frauen, kamen schwatzend heraus und zerstreuten sich dann. Eine alte Bettlerin und zwei Frauen mit Kindern blieben noch auf der steinernen Vorhalle. Dann kam der Pope in hohen Schaftstiefeln und einem offenbar neuen, blauen Gewand zur Seitentür heraus, verschloß sie hinter sich, ging um die Kirche herum, verjagte die Weiber aus der Vorhalle und stampfte schwankend davon. Dabei schüttelte er voll Unmut seinen strähnigen, grauen Bart und beklagte sich murmelnd, daß er nichts zu essen habe.

Ich ging wieder zum Bahnhof zurück, um mich nach den Zügen zu erkundigen und etwas zu trinken zu finden. Offenbar sollte binnen kurzem ein Zug zurückfahren. In einer kleinen Hütte konnte man Mineralwasser und Kwaß kaufen, aber da man das Trinkgefäß selber stellen mußte, gab ich auf.

Schon sammelten sich wieder die Menschen auf dem Bahnsteig. Auf dem Schlackenweg an seinem Ende hockte eine blinde, alte Bettlerin. Sie saß geduldig da und erzählte in endlosem Singsang, wie ihr Elend angefangen hatte und was sie litt, mit ihrer schwachen, hohen Stimme die Worte wie ein Priester singend. Legte ihr jemand einen Rubel in die Hand, dann wurde sie sofort lebhaft, griff nach ihrer kleinen Tasche, steckte den Rubel weg und fügte ein paar Dankesworte in ihren Gesang, die sie des Taktes willen mehrfach wiederholte: »Ich dank' euch, Gutester, Bester; Dank euch, mein Wohltäter. Möge der Herr euch große Gesundheit schenken.« Danach verfiel sie wieder ins Klagen und Erinnern.

Ich beschloß, für die Rückfahrt sei es noch zu früh, und ging weg. Beim Überschreiten des Geleises hörte ich immer noch die wacklige alte Stimme: »Ich kann das große weiße Licht nicht sehen, ich kann Gottes Licht nicht sehen.«

Nahe der Kirche stand ein kleines, gemauertes Haus im altrussischen Stil. Es war von einer Ziegelmauer umgeben und hatte Ecktürme, als handle es sich um eine Kreml-Imitation. Alles war sehr heruntergekommen. In dem winzigen Hof hinter der Umzäunung stand mannshoch das Unkraut.

An der Tür lehnte ein Soldat auf Krücken, er hatte nur noch ein Bein. Ich fragte ihn, um was für ein Haus es sich hier handle. Im selben Augenblick erschien eine weißgekleidete Frau, ein Einkaufsnetz in der Hand, und mischte sich ein. »Das weiß doch der nicht«, sagte sie, »es ist ein altes Haus. Aus der Zeit von Iwan dem Schrecklichen. Gehörte irgendeinem Bojaren. Jetzt wohnen wir drin. Möchten Sie das Innere sehen?«

Ich folgte ihr die dunkle Wendeltreppe hinauf in ein oberes Zimmer. An einem Tisch saß ein Mann, offenbar mit nichts beschäftigt. Sie stellte ihn mir als ihren Ehemann vor. Auch er war gelähmt und hatte das undefinierbare Aussehen eines alten Kriegsteilnehmers, der nach den Abenteuern und der Kameradschaft an der Front die Eintönigkeit des zivilen Daseins gelangweilt und verständnislos an sich vorbeiziehen läßt. Das Zimmer war in der Mitte durch einen großen Schrank abgeteilt. Ich hatte den Eindruck, hinter dem Schrank wohnten weitere Menschen. Der Teil des Raumes, in dem wir saßen – Schlafzimmer, Wohnzimmer, Eßzimmer und Badezimmer in einem –, war vollgestopft mit allerlei Zeug, so daß er eher einem Warenlager ähnelte. Es war so viel, daß offenbar jeder Gedanke an eine adrette Ordnung aufgegeben worden war. Die Mauern waren sehr dick. Die Fensterbögen waren seltsam naiv geformt. Allmählich begann ich zu glauben, daß das Haus wirklich alt sein könnte, obwohl ich in der kleinen Kremlmauer draußen immer noch die bekannte Leidenschaft unserer Großväter für Miniaturen vermutete.

Und wie es ihr gefalle, in einem Bojarenhaus zu wohnen, fragte ich. Feucht sei es, meinte meine Gastgeberin und wies auf große Feuchtigkeitsflecken an der Decke. Außerdem funktioniere der Ofen nicht. Eine Katastrophe, dieser Ofen.

Ich sah respektvoll zu dem kleinen Ziegelbau in der Ecke hinüber. Sein Alter schien über allen Zweifel erhaben, seine Unbenutzbarkeit kaum minder.

Ob sie noch mehr über das Haus wisse?

Nein, nicht viel. Irgendwann hatte es der Kirche gehört. Beide Gebäude seien ursprünglich Teil des Bojaren-Anwesens gewesen. »Gleich da drüben« habe ein großes Herrschaftshaus gestanden, das später erbaut worden sei; vor dem Ersten Weltkrieg (»im Frieden«) habe es ein historisches Museum beherbergt. Aber es sei abgebrannt, und kaum jemand erinnere sich daran. Ob ich Maler sei? Sie habe mich die Kirche zeichnen sehen. Nein, ich sei kein Maler. Zum Beweis zeigte ich meinen Skizzenblock und verabschiedete mich dann.

Ich ging Richtung Norden – eine Straße entlang, durch ein Wäldchen, stieg in eine Schlucht, überquerte einen Bach und kletterte auf der anderen Seite wieder hinauf. Irgendwo im Wald sang eine Frau mit klarer, fester Stimme, wie man sie nur in Rußland antrifft. Auf der anderen Seite der Schlucht arbeiteten zwei Frauen auf einem kleinen Kartoffelacker, und im Gras lag ein Mann und sah ihnen zu. Die Frauen hatten breite Gesichter, stämmige braune Arme und die mächtigen Oberschenkel der Slawinnen. Sie lachten und scherzten während der Arbeit, und man merkte sofort, daß sie die Sonne auf ihrem Körper und die dunkle, kühle und sandige Erde unter ihren Füßen genossen. Ich fragte sie nach dem Weg zur Minsker Eisenbahn. Sie sagten ihn mir und wandten sich wieder mit der ganzen, leichten und hastlosen Kraft ihres Volkes ihrer Arbeit zu.

Im Juni 1945 erlaubten mir – ich war noch als zweiter Mann an der amerikanischen Botschaft in Moskau tätig – die sowjetischen Behörden, die wichtigste Stadt in Zentralsibirien, Nowosibirsk, und das nahe der sibirisch-chinesischen Grenze gelegene Kusnezk mit seinem großen Eisenhüttenkombinat zu besuchen. Es folgen Auszüge aus meinem Reisetagebuch.

JUNI 1945

Am Samstag, dem 9. Juni, um 15 Uhr mit dem Transsibirien-Expreß aus Moskau abgereist. Der etwa eine Stunde lang von einer elektrischen Lokomotive gezogene Zug fuhr flott durch Vorstadt-Moskau, schneller als irgendwann danach auf seiner langen Reise bis Wladiwostok. Gleichmütig flogen Kasernen, Fabriken, Datschas, Sümpfe und Birkenwälder am Fenster vorbei. Nach etwas über einer Stunde hielten wir in Sagorsk und erlitten den ersten Ansturm von Lebensmittel feilbietenden Frauen und Kindern, der sich vier Tage und Nächte lang an jeder Station wiederholen sollte. Barfuß oder in Sandalen, aber immer mit sauberen Kopftüchern versehen, sahen sie sich auf allen Bahnhöfen zum Verwechseln gleich und boten ihre Ware an: frische, gekochte oder geronnene Milch, Hüttenkäse, Sahne, rohe oder hartgekochte Eier, Rettiche, Beeren, Pfannkuchen, gekochte Kartoffeln, Zwiebeln, Knoblauch, marinierte Karotten; in Sibirien auch Butter. Einige machten ihre Geschäfte an Holzständen etwas abseits der Geleise, aber die meisten verkauften ihre Ware gleich neben dem Zug. Dort, auf dem schwarzen, vom Öl und anderen Absonderungen des Zuges schmierigen Schotterweg, den Millionen Füße von Fahrgästen, Zugpersonal und Bahnhofs-Schaulustigen festgetreten hatten, blühte der Handel ungeachtet aller Ruß- und Staubwolken: Aus alten Kannen und Krügen wurde Milch in Wodkaflaschen oder Soldaten-Trinkbeutel umgefüllt, ölige Fladen wurden mit rußschwarzen Fingern geprüft, man stritt sich, wurde handelseinig, Passagiere trotteten triumphierend zum Zug zurück, ihre Beute fest an sich gepreßt, und scheue, barfüßige kleine Mädchen, die ihre Sachen nicht losgeworden waren, standen traurig aber tränenlos da, mit dem ganzen Stoizismus ihrer Rasse auf den Zorn der Mutter gefaßt, der sie erwartete, sobald der Zug abgefahren war und sie mit ihrer unverkauften Ladung nach Hause kamen.

Gefeilscht wurde wenig. Kam es einmal dazu, so galt das Feilschen meist der Menge und nicht dem Preis. Angesichts der Unzahl verschiedenster Gefäße, die Käufer wie Verkäufer benutzten (jeder mußte sie selber stellen), war eine klare Mengenbestimmung recht problematisch, weshalb es zu gelegentlichen Unstimmigkeiten kam. Kräftige Worte flogen hin und her, zumeist indes humorvoll und gutmütig. Ich erlebte eine Szene, bei der ein Soldat, von mitfühlenden Zuschauern umringt, einem alten Bauernweib vorwarf, sie habe ihn beim Milchverkauf übers Ohr gehauen. »Paß bloß auf, Mütterchen«, sagte er fröhlich, »daß du mir nicht im Jenseits begegnest. Ich bin mit allen Erzengeln befreundet.« Zur Wonne der zuschauenden Menge bekreuzigte sich die Alte ängstlich, und der Zwischenfall ging in großem Gelächter unter.

Am ersten Abend fuhren wir gegen zehn Uhr abends bei Jaroslawl über die Wolga. Von der Brücke aus sahen wir den majestätisch dahinziehenden Strom, schwarz und spiegelgleich in der fahlen Nordsommerdämmerung. Stromabwärts bewegten sich lautlos die Lichter eines Flußdampfers und warfen ihren langsam wandernden Schein aufs dunkle Wasser.

Am nächsten Tag, Sonntag, durchquerten wir ärmliches Waldland, dem nördlichen Wisconsin vergleichbar. Der größte Teil des vom Wagenfenster aus sichtbaren Landes bestand aus abgeholztem oder versengtem Forst. Das nachwachsende Blattwerk waren meist Birken, Eschen, Erlen und Tannen. Es gab viele Sümpfe. Hin und wieder kam ein ärmliches Dorf in Sicht. Außerhalb der Sümpfe war die Erde trocken und sandig. Ein paar Kühe nur, gelegentlich eine

Ziege. In den Dörfern gab es weder eine Kirche noch sonst einen Steinbau. Die Holzhütten hingegen schienen hier wie überhaupt von da an weiter ostwärts besser im Schuß und kräftiger gebaut als in der Moskauer Umgebung.

Nachdem wir Gostowskaja (770 Kilometer von Moskau) hinter uns gelassen hatten, wechselte die Landschaft und wurde die Gegend wieder üppiger.

Am Spätnachmittag hielten wir in Kotelnitsch, überquerten den schnellfließenden Wjatka und durchfuhren das riesige, schöne Sumpfland an dessen Ostufer.

Um acht Uhr abends fuhren wir in den Bahnhof von Kirow (dem einstigen Wjatka) ein und hatten damit die erste Reise-Etappe hinter uns gebracht.

Unser Wagen wurde von zwei stämmigen, gutmütigen Russinnen versorgt: Sinja und Marussja. In einer winzigen Küche bereiteten sie auf einem Samowar Tee für die Fahrgäste zu. Geheizt wurde der Samowar mit kleinen Holzstückchen, die die beiden auf dem Bahngelände gesammelt hatten. Zu ihren Pflichten gehörte es, bei jedem Halt mit roten Fähnchen aufzutauchen, den Wagenzugang zu bewachen und die kleinen Lumpenbuben oder anderes Gelichter zu verjagen, die sich auf Trittbrettern, Kupplungen oder Puffern zu verstecken suchten. Dieser Aufgabe entledigten sie sich mit Entschiedenheit und Würde, aber ohne unnötiges Aufbrausen. Sie wechselten sich im Dienst ab, die eine arbeitete, während die andere schlief. Ich fragte sie, welche Stunden sie einhielten. Die Frage kam für sie überraschend. Sie war ihnen nie in den Sinn gekommen. Die eine arbeitete eben so lange, bis die andere ausgeschlafen hatte. So einfach war das.

Ich erhielt das Abteil am Wageneingang. Im nächsten, mit dem ich den Waschraum teilte, saßen zwei uniformierte NKWD-Leute, ein dicker Wichtigtuer und ein Untergebener mit dunklem, ungesundem Gesicht. Der dicke verließ kaum einmal das Abteil. Der junge schlurfte gelegentlich bei einem Zwischenhalt mit eindrucksvoll wippendem Revolver hinaus und kaufte etwas zu essen. Manchmal, wenn der Zug hielt, konnte ich hören, wie der Jüngere seinem Vorgesetzten laut aus Stepanows *Port Arthur* vorlas. Er las stolpernd und mühsam, aber mit gebotener Dienstbeflissenheit. Auf der ganzen Reise richtete keiner von beiden auch nur einmal das Wort an mich.

Unter den übrigen Mitreisenden waren: ein Theaterdirektor aus Irkutsk, ein Abgeordneter eines Uraldistrikts im Obersten Sowjet, ein stämmiger Mann in Matrosenhosen, früherer Partei-Agitator, der leicht revolutionär und altmodisch wirkte, sowie eine Jüdin, die ein evakuiertes Kind von Krasnojarsk nach Moskau zurückholen wollte. Der Theaterdirektor war ein waschechter Sibirer, litt schrecklich unter der Hitze und brachte seine Zeit damit zu, nur mit Hose und Unterhemd bekleidet im Flur auf und ab zu gehen. Bei jeder Gelegenheit verbreitete er sich über die Schönheit des Angara-Flusses und die Vorzüge des Irkutsker Winters. »Echte Kälte«, pflegte er zu sagen und dabei seine Arme wie zur Gymnastik auszustrecken, »echt russisch breite Kälte«. Der Abgeordnete des Obersten Sowjet bereitete sich mit großem Zeremoniell auf seinen Ausstieg auf einem kleinen Uralbahnhof vor, mußte aber mitansehen, wie der Zug ihn an seinem Zielbahnhof vorbei 32 Kilometer weitertransportierte. Er war wütend, und das war auch einleuchtend, denn der Rückweg dürfte ihn viel Mühe gekostet haben. Der Partei-Organisator scherzte mit jedermann und versuchte – wiederum nach altmodischer Revolutionsmanier – sein Liebesglück bei der Jüdin.

Die meisten Passagiere waren nett zu mir, sprachen aber nicht viel. Nur an einem Abend, als ich Exemplare des russisch geschriebenen Glanzpapiermagazins *Amerika* hervorzog, das unsere Informationsabteilung im Krieg herausgab, kam es im Korridor unseres Wagens zu einer lebhaften Zusammenkunft. Der Partei-Organisator nahm das Ganze sofort in die Hand und hielt eine Rede über die sowjetischen Zukunftssorgen und wie sie Roosevelt vertraut hätten, aber Truman nicht recht trauten, und überhaupt: Man sehe sich bloß mal den Hearst an. Es war eine lebhafte Stunde der Verbrüderung. Urplötzlich sah sich einer nach dem andern schuldbewußt um, und die Versammlung löste sich wortlos auf. Danach kamen die russischen Hemmungen wieder zu ihrem Recht, und zwei Tage lang wechselte kaum einer ein Wort mit mir.

Am Montag, unserem dritten Reisetag, stand der Zug in Perm, als ich aufwachte. Östlich von Perm war das Land herrlich und relativ wohlhabend. Die Wiesen hoben sich hell von den Fichtenwäldern ab. Kühe, Pferde, Straßen, große Ställe und Scheunen, Stromleitungen – all das war zu sehen.

Wir erreichten die Silwa und fuhren meilenweit stromaufwärts an ihr entlang, durch Kungur und die breite Schlucht östlich davon, bis sich das Tal schließlich in ein breites Becken weitete. Ein- oder zweimal hielt der Zug auf freier Strecke an einem Signal. Das Sommerkorn stand hier höher als im Bezirk Moskau. Der Flieder blühte. Das Tal wurde auf beiden Seiten von bewaldeten Hügeln begrenzt. Dies hier war warmes, trockenes Hochland im ersten Sommererröten, und man fragte sich unwillkürlich, warum es in diesem ganzen, riesigen Land so absolut ausgeschlossen war, daß ein Fremder irgendwo ruhigen Urlaub auf dem Land machte.

Gegen Abend befanden wir uns wieder in Waldlandschaft. Geduckte Hügel (zwei- bis dreihundert Meter hoch) waren das einzige, was wir hin und wieder vom Ural zu sehen bekamen. Um acht Uhr abends kamen wir nach etwa dreiundfünfzigstündiger Fahrt seit Moskau in Swerdlowsk an.

Ich stieg aus und stiefelte rund um den Bahnhof und durch die angrenzenden Straßen. Es war ein warmer, schläfriger Sommerabend. Bahnhof und Trottoirs waren voll der üblichen, geduldig wartenden Reisenden, die inmitten ihrer Habseligkeiten auf den Ziegelböden oder dem Pflaster schliefen. Der Bahnhofsvorplatz war noch unfertig, von Gerümpel und Baumaterial übersät. Am anderen Ende fuhr hin und wieder eine Straßenbahn vorbei, an die sich aufgeregte Fahrgäste klammerten, sich gegenseitig schoben und sich mit ihrem sperrigen Gepäck auf die vollbesetzte Plattform zu hieven versuchten.

Am frühen Dienstagmorgen kamen wir durch Tjumen. Dann ging es weiter durch flaches, nadel- und laubbaumbestandenes Sumpfland; in der Ferne schimmerten Seen. Einige Stunden später hielten wir auf freier Strecke. Jemand schrie »Flieder!«, und ein paar Leute eilten aufs Feld, um welchen zu pflücken, aber das Ganze stellte sich als optische Täuschung heraus. Über den Feldern brütete die heiße Sonne. Es war schon die starke, stechende sibirische

Sonne, die während der kurzen Sommer all die langen Wintermonate wettzumachen sucht, in denen sie überhaupt nicht zur Wirkung kommt.

Bald befanden wir uns in dem eigenartigen Waldsteppenland, das sich bis Nowosibirsk erstreckt, eine Mischung aus Moor, Weideland und Zwergbirken, fruchtbarer und weniger abweisend, als ich erwartet hatte. Ein großer Teil bestand aus reicher schwarzer Erde.

Hier war die Ernte schon weiter gediehen als alles, was ich bislang gesehen hatte. Das Heu wurde geschnitten. Manchmal gab es mehr, dann wieder weniger Bäume. Gegen Abend war die Steppe auf beiden Seiten absolut eben, baumlos, von leichtem Bodendunst durchzogen, und die Himmelskuppel erstreckte sich in ungeheure Weiten, als versuche sie vergeblich, das endlose Land zu überdachen.

In der Tiefe der Nacht passierten wir Omsk.

Am Mittwoch, dem letzten Reisetag, ging es nur langsam voran. Wir befanden uns nun im Abschnitt mit dem dichtesten Verkehr und waren nur ein Glied in der langen Kette der Züge, die so winzig waren im Vergleich zu den Entfernungen und die nach Osten krochen wie Würmer, immer wieder innehaltend und unzählige Male ihren Weg unterbrechend, hin über die staubigen, moorigen Steppen von Barabinsk. Sie waren unterwegs nach Fernost, in Vorbereitung auf den Kriegseintritt Rußlands gegen Japan. Wir standen mehr als wir fuhren, und bei jedem Halt konnten wir sehen, wie sich hinter uns die Güterzüge stauten und ihre Lokomotiven mit der tiefen, kehligen Stimme, wie nur die Züge in Rußland und Amerika sie besitzen und die in jedem amerikanischen Herzen das Heimweh wachruft, das Recht zur Weiterfahrt erheischten.

Der Wind war warm und staubig. Alles im Wagen knirschte vor Ruß und Sand. Als der Zug einmal inmitten der Sümpfe hielt, kletterten wir die Böschung hinunter, zogen die Hemden aus, platschten den gelben Schaum auf der Wasseroberfläche beiseite und wuschen unseren Kopf in der darunterliegenden, kühlen und dunklen Flüssigkeit. Um neun Uhr abends, 98 Stunden nach Verlassen Moskaus, rumpelten wir langsam über die lange Ob-Brücke und stampften die Steigung hinauf in den Bahnhof von Nowosibirsk.

Am Ende des zweiten Tages in Nowosibirsk ging ich in Begleitung meines offiziellen Gastgebers in die Oper, die mich brennend interessierte. Das im Kriege fertiggestellte Gebäude ist eines der größten oder gar das größte der Welt. Mit 11 500 Quadratmetern Grundfläche und 245 000 Kubikmetern umbauten Raums stellt es jedes andere Theater in der Sowjetunion in den Schatten und ist schon als technische Glanzleistung bemerkenswert. Den Hauptteil bildet eine dem römischen Kolosseum nachempfundene Rundhalle von 60 Metern Durchmesser. Eine ziemlich flache, mit eisernen Rundziegeln gedeckte Kuppel aus Stahlbeton bildet die Decke, von der ein riesiger Kandelaber herabhängt. An der Vorderseite ragt eine rechteckige Eingangshalle aus dem Rundbau hervor und blickt durch zwölf der in Sowjetrußland so beliebten Quadratpfeiler auf den Hauptplatz hinaus. (Spiegelt sich in dieser Vorliebe für den Quadratpfeiler die Sturheit allen sowjetischen Denkens?)

Der Riesenschacht mit den Hauptvorhängen durchschneidet den rückwärtigen Teil des Rundbaus wie ein Metzgerbeil und ragt dennoch hoch über die Kuppel hinaus. Sein hemmungsloser Funktionalismus beherrscht den ganzen Bau, und dieser Funktionalismus wird einzig und allein vom Theaterbetrieb bestimmt und kehrt sich mitnichten an Überlegungen wie Gewicht und Ausgewogenheit, die gemeinhin für architektonische Gestaltung gelten. Insoweit verlangt der gigantische Schacht vom Außenbetrachter beträchtliches Wissen und Vorstellungsvermögen, ist aber für den Kenner der Bedürfnisse eines Theaters nicht unnatürlich. Hinter dem Schacht versteckt sich ein niedrigeres, kleineres Viereck, das die übrigen Bühnenvorrichtungen beherbergt.

An jeder Seite des Rundbaus schließen sich große, zum Teil noch im Bau befindliche rechteckige Flügel aus Sichtbeton an.

Das Theater, dessen Opernsaison im letzten Monat mit Glinkas *Das Leben für den Zaren* sowie *Carmen* eröffnet wurde, beschäftigt rund tausend zumeist vor Ort rekrutierte Künstler und Mitarbeiter, darunter ein Ballett. Der Intendant hofft, etwa zwei Dutzend der diesjährigen Absolventen der Moskauer Ballettschule für sich ergattern zu können, und denkt sogar an die Gründung einer eigenen Ballettschule.

Ich sah eine Aufführung von *Das Leben für den Zaren*. Sie schien erstaunlich gut und reichte fast an die Moskauer Qualitätsnorm heran. Das Ballett war weniger gut als die Sänger. Zufällig fand während meines Aufenthalts in Nowosibirsk ein Kongreß der zweitausend besten Landarbeiter des riesigen Nowosibirsker Oblast statt, und die von mir besuchte Aufführung galt ihnen. Viele der Delegierten kamen aus abgelegenen Gegenden des Oblast und hatten noch nie eine Opernaufführung gesehen. Sie folgten ihr mit Empfindungen, die von völliger Gleichgültigkeit bis zu höchster Erregung reichten.

Alles in allem schien mir der Bau und Betrieb eines der größten Operntheater der Welt in einer so abgelegenen und mit sich selbst noch so wenig im reinen befindlichen Stadt wie Nowosibirsk ein atemberaubendes Unterfangen. In diesem Zusammenhang ist anzumerken, daß die Zentralregierung die Mittel für das Unternehmen verweigert hatte, mithin der Oblast ganz allein sie hatte aufbringen müssen.

Im Augenblick ist der Opernbau erst zum Teil fertig. Die umliegenden Straßen sehen noch aus wie in einem sibirischen Dorf. Immer noch ducken sich Holzhütten und liegen abgerissene Zäune verstreut im rückwärtigen Schatten des Gebäudes. In diesem Fall darf man das aber nicht der allgemeinen russischen Gleichgültigkeit gegenüber der Fertigstellung und Unterhaltung von Gebäuden zuschreiben. Schließlich ist eben erst ein Krieg zu Ende gegangen. Bauarbeiten mußten eingestellt werden. In dem schon fertigen Flügel mußten Regierungsstellen untergebracht werden, und so weiter.

Andererseits gibt es in ganz Rußland, von einigen Leningrader Palästen und dem Kreml abgesehen, praktisch keine Monumental- oder Prestigebauarbeiten mehr. Die Oper bricht völlig mit der Umgebung. Man kann sich keine schneidendere Absage an die Vergangenheit, keine stolzgeschwelltere Hinwendung zur Zukunft vorstellen als die Errichtung dieses fast mystischen Baus an den fernen Ufern des Ob.

Die Bevölkerung Sibiriens ist technisch und künstlerisch zweifellos hochbegabt. Ich zweifle nicht daran, daß in den nächsten Jahren noch erheblich mehr geschehen wird, um das Leben der Menschen in der Steppe und den Wäldern Sibiriens aus dem Elend der Isba, der Blockhütte, herauszuführen. Ob dieses Leben jedoch jemals mit einem Schlag auf die Ebene des grandiosen Nowosibirsker Opernhauses gehoben werden kann, scheint mir mindestens fraglich. Geschieht das aber nicht, dann bleibt das Gebäude auf immer das, was es heute ist: ein ungereimter Traum, dem jedes vernünftige Verhältnis zu seiner Umgebung abgeht.

Im weiteren Verlauf der Woche besuchte ich Stalinsk*. Am Morgen nach meiner Ankunft begab ich mich in dem Bemühen, wenigstens einen Teil der Wirkungen einer achtzehnstündigen Bahnfahrt und eines zweistündigen Banketts loszuwerden, auf einen Rundgang, um etwas von der »sozialistischen Stadt« zu sehen. Als ich eben gehen wollte, kam Herr Walit gerade an und wurde leicht blaß bei dem Gedanken, daß ich – hätte er sich ein paar Minuten verspätet – alleine losgezogen wäre. Er begleitete mich und wir machten eine Runde um den Block.

Die »sozialistische Stadt« liegt zwischen Bahnhof und Metallfabrik. Noch vor 15 Jahren war das alles, wie ja überhaupt der ganze Stadt- und Industriebezirk auf dieser Flußseite, nichts als Sumpfgelände. Die »sozialistische Stadt« der Arbeiterwohnhäuser war in den frühen dreißiger Jahren nach den Plänen des bekannten deutschen Architekten und Stadtplaners May errichtet worden. Der Weiterbau wurde offenbar durch den Krieg unterbrochen, so daß heute vieles unfertig oder schon wieder halb zerfallen ist. Typischerweise werfen die Russen die dadurch bedingten Mängel May vor und beschuldigen ihn der Sabotage. Vor allem wird ihm angekreidet, er habe zu Sabotagezwecken die Häuser absichtlich ohne Zugang von der Straße her geplant; alle Zugänge zu den Wohnungen kommen von der Hofseite. Jedem, der im modernen Wohnungsbau etwas Bescheid weiß, wird sofort klar, daß sich May die großzügigen Höfe innerhalb der Häuserblocks als attraktive Gemeinschaftsgärten und -parks vorgestellt hatte, auf die sich die Wohnungen öffnen sollten. Er dürfte sich kaum gedacht haben, daß die Höfe völlig unentwickelt bleiben würden, voller Schmutz, Dreckhaufen, Abfallkübeln und Wäscheleinen. Überdies waren seine Pläne von

* Dabei handelte es sich, wie schon oben erwähnt, um das damals als »Stalinsk-Kusnezk« bekannte Eisenhüttenkombinat etwa 450 Kilometer südöstlich von Nowosibirsk nahe der chinesischen Grenze.

den sowjetischen Behörden eingehend geprüft und genehmigt worden, die mithin jede Chance hatten, einen so elementaren Wesenszug wie diesen rechtzeitig zu erkennen und noch vor Baubeginn Einwände zu erheben. Es ist jedoch bezeichnend für die Leichtgläubigkeit und Unüberlegtheit des sowjetischen Denkens, daß derlei Schrott einem Großteil der Bevölkerung zugemutet werden kann und von ihm auch akzeptiert wird, wenn bloß die Autorität der Regierung dahinter steht.

Sehr gut ist die Baumbepflanzung in der »sozialistischen Stadt« gelungen. Entlang der Hauptadern stehen vier Reihen sibirische Pappeln, mit Silberahorn (hier als »Amerika-Ahorn« bekannt) und Ulmen (hier »Südbirke« genannt) vermischt. Haben diese Bäume erst einmal ihre normale Größe erreicht, wird die Stadt alle Voraussetzungen für eine sehr hübsche Anlage besitzen. Diese Baumbepflanzung ist insofern besonders bedeutsam, als im gesamten Einzugsgebiet der Stadt auf Kilometer hin der ganze ursprüngliche Baumbestand zur Verwendung als Bau- und Grubenholz geschlagen worden ist.

Das alte Dorf Kusnezk am Ostufer erinnert noch an den Flußhandel vergangener Tage, an bewachte Karawanen, an fettleibige, frömmelnde Händler, an Geschäfte, die bei unzähligen Schalen des chinesischen Tees abgeschlossen wurden, der ein Hauptgegenstand des Handels war. Die pittoresken alten Blockhäuser indessen werden schon von der Industrieentwicklung des Bezirks verschlungen. Im flachen Tal jenseits der Stadt arbeitet bereits die Eisenlegierungsfabrik, und auch die ersten drei Abschnitte der Aluminiumfabrik sind schon in Betrieb. Die Vorarbeiten für die Errichtung einer Lokomotiv- und Eisenbahnwaggonfabrik sind im Gange, und etwas weiter stromabwärts, hinter den Hügeln, gilt Ähnliches für den Bau eines zweiten Eisenhüttenkombinats. Die ganze Stadtumgebung ist also voll neuer Gebäude, Lagerplätze, Baubaracken und dergleichen.

Ich wollte zu den nahen Hügeln hinüberfahren, wo einst die alte Festung Kusnezk gestanden hatte, in der Dostojewski in Haft gewesen und die Thema seiner *Aufzeichnungen aus einem Totenhaus* war, doch meine Gastgeber zeigten sich von der Absicht wenig begeistert. Später erfuhr ich, daß die Festung vor kurzem abgebrannt war, weswegen sich die Stadtväter offenbar schämten und genierten, weil sie auf ihr einziges historisches Monument so schlecht aufgepaßt hatten.

Am Donnerstag, dem 21. Juni, kehrte ich von Stalinsk wieder nach Nowosibirsk zurück. Von den Hauswirten, die sich während meiner Tage in Stalinsk um mich gekümmert hatten, verabschiedete ich mich mit einem beiderseitigen Gefühlsüberschwang, der einem mehrmonatigen Verbleib Ehre gemacht hätte. Auf dem Bahnhof standen meine Gastgeber inmitten der Menge in der hellen Sommersonne und winkten getreulich, bis der Zug endgültig außer Sicht war. Mit Zwischenhalten, die meist länger dauerten als die jeweiligen Fahrzeiten, kroch der Zug durch die wellige Steppenlandschaft, vorbei an unordentlichen Kohlestädten und ihren großen Schlackehalden. Auf jedem Bahnhof schwärmten wie üblich die barfüßigen, kopftuchbewehrten Frauen und Mädchen mit ihren Waren herbei. Mit riesigen Bündeln beladene Menschen kämpften beim Aus- und Einstieg in die überfüllten Personenwagen am hinteren Zugende mit sich und den Wachen.

Der einzige Mitreisende in meinem Abteil war ein dünner, schlaksiger junger Kriegsteilnehmer, der in einem Panzer schwere Verbrennungen erlitten hatte und deshalb aus der Armee entlassen worden war. Sein Vater war ein alter Parteiarbeiter in seinem Bezirk, und der junge Mann war – vermutlich kraft seiner Verwundung und dank väterlichen Einflusses – unversehens zum Bahnhofsvorsteher in einer mittelgroßen Stadt an der Bahnlinie avanciert. Die Ernennung schien ihm einigermaßen zu gefallen, aber ich hatte doch den Eindruck, daß er der Zukunft mit der gleichen Unsicherheit, Langeweile und Unruhe entgegenblickte wie wohl alle ehemaligen Kriegsteilnehmer der Welt. Er war Vorsteher des Bahnhofs D., sicher – na und? Das war doch wohl noch nicht alles? Für ein paar Tage, ein paar Wochen vielleicht war das wohl in Ordnung. Aber irgendwo mußte es doch noch mehr geben – Aufregenderes, Dramatischeres als Ausgleich für die harten Jahre der Gefahr und der Hingabe.

Den ganzen, langen Tag hielt und fuhr der Zug, polterte durch die Steppe. Endlich kam der Abend. Im Wagen war kein Licht. In der Dämmerung dehnte sich die riesige Steppe weit in die Ferne. Kam man auf den Bahnsteigen einmal in den Genuß einer Brise, so war die Luft frisch und roch süß nach Gras. Nach Einbruch der Nacht bewegte sich der Zug nur langsam und mit endlosen Zwischenhalten auf der Anfahrt nach Nowosibirsk. Während der langen Aufenthalte konnte man die Nachtstille der Steppe erfühlen, unterbrochen nur vom Bellen der Hunde in fernen Dörfern und den Stimmen der Lokomotiven, die um Weiterfahrt pfiffen.

Gegen zwei oder drei Uhr morgens erreichten wir Nowosibirsk. Auf mich warteten der treue »Sekretär« und seine Chauffeuse. Zusammen stolperten wir in der Dunkelheit mit meinem Gepäck über die Geleise und fuhren zu meiner Luxussuite im Hotel.

Ein Tag blieb mir noch in Nowosibirsk. Eher mürrisch verkündete mir der Sekretär, er sei bereit, mich nach meinen Wünschen zu unterhalten. Ich sagte ihm, ich möchte den Tag über ausruhen. Das machte ihn offenkundig mißtrauisch. »Wie kommt es, daß Sie soviel ausruhen?« fragte er düster.

Um ihn seiner Sorgen zu entheben, schlug ich Schwimmen vor. Wir ratterten in dem klapprigen Gorki ans Ob-Ufer hinunter. Ich zog mich aus und schwamm, und dann saßen wir in der stechenden sibirischen Sonne auf einem Felsen. Nackte Buben ruderten in einem lecken Boot am Ufer entlang, nicht anders als Jungens auf der ganzen Welt. Stromabwärts krochen die langen Güterzüge langsam über die Brücke der transsibirischen Hauptlinie gen Osten, die Wagen und Lokomotiven warfen schwarze Spielzeugsilhouetten in den strahlenden Himmel. Jenseits des Flusses standen weitere Züge aufgereiht und warteten auf die Erlaubnis zur Überfahrt.

Der Strand, an dem wir saßen, war steinig und ungepflegt. Hinter uns stand ein Badehaus, aber es war heruntergekommen und fadenscheinig und offenbar geschlossen. Der Sekretär versicherte mir, eines Tages werde es hier ganz anders aussehen: herrliche Parks und Badekabinen und Sportanlagen.

Daß solche Anstrengungen unternommen würden, daran zweifelte ich nicht. Ich fragte mich nur, ob sich nicht wieder einmal, wie schon bei der Oper, die russische Phantasie und russische Großmannsträume – wie üblich keinen Gedanken daran vergeudend, etwa zwischen Vergangenheit und Zukunft eine Brücke zu schlagen – jeglichem Realitätssinn verweigern und irgendein phantastisches Kolossalprojekt anfangen, erste Teile hastig und mit schlechtem Material aufbauen, es aber niemals fertigstellen, und schließlich die Anfänge dahinfaulen lassen oder für völlig unpassende Zwecke umfunktionieren würden. Der Ob freilich würde ruhig weiterströmen zum Nordmeer. Und welche Wunderwerke auch am Ufer gebaut worden sein mochten oder nicht, vermutlich würden in unzähligen weiteren Sommern nackte Buben lecke alte Kähne finden und an Sommertagen stromauf, stromab rudern, rufen und spritzen, sich die Füße an den Felsen aufreißen und erstaunliche Entdeckungen über das Wesen der Flüsse und die Geheimnisse des Flußgrundes machen.

Ich beschloß, für den Rückweg das Flugzeug zu nehmen. An einem Samstag reiste ich ab. Eigentlich sollte das Flugzeug um fünf Uhr morgens starten und Moskau noch am selben Tage erreichen. Tatsächlich flogen wir erst um die Mittagszeit ab, und der Flug dauerte drei Tage. Zwei oder drei Stunden lang überflogen wir die Sümpfe und Seen der Taiga. Ich saß neben einer kleinen, alten Arbeiterin, die Männerhände hatte, Mitglied des ZK der Baugewerkschaft und zu einer Tagung in Swerdlowsk unterwegs war. Sie konnte weder lesen noch schreiben, war aber aufgeweckt und flink. Bis Omsk redete sie unaufhörlich, und was sie zum Flug und zum Leben überhaupt zu sagen hatte, besaß die fröhliche Unmittelbarkeit und den ganzen Reiz der Denkwelt derer, die nie einen Druckbuchstaben entziffert haben. Als wir in Omsk für eine oder zwei Stunden in der vollen Mittagshitze zwischenlandeten, teilte ich mein Picknick mit ihr, im Schatten des Leitwerks der Maschine im Gras sitzend. Sie ließ mich laut aus Tolstois *Peter der Erste* vorlesen, den ich im Flugzeug gelesen hatte. Nach und nach gesellten sich uns weitere Passagiere zu, und bis wir endlich weiterflogen, las ich, ehe ich mich's versah, der halben Flugzeuggesellschaft vor, die höchst aufmerksam und ehrerbietig lauschte.

Als wir in Swerdlowsk ankamen, regnete es in Strömen. Lange blieben wir draußen auf dem Rollfeld im Flugzeug. Es war eine von den Russen in Lizenz gebaute Douglas, deren Dach leck war. Nach langem Warten wurden wir in einen offenen Lastwagen gepfercht und wurden naß bis auf die Haut, während man uns in eine Art Schlaftrakt neben dem Flugplatz brachte und bedeutete, hier müßten wir die Nacht über bleiben. Zu meinen Mitreisenden gehörte auch der Parteisekretär B., mit dem ich einen Abend lang Nowosibirsk »gemacht« hatte. Im Flugzeug hatten wir uns unter großem Hallo wiedergefunden, und von nun an wich er nicht mehr von meiner Seite. Es gelang ihm, uns beiden ein Vierbettzimmer zu ergattern und uns danach mehrere unerwünschte Passagiere vom Leibe zu halten, die nach einem Schlafplatz suchten. Er ging dabei ganz einfach vor. Er blickte ihnen seelenruhig ins Auge und sagte: »Nehmen Sie Ihre Bündel und hauen Sie ab.« Irgend etwas im Ton seiner Stimme muß die dahinterstehende Autorität verraten haben, denn die Eindringlinge zogen sich sämtlich wort- und klaglos zurück.

Am nächsten Morgen regnete es immer noch Bindfäden. Es war ein kalter, trüber Sonntagmorgen. Durch das Zimmerfenster war nichts Aufregenderes zu erblicken als ein nasses Feld, eine Baracke, ein Lastwagen, der sich durch den Schlamm wühlte, und in der Ferne: Wald. Trotz allen Nachfragens gelang es nicht, irgend jemand in dem Gebäude ausfindig zu machen, der auch nur den geringsten Schimmer hatte, wie es mit uns weitergehen sollte. Schließlich stellte sich heraus, daß man zwar vielleicht eine Fahrmöglichkeit nach Swerdlowsk finden könnte, die Rückkehr aber keinesfalls gesichert war.

Die Morgenstunden trödelten dahin. B. und ich hatten die Unsicherheit satt und beschlossen, etwas zu unternehmen. Er machte ein Telefon ausfindig und brüllte eine halbe Stunde lang in den Hörer. Seine herkulischen Anstrengungen wurden belohnt. Etwa eine Stunde später tauchte von irgendwoher eine Besatzung auf, leichte Schamröte im Gesicht. Der Lastwagen fuhr vor. Wir fuhren zur lecken Douglas hinaus, der Motor wurde angelassen, und bald schon verschwanden wir in einer dichten Wolkenbank auf dem Weg nach Kasan. Ob wir nach Moskau kommen würden, wußte kein Mensch. Aber der Swerdlowsker Flugpatzchef war eindeutig zu dem Schluß gelangt, ohne uns werde sein Sonntag erheblich friedlicher sein.

In Kasan verbrachte man uns wieder in ein Flugplatzhotel. In Moskau war anscheinend eine Siegesparade im Gange, weshalb der Moskauer Flugplatz an diesem Tag keine weiteren Flugzeuge mehr aufnahm. Wir mußten übernachten. Wieder schnappten sich B. und ich das beste Zimmer und verbarrikadierten uns gegen alle Nachkommenden.

Am späten Nachmittag saßen wir im »Händlerbuffet« - einem Zimmer mit zwei oder drei Tischen, einem kleinen Buffet, das ein paar abgestandene Kuchenschnitten zu haarsträubenden Preisen feilhielt. Eine Mitreisende mittleren Alters in gut geschnittenem, grauem Reisekostüm, die sich B. und mir als den offenbar privilegiertesten und einflußreichsten Passagieren ungefragt und ohne weiteres Aufheben angeschlossen hatte, meinte beiläufig, sie werde vermittels eines einfachen Telefonanrufs einen Wagen beschaffen, mit dem wir die Sehenswürdigkeiten Kasans erkunden konnten. Diese aberwitzige Prahlerei brachte sofort das Mädchen am Buffet auf die Beine: »Und wo zum Teufel«, fragte sie angewidert, »glauben Sie in Kasan ein Auto auftreiben zu können?« Unsere Reisekameradin sah die Herausforderin mit eisigem Blick an. »Beim NKWD«, erwiderte sie. Die Bedienung verschwand eiligst wieder hinter ihre Kuchen.

Der Telefonanruf wurde getätigt - beim Chef des NKWD persönlich. Aber eine Stunde verging, und immer noch war kein Wagen zu sehen. Wir beschlossen, uns zu Fuß auf den Weg zu machen. Wir marschierten bis zu einem Vergnügungspark. Inzwischen war es Abend geworden, und schon sammelte sich die Menge für eine Veranstaltung, die als »Volksausflug« bezeichnet wurde. Von zahlreichen Fremden borgten wir uns Zwanzig-Kopeken-Münzen, und jetzt wurden von einem öffentlichen Telefon aus weitere mühselige Anrufe beim NKWD getätigt. Das Ganze endete damit, daß das Auto zum Vergnügungspark kommen sollte.

Wir kauften Sonnenblumenkerne zum Essen und wollten in den Park gehen, befanden dann aber, er sei zu überfüllt und wir würden uns lieber den Stadtkern ansehen. Wir machten uns auf den Weg entlang einer langen, breiten, baumgesäumten Straße mit schönen großen Häusern, die eindeutig eine vorrevolutionäre Universitätsstadt auswiesen. Einige Gebäude waren in Lazarette umgewandelt worden. Die Verwundeten in dem gräßlichen Flanellzeug aller russischen Hospitäler saßen mit ihren Ziehharmonikas in den Vorgärten, spielten, sangen, redeten, warfen allen vorbeigehenden Mädchen durchs Eisengitter ihre Bemerkungen zu. Es war angenehm und anheimelnd, wenn auch leicht vulgär, an einem Sommerabend über die Straßen einer Stadt an der Wolga zu flanieren und die Schalen der Sonnenblumenkerne philosophisch vor sich hinzuspucken. Der Genuß von Sonnenblumenkernen erweckt etwa dasselbe Gefühl tumber Ruhe und Überlegenheit wie Kaugummikauen. Einen Augenblick vergaß ich fast, daß ich ein Fremder war in einem Land, das regiert wurde von Leuten, die allem Fremden mißtrauisch und voller Ressentiment begegneten. Doch das währte nicht lange.

Wir erspähten einen Jeep, von dem die Dame vermutete, er sei das versprochene Auto. Er fuhr an uns vorbei, ehe wir ihn anhalten konnten. Wir gingen den ganzen Weg zum Vergnügungspark zurück und fanden ihn dort. Es war wirklich das zugesagte Auto. Der Chef des NKWD war persönlich gekommen, mit Chauffeur. Er begrüßte die Dame sehr respektvoll. Aber er genierte sich, mir die Hand zu reichen, und lehnte es ab, im Wagen mit uns zu fahren, sondern ging lieber zu Fuß zurück, als sich in aller Öffentlichkeit mit einem Ausländer zu zeigen.

Der Jeep fuhr mit uns durch die Innenstadt. Ich war hingerissen von der Atmosphäre der wohlhabenden Flußhändler- und Universitätsstadt, ihren weißen Gebäuden, den im Mondlicht schimmernden Türmen ihres Kreml. Mir fiel auf, daß diese Stadt zwar viel mehr hermachte als Nowosibirsk, man von ihr aber viel weniger hört. Vermutlich, weil es sich in erster Linie um eine zaristische und nicht eine sowjetische Stadt handelt. Vielleicht auch, weil sie das Zentrum der Tatarischen Republik ist und die politischen Reaktionen der Tataren nicht gerade dem entsprachen, was man in den letzten Jahren erwartet hatte.

Der Chauffeur in der Uniform eines NKWD-Gemeinen verweigerte mir jegliche Auskunft über die Bevölkerung der Stadt. Ich mußte erst nach Moskau zurückkommen, um zu erfahren, daß sie mittlerweile etwa zweieinhalb Millionen Einwohner zählte und es vor dem Krieg nur etwa eine Million gewesen sei. Sie dürfte im

Augenblick die drittgrößte Stadt in der Sowjetunion sein. Aber Ausländern zeigt man sie wohl nicht gerne.

Am folgenden Tag saß ich lange auf einem Koffer im Heck unserer russischen Douglas, blickte auf die Wälder und Äcker zwischen Kasan und Moskau hinunter und versuchte, mir die vielen Eindrücke der letzten vierzehn Tage einigermaßen sinnvoll zusammenzureimen. In der riesigen, weitgespannten Ebene unter uns wohnte ganz zweifellos eines der größten Völker der Welt, talentiert, empfänglich, zur Aufnahme und Bereicherung allen menschlichen Erlebens fähig; ein Volk, das Grausamkeit und Achtlosigkeit auf seltsame Weise ertrug und dennoch sittlichen Werten höchst aufgeschlossen war; ein mannhaftes, fruchtbares Volk voller Ausdauer und Lebenskraft, im tiefsten Innern überzeugt, daß ihm in den Angelegenheiten der Welt eine zunehmend wichtige und positive Rolle zukam, und darauf bedacht, diese Aufgabe zu übernehmen.

Zwischen ihm und der Welt draußen steht ein Regime bislang unerhörter Erbarmungslosigkeit und Eifersucht. Dieses Regime weiß sehr wohl, welche Reichtümer, welche Möglichkeiten, welche Gefahren in Rußlands Volk schlummern. Es hat dieses Volk völlig in seiner Gewalt. Es ist entschlossen, an dieses Volk keinerlei Außeneinflüsse herankommen zu lassen. Dazu muß diesem Volk nicht nur die Angst vor äußeren Kräften eingebleut werden, sondern auch, daß es von außen nichts zu erwarten habe. Die Sowjetregierung muß ihm je und je als einzige Quelle erscheinen, die den Getreuen huldvoll Beute verspricht, über die Ungläubigen oder Widerspenstigen gerechten Zorn und verdiente Strafe ausgießt. Darum ist das ganze System darauf angelegt, aus den Hirnen der Bevölkerung auch den letzten Gedanken an fremden Einfluß zu verjagen und alles, was fremde Regierungen oder Einzelpersonen auch tun oder lassen mögen, in einen Vorteil der Sowjetregierung umzumünzen.

Der Durchschnitts-Amerikaner hört und liest, welche Kämpfe und Leiden jene Russen erdulden müssen, die eben noch seine Verbündeten waren, und es drängt ihn, ihnen zu helfen, fürs Rote Kreuz oder den »Russian War Relief« zu spenden; er murrt nicht über die zusätzlichen Mühen und Steuern, die das Lend-Lease für

Rußland ihm aufbürdet, und bereitwillig hört er auf die Argumente derer, die große Kredite für die Sowjetregierung fordern. Noch leichter geht dies dem Reisenden ein, der mit eigenen Augen die Not und das Heldentum des russischen Volkes sieht: die jungen Leute und ihren schweren Zwölfstundentag ohne alle Erholung; die Menschen mittleren Alters, die zeit ihres Lebens weder Sicherheit noch Frieden gekannt und jede Hoffnung darauf aufgegeben haben; die Witwen und Kriegsversehrten, die überfüllten Wohnungen, die leeren Schränke, die fadenscheinigen Kleider, die erbärmlichen Ersatzfreuden und Notbehelfe – und hinter all dem die Sehnsucht, die Hoffnung, der unbesiegbare Glaube an die Zukunft. In diesem begabten, liebenswerten, in Jahrzehnten der Härte von der Vulgarität und Hohlheit verweichlichterer Kulturen geläuterten Volk, zum Aufbau einer sauberen, vernünftigen Gesellschaft vorbereitet und willens wie kein anderes auf der Welt – wo anders hätten jene Wesenszüge des amerikanischen Volkes, der Hang zum Praktischen und die Hilfsbereitschaft, eine größere Zukunftschance als eben hier?

Tatsache aber ist, daß dem russischen Volk niemand helfen kann. Steht ein Volk in der Gewalt eines autoritären Regimes, das vor nichts halt macht, so ist anderen jeder Weg, ihm zu helfen, versperrt. Ihm zugedachte Gaben können immer nur dem Regime ausgehändigt werden, das sie sofort zur Stärkung der eigenen Macht benutzt. Gelangt einmal eine Hilfe wirklich bis zum Volk, so wird ihm jedesmal weisgemacht, das Regime habe sie einer verschlagenen Außenwelt als Konzession abgerungen und zugleich deren böse Absicht zuschanden werden lassen, und wer daran teilhaben wolle, halte es besser mit dieser allwissenden Macht, die seine Interessen so gekonnt zu wahren wisse. Versetzt man andererseits, der Gemeinheiten überdrüssig, dem Regime einen Schlag, so hilft auch das dem geknechteten Volk nicht weiter. Der Schlag trifft das Volk, das Regime taucht drunter weg, bläht sich mitfühlend auf und schlägt in der Pose des Verteidigers einer hehren Nation gegen den schlimmen Neid einer verständnislosen Welt ein ums andere Mal zurück. Bricht dann im Zuge einer Politik der Anmaßung und Provokation schließlich die wirkliche Katastrophe über die Nation herein, dann identifiziert sich flugs das Regime bis zum Verwechseln mit den

Leiden des Volkes und verschanzt sich hinter dem erstaunlichen und schier unerschöpflichen Vorrat an patriotischem Heroismus und Treue, den die menschliche Natur für derlei Fälle bereitzuhalten scheint. Kurzum: Der gutwillige Ausländer kann niemals dem russischen Volk, sondern immer nur dem Kreml helfen. Umgekehrt kann er niemals dem Kreml, sondern immer nur dem Volk schaden. So ist das System angelegt.

Was also soll er tun? Diese Frage muß ein jeder selbst beantworten. Meinerseits, die Bilder und Töne Sibiriens noch lebhaft im Gedächtnis, glaube ich, das Klügste sei immer noch, weder helfen noch schaden zu wollen, sondern den sowjetischen Machthabern deutlich zu machen, welcher Art unser eigenes Bestreben ist, wo die Geduld aufhört und zu welchen Mindestbedingungen ein höfliches Nachbarschaftsverhältnis möglich ist – und dann das weder überschäumend auslandsselige noch fremdenfeindliche russische Volk auf seine ureigene Weise sein eigenes Schicksal gestalten zu lassen.

Aus dem Bericht über eine Reise von Moskau über Leningrad nach Helsinki im September 1945, schon bald nach Beendigung der Feindseligkeiten auf dem europäischen Kriegsschauplatz.

Mit Kongreßabgeordneten in einer amerikanischen DC-3 um 14.15 Uhr von Moskau abgeflogen. Während des ersten Teils des Fluges Unterhaltung mit den Parlamentariern. Danach hatte ich etwas Zeit für mich, während der ich aus dem Fenster starrte und mit wachsender Erregung der sonderbaren und unvergleichlich dramatischen Stadt entgegenfieberte, die ich vor neun Jahren zum letzten Mal sah. Die breiten Fluten des Wolchow, den einst Hanse-Kaufherren mit ihren Waren von und nach Nowgorod befuhren, zogen unter uns so breit und langsam durch wie in den Zeiten der Hanse, doch jetzt waren sie kaum befahren. Der Ladogasee zeigte sich nur als ferner Lichtfleck am östlichen Horizont. Wir erreichten die kalte, breite Newa auf ihrem Weg vom Ladogasee zum Finnischen Meerbusen und flogen ihr ein Stück weit stromabwärts entlang. Dann tauchten weit zu unserer Linken gedrängte Häusermassen auf – die Stadt.

Um 16.50 Uhr landeten wir nordwestlich der Stadt. Niemand holte uns ab oder geleitete uns auch nur aus dem Flugzeug. Wie sich herausstellte, war die Intourist-Führerin zum falschen Flugplatz gegangen. Etwa eine Viertelstunde lang standen wir an der offenen Kabinentür, blickten aufs Rollfeld hinunter und warteten, daß etwas geschah. Es regnete sanft. Das saftige Gras regengewöhnter Seenähe stand dichter und höher als in der Moskauer Gegend; unverkennbar war das Meer – das einsame, kalte Meer des Nordens – ganz nahe.

Schließlich kam ein großer Bus angefahren, preschte wild spritzend durch die Lachen am Rollfeldrand. Er trug die Aufschrift »Finnischer Bahnhof – Putilow-Werke«, und ich fragte mich bang, ob etwa wegen uns paar Neunmalklugen dreißig Leningrader Proletarier heute zu Fuß von der Arbeit nach Hause gehen mußten.

Im Bus ging es über die Inseln. In meinem ganzen Leben war ich nur drei Tage in Leningrad gewesen, und doch war mir, als komme ich nach Hause. Ich hatte so viel darüber gelesen, und während der in den baltischen Staaten verbrachten Jahre hatte ich den flachen Horizont des Nordens, das seltsam schräg einfallende Licht, die winterliche Öde der Natur und die gerade deshalb so deutlich empfundene Wärme und Fülle menschlicher Beziehungen lieben gelernt.

Wir fuhren über die Insel Kamenny Ostrow und die Brücke, den Kamenno-Ostrowski-Prospekt entlang, an der Eremitage und dem Winterpalast vorbei und über den Newski-Prospekt zum Hotel. Die anderen Reisenden machten sich sofort zur Besichtigung der Ausstellung über die Verteidigung Leningrads auf. Ich begab mich allein zu Fuß auf einen Stadtbummel.

Ich ging an der Isaaks-Kathedrale vorbei zum Sommergarten. Zwischen den Sandwegen wucherte Gras und Unkraut unter den Eichen. Die erst vor kurzem von den Sandsäcken befreite Reiterstatue Peters des Großen ragte hoch über das Flußufer.

Der Strom weitete sich ruhig auf den hellen, fernen Horizont. Die Wasseroberfläche war glatt, doch bei genauerem Hinsehen merkte man, daß sie schweigend und majestätisch dahineilte, wie es Puschkin beschrieb.

Weiter, an der Admiralität vorbei. Nahe der Brücke lag der Eisbrecher *Sibirjakow* vor Anker, in neuem, braunem Farbgewand glänzend. Auf der Brücke verlegten Arbeiter neue Stromkabel unter dem Pflaster. Nur wenig Verkehr auf der Brücke. Hin und wieder keuchte ein aus drei Wagen bestehender Straßenbahnzug, übervoll mit Menschen, die Steigung zur Brückenmitte hinauf.

Der Winterpalast wurde gerade frisch gestrichen, doch viele Fenster gähnten immer noch leer. Die umliegenden Straßen waren still, fast verlassen. Auf dem leeren Uferbankett fuhren Kinder rad – völlig unbekümmert um vergangenen Ruhm wie gegenwärtige Ruinen.

Ich ging am Moika-Ufer hinter den Generalstabsgebäuden vorbei zum Newski-Prospekt, setzte mich vor der Kasaner Kathedrale auf eine Bank und betrachtete die Leute. Sie blickten nüchtern drein, etwas müde, aber doch kräftig. In dichten Trauben warteten sie auf die Straßenbahnen und Trolley-Busse, die auf der berühmten, alten Straße immer noch den größten Teil des Verkehrs ausmachten.

Allein ging ich zum Hotel zurück, hinter der Kathedrale vorbei, den düsteren Gorochowaja Uliza hinunter und wieder am Moika-Ufer entlang. Hier, gleich beim Marienplatz, waren zwei Pappeln aus der langen Allee in den Kanal gefallen und hatten im Umfallen die Eisenzäune verbogen und eingedrückt. Ihre Wipfel müssen dabei abgebrochen und im Erdreich steckengeblieben sein, denn viele Zweige trugen noch grüne Blätter.

Dieser Spaziergang weckte zahllose Bilder der Vergangenheit: Puschkin, der mit seinem Begleiter über die Brüstung gelehnt auf den Fluß starrt; Kropotkin, der in der Peter-Pauls-Festung mit dem Schemel Leibesübungen macht; Alexander I., der während der Überschwemmung von 1823 aus dem Winterpalast blickt; Fürst Jussupow, wie er Rasputins Leiche in die Moika wirft; die wütende Menge, die in der Nacht der Erstürmung des Winterpalastes über den Platz drängt; die Generationen von Musiklehrern und -schülern, die ins Konservatorium strömen; die italienische Oper von vor hundert Jahren; die ungesunden Tage der Leningrader Frühlings-Tauwetter, wo kleine, schwarzgewandete Gruppen hinter Leichenwagen her durch den Matsch zu den lehmnassen, triefenden Kirchhöfen stapfen; die feuchten, nach Kohl riechenden, rattenverseuchten Kellerwohnungen der unheimlichen, dunklen Innenstadtstraßen und die bleichen Menschen, die in diesen Wohnungen den Winter überstehen; die Freudenmädchen am Newski-Prospekt zur Zeit der Zaren; die Menschen, die während der Belagerung in den dunklen, schneeverwehten Straßen gefallene Pferde zerlegen. Leningrad gehört für mich zu den packendsten Orten der Welt, eine große, traurige Stadt, in der seit jeher der Funke des menschlichen Genies das Düster, die Feuchtigkeit und die Kälte durchdringen muß, um sein Licht zum Tragen zu bringen, und die gerade darum eine Wärme, eine Dichte, eine Schönheit ganz eigener Art atmet. Ich weiß, daß in dieser Stadt, in der ich nie gewohnt habe, dennoch ein verschrobener Einfall des Schicksals (vielleicht ein früheres Leben?) einen Teil meiner Empfindungs- und Liebesfähigkeit eingelagert hat – kurzum: ein Stück meines ureigenen Lebens – und daß kein Amerikaner das je verstehen und kein Russe je glauben wird.

Der Zug nach Helsinki ging spät abends. Einziger weiterer Intourist-Gast auf dem Weg dorthin war ein etwas finsterer Mexikaner mit Baskenmütze und perfektem texanischem Akzent. Als wir gerade zur Hoteltür heraustraten, fuhr der Bus, der uns mitnehmen sollte, los und verschwand ohne uns im Dunkel, sehr zum Erstaunen und zur Bestürzung unserer Intourist-Begleiterin. Lange stand ich draußen auf dem Platz und sah mir die stattlichen Umrisse der Isaaks-Kathedrale an, die sich schwach im Dunkeln abzeichneten; der Mexikaner setzte mich derweil über den Verlauf seiner Diarrhöe ins Bild. Ein weiterer Bus stand leer und verlassen am Bordstein. Aus der Dunkelheit kam ein betrunkener Rotarmist herangewankt, hämmerte unwirsch an die Tür des leeren Busses und fragte dann den weißbärtigen Portier, wann er abfahre. »Das ist nicht Ihr Bus«, antwortete der Portier. »Wo zum Teufel wollen Sie denn hin?« Der Soldat schnitt eine Grimasse, zog torkelnd einen kleinen Kreis und landete wieder aufrecht vor dem Portier. »Nach Westen«, sagte er, »so nah an die Grenze, wie's geht.« Die Dame von Intourist, die gerade wieder auf der Bildfläche erschien und diese letzte Bemerkung hörte, schob uns hastig in die Hotelhalle zurück, wo wir warteten, bis ein weiterer Bus aufkreuzte.

Als ich am Morgen aufwachte, verließ der Zug gerade die völlig zerstörte und menschenleere (vormals finnische) Stadt Wyborg. Der Himmel war bedeckt, ein kalter Wind blies aus kräftigen Backen. Hin und wieder stahl sich ein frühmorgendlicher Sonnenstrahl durch die Wolken, glitt schräg über die Erde, verfing sich in den letzten Ruinen eines Wohnblocks und tauchte sie kurz in frostig fahle Helle. Unter uns lag still und leer der Hafen. Ein verlassenes Boot rieb sich sanft an den Überresten eines Kais. Doch über dem Hafen stand frisch das Morgenlicht. Fröhlich kräuselte sich das Wasser in der Brise, unbekümmert darum, daß es an drei Seiten von den stummen Zeugen der unglaublichen Zerstörungswut des Menschen umstanden war. Über dem Innenbecken drehte eine Möwe ihre Kreise und freute sich des neuen Tages, der Fische unten und ihrer eigenen grazilen Kraft.

Langsam fuhren wir durch kriegsverheertes, menschenleeres Land. Auf den verlassenen Höfen wuchs Unkraut und Buschholz. Die tür- und fensterlosen Häuser sanken offenbar langsam in die neue Vegetation zurück. Erhaschte man einen Blick ins Innere, so sah man die Fußböden mit allerlei Überresten und Abfall übersät. Man wußte auch, daß in der wuchernden neuen Vegetation noch tausendweise scharfe Landminen lauerten.

Nach einer Stunde Fahrt erreichten wir die neue finnische Grenze und hielten am ersten finnischen Bahnhof. Hier war urplötzlich alles reinlich und fröhlich. Ein neues Bahnhofsgebäude war errichtet worden, einfach und aus Holz, aber doch mit deutlich modernem Anflug. Der Bahnsteig war in gutem Zustand und sauber. An einem frischgestrichenen Kiosk gab es Zeitungen zu kaufen. Das einzig Wichtige, was fehlte, war etwas zu essen. Doch der Bahnhof war fast menschenleer. Der Himmel war grau. Und alles war ein bißchen schwermütig.

Unsere russische Lokomotive dampfte ab; unser Schlafwagen sowie zwei »Komfort«-Waggons voller Russen auf dem Weg zur neuen sowjetischen Marinebasis auf Porkkala blieben zurück und warteten auf den finnischen Zug. Die Wartezeit war lang. Ich ging, Sklave dieser angelsächsischen Gewohnheit, im Wind auf dem Bahnsteig auf und ab. Die Russen stierten ausdruckslos aus den Waggonfenstern, und in ihren Gesichtern stand dieselbe stoische Leere geschrieben, mit der Russen aus allen Zugfenstern auf ihre riesige, melancholische russische Welt starren.

Die Abstellgleise standen voller Güterwagen, die mit finnischen Reparationsgütern für Rußland beladen waren. Kleinwagen, Räder und Schienen für eine Schmalspur-Baubahn, hell und glänzend ihr Metall und Anstrich, waren sorgfältig auf großen offenen Güterwagen verstaut. Auf anderen lag sauber geschnittenes und sorgfältig geschichtetes Sägeholz in hohen Stößen. Alle diese Kontributionen trugen den Stempel ordentlicher, gewissenhafter Finnenarbeit. Zunächst fragte ich mich, ob diese Opfergaben bei den Einwohnern der großen, russischen Talmiwelt, für die sie bestimmt waren, nicht hin und wieder einen Anflug von Scham erweckten. Bei weiterem Nachdenken kamen mir jedoch erhebliche Zweifel.

Außer mir war auf dem Bahnsteig fast keine Menschenseele. Ein geschmeidiger junger Finne, in dessen Gürtel ein Messer steckte, warf beim Weichenstellen haßerfüllte und verächtliche Seitenblicke auf die russischen Wagen. Der Wind trieb den Holzqualm der kleinen Verschiebelokomotive über die Lichtung, und sein Geruch erinnerte an die heimischen Wälder im Norden. Ein finnischer Eisenbahnbeamter in Uniform fuhr gelassen am Bahnhof vor, stellte sein Fahrrad ab und begab sich zu seinen Dienstverrichtungen nach drinnen. In einem Bauernwagen kam eine Familie angefahren. Vielleicht war die Familie hungrig, aber das Pferd war wohlgenährt und gestriegelt und trabte mit fröhlichem Schritt, wie kein russisches Pferd ihn besitzt. Über dem Ganzen lag die Tüchtigkeit, Zielstrebigkeit, Geruhsamkeit und auch Langeweile bürgerlicher Kultur, und diese Eigenschaften fielen schon gar dem Reisenden auf, der seit langem den Eindrücken einer bürgerlichen Umgebung entwöhnt war.

Schließlich erschien die finnische Lokomotive, spannte uns an und nahm den Weg durch die Wälder in einer Geschwindigkeit auf, die nach dem gemächlichen Dahinpoltern der russischen Züge geradezu schwindelerregend war. Es gab einen Speisewagen. Allzuviel zu essen gab es zwar nicht, aber alles war gut zubereitet, der Wagen gut geführt und einladend, die Mitreisenden freundlich, ohne Angst und Mißtrauen. Den lieben langen Tag fuhren wir durch herrliches Nordland, die Wälder von Seen, Bauernhöfen, Wiesen und Viehherden unterbrochen. Die Russen starrten immer noch mit reglosen Gesichtern aus dem Fenster. Gegen Abend langten wir in Helsinki an.

Zwischen Mitte 1946 und Mitte 1950 war ich in Washington tätig, zuerst am National War College, dann als Leiter des politischen Planungsstabes im Außenministerium und schließlich, Anfang 1950, als Politischer Chefberater des Ministers.

Im März 1949 besuchte ich als Leiter des Planungsstabes die amerikanische und britische Besatzungszone in Deutschland. Berlin, wo ich vor dem Krieg und bis in die Kriegszeit hinein fünf Jahre lang gewohnt hatte, erlitt zu der Zeit die härtesten und quälendsten Augenblicke der sowjetischen Blockade und wurde nur über die amerikanisch-britische Luftbrücke versorgt. Weitere besuchte Städte waren Hamburg und Frankfurt.

Meine dienstlichen Berichte über die Reisen befinden sich im Regierungsarchiv. Nachstehend ein paar Auszüge aus den privaten Niederschriften.

> *Niemand kann zweifeln, daß inmitten der nationalsozialistischen Phantasmagorie in scharfem Gegensatz zu den jungen Elementen der entschlossenen Revolution ein großes tief leidendes, verzweifelnd harrendes, christliches, abendländisches deutsches Volk lebt.*
>
> Hermann Rauschning,
> Die Revolution des Nihilismus, 1938

> *Für uns ist Europa nach dem Kriege ... die Frage: Wie kann das Bild des Menschen in den Herzen unserer Mitbürger aufgerichtet werden?*
>
> Aus einem Brief von Helmuth James Graf von Moltke
> an seinen Freund Lionel Curtis in England, 1942

12. MÄRZ 1949
BERLIN

Abends angekommen und durch die dunklen, verlassenen Straßen zum Harnackhaus gefahren, das jetzt als amerikanischer Club und als Gästehaus dient. Die Stadt schien tot, nur noch ein Schatten ihrer selbst.

Das hellerleuchtete Harnackhaus hob sich in der Dunkelheit ab wie eine grelle Spelunke, die in einer schläfrigen Provinzstadt zu lange aufhatte. Es war Samstag abend. Mit dem Lichtschein drang stampfende Tanzmusik aus den Fenstern. Auf der Straße stand eine lange Wagenreihe geparkt, und die kleine Gruppe deutscher Fahrer, die in der kalten Nachtluft auf und ab stapften und vor sich hin brummten, nahm sich wie eine schlechte Karikatur der vermummten russischen Kutscher der alten Zeit aus, die vor den Nachtclubs von Petersburg und Moskau auf ihre Herren warteten.

Drinnen wirkte der Aufenthaltsraum so leer und unansehnlich wie die meisten Clubräume am Abend, aber im Speisesaal ging es lebhafter zu. Zur Feier des Tages – Samstagabend – waren Kerzen aufgestellt. Eine deutsche Kapelle schmetterte brav amerikanische Tänze, die sie auswendig kannte. Die Gesichter der Musiker waren eingefallen und spitz und so ausdruckslos müde, daß man nicht wußte, ob sie die tanzenden Colonels und die OMGUS-Zivilisten und ihre Damen wirklich nicht sahen, oder ob sie sie zwar sahen, sie ihnen aber völlig gleichgültig waren. Ganz eindeutig sagte ihnen weder der Anlaß noch die Musik etwas, die sie spielten. Beide waren ihnen gewissermaßen befohlen. Warum, das ging sie nichts an.

Die Gäste wirkten sittsam und wohlerzogen. Nur an einem Tisch, an dem ein Geburtstag gefeiert wurde, erhob ein Major Aufmerksamkeit heischend die Stimme, und sein Monolog war über der Musik und dem Ballgeflüster hörbar: »Nun sieh mal einer, was auf der Speisekarte steht. Thunfisch. Thunfisch – mein Gott! Das kriegt bei uns der Hund. So viel, daß er's nicht mehr sehen kann. Er grinst mich an und sagt: ›Jesses, schon wieder Thunfisch!‹«

Am späten Abend machte ich noch einen langen Spaziergang. Die Straßen lagen schweigend und leer und undurchdringlich dunkel. Dabei befand ich mich im einst vornehmen Dahlemer Viertel.

Die Privatvillen – soweit sie den Bomben entgangen waren – hoben sich vage gegen die Schatten ab. Welche Erwartungen, welche hochfliegenden Hoffnungen, welche Vorhaben von Glück und Reichtum hatten sie einst beherbergt? Jetzt war alles zunichte. Jetzt waren die Villen wortlos und dunkel und kalt. Wenn überhaupt noch Deutsche drin wohnten, dann kampierten sie dort wie einst die Barbaren in den Palästen Italiens. Etwas anderes schien kaum denkbar. Ob das an sich gut oder schlecht, verdient oder unverdient war, ließ sich nicht sagen. Doch wie dem auch war – jede einzelne dieser vagen architektonischen Formen war Sinnbild zerbrochener Träume, enttäuschter Hoffnungen und gebrochenen Tatendrangs. Man konnte es drehen und wenden, wie man wollte – es war jammerschade. Jahrelang hatte ich in dieser Stadt gelebt, in ihren besseren Tagen, und das gewaltige Ausmaß der Verheerung drückte mich nieder. Wieder im Club angekommen, konnte ich nicht schlafen. Vom Fenster aus beobachtete ich die Ereignisse der Nacht. Die Gäste verließen das Haus in kleinen Gruppen und fuhren weg. Ein letzter Leutnant schlenderte zu seinem Jeep. Schließlich versammelten sich die Musiker unter großem Gemurr und Geschimpfe über die Zuspätkommenden, kletterten in eine unglaublich überladene Klapperkiste, die ihnen zu gehören schien, und fuhren ab. Nun standen die hohen, blattlosen Pappeln, dieselben geduldigen Pappeln, die die Endjahre der Weimarer Republik und die Nazizeit und den Krieg und die Bombennächte und die Ankunft der russischen Armee erlebt und beobachtet hatten, wieder mutterseelenallein eine weitere Nacht hindurch, bis ein paar Meter weiter die klapprigen Wagen der ersten U-Bahn vorbeiratterten und der Himmel eines grauen, feuchtkalten Märzsonntags über dem luftbrückenversorgten Berlin zu dämmern begann.

18. MÄRZ 1949
HAMBURG

Am Vormittag fuhr mich mein Kollege durch Hamburg. Zunächst nach Altona, dann am Fluß entlang zurück. Die Werftanlagen auf der anderen Flußseite boten ein Bild der Zerstörung. Die einst mit

Lagerhäusern, Industrie und allerlei Einrichtungen bestandenen Inseln im Strom lagen jetzt platt und grau verheert.

Die wirkliche Zerstörung kam aber erst, nachdem wir Hafen und Geschäftsbezirk hinter uns gelassen und die großen Wohngebiete östlich der Alster erreicht hatten. Hier war kilometerweit alles dem Erdboden gleich. Mein Gastgeber erklärte mir, das alles sei 1943 das Werk von drei Tagen und drei Nächten gewesen. 75 000 Menschen hätten dabei den Tod gefunden. Selbst jetzt, sechs Jahre später, schätze man die Zahl der noch in den Ruinen verschütteten Leichen auf über 3000.

Die Ruinen in Berlin hatten noch etwas tragisch Majestätisches an sich gehabt. Berlin war eine kalte Großstadt gewesen, Reichshauptstadt, hochmütig und anmaßend. Solche Städte zogen den Zorn der Götter und Menschen auf sich.

Das arme, alte Hamburg indes, diese behagliche, aufgeräumte Hafenstadt, wie so viele unserer eigenen Städte dem vernünftigen Treiben von Handel und Industrie zugekehrt – um Hamburg war es wirklich schade.

Hier überkam mich zum ersten Mal die felsenfeste Überzeugung, daß kein augenblicklicher militärischer Vorteil – mochte man sich ihn gleich ausgerechnet haben – diese aberwitzige, gleichgültige Zerstörung zivilen Lebens und materieller Werte rechtfertigen konnte, die Menschenhände über die Jahrhunderte in mühseliger Arbeit aufgebaut hatten für etwas, was mit diesem Krieg rein gar nichts zu tun hatte. Am allerwenigsten war es zu rechtfertigen durch den schrillen Trugschluß: »Mit uns sind sie auch so verfahren«. Und plötzlich wurde mir klar, daß diesen Ruinen ein nicht zu beantwortender Symbolismus innewohnte, den wir im Westen nicht in den Wind schlagen durften. Wollte der Westen wirklich einen höheren moralischen Anspruch erheben – auf größeres Mitgefühl und Verständnis für den gottgeschaffenen Menschen, wie er sich nicht nur als solcher, sondern auch in den unter seiner Hände Arbeit entstandenen und von ihm geliebten Werken äußert –, dann mußte die westliche Welt ihre Kriege nicht nur militärisch, sondern auch moralisch zu führen lernen oder andernfalls aufs Kriegführen verzichten, denn moralische Grundsätze waren Teil ihrer Stärke. Ohne diese Stärke war der Westen nichts wert, waren seine Siege keine

Siege mehr und konnte er auf Dauer bestenfalls noch den Tempel über sich zum Einsturz bringen.

Die Militärs würden diese Auffassung als naiv abstempeln und sagen, Krieg sei Krieg und wer im Krieg stehe, müsse mit allen ihm zur Verfügung stehenden Mitteln kämpfen oder aber untergehen. Ist dem aber so, dann hat die westliche Kultur – so bitter diese Erkenntnis sein mag – die Pflicht, ihren Gegnern militärisch jedenfalls soviel überlegen zu sein, daß sie ohne die Mittel auskommen kann, die die Niederlage nur um den Preis einer Aushöhlung des Sieges abzuwenden erlauben.

20. MÄRZ 1949
BERLIN

Mittags nach Berlin zurückgeflogen, dort aber festgestellt, daß meine beiden offiziellen Gastgeber erst abends in die Stadt zurückkehren würden und ich mithin den Sonntagnachmittag ganz für mich hatte. So machte ich mich fröhlich allein auf den Weg, zu Fuß und ohne Begleitung, fühlte mich frei wie ein entflogener Vogel und konnte nach eigenem Gusto besichtigen.

Ich fuhr mit der U-Bahn zur Stadtmitte und machte einen langen Rundgang durch den einst so vertrauten »Westen« zwischen Fehrbelliner Platz und Wittenbergplatz.

Trotz gelegentlicher Schneeschauer war das Wetter heller als in der vergangenen Woche. Plötzlich war der Frühling eingekehrt. Der Himmel war nicht mehr eintönig. Es gab dunkle Wolken und helle Wolken, und dazwischen schimmerte ein neuer Himmel – der blaßblaue Frühlingshimmel, an den man im endlos sich hinquälenden Nordwinter kaum noch geglaubt hatte.

Selbst die Kinder merkten es. Auf dem Weg zur U-Bahn-Station kam ich an dreien vorbei, die einen Airedale-Terrier ausführten. »Schau mal«, sagte der kleine Junge, »die dunkle Wolke ist die Nachtfee und die helle die Tagfee.« Der Airedale spürte die Hoffnung und Erregung in der Kinderstimme, blickte unternehmungslustig auf die anderen und zerrte an der Leine, um kundzutun, daß er dazugehörte und zu allem bereit war.

(Recht hast du, du kleiner Schlingel, dachte ich, es gibt eine Tagfee und eine Nachtfee, eine helle und eine dunkle Wolke. Und welche der beiden Wolken über dir sein und dich in den Tagen der Lebensreife überschatten wird, hängt auch von dir ab, denn kein Mensch, der nicht völlig Gefangener ist, ist ganz ohne Willen und Verantwortung. Noch mehr wird es auf uns Amerikaner ankommen. Denn wir haben große Kriege gewonnen und uns große Macht anverleibt. Und damit sind wir das am wenigsten freie unter allen Völkern geworden. Wir haben uns verpflichtet, die Antworten zu kennen; jedermann kann zu uns kommen, einen Groschen einwerfen und eine Antwort verlangen, und nach den Spielregeln müssen wir eine Antwort geben. Auch das wirst du eines Tages entdecken, mein Kleiner. Und je nach unserer Antwort wirst du mehr von der Tagfee oder mehr von der Nachtfee abbekommen, die über dir und deiner Zukunft hängen wird. Und wenn ich du wäre, würde ich auf diese Zukunft verflixt genau aufpassen, weißt du; denn was, was wissen wir denn schon?)

Kinder in Scharen auf den Straßen genossen den Sonntagnachmittag. Sie hatten keine Anpassungsprobleme. Welche anderen Kinder hatten einen so riesigen und vielgestaltigen Spielplatz mit so ungeahnten Möglichkeiten? Welche anderen Kinder besaßen solch unendlichen Reichtum an Ziegelsteinen und anderem Baumaterial, um im Rinnstein Dämme zu bauen? Welche anderen Kinder hatten idealere Versteckplätze fürs Fangespiel? Wo anders konnte man, wenn der Schupo grade wegsah, einen kleinen Kippwagen der Trümmerräumbahn losmachen und ganze Häuserblocks weit auf einen fernen Zielbahnhof zurollen? Wer sonst konnte so ideale Verschanzungen und Befestigungen für eine Schneeballschlacht sein eigen nennen?

All das und noch vieles andere trieben die Kinder an diesem Sonntagnachmittag, als der Winter sich zum Frühling lichtete. Wenn diesen Kindern nur von innen her Gesundheit und Hoffnung zuflossen, wenn ihnen gezeigt werden konnte, daß es irgendwo am Ende des leichten Regenbogens, der sich jetzt tatsächlich jedesmal über ihnen wölbte, wenn die Märzsonne durch die Schneeschauer schien, so etwas wie Freiheit gab und Sicherheit und Lohn für getane Arbeit und die Chance, die ganze Bandbreite von Schönheit und Wärme menschlichen Geistes zu kosten – wenn all dies getan würde, dann verlören die Ruinen, einem bösen Zauber gleich, ihre Macht über diese Kinder und gelangte die Tagfee endlich wieder ins Recht.

Doch woher sollte all das kommen? Von den Eltern? Die waren stoisch und hart geworden und hatten so viele Illusionen verloren, waren unsicher, unaufgeklärt, ihr Blickfeld schrecklich eng. Von uns Amerikanern? Wir taten unser Bestes. Aber noch hatten wir keine Antwort auf die große politische Unsicherheit, die über diesem Raum hing. Und unser eigenes Blickfeld war umwölkt von unseren Gewohnheiten, unseren Bequemlichkeiten, unserer grundfalschen und korrumpierenden Position als Eroberer und Besatzer.

21. MÄRZ 1949
FRANKFURT

Am Abend fuhr ich nach Frankfurt, wo ich den Zug nach Paris nehmen wollte. Es war ein herrlicher Sonnentag gewesen, der erste schöne Tag seit meiner Ankunft in Deutschland. Schon war die Nacht hereingebrochen, aber noch leuchtete der Himmel im Westen und über mir blinkten die Sterne. In den Dörfern gingen die Menschen spazieren und genossen den ersten schönen Frühlingsabend. Auf der Straße herrschte reger Verkehr, meist deutsche Fahrzeuge. Ich dachte an die ganze Bizone hinter uns, und mir schien, daß zum ersten Mal wieder das leise Murmeln menschlichen Lebens zum Vorschein kam, das nach Jahren der Erschütterung und des Darniederliegens langsam wieder Tritt faßte im großen Rhythmus von Arbeit und Leben und Geschehen. Hier waren zig Millionen Menschenwesen aller Altersstufen und Gesellschaftsgruppen, die wie seit Menschengedenken auf die unzähligen Stimuli aus Erbe, Erziehung und Klima, aus wirtschaftlicher Notwendigkeit und Empfindung reagierten. Was immer sie tun mochten – erstarrt würden sie keinesfalls bleiben, weder im Denken noch im Handeln. Nichts konnte sie mehr davon abhalten, einen Auslaß zu finden für das menschliche Urbedürfnis: das Gefühl zu haben, daß man etwas Wichtiges und Sinnvolles und Notwendiges tut.

Würden wir es fertigbringen, uns hineinzudenken in dieses Meer menschlichen Reagierens und Wollens, das uns bislang so abstoßend erschienen war, uns nichts anging? Würden wir begreifen, daß wir der Arzt waren, von dessen Verständnis die Erholung und Gesundung dieses Patienten abhing, jene Erholung und Gesundung, ohne die es für die westliche Welt weder Einheit noch Erfolg geben konnte? Würden wir unsere Ärmel hochkrempeln, unsere Abneigung überwinden und mit kühler Objektivität die Anatomie und Pathologie dieses gewaltigen Gemeinwesens namens Deutschland untersuchen können, das soviel Verheerung über unsere westliche Welt gebracht hat? Würden wir es schaffen, seine Entwicklung in Bahnen der Zusammenarbeit und des Aufbaus zu lenken? Würden wir ihm das Gefühl des Mitmachens, des Benötigtwerdens vermitteln können, nach dem es so unbändig verlangt? Oder würden wir ihm erneut in Wut und Abscheu den Rücken kehren und ihm keine andere Wahl lassen, als ohne uns, gegen uns, wiederzuerstehen im Sinne jener bitteren Verszeilen Goethes, mit denen die KPD einstmals ihre Versammlungen zu schließen pflegte:

»Du mußt herrschen und gewinnen
Oder dienen und verlieren
Leiden oder triumphieren
Amboß oder Hammer sein.«

In den dunkel gewordenen Straßen der Vororte, im Gewühl des Frankfurter Hauptbahnhofs, in den Lichtern der kleinen Bahnsteige der ausgeplünderten französischen Zone, die am Zugfenster vorbeihuschten, fand sich keine Antwort auf diese Fragen, und das neblige Dunkel hing voller Ungewißheit über dem schlafenden Land am Rhein.

Kritzeleien auf einem Flug von Deutschland nach Washington bei Einbruch der Dämmerung über der englischen Küste.

MÄRZ/APRIL 1949

In tiefe Schattenschluchten eingeschmiegt
Umschleiert von des Zwielichts Seidenzelt
Wo Karte leblos strichelt Uferwelt
Wo Meer zu Fels, Fels sich zur Heide fügt
Gischende Brandung peitscht den Küstenbogen
Sich mengt der Schrei der Möwe dem Gebrüll –
Taucht träumend, atemlos, von Geisterhand gezogen
Kindlicher Hoffnung gleich nach langerduldeter Unbill
Spinnenfadenhaft der Lichterstreif von Englands Küste auf.

Nun wendet vag' des Landes schwarzes Band
Sich langsam wallend unserm Blicke zu
Mit uhrengleicher Präzision, dennoch voll Ruh'
Bewegt von unbarmherziger Gigantenhand.
Glutperlen gleich zieht blinkend durch die Nacht
Der Straße dunkel schimmernd' Schlangenpfad.
Und sieh – bescheiden glimmt und einsam sacht
Daneben hie und da ein muntrer Seitenpfad
Wohin des Briten lautlos tiefstes Sehnen
Ihn zieht mit Allmacht steter Wiederkehr:
Nach Haus', wo Kalt und Warm sich aneinanderlehnen
Ins englisch' Heim, sein ständig tief Begehr.

Du frommes Licht, mögst lang du Heimkehr winken
Liebwerter Strahl auf sturmumtobtem Strand
Dem Wandrer über dir erzähl mit deinem Blinken
Daß seine Einsamkeit dereinst gebannt
Daß weit dort unten, Gott sei Dank
Im Schlaf ein Kind sich räkelt, lacht im Traume
Daß Kerzen glimmen auf der Fensterbank
Dein' Heimat wartet in dem stillen Raume.

Im Februar 1950 – inzwischen hatte ich von der Leitung des Planungsstabes in das Amt des Politischen Chefberaters gewechselt – trat ich wiederum (letztmalig) eine offizielle Reise an, diesmal nach Lateinamerika. Als erstes fuhr ich mit dem Zug von Washington nach Mexico City. Nachstehend ein Auszug aus meinem persönlichen Bericht über die Zugfahrt und den Aufenthalt dort.

18. FEBRUAR 1950
WASHINGTON–MEXICO CITY

Der Zug verließ die Union Station und fuhr in den früh dunkelnden Februarabend hinein, an Bord einen Reisenden, der sich reichlich albern vorkam, daß er in seinem Alter eine so weite und kostspielige Reise unternahm, den feierlichen Alltag im State Department aufgab, seine Familie so lange alleine ließ und meinte, er könne auf dieser Tournee irgend etwas sehen oder in Erfahrung bringen, das nicht schon andere vor ihm gesehen oder in Erfahrung gebracht hatten.

Zwei Stunden später fuhr der Zug durch York, Pennsylvania. Das Farmhaus des Reisenden lag nur 25 Kilometer entfernt weiter drüben im Westen; es ging ihm nicht aus dem Sinn. Sicher war es dort jetzt ganz still. A. und M. waren mit den abendlichen Verrichtungen und dem Abendessen fertig. Vermutlich waren sie an diesem Samstagabend in die Stadt gegangen. Das Haus lag im Dunkel. Die Winternacht war bestimmt kalt, denn der Himmel war sternenklar. Sogar die Katzen hatten sich's wohl in der Scheune gemütlich gemacht. Nur der alte Enterich stand reglos auf dem steinernen Wassertrog im Hof als fast gespenstische weiße Silhouette im Dunkel, eine tragische, statuenhafte Gestalt, gefühllos gegen die Kälte und die Menschen, die seiner nicht achteten, würdigte die anderen Vögel und Tiere, die in der Wärme menschlicher Zuneigung badeten, keines Gedankens und hatte mit dem Glück von Mensch oder Tier auch nicht das geringste im Sinn.

So würde er die Stunden der Dunkelheit hindurch dastehen, umgeben von der frischkühlen Stille der Winternacht, und sonst gab es nur das Wiederkäuen und Stampfen der Tiere im Stall hinter ihm, das Rascheln eines Getiers drunten in der Wiese, das Dröhnen eines fernen Lastwagens und vielleicht ein plötzliches, donnerndes Rumpeln, wenn mein Nachbar B. auf dem Heimweg über die Planken der kleinen Brücke drüben bei der Weide ratterte.

Der Zug zog jetzt kräftig an, legte mit jeder Minute mehr Abstand zwischen uns, so daß er bald schon unüberbrückbar schien. Möge der Herrgott mit uns allen sein, dachte ich ...

19. FEBRUAR 1950
SONNTAG

Ich erwachte früh, schob die Abdeckung des Schlafwagenfensters hoch und blickte hinaus. Wir überquerten gerade einen Fluß. Das erste Morgenlicht dämmerte, spiegelte sich im öligen Schaum des Wassers, ließ eine Ansammlung trostloser Fabriken, Schlackhalden und Eisenbahnschienen entlang des Ufers in gnädigem Dunkel, verfing sich jedoch im kalten, stummen Beton einiger Wolkenkratzer hoch über uns und tauchte sie in seinen kläglichen Schein. Es war das Geschäftsviertel einer Industriestadt – wie sie hieß, wußte ich nicht, noch war es wichtig.

Mir kam in den Sinn, daß dem Morgenlicht in Städten stets etwas Unheimliches und Erbarmungsloses anhaftete. Die in bescheidener Dienstbarkeit geborgene Farm hingegen kann es ertragen, kann es sogar fröhlich begrüßen, wie die Rückkehr eines alten Freundes.

Die noch schlafende Stadt indes kauert sich unter ihm rastlos zusammen, schon gar am Sabbat. In diesem eisigen, ruhigen Licht ist die Stadt hilflos, wie nackt. Es stört ihre Träume, legt ihre Großmannssucht, Häßlichkeit und Vergänglichkeit bloß, dokumentiert ihr Versagen, spricht ihr Urteil. Das Dunkel mit seinen

Neonleuchten, seiner Erotik und Trunkenheit hatte Schutz und Vergebung geboten, Träume erlaubt und Illusionen. Der erste Morgenstrahl indessen ist ihr Gericht, gnadenlos und ungerührt.

Im Fred-Harvey-Restaurant des Bahnhofs von St. Louis waren die Wände mit nostalgischen alten Flußszenen bemalt. Automatenmusik (*The Rustic Wedding*) mischte sich mit dem Klappern von Geschirr, den schrillen Rufen der Kellnerinnen und dem volltönenden Brausen der charakteristischen Unterhaltung im Mittleren Westen: »Aber sicher, der Chef unserer Firma ist erst vierundvierzig. ... Wir haben die fünf besten Mädchen unter Vertrag. ... Sie haben ihn in die Abteilung Sonstwas abgeschoben, aber kaum war er da, kamen alle andern zum Alten gelaufen und sagten, wenn er noch länger dabliebe, stiegen sie alle aus. ... Ich darf heute nur was Leichtes essen. ... Eleanor kandidiert, da kannst du Gift drauf nehmen. ... Die Hub Ice Fuel Company ist ein großer Laden; da geht's rund. ... Das hab' ich doch noch nie gesehen, die Frau führt wirklich ihre Katze an der Leine aus; der Katze paßt das nicht, sie weiß nicht, was das soll. ... Und was um Himmels willen will er bloß mit dem Nachthemd anfangen?«

Draußen vor dem Bahnhof fiel die bleiche Wintersonne dieses Sonntagnachmittags auf die kahlen Fronten der Lokale im Bahnhofsviertel: Pop's Pool Hall; Zimmer ab 1,50 Dollar; Danny's Tavern; Sofort-Reinigung und -Bügelei; Bei Julio.

Auf meinem Weg zum Mississippi nahm ich den Bus. Auch hier, angesteckt von der Hauptstadtmode, quoll Musik aus dem Lautsprecher (*Rosemarie*).

Die letzten zwei, drei Häuserblocks mußte man zu Fuß gehen. Massenhaft Lokale und Absteigen, vor den Fenstern der geschlossenen Läden lümmelten ein paar schäbige Typen in der Sonne an den Hauswänden, warteten auf etwas. (Worauf warten sie? Was erwarten sie? Was zum Kuckuck soll denn schon in dieser ausgelaugten Straße mitten in St. Louis an einem Sonntagnachmittag im Winter passieren? Daß ein Mädchen vorbeikommt? Oder daß zwei sich keilen? Oder ein Trunkenbold in die Ausnüchterungszelle gesperrt wird? Dies oder das oder auch alles könnte passieren ...)

Hier das Gerichtsgebäude, Stil Mitte des 19. Jahrhunderts: schwere Steinquader, hohe, blanke Fenster. Ein Plakat belehrt mich, hier sei Dred Scott der Prozeß gemacht worden. Jenseits des Gerichtsgebäudes große Parkflächen und dann der große Kopfsteinpflasterhang, der zum Strom hinunterführt. Das untere Ende, nahe dem Wasser, war voll Schlamm, der wie getrocknet aussah, in Wirklichkeit aber schleimig war; hin und wieder schaukelte ein Stück Treibholz vorbei.

An diesem Nachmittag war das Ufer bevölkert von sechs streunenden Hunden, einem Burschen, der auf einem angeschwemmten Treibholz saß und einen der Hunde auf dem Schoß hatte, zwei kleinen Schwarzen mit einer Tüte Popcorn, und schließlich einem Fremden aus Washington, der ebenfalls auf einem Stück Treibholz saß und auf seinem Skizzenblock ein Bündel aus vier verlassenen, am Ufer vertäuten Booten festhielt – genauer: ein Flachboot mit Benzinfässern, einen Schwimmbagger, ein verdrecktes Motorboot und ein richtiges altes Showboat, das noch im Dienst stand, aber sichtlich betreten wirkte. Die kleinen Schwarzen beugten sich mir über die Schulter, schwatzten vergnügt und ließen mir Popcorn-Körner in den Hals rieseln, während sie meine Zeichenfortschritte beobachteten. Züge fuhren rumpelnd die Flußufer entlang und stromaufwärts über die hohe Eisenbahnbrücke. Eine Möwe kam angeflogen und watschelte schwankend durch den Schlamm zwischen den Pflastersteinen. Der Strom zog träge vorbei – eine große, schmutziggraue Lache, hie und da in der Sonne leuchtend, kräuselnd, wirbelnd und auf seinem Weg still vor sich hinmurmelnd.

Ich ging durchs alte Geschäftsviertel zurück; es bestand aus engen, dunklen Straßen, verrußten, festungsgleichen Bankgebäuden und einstmals eleganten Hotels. (Das Schlimme an den amerikanischen Großstädten ist, daß sie zu schnell hochgeschossen sind und sich gewandelt haben. Nie hatten sie Zeit zum Aufräumen. So steht das Neue da, noch ehe das Alte weggeschafft ist. Was in der einen Ära einmal funktional und elegant und schick war, überlebt als grotesker Zerfall in die nächste Ära hinein. Nie hatten diese Städte Zeit, ihre Toten zu begraben, und so sind sie übersät mit widerlichen Skeletten in Form der angefaulten Bezirke, der vor sich hindämmernden Stadthäuser aus den fröhlichen neunziger Jahren, der alten Eisenbahn- und Dockhinterhöfe, der »Häuser am Bahndamm«.)

Im Zug von St. Louis nach Texas drang im Salonwagen irgendwo aus der Decke eine Musikkonserve (*Ave Maria*). Einst pflegte man zu sagen, der Kunde sei König. Aber wie steht's heute mit dem, der nun mal *Rustic Wedding*, *Rosemarie* oder *Ave Maria* nicht mag, sie schon viel zu oft gehört hat, Musik aus Lautsprechern nicht erträgt oder überhaupt für Musik nichts übrig hat?

Diese Frage kam mir in den Sinn, als ich in den Schlafwagen zurückflüchtete, wo die Räder, die auf den Zugfahrten meiner Kindheit so freundlich und beruhigend zu poltern pflegten, mir nun unentwegt einzuhämmern schienen: »Geschieht-dir-recht; geschieht-dir-recht; geschieht-dir-recht.«

20. FEBRUAR 1950

Im Schlafwagen von San Antonio nach Mexico City saß mir ein Zeitgenosse aus Indiana samt Gattin gegenüber. Empfand ich es auch als Verrat an meiner eigenen Midwest-Herkunft, so bereitete mir doch kein einziger Wesenszug meines Reisegenossen auch nur das geringste Vergnügen.

Weder die Stentorstimme, die unablässig im Dienste einer unstillbaren Geschwätzigkeit durch die Waggons dröhnte, noch der Zahnstocher, den er außer beim Essen nie aus dem Mund nahm (sicher schlief er sogar damit), noch seine aufdringliche Neugier uns andern gegenüber (»wozu schleppense bloß de Tinte mit?«), noch das ununterbrochene Geschwätz mit anderen Indiana-Passagieren über die Zustände zu Hause (»Yeah, den kenn' ich; hatte die Bank in New Cambridge, und der Onkel war Makler drüben in Red City«), noch über die Ehe (»Was soll ich dir sagen: Du steigst mit deiner Frau in vollem Wichs in de Koje, und wennse dich rausschmeißt, stehste nich so blank da, hähähä«) – nichts, was meinem Lokalpatriotismus geschmeichelt hätte.

Warum bloß, hörte ich mich murmeln, fährt so ein Kerl nach Mexiko, wenn er über nichts anderes reden will als Indiana? Und warum überhaupt müssen sich die Leute immer wie ihre eigene Karikatur benehmen?

22. FEBRUAR 1950
MEXICO CITY

Botschaftsempfang zu George Washingtons Geburtstag – die Menge ergießt sich vom Saal auf die Veranda und von dort weiter in den Garten. Alles fast schmerzlich vertraut. Wir standen im Garten, die Linke ums Glas geklammert, damit die Rechte zum Händeschütteln trocken und frei blieb. Wer ausgetrunken hatte, suchte sein Glas verzweifelt loszuwerden und stellte es schließlich auf die Steinstufen (seitwärts, damit niemand drauftrat). Die mexikanischen Ortskräfte, alle im Sonntagsstaat, standen rückhaltsuchend als scheues Grüppchen beisammen. Ich fand mich neben der Frau eines höheren Kollegen wieder und beging den Fehler, ihr zu sagen, ich sei in Rußland gewesen. »O wirklich?« sagte sie. »Und wie sind die Russen? Mögen Sie sie? Sind alle Sklaven, nicht? Warum ändern wir das nicht?«

Während wir uns im Schatten eines Tropenbaumes unterhielten, schwebten sanft kleine Blattschoten zur Erde. Obwohl es ein Blattgehölz war, hatten die Schoten winzige Nädelchen, wie Feuerdorn. Schon wollte ich mich bücken und mir eine näher ansehen, aber dann dachte ich, das wäre unhöflich, und so ließ ich es bleiben.

Wie alle romanischen Hauptstädte ist auch Mexico City eine lärmende Stadt. Tagsüber wird unablässig gehupt, gepfiffen, gerufen. Nachts schrillen Lokomotiven in den Vororten, schlagen Kirchtürme jede Viertelstunde, und irgendwo läßt ein Papagei ein seltsames Kreischen vernehmen, das er bestimmt nicht in guter Gesellschaft gelernt hat; wenn der Morgen naht, zerreißt das Artillerie- und Flakfeuer eines Militärpostens die Luft. Überall scheint Gewalt zu lauern. Die Stadt schläft den beklommenen Schlaf eines bedrohten Tieres, und ihre Träume sind voller Unruhe.

25. FEBRUAR 1950

Nach dem Termin beim Präsidenten fuhren C. und ich mit dem Wagen nach Cuernavaca, wo wir im Privathaus eines liebenswürdigen und gastfreundlichen Amerikaners übernachten sollten, den keiner von uns beiden kannte und der, als wir ankamen, gar nicht da war.

Die Straße wand sich am Hang eines Berges hoch, deren Kämme das Hochbecken von Mexico City umrahmen. Am etwa 3000 Meter hohen Paß trafen wir plötzlich auf ein Dorf, das ausschließlich aus Ginläden zu bestehen schien, die zur Straße hin offen waren, etwa wie die Buden einer Kirmes zu Hause; drinnen brannten farbige Leuchtbirnen, Musikautomaten standen herum, und an allen Wänden Regale mit Schnapsflaschen. Vom Paß aus führten viele Meilen lang Serpentinen nach unten bis zum etwa 1000 Meter hoch gelegenen Stadtrand von Cuernavaca.

Das Anwesen meines Gastgebers zu beschreiben, wäre zuviel verlangt. Das Haus, das höchstens zwei Jahre alt war, hatte durchaus seinen Reiz. Es war gelungen im Stil eines maurischen Palastes geplant, mit Patio, Arkaden und Terrassengarten. Die Einrichtung bestand aus herrlichen und unglaublich wertvollen antiken Stücken aus der Hearst-Kollektion, die mein Gastgeber etwa zur Hälfte für diesen Zweck gekauft hatte. (»Als wir fertig waren«, sagte er später zu uns, »waren noch sieben Wagenladungen übrig, und Sie können sich nicht vorstellen, welche Mühe wir hatten, den Rest wieder nach Hause zu schaffen.«) Decke, Täfelung, Wandgemälde und Möblierung des Speisezimmers entstammten angeblich dem Ratszimmer der Dogen von Venedig. Die Decken der Arkaden kamen aus alten spanischen und französischen Klöstern. Eine Arkadenseite schmückte ein gewaltiger elisabethanischer Schragentisch, dessen Platte aus einer einzigen Rieseneiche geschnitten war. Im Schlafzimmer des Hausherrn hingen Originalgemälde von Breughel und Gainsborough. Alle Betten waren gewaltige, vierpföstige Himmelbetten von Königen und Grandseigneurs.

Das alles war zuviel für mich. Ich lag die ganze, lange Nacht hindurch schlaflos unter den wallenden Purpurvorhängen, die einstmals einem Kirchenfürsten gedient hatten und immer noch seine Insignien trugen – während sich um mein Kissen die Stechmücken tummelten. Im Patio draußen plätscherte leise der Springbrunnen, und ziellos strich eine launenhafte Nachtbrise durch die Arkaden gleich einem unruhigen Geist, der, so schien mir, unablässig vor sich hinmurmelte: »Verloren, verloren, verloren«. Damit waren sicher wir alle gemeint: meine ruhelosen Gastgeber, die sich so weit vom Land ihrer Geburt niedergelassen hatten; ich als Gast, der sich hierher verirrt hatte; die unglücklichen, wie Tiere im Zoo in unpassender Vielfalt zusammengepferchten antiken Stücke; schließlich der Wind selbst, der sich in den schönen Wänden verfangen hatte und den Anschluß nicht zu finden vermochte an all diese Schönheit.

Dann, in den Frühstunden der durchwachten Nacht, fiel mir ein, daß dieser selbe Wind überall anzutreffen war, wo Menschen sich verloren vorkamen. Dieser Wind wehte durch die Riviera und die Bahamas und die Sierra de Sintra – der Wind der Könige im Exil, der hoffnungslos Reichen, der gequälten Intellektuellen; der Wind von König Carol und den Windsors; der Wind, nach dem sich der Palast der Sieben Seufzer nennt. Es war der Wind der letzten Zuflucht, die sich ganz und gar nicht als Zuflucht erwies, der Begleitwind der Hoffart und der Verzweiflung, der den ihm Anvertrauten wie ein treuer Wachhund folgte auf ihrem Weg ins Nirgendwo, und dessen wirres, einfältiges Suchen nach dem Nie-Gefundenen ihre Träume in der Nacht verstörte.

Auf dem großen Platz vor der Kathedrale war ein Straßenmarkt im Gange – Budengewirr, Marktschreier, Kauflustige. Souvenirs wurden feilgeboten, frommer Flitter, Nahrung für die Pilger. Langsam bahnte sich die große Limousine ihren Weg durch die enggedrängten Menschen, die den Eindringling nachsichtig passieren ließen. Wir stiegen aus und gelangten mühsam in die Kathedrale. Auch hier drängelten sich die Menschen, aber es war doch kühl und dunkel. Eine Prozession bog an den Seitenaltären vorbei in den Gang ein – Priester, Akolyten, Chorknaben und Laien-Würdenträger mit weißen Seidenschärpen über dem dunklen Anzug und Bannern hoch über ihnen. Die Priester sangen vor, die Chorknaben respondierten wieder und wieder im gleichen Viertongesang.

Wir wurden mit der Menge gegen die Wand gedrückt, damit die Prozession Platz hatte. Betende Weiber rutschten auf den Knien an unseren Füßen vorbei und versuchten, mit der Prozession Schritt zu halten.

Während die Prozession an uns vorbeizog, drängte sich dem

Betrachter blitzartig und übermächtig ein Gesamtbild auf: die groben, verschwommenen Gesichtszüge der Priester, die verzweifelte Hingabe der knieschurrenden Frauen, die nach hinten geworfenen Köpfe und erhobenen Gesichter der singenden Chorknaben, deren Augen die großen römischen Säulen hinauf in die goldverzierten Kreuzbögen glänzten, die schmutzigen, zerrissenen Schuhe, die unter den Priester- und Chorgewändern hervorlugten auf ihrem Weg über die ausgetretenen Fliesen. Vollkehlige Äußerung der Masse Mensch in ihrer jahrhundertealten Lebenskraft, ihrer geistigen Abhängigkeit, ihrem entschlossenen Glaubenswillen und ihrer Bereitschaft, sich der Gestaltung und Reglementierung dieses selben Willens zu beugen.

Auf der Fahrt zum Flughafen war ich noch randvoll des eben Erlebten. Nie hat mich die These der römischen Kirche gestört, wonach viele Menschen nun einmal neben dem profanen auch einen geistigen Rechtsrahmen benötigen, eine moralische Ordnung, die auf einer richtigen Einschätzung der Fragen von Geburt und Tod und der Erfordernisse des menschlichen Zusammenlebens beruht – alles in allem eine moralische Ordnung, von denen geschaffen, die klüger und erfahrener sind als die meisten Menschen und daher die schwergewichtige Erfahrung von Jahrtausenden menschlichen Fortschritts in das Korpus eines geistlichen Gesetzes zu kanalisieren vermögen. Für viele Menschen ist es immer besser, wenn es wenigstens *irgendein* moralisches Gesetz gibt, sei es auch noch so unvollkommen oder gar willkürlich, denn der Mensch, der weder sittliche Grenzen kennt noch Sinn für Demut hat, ist schlimmer als das wildeste Untier.

Zweiter Teil

Akademisches Leben

Meine Laufbahn als Diplomat kann (obwohl ich später noch zwei Mal Botschafter war) im wesentlichen als mit dem Sommer 1950 beendet gelten, als ich nach Princeton zog. Anfang 1951 erinnerte man mich daran, daß ich mich noch vor meinem Ausscheiden aus dem Regierungsdienst leichtsinnigerweise bereit erklärt hatte, an der Universität Chicago im April 1951 eine Vortragsreihe zu halten. Ich begab mich zur vorgesehenen Zeit nach Chicago, hatte aber nur zwei der insgesamt sechs Vorträge fertig, so daß ich die restlichen vor Ort ausarbeiten mußte. Sie wurden bald danach unter dem Titel Amerikas Außenpolitik 1900 bis 1950 *veröffentlicht. Hier die Tagebuchaufzeichnung über meine Ankunft in Chicago.*

8. APRIL 1951

Der Zug fuhr um 13.00 Uhr in den Bahnhof. Unterwegs war mir übel, so daß ich aufs Mittagsmahl verzichtete.

Eine milchige Sonne schien, aber im Gegensatz zur Ostküste war es noch Vorfrühling.

Das zerbeulte, schmutzige Taxi zuckelte auf der Stadtrandautobahn im breiten Strom des sonntäglichen Nachmittagsverkehrs nach Süden und setzte mich mehrere Kilometer südlich des Kleeblatts in einem riesigen, gleich an der Autobahn gelegenen Hotel ab.

Am späten Nachmittag ging ich frische Luft schöpfen. Aus der Nahsicht des Fußgängers wirkte das Hotel wie eine großer Ziegelkasten, dessen Erdgeschoß ein paar Steinbrüstungen und Metallverzierungen ein eleganteres Aussehen verleihen sollten. Alles in allem erhob es sich in seiner schäbigen, verrußten, aber handfesten Pracht wie ein Pilz aus einem Meer aus Schlackeplätzen, Verkehr, Tankstellen und langen Straßen mit eingeschossigen Ziegelwirtshäusern.

Ich ging zur Landzunge am See hinüber. In einem kleinen Park lagen Wiesen, dazwischen ein Verwaltungsgebäude, eine öffentliche Bedürfnisanstalt und eine mit großen Betonblöcken die Angriffe des Sees abwehrende Uferbefestigung. An dem Gebäude versuchten zwei Soldaten mit zwei Halbwüchsigen in Bluejeans und flatternden Hemdenschößen anzubandeln. Die Mädchen waren kaum 13 Jahre alt, lehnten an der Mauer, kauten Kaugummi und bedachten ihre Verehrer mit derben Flüchen. Auf der Südseite der Landspitze hatten es sich ein paar Studenten auf den Stufen der Uferbefestigung bequem gemacht, sonnten sich und lasen. Einer las den *New Yorker.* Weiter oben auf der Wiese versuchten ein junger Mann und seine Freundin, voneinander Aufnahmen zu machen, und sie alberte herum – man wußte nicht, ob sie so ungeheuer fröhlich oder ganz einfach betrunken war.

Ich verließ den Park und wandte mich landeinwärts. Die Straßen waren dreckig und wenig einladend – nur die Wirtshäuser und Drugstores und leuchtreklame-glimmernden Autoverkaufshallen waren geöffnet. Man traf Männer ohne Hut im blauen Overall und offenen Hemd, das Haar ungekämmt, die Schnürsenkel nicht gebunden. Sie sahen wie verkatert aus. An einer Straßenecke standen schweigend drei Männer und starrten reglos eine Seitenstraße hinauf. Ich sah in dieselbe Richtung, konnte aber nichts bemerken, dem ihr Starren gelten konnte.

Ich ging in einen Drugstore mit dem Gedanken, vielleicht etwas zu essen, da ich seit dem frühen Morgen nichts mehr zu mir genommen hatte. Die Theke war naß und schmutzig. Niemand bediente mich; ein Mann schob mit einem großen Kehrbesen Abfälle vor sich her. Ich wartete, bis er den kleinen Haufen Pappbecher, Zellophanverpackungen und Zigarettenstummel unter meinen Füßen durchgeschoben hatte. Dann gab ich die Essensidee auf und ging ins Hotel zurück.

Unterwegs dachte ich an das, was ich gesehen, und an die *Chicago Tribune*, die ich in meinem Zimmer gelesen hatte. Unter anderem hatte ich einen Artikel über den Kommunismus in Harvard gelesen, den ich ausschneiden und Grace senden wollte. Ich dachte auch, daß mein Großvater und meine Mutter aus dieser Stadt stammten. Ich hörte, wie ein paar Jungens auf Fahrrädern einander über die Straße zuschrien, und merkte, daß mir sogar die Sprache fremd klang.

So schlurfte ich zum Hotel zurück, bedrückt vom Hunger und einem übermächtigen Gefühl, meiner Umgebung nicht trauen zu können, und eine leise innere Stimme flüsterte mir kichernd und pathetisch zu: »An dir selbst zweifelst du schon; nun verzweifle auch an deinem Land!«

Ich wußte, daß diese Herausforderung, mochte sie auch pathetisch klingen, keineswegs fehl am Platze war und ich auch das ertragen lernen mußte auf meinen Wanderungen durch einst vertraute Landstriche.

Im Sommer 1951 unternahm die Familie Kennan die erste von vielen Nachkriegsreisen nach Kristiansand in Norwegen zu meinen Schwiegereltern, die damals noch am Leben waren. Sie wohnten gerade in ihrem Sommerhaus auf den Schären. Zu jener Zeit reiste man noch per Schiff und nicht nur mit dem Flugzeug, und in unserem Fall fuhr der herrliche alte Dampfer der Norwegen-Amerika-Linie zunächst nach Bergen und von dort über Stavanger und Kristiansand weiter nach Oslo. An den drei erstgenannten Orten legte er am selben Tag an.

JULI 1951
NORWEGEN

Der gestrige Tag war lang und anstrengend. Um sechs Uhr in der Früh kamen wir in Bergen an. Es wehte ein scharfer, kalter Wind, der die glatte Oberfläche des Fjords zu den geraden, dichten Wogen türmte, die mir aus meinen Segeltagen hier so gut in Erinnerung sind. Gegen neun Uhr fuhren wir schon wieder ab. Vier Stunden lang ging es mit hoher Geschwindigkeit durch die Inseln gen Stavanger. Inzwischen war die Sonne durchgebrochen. Wir hatten Rückenwind, so daß wir es uns auf Deck bequem machen konnten (übrigens zum ersten Mal, seit wir New York verlassen hatten). Über und hinter uns drehten die Möwen zu Tausenden ihre Kreise. Norwegen nahm mir einfach den Atem – nicht bloß, ja nicht einmal hauptsächlich die Farben der Berge und des Meeres und des Himmels, sondern vielmehr die Orte, an denen Menschenhand die harte Natur gezähmt und gebändigt hatte: die kleinen Docks, die Dörfer am Fuße der Felsen, die weißen Bauernkaten, das Heu auf den Gattern rings um die winzigen grünen Weiden, eine alte, gemauerte Klosterkirche auf einem baumlosen, meernahen Felseneiland – störrisch, unzugänglich, abwehrend, Jahrhundert um Jahrhundert den langen Winternächten, den Stürmen, der Einsamkeit, dem Regen und der Kälte trotzend, nur der Poesie der sturmgepeitschten Felsen, des Himmels und Meeres lebend.

Um elf Uhr eine kurze Feier zum Unabhängigkeitstag auf dem Schiff. Die Kinder marschierten, angeführt von der Schiffskapelle, fähnchenschwenkend übers Deck. Danach hielten ein norwegischer Diplomat, der sich dieser Pflicht nicht entziehen konnte, und ich im Salon der Touristenklasse eine Rede.

Kurz nach dem Mittagessen waren wir in Stavanger. Jetzt blies der Wind in heftigen Böen, aber immer noch strahlte die Sonne. Wir legten, so schien es, mitten in der Stadt an. Von unserem hohen Deck, auf gleicher Ebene mit den Hausdächern, sah die kleine Kopfsteinpflasterstraße unten fast wie eine Bühnendekoration aus – alles war so kompakt, so sauber, so gelassen, und dennoch voller Leben: Lagerhäuser, Büros, Läden, die alle vor unseren Augen ihr Geschäft betrieben; Radfahrer, Pferde und Karren; Leute, die in der Sonne standen und nur das große Schiff über sich bewunderten; große Güterstapel gleich am Kai. So mußte eine Hafenstraße sein, sprühend vor Leben und Miteinander, Schiff und Ufer in eins verschmelzend.

Wie ich aus dem Bullauge zur Straße auf der anderen Seite hinüberblickte (es war, als ankerten wir inmitten in der Stadt), wurde mir der subtile und doch so erstaunliche Unterschied in Form und Perspektive und Greifbarkeit der Dinge bewußt, der immer noch den Alten Erdteil vom Neuen trennt. Am Kai standen zwei oder drei alte Lagerhäuser. Inwieweit sie anders waren als amerikanische Gebäude, kann ich nicht sagen, aber dennoch waren sie in ihrer Naivität und Einfachheit so ausdrucksstark und beredt und bedeutungsschwer, daß man einfach den Atem anhalten mußte. Ob es mit den Abmessungen der Gebäude zu tun hatte, möchte ich bezweifeln. Es lag eher am Ineinander von Hafen und Horizont, an der räumlichen Disposition. Nichts war darin Absicht, ja nicht einmal bewußt so gewollt. Vielleicht gar war es jenseits der jetzigen Generation.

Als wir Kristiansand erreichten, war schon Mitternacht. Im frühen Tagesanbruch der hellen Nacht gingen wir zum Motorboothafen hinüber, von wo wir im Familienboot ins Archipel fahren sollten. Schon spiegelte sich die Morgenröte im Wasser, wie ich es noch aus anderen Tagen von der Düna in Riga im Gedächtnis habe. Kleine Segelboote warfen ihre Silhouette – ein überwältigendes Bild.

B. und ich stiegen am Fischerhaus auf der Südseite der Landzunge aus, wo Annelise und ich wohnen sollten, und ich deponierte unser Gepäck. Dann stolperten wir eine halbe Stunde lang auf der Suche nach dem Haupthaus über die Pfade der Halbinsel. Über allem lag eine Lieblichkeit, gegenüber der alle meine Erinnerungen verblaßten: das frühe Morgenleuchten, die Kühle, die Sauberkeit von Luft und Land und Wasser, der Duft der Nadelhölzer, Felsen und Gräser – ein bißchen Bermuda, ein bißchen Maine, ein bißchen Portugal.

Als wir im Haupthaus ankamen, waren die Kinder schon zu Bett gebracht worden. Wir saßen noch bis fast vier Uhr mit den alten Herrschaften* bei Wermut und Cognac. Dann zogen Annelise und ich im Morgenlicht zur Fischerhütte heim und legten uns schlafen.

* Gemeint sind die Eltern meiner Frau. In meinen *Memoiren* beschrieb ich sie so: »... die Mutter mit ihrem warmherzigen, offenen Charakter, die kindlich vergnügt sein konnte, dabei aber die mütterliche Würde und den Anstand nie verlor und von deren Lippen ich nie ein mißgünstiges oder gehässiges Wort gehört habe; und der Vater: hager, knorrig und wortkarg, ein Mann wie eine Eichenwurzel, den später die Nazis mißhandelten und in ein Konzentrationslager sperrten, dem er aber lebend entkam – ein halsstarriger, schwieriger Mann, von dem ich indes in dreißig Jahren niemals eine Unhöflichkeit oder Rücksichtslosigkeit entgegennehmen mußte. Wer Norwegen kennt, wird es seiner Natur wegen lieben, doch wäre sie selbst trostlos, liebte man dieses Land dennoch um solcher Menschen willen.«

Als ich 1950 meiner amtlichen Regierungspflichten ledig war, dachte ich naiv, nun hätte ich für alles Zeit und könne alles annehmen, was sich mir gerade bot. Dazu gehörte auch ein Sitz im Kuratorium einer großen Stiftung. Anläßlich ihrer Sitzungen kam ich nach Kalifornien, wo ich so gut wie noch nie gewesen war. Nachstehend ein erster Eindruck.

Der geneigte Leser mag sich vor Augen halten, daß ich zur Zeit der Niederschrift seit meinem 23. Lebensjahr nur fünf von insgesamt 24 Jahren in den Vereinigten Staaten verbracht hatte, ich mithin mein Land mit neuen Augen sah.

4. NOVEMBER 1951
PASADENA

Heute genieße ich einen höchst seltenen Luxus: einen Tag völliger Muße ohne jegliche Verpflichtung, fern von zu Hause - nicht einmal die Familie oder das Haus oder ein zu schneidender Rasen können etwas von mir wollen. Ich wohne hier bei einem Freund, von dessen in Gärten gebettetem Haus man auf die Dächer und das Blättergerank Pasadenas hinabblickt. Ein seltsames Gefühl, fast wie Erschlaffung, beschleicht mich, wie ich - das Hinsterben des Jahres im rauhen Herbst der Ostküste noch frisch im Gedächtnis - jetzt in einem Garten sitze, dem Zwitschern der Vögel und dem Plappern des Springbrunnens zuhöre, die Eukalyptusblätter im leichten Sommerwind pendeln sehe und die warme Sonne im Nacken spüre.

Heute ist Sonntag, und offenbar bleibe ich ganz mir selbst überlassen - nichts könnte mir lieber sein.

Wird plötzlich aller Druck von mir genommen, dann macht mich das keineswegs beschaulich und heiter. Vielmehr schießen mir tausend Gedankensplitter ziel- und wahllos durch den Kopf. Leere Unruhe überkommt mich, und eine fast geistesabwesende Aufmerksamkeit wandert, einem rastlosen Menschen gleich, durch die Kammern voller Erlebnisse und Eindrücke, liebkost beiläufig mal diesen, mal jenen Gegenstand. Offenbar sind wie die meisten Attribute des Menschen auch Seelenfriede und Gemütsheiterkeit eine Sache der Gewohnheit.

Die südkalifornische Welt unter mir und um mich haben mein Denken völlig in Beschlag genommen. Man kann sich wie Aldous Huxley und viele andere Intellektuelle darüber lustig machen, aber das ist albern und grenzt an Selbstverurteilung. Diese Welt wird von Millionen ganz normaler Menschen bewohnt. Was sie hierher geführt hat und hier festhält, sind tiefmenschliche Erscheinungen, so wie die Anflüge von Angst und Sorge, die sie mit ihrem Dasein prahlen und es verteidigen lassen, nur allzu menschlich sind. So sind sie ein Teil von uns selbst; und wenn wir meinen, wir könnten sie auslachen, so als seien wir über sie erhaben, dann sind wir es, die sich lächerlich machen.

Ich bange um diese Menschen, denn ich glaube, sie wissen gar nicht, wie es in Wirklichkeit um sie steht. Auf Gedeih und Verderb von zwei Flüssigkeiten abhängig – Erdöl und Wasser –, die kein einzelner ohne weiteres aus eigener Kraft (auch nicht mit Familie und Freunden) schöpfen kann, ist das Leben in diesem Gebiet genauso anfällig und zerbrechlich wie überhaupt das Leben in den großen Städteballungen des Motorzeitalters. Hier indessen scheinen mir die Pulsadern der Versorgung besonders dünn und unersetzlich. Vor allem gilt das fürs Wasser, das mittlerweile über Hunderte – bald über Tausende – von Kilometern herbeigeschafft werden muß. Noch beunruhigender empfinde ich die völlige Abhängigkeit von der kostspieligen, unwirtschaftlichen Gerätschaft namens Auto für praktisch jede Lebensverrichtung von Geburt bis Tod über den Einkauf, die Ausbildung, die Arbeit, die Erholung, ja sogar den Flirt, und schließlich das Begräbnis. Hier, wo die revolutionäre Kraft der Motorisierung alle anderen Daseinsmuster weggefegt und alle Konkurrenten ausgeschaltet hat, scheint mir der Mensch andere Beine bekommen zu haben. Was mich beunruhigt, ist nicht nur, daß diese Maschinenbeine schädlich auf den Menschen zurückwirken, ihn in eine Art Lähmung seiner Nachdenklichkeit einlullen und mit ihrem mechanischen Dahinspulen sein emotionales Gefüge verzerren – das wäre noch nicht so schlimm, und dagegen ließe sich vielleicht sogar etwas unternehmen. Nein, was mich am meisten beunruhigt, das sind die abartige Abhängigkeit des Menschen von diesem Transportmittel und die Vielschichtigkeit der Prozesse, die es voraussetzt. Es ist, als seien die natürlichen Beine des Menschen durch Nichtgebrauch verkümmert. Man hat das Gefühl, daß er – nähme man ihm seine künstlichen Beine weg – hilflos und armselig herumstaken würde wie ein verkrüppeltes Insekt, seinen Existenzkampf nicht fortsetzen könnte, zum baldigen Verhungern, Verdursten, zur Auslöschung verurteilt wäre.

Man soll diese Dinge nicht übertreiben. Die ganze moderne, verstädterte Gesellschaft ist im physischen Sinne künstlich, von zerbrechlichen, anfälligen Gerätschaften abhängig. Das hier ist lediglich die Apotheose. Hier ist die Hilflosigkeit am größten, aber auch die Gedankenlosigkeit. Und die Gedankenlosigkeit ist ein Teil der Hilflosigkeit.

Aber neben der Sorge beim Anblick dieser Menschen stellt sich mir die Frage, welche Wirkung sie auf die amerikanische Gesellschaft insgesamt ausüben, welchen Beitrag sie zu ihr leisten werden. Auch hier liegt mir jeder Vorwurf und jede Kritik fern. Es gibt wirklich einen zwar feinen, aber doch tiefgehenden Unterschied zwischen den Menschen hier und dem, was die Amerikaner in anderen Teilen des Landes waren und teilweise noch sind. Der Unterschied entzieht sich meiner Beschreibung, weitgehend wohl auch meinem Begreifen.

Ich will versuchen, ihm durch Übertreibung näherzukommen. Hier merkt man sofort, daß der Mensch, wenn er (wie es immer nur für kurze Zeit und unter außergewöhnlichen Umständen überhaupt möglich ist) jeglichen politischen Zwangs ledig und zugleich aller Not enthoben ist, in vielerlei Hinsicht zum Kind wird, das Spaß haben will, gern und viel lacht und sich begeistert, nicht weiter über die Dinge nachdenkt, zur Veräußerlichung drängt, Schönheit und Kraft des Körpers sucht, zu plötzlichen und unüberlegten Aggressionen neigt, ständig darauf bedacht, durch eifrigen Konformismus seinen Status in der Gruppe zu wahren – bei alledem nicht unglücklich ist. In diesem Sinne ist Südkalifornien mit seinen für das amerikanische Leben so typischen Tendenzen gewissermaßen eine Kindheit ohne Erwartung der Reife, eine Kindheit, derer nichts anderes harrt als bloß eine stets sich erweiternde, stets neue Eindrücke aufnehmende Kindheitswelt. Kommt dann, wie er kommen muß, der Tag der Abrechnung und der Not, dann werden – wie eh und je bei Kindern – die Grausamsten und Rücksichtslosesten ihre Interessen durch Versklavung aller anderen zu wahren suchen, und da diese anderen nichts als Kinder sind, werden sie sich auch leicht versklaven lassen. Dann wird sich unversehens erweisen, daß Wertvorstellungen abhanden gekommen sind, die einmal andernorts in einer rauheren Umwelt westlicher politischer Entwicklung langsam und mühsam geschmiedet wurden.

Orte und Zeiten voll politischer Spannung eignen sich wenig für das gemächliche, abgeklärte Tagebuchführen, das Gegenstand dieses Buches bildet. Ganz ausgeprägt gilt das für die Monate, die ich 1952 als Botschafter in Moskau zubrachte. Gelegentlich versuchte ich jedoch, in persönlichen Briefen (die offenbar auf wenig Gegenliebe stießen) den Mitarbeitern im State Department etwas von der Atmosphäre in Moskau und Umgebung in jenem denkwürdigen letzten Jahr der Stalin-Herrschaft mitzuteilen. Es folgen Auszüge aus einem dieser Briefe.

15. JULI 1952
AMERIKANISCHE BOTSCHAFT
MOSKAU, UDSSR

In der Moskauer Umgebung gibt es Hunderttausende verschiedenartigster Gärten: von den Gemeindeverwaltungen für den Sommer verpachtetes, unbebautes öffentliches Land (Straßenböschungen; ausgetrocknete Flußbetten usw.), Pachtbauplätze für Sommer-Datschas, praktisch als privat behandelte Grundstücke in den Vororten. In diesen Stadtrandgebieten herrscht lebhaftes Treiben, das mit dem Kollektivsektor der Wirtschaft herzlich wenig bis gar nichts gemein hat. Häuser werden in Eigenarbeit errichtet (Blockhütten zwar, aber kräftig und warm und gemütlich), Gärten angelegt und Obstbäume gepflanzt, Hühner und Vieh (Kühe und Ziegen) in großer Zahl gehandelt und gezüchtet, wobei sich der Handel immer nur auf Einzeltiere, bestenfalls ein Paar, keinesfalls ganze Herden erstrecken darf.

Die Zahl derer, die einer solchen Freizeitbeschäftigung nachgehen, dürfte allein in der Umgebung Moskaus in die Millionen gehen. Im Zusammenhang damit hat sich so etwas wie ein kommerzieller Dienstleistungsbetrieb entwickelt, bei dem sich Leute mit dem Anbau von Saatgut und Treibhauspflanzen, der Tieraufzucht usw. ihren Lebensunterhalt verdienen. Dabei müssen sie ihr Unterfangen immer möglichst klein halten. Keinesfalls dürfen sie Dritte beschäftigen oder gar Wunderdinge wie einen Lastwagen ihr eigen nennen. Alles muß als Tätigkeit eines einzelnen getarnt sein und darf sich unter keinen Umständen zu einer wohlorganisierten, kommerziellen Tätigkeit mausern. Aber für solche Probleme findet sich immer wieder eine Lösung.

Als Folge davon hat sich an den Rändern Moskaus eine richtige Welt des »Miniatur-Privatinteresses« entfaltet, eine Welt, in der sich die Menschen um buchstäblich alles unter der Sonne kümmern, nur nicht um den Erfolg des Kommunismus, und sich dabei offenbar herrlich wohl fühlen. Tatsächlich kenne ich keine Menschengegend, die herzlicher und angenehmer von pulsierendem Leben, Arbeiten, von mehr Befriedigung und Gemeinschaftsgeist erfüllt wäre, als der Datschabereich vor den Toren des heutigen Moskau an einem hübschen Frühlingsmorgen nach dem langen, quälenden Winter. Alles geht geradezu genialisch vertraut und formlos vor sich: Hammerschläge schallen, Hähne krähen, Ziegen zerren an ihrem Strick, barfüßige Weiber hauen kräftig ins Kartoffelbeet, kleine Jungen spielen mit hochroten Köpfen in den Bächen und Tümpeln, Familien versammeln sich gemütlich an rohgezimmerten Holztischen unter jungen Obstbäumen im Garten. Die große, gute Erde von Mütterchen Rußland, die so lange zugunsten des kindischen Industriefetisch der frühkommunistischen Zeit links liegen geblieben war, scheint ihre wohltuende mütterliche Wärme wieder über Mensch und Tier und alles Gewächs zu ergießen, und vielleicht ist der amerikanische Botschafter, der zum Staunen der Kinder und zum Schrecken der Erwachsenen mit seinen Bewachern durchs Gelände stolziert, wirklich der einzige, der wie durch unsichtbare Schranken von der Teilnahme am Segen der Natur und menschlicher Güte ausgeschlossen ist.

Jemandem, der lange abwesend war und heute nach Rußland zurückkehrt, springt der geistige Bruch zwischen Herrschern und Beherrschten sofort ins Auge. Irgendwie scheint die Verbesserung der materiellen Lebensumstände der Masse der Bevölkerung mit einer Art Abkehr eben dieser Massen von jeder gefühlsmäßigen Anteilnahme an den laut verkündeten Zielen des Regimes Hand in Hand zu gehen. Das darf nicht mit politischer Unzufriedenheit verwechselt werden. Geht es doch ganz im Gegenteil einher mit dem allmählichen Ausscheiden der Altersgruppen, die noch die Zeit vor der Revolution miterlebt haben oder in der Lage wären, sich eine andere als diese Regierungsform überhaupt vorzustellen. Es geht sogar, so meine ich, mit wachsender Hinnahme der Sowjetmacht und generell der sowjetischen Institutionen als natürliche Lebensbedingung einher, die zwar nicht immer angenehm oder erfreulich, manchmal gar gefährlich ist, stets aber etwas darstellt, was einfach »da« ist, so wie Wind und Wetter und Boden, und das sich durch nichts beseitigen läßt, was der einzelne tun könnte – kurzum als etwas, das man hinnehmen und mit dem man sich abfinden muß.

Aber eben diesem Hinnehmen der Sowjetmacht als etwas Unveränderlichem wohnt genau jener Mangel an lebendigem, gefühlsmäßigem und politischem Verhältnis inne, von dem ich spreche. Vor dreißig Jahren waren die Leute entschieden dafür oder entschieden dagegen, weil ihnen allen die Sowjetmacht als etwas erschien, was menschliches Handeln hervorgerufen hatte und mithin menschliches Handeln verändern konnte und das eigene Dasein auf eine Art und Weise betraf, die ganz unmittelbare und wichtige Probleme für das eigene Verhalten aufwarf. Heute hat kaum noch jemand dieses Gefühl. Die allermeisten begegnen der Sowjetmacht mit wachsender Apathie und Distanziertheit, verbunden mit der manchmal resignierten, manchmal vage positiv gestimmten, manchmal gedankenlos enthusiastischen Hinnahme. Generell läßt sich wohl sagen, der Grad der Begeisterung stehe in umgekehrtem Verhältnis zur Nachdenklichkeit der Person und zum Grad der unmittelbar persönlichen Erfahrung mit den schlimmeren Seiten der Sowjetmacht – so etwa die Erfahrung der Zwangskollektivierung, die Erinnerung an die Säuberungen, oder das persönliche Unglück als Opfer einer erbarmungslosen Bürokratie.

Ich meine, an dieser wachsenden emotionalen Abkehr großer Bevölkerungsteile sei weitgehend das Regime selber schuld. Zum einen hat es sich physisch und persönlich von der übrigen Bevölkerung außerordentlich abgesondert. Vor fünfzehn oder zwanzig Jahren hatte man noch viel mehr das Gefühl einer starken persönlichen Einwirkung der Mitglieder des Politbüros auf die wirkliche Gestaltung des Landes, eine Einwirkung, die zwischen ihnen und ihren Untertanen eine gewisse Intimität herstellte, selbst bei den Untertanen, die unter ihnen litten. Das Volk wußte und spürte mehr von den Persönlichkeiten, den Auffassungen und Stimmungen der Spitzenleute. Heute sitzen diese Machthaber in unerreichbarer Isolierung hinter ihren Kremlmauern. Für die meisten Menschen sind sie nichts anderes als Namen, leicht mythische Namen dazu. Die relativ wenigen Personalveränderungen in den Spitzengremien während der letzten fünfzehn Jahre haben dazu geführt, daß sogar der Faden mit der Öffentlichkeit, wie ihn der normale Beförderungsstrom von Leuten in prominentere Stellungen mit sich bringt, die mit Freunden und Nachbarn und Arbeitskollegen irgendwann normale Beziehungen gepflegt hatten, mittlerweile weitgehend gerissen ist.

Letzten Endes hat die zügellose Glorifizierung Stalins und die übertriebene Lobhudelei auf die vergangenen Erfolge dem Sowjetregime innenpolitisch den Boden entzogen. Damit entstand ein Vakuum, das niemand ohne weiteres füllen kann. Ideologisch befindet sich das Land heute in einer Art Wagnerscher Götterdämmerung, in einer Atmosphäre wohlverdienter Entspannung, die das rosig ätherische Leuchten einstiger Großtaten durchzieht und in der man sich gegenseitig ob der gewaltigen Leistungen des sich neigenden Tages selbstzufrieden auf die Schultern klopft. Der wirkliche Grund, warum die sowjetischen Theaterstücke und Filme im Jahre 1952 so schlecht sind, liegt darin, daß sie alle von der Annahme ausgehen müssen, das Happy-End sei schon eingetreten, noch ehe das dramatische Geschehen begann; für den westlichen Zuschauer nehmen sie sich aus, als sei ein Trupp Schauspieler nach dem letzten Vorhang noch auf der Bühne sitzengeblieben und beglückwünsche sich nun zum glücklichen Ausgang all ihrer Abenteuer, wobei die einst im Irrtum Befindlichen schon zur Erleuchtung durchgestoßen und auf dem rechten Weg in Marsch sind, die andern in wahrer

Selbstgerechtigkeit strahlen. Außer Agenten und Handlangern einer bedrohlichen Außenwelt darf es im sowjetischen Drama keine wirkliche Negativgestalt geben; wie sollte sie denn gedeihen können in einer nunmehr seit 35 Jahren makellos geführten sowjetischen Gesellschaft?

Diese relative Stabilität im Sozialgefüge dürfte ihrerseits unmittelbar eine Folge der Zustände in den höchsten Etagen des Regimes sein, insbesondere der personellen Erstarrung ganz oben, der Beförderungsstagnation auf ZK-Ebene und generell der Atmosphäre zögernden Abwartens, in der angesichts des Alters Stalins und der wachsenden Nachfolgeproblematik das heikle Verhältnis von Personen und Ämtern seinen Ausdruck findet. Wie sehr sich dies alles in zunehmender sozialer Schichtung niederschlägt, wurde neulich abends augenfällig, als einige von uns im Ballett saßen und Stalins Sohn ansichtig wurden, der dort mit zwei weiteren Luftwaffenoffizieren in einsamem Glanz in der Regierungsloge thronte und der Primaballerina in bester Monarchenmanier lüsterne Blicke zuwarf. Zwar kann ich mir nicht vorstellen, daß sich der junge Mann als Kronprinz sieht. Trotz seines Generalsrangs hat er unseres Wissens keinerlei Parteiposition inne. Sollte er die Hand nach der Macht ausstrecken, würde es wohl von vielen Seiten Zunder geben. Aber allein sein selbstverständlich-ostentatives Erscheinen im Ballett legt beredtes Zeugnis dafür ab, daß mittlerweile in der Sowjetunion andere Hervorhebungsmerkmale gelten als die einer Machtposition in Partei oder Polizei, und daß sie ihre Krönung in der unmittelbaren Nachbarschaft zum Erhabenen finden.

Wie wir sahen, war der gefühlsmäßige Rückzug der Volksmasse aus jeder Identifizierung mit der politischen Macht eine Folge der Politik der Regierenden. Auch die soziale Schichtung im Lande geht von der Regimespitze aus. Das verdient größte Aufmerksamkeit. Es gehört wesentlich zur Innenpolitik des Stalin-Regimes, bei der Entwicklung der russischen Gesellschaft jede elementare oder natürliche Evolution auszuschalten, ja die Veränderung als solche abzuschaffen, soweit es sich bei ihr nicht um ein absichtlich herbeigeführtes, vorübergehendes Zickzack der Parteilinie handelt. Jetzt treten vor unseren Augen zwei Veränderungen ein, die vermutlich beide nicht vom Regime erwünscht sind, ihm sogar gefährlich werden können, und die das Regime dennoch beide zwangsläufig in Gang setzen mußte. Zum einen die Abkehr des Volkes vom hehrsten politischen Ziel, zum andern die zunehmend starre Kastenschichtung in der sowjetischen Gesellschaft.

Beide Phänomene sind im tiefsten Grunde eine Folge des Lebens und Handelns eines einzigen Mannes. Ersteres bildet den Niederschlag seiner endlosen Eifersucht und seines unstillbaren Machthungers – eben jener Eigenschaften also, die ihn sich zu seinen absurden Ansprüchen irdischer Göttlichkeit versteigen ließen und im Grunde den ideologischen Sinn und die weltanschauliche Funktion der politischen Bewegung getötet haben, an deren Spitze er steht. Letzteres ist die Folge seines fortschreitenden Alters und nahenden Todes. Kein anderes großes Land läßt sich so eindeutig wie dieses mit dem Leben und Schicksal eines einzigen Mannes identifizieren, keines ist so wie dieses auf seine Persönlichkeit zugeschnitten, von seinen Launen und Neurosen abhängig – und darum teilt dieses Land in gewissem Maße auch seine Schwächen bis hin zu seiner Sterblichkeit. Die Partei hat jede Veränderung auszuschließen versucht, aber eben deswegen sitzt die Partei auch auf dem Pulverfaß ihres eigenen Mangels an echter Demokratie, des Verlustes jeder organischen Verbindung mit den Gefühlskräften des Volkes, des Eingebundenseins in den Lebenszyklus eines einzelnen Menschen.

Eine baldige Revolte sehe ich in der Sowjetunion nicht kommen. Ich sehe kein dramatisches oder abruptes Ende des bolschewistischen Phänomens voraus. Und schon gar nicht finde ich in den Köpfen der Bevölkerung irgendeine neue oder revolutionäre Alternative zum gegenwärtigen System. Ausschließen kann ich das alles zwar nicht, aber in den Sternen scheint es mir heute nicht geschrieben zu stehen. Was ich sehe, ist, daß es der Partei mißlungen ist, Veränderung als solche auszuschließen. Ich sehe große Kräfte, die die Regierung nicht wirklich unter Kontrolle hat und nicht haben kann, weil sie nämlich aus den eigenen Verfehlungen und der Sterblichkeit des Regimes selbst erwachsen. Ich sehe, daß die Revolution ihren ursprünglichen Glanz und ihre Gefühlsbedeutung weithin verloren hat und das Regime vor dem Dilemma steht, wie es das hiermit entstandene Vakuum füllen soll. Ich möchte davor warnen, aus diesen Beobachtungen irgendwelche primitiven und simplen Schlüsse zu ziehen. Sie scheinen mir aber auch deutlich genug, um uns vor der Annahme zu schützen, in die sich viele haben gleiten lassen, wonach die sowjetische Führung in der Machtausübung irgendein Unfehlbarkeitsgeheimnis entdeckt habe und sich problemlos auf immer halten und die sowjetische Gesellschaft ganz nach ihrem Gutdünken kneten könne. In nächster Zeit kann es sehr wohl zu einer Krise der Sowjetmacht kommen, die an Umfang und Ernsthaftigkeit dem Bürgerkrieg oder Lenins Tod oder den Säuberungen der dreißiger Jahre durchaus vergleichbar sein könnte, sich aber in der Form unterschiede.

Mit freundlichen Grüßen
George F. Kennan
Botschafter

Wie in meinen Memoiren nachzulesen, endeten die trüben Monate meiner Moskauer Botschaftertätigkeit im Jahre 1952 damit, daß man mich des Landes verwies, und bald darauf beschloß John Foster Dulles, ich hätte im amerikanischen Auswärtigen Dienst nichts mehr zu suchen. Die endgültige Trennung von dem Dienst, dem ich 27 Jahre lang angehört hatte, geschah an einem Tag im Juni 1953.

Die nachstehend angesprochene Farm im mittleren Süd-Pennsylvania hatten wir während des Krieges 1942 erworben; sie war unser erstes und einige Jahre lang auch einziges, wirkliches Heim.

JUNI 1953
WASHINGTON, D.C.

Die drei Kündigungsmonate waren verstrichen, die vorzeitige Pensionierung trat – es war an einem Tag im Juni – formal in Kraft. An jenem Morgen beschäftigte ich mich im State Department damit, meine persönlichen Papiere einzupacken und die Pensionsformalitäten zu erledigen. Am Frühnachmittag hatte ich den Formelkram erledigt und war reisefertig.

Da kam mir in den Sinn, daß man sich nach 27 Dienstjahren vor dem endgültigen Weggang wohl noch von jemand verabschieden würde. Schließlich hatte ich mit dem Amt nicht nur beiläufig zu tun gehabt. Mir war von allen Mitarbeitern meiner Generation die schnellste Beförderung zuteil geworden. Zwei Jahre lang hatte ich in den aufregenden Tagen des Marshallplans und der Rettung Europas in einem Büro gleich neben dem Außenminister gesessen. Noch vor drei Jahren war ich Politischer Chefberater des Ministers und Präsident der Vereinigung des Auswärtigen Dienstes gewesen.

Mein geistiges Auge ging auf die Suche nach jemand, dem ich

noch Auf Wiedersehen sagen sollte. Zuerst fiel mir niemand ein. Die Freunde aus früheren Moskauer Tagen waren entweder ausgeschieden oder befanden sich auf Auslandsposten. Dulles' Handlanger hatten bei ihren Aufräumbemühungen, mit denen die Rachegelüste des Kongresses beschwichtigt werden sollten, ganze Arbeit geleistet. Überall sah man nur neue Gesichter, und sie waren zumeist undurchdringlich, bestenfalls höflich kühl, mit einem Anflug von Feindseligkeit. Aber ich gab die Suche nicht auf. Es muß doch, dachte ich, in diesem ganzen, großen Gebäude, in dieser Institution, die 27 Jahre lang Mittelpunkt meines Berufslebens gewesen war, irgendwo jemanden geben, dem zum Abschied die Hand zu drükken sich gehörte.

Dann plötzlich kam mir ein Gedanke: Mary Butler, die am Empfang im 4. Stock über den Zugang zum Minister und seinen Mitarbeitern in der Leitungsetage wachte. Mrs. Butler war im besten Sinne des Wortes ein Kind des Südens: hübsch, liebenswürdig, warmherzig und tüchtig; oft während meiner Tätigkeit als Leiter des Planungsstabes hatte mich ihr liebenswertes Gesicht und froher Morgengruß erfrischt und mir Kraft gegeben für die Anfechtungen des bevorstehenden Arbeitstages. Die Säuberung nach Mr. Dulles' Amtsantritt hatte sie unbeschadet überstanden. Näher kannte ich sie eigentlich nicht, wußte aber, daß es sie interessieren würde, es ihr vielleicht sogar leid täte zu erfahren, daß ich nun für immer wegging.

Ich ging also zu ihr hinauf und verabschiedete mich. Dann ging ich, die Aktentasche voller persönlicher Papiere fest unterm Arm, die Treppe hinunter, stieg in meinen Wagen und fuhr langsam ein letztes Mal durch die vertrauten Straßenmäander Marylands nordwärts zur Farm. Wieder beschlich mich – ebenso trügerisch natürlich wie schon vor drei Jahren bei meiner Ankunft in Princeton – das Gefühl, nun sei der wichtigste Lebensabschnitt zu Ende, bleibe nichts Wesentliches mehr zu tun, hätte ich Zeit im Übermaß.

Das Farmer-Wohnhaus war leer, als ich ankam. Die Pächterfamilie war für den Nachmittag weggefahren, fiel mir ein. Ich ließ meine Sachen im Wagen liegen, schlenderte um unser eigenes Haus, setzte mich auf die Eingangsveranda, blieb ein, zwei Stunden sitzen, blickte über die zwei fröhlichen Äcker gen Osten hin und versuchte mir klar zu werden, welche Veränderung dieser Tag in meinem Leben bedeutete.

Zu denken gab es genug, doch die Bilanz zu ziehen – wenn je sich Bilanz ziehen ließ – zwischen Gerechtigkeit und Ungerechtigkeit, Leistung und Versagen, mußte einem anderen überlassen bleiben. Ich selbst war dazu nicht imstande. Bin es auch heute nicht.

Die Farm war der Sammelpunkt der Familie und ist es bis heute geblieben. Die zwei folgenden Vignetten beschreiben zwei Fahrten auf die Farm hinaus, die erste von Washington, die zweite von Princeton her.

JUNI 1953

Flimmernde Hitze. Ich hatte in Washington zu tun. Um 14.15 Uhr war ich fertig und fuhr zur Farm zurück. Die Hitze brannte erbarmungslos auf die hilflose Stadt nieder. Die Straßen waren fast menschenleer, obwohl zwanzig- oder dreißigtausend Menschen ringsum in den Regierungsbüros an der Arbeit waren. Am Parkplatz tat ein Schwarzer Dienst. Er war bis zur Hüfte nackt, der Schweiß troff an ihm herunter, und er klagte über die Hitze. Ich fuhr die Connecticut Avenue hinauf, wechselte dann aber zur Wisconsin Avenue hinüber und fuhr über die Bundesstraßen 240 und 27 zur Farm zurück – den Weg pflegten wir früher zwischen Washington und der Farm zu benutzen. Unterwegs kam ich an vielem vorbei, das mir von diesen früheren Fahrten her etwas bedeutete oder einst bedeutet hatte. Hier hatte ein Mann den neuen Kuhstall gebaut (der jetzt schäbig und abgenutzt aussah, als hätten sich die Träume verflüchtigt, die ihm einst gegolten hatten); dort hatten wir uns einmal erkundigt, was die Männer auf dem Feld am Straßenrand ernteten, und erfahren, es sei Wermut (damals fuhren wir in Ronny Allens neuem Buick, er durfte nur fünfzig fahren, aber uns kam's schnell vor, und jetzt ist Ronny schon tot); drüben hatten Grace und ich mal einen Platten gehabt (zu der Zeit stand da noch ein aus Ziegeln erbautes Schulhaus mitten in einer Baumgruppe; jetzt beherbergte der Bau irgendeinen Laden oder eine Trinkbude, und das Wäldchen daneben lag voller weggeworfener Dosen); da war das Haus, dem das Dach weggeflogen war; es kam die Stelle, von der aus man eine herrliche Aussicht genießen konnte; und schließlich der Platz, wo alles niedergewalzt und eine Zementfabrik errichtet worden war, und dem doch später irgendwie Schönheit anhaftete. Das alles hatte mir einmal etwas bedeutet, und das war ganz und gar albern. Ich bedeutete dem allem gar nichts. Es wußte nicht, daß es mir etwas bedeutet hatte. Vielleicht bedeutete es sich selber nichts. Nun ja, auch mir würde es jetzt nichts mehr bedeuten. Mit mir war etwas vorgegangen. Ich erkannte die Leere, die Indifferenz von dem allem. Mein Gott – wie öd war die Welt und ungerührt und abweisend, die da in der Hitze briet.

DEZEMBER 1953

Am Haus auf der Farm sind die Arbeiter dabei, die Fassade mit Schindeln zu belegen. Ich bin allein von Princeton hierhergefahren, um nach dem Rechten zu sehen. Strömender Regen auf der ganzen Strecke bis zum Susquehanna-Distrikt, wo er dann in Schnee umschlug. Aber ein paar Sonnentage hatten den Boden doch so erwärmt, daß ich nicht steckenblieb.

Bei Dillsburg setzte ich mich in einen Imbißwagen am Straßenrand und aß etwas. Durch die großen, getönten Scheiben hatte man einen Blick über das Tal, das nach Westen zu in die Berge führte. Während ich aß, brach plötzlich aus einer großen, gezackten Wolkenbank triumphierend die Nachmittagssonne hervor, flutete durchs Tal und ließ fröhliche Winterfarben strahlen. Die dicke Kellnerin watschelte hinüber, kniete sich auf den Sitz am Fenster und starrte hinaus. »Isses nich schön?« sagte sie. »Wat meinste denn?« sagte die Kraushaarige, und der pickelgesichtige Bursche, mit dem sie flirtete, meinte: »Ooch, die spinnt ja bloß.« Ich sagte zu der Dicken: »Es ist wirklich herrlich.« »Siehste«, sagte sie, noch völlig hingerissen. »Sieht aus wie Grandma Moses oder sowat.«

Auf dem ganzen Weg von Dillsburg bis in unser Dorf goß die Sonne ihr wäßriges Schräglicht über die braunen Weiden und die üppige Wintersaat. Die gekalkten Scheunen und Silos, vom langen Regen glitzernd sauber, glänzten von den fernen Abhängen herunter. Als ich im Dorf ankam, war plötzlich alles vorbei. Die Dunkelheit fiel eilig ein, schon kroch der Nachtfrost übers Land, und die Teiche, in denen sich noch der helle Westhimmel spiegelte, zeigten mit ihrer reglosen Stille an, daß sie zufroren. Draußen auf der Farm gischte und gurgelte der kleine Bach seine Miniatursturzflut aus schmutzigem Wasser, und zwischen dem großen Stall und der Kornscheuer stand ein blutroter Himmel. Beim Gang über das dichte Wintergras des Rasens spürte man die schwammige Feuchte unter leicht gefrorener Kruste. Droben, über der großen Schlucht nach Südosten, standen schon die ersten kalten Wintersterne und die Sichel eines fahlen Mondes.

1955 fuhr ich mit meiner Schwester durch meine Geburtsstadt Milwaukee und hatte zum ersten Mal Gelegenheit, die Gräber meiner Eltern zu besuchen. Meine Mutter war zwei Monate nach meiner Geburt gestorben, und ich hatte keinerlei Erinnerung an sie. Meinen Vater hatte der Tod ereilt, als ich 1933 Botschafter William C. Bullitt nach Moskau begleitete.

16. JULI 1955
WISCONSIN

Ein Tag der Träume.

Gegen zehn Uhr traten wir die Fahrt nach Milwaukee an (im dichten Sonntagsverkehr kamen wir nur langsam voran). Die Wisconsin Street sah fast genau so aus wie immer, desgleichen die Seepromenade, doch die Parks waren hübscher, weiträumiger und bevölkerter.

Auf dem Weg in die Stadt kamen wir am Waldfriedhof vorbei, wo wir die Gräber unserer Eltern besuchen wollten. Der Friedhof war riesengroß – Hügel und Täler, auf viele Meilen hin von kurvenden, sich vielmals kreuzenden Straßen durchzogen, auf denen wir uns hoffnungslos verirrten. Wir hatten keine Ahnung, wo die Gräber lagen, und es gab niemand, der uns hätte Auskunft geben können. Doch irgendwann spürten wir alle ihre Nähe. Ich stieg aus und wanderte zwischen den Grabsteinen durch, benommen und erregt, leicht von Panik befallen auch, wie ein verlorenes Kind (Vater, Vater, wo bist du?). Und mir war, als bliebe ich für immer allein und abgetrennt, wenn ich das Grab nicht fände.

Schließlich entdeckte Jeanette den Familiennamen auf einem Stein, etwas abseits der Straße. Wir gingen hin. Hier lagen sie – die Grabsteine standen robust und festgefügt, viktorianisch achtbar;

die Inschriften waren kompromißlos leserlich und konkret; noch konnte man die Mulden erkennen, wo die Körper ruhten.

Als erstes meine Mutter Florence James Kennan, die ich nie gekannt, denn kaum zwei Monate nach der Geburt ihres vierten Kindes hatte sie der Tod ereilt. Hier also lag hilflos und begraben all ihre unverschenkbare Liebe, die ganze unerweisbare Zärtlichkeit. (Hart und bitter muß es dich angekommen sein, Mutter, von deinen kleinen Kindern zu gehen. Wir alle empfanden rückblickend ehrfürchtige Anbetung für dich – unsere ewig junge, tote Mutter, schön, vergeistigt, randvoll der Liebe und Anmut in unserem Gedächtnis, wie eine Heilige. In unserer Phantasie haben wir alles bekommen, was du uns geben wolltest. Schade nur, daß wir mit unserer Jugend nicht deine Zartheit hatten stärken, dir nicht ein wenig von der Kraft einflößen können, die du einst geschenkt. Mag unsere Liebe so oder so doch zu dir dringen.)

Neben ihr mein Vater, Kossuth Kent Kennan (gottlob liegen sie Seite an Seite). Eine wirkliche Ehe war es gewesen mit all ihren Schwierigkeiten, Ärgerlichkeiten, ihrem Schmerz – familiäre Meinungsverschiedenheiten, unterschiedliche gesellschaftliche Herkunft, was immer –, aber voll der wahren Liebe und grenzenlosen gegenseitigen Hingabe. Mein Vater: linkisch, scheu fast bis zur Feigheit, oft ins Fettnäpfchen tretend, nicht fähig, sich recht verständlich zu machen, übersensibel, stolz, bis zum Ende seiner Tage bubenhaft, in mancher Beziehung ein Tolpatsch, in anderer ein Mann edlen Denkens, unter zuviel Schönheit leicht zerbrechend, mit einem Hang zur Gefühlsduselei, wie wir ihn alle haben; ein Mann, aus dessen strengen, an einen Rechtsanwalt gemahnenden Zügen plötzlich warme und herzliche Liebe leuchten konnte; ein einsamer, oftmals still vor sich hin leidender Mensch, hager, zäh, enthaltsam, kaum je krank, der sein Leben bis zur bitteren Neige kostete, bis hin ins dunkle, gequälte, einsame hohe Alter. Ich selbst, der launenhafte, egozentrische, neurotische Bub, ebenso scheu wie er und sich keinem erschließend, war ihm im Alter wohl kein großer Trost, aber ich habe ihn geliebt wie keinen anderen Mann außer meinem Sohn; nie zürnten wir einander, stets schätzte ich sein Schweigen und seine vergebende Geduld. Und ich verstand vielleicht besser als sonstwer in der Familie, wenn auch erst spät und im Rückblick, seine Einsamkeit, sein Unglücklichsein, seine Verzweiflung und seinen Glauben.

Auch auf seinem Grab nimmt sich die Mulde klein und mitleidheischend und ein wenig hilflos aus.

Immer noch träume ich von Zeit zu Zeit voll Zärtlichkeit und Zuneigung von meinem Vater und sehne mich danach, wieder bei ihm zu sein (nun, da ich im vollen Mannesalter stehe und ihm Kraft und Verstehen schenken könnte). Doch er hat das Zeitliche gesegnet. Und irgendwie war der Anblick seiner Ruhestätte, wenngleich ich sie heute zum ersten Mal sah, mir viel vertrauter, so daß ich mit größerer Seelenruhe darauf schauen konnte als auf die meiner Mutter.

Möge der Gott, an den er so hingebungsvoll glaubte, ihm im Leben nach dem Tode Gnade und Ruhe und Heilung schenken, Frieden vor allem und Beieinandersein.

Der Dorfbewohner Ray, früher Lastwagenfahrer, hatte auf meiner Farm in Pennsylvania jahrelang begeistert für Haus und Hof gesorgt und uns stets fröhliche und angenehme Gesellschaft geschenkt.

ANFANG JANUAR 1956
AUF DER FARM

Am Dienstag ging ich ins Dorf und besuchte Ray. Im Wohnzimmer seines Hauses in einem hohen Krankenhausbett liegend, bot er ein Bild des Jammers: Jetzt waren beide Arme lahm, nutzlos ineinander verschränkt; sprechen und essen konnte er zwar noch, aber nur mit Mühe. Er sah mich an, sein Gesicht war voller Angst und Kummer und Pein. Er empfand, ich wußte es, alles so ganz und gar ungerecht. So schwer hatte er geschuftet und war mit dem einen gesunden Arm so gut zurechtgekommen. Trost und Stolz hatte er darin gefunden, daß er mit dem einen Arm seinen Ford Modell T steuern und die Beete so schön instandhalten konnte. Nun war das alles zu Ende und stand – ich spürte es – der Tod vor der Tür. Sein Gesicht schien größer, wie vom Leiden breitgewalzt; die fröhlichen, listigen kleinen Fältchen von früher, Maske gutmütiger Bauernschläue, waren verschwunden, und wie ich jetzt dieses neue, wehrlose, hüllenlose Antlitz betrachtete, merkte ich, wie wenig ich ihn gekannt, wie selten ich hinter seine Maske geblickt habe. Und mir kam in den Sinn, wie sich all die gewohnten Attribute des Lebens – Alter, Geschlecht, Status, in langem Leben gewachsene Gewohnheiten einer Persönlichkeit – zurückziehen und abseits stehen mit dem Nahen des Todes, die Seele nackt und allein und hilflos zurücklassen, wie sie es beim Eintritt in diese Welt war, völlig überschattet von der einen, qualvollen Frage »Warum?«

und sich doch fern bewußt, daß die bloße Fähigkeit, diese Frage zu stellen, ein Sich-Erheben über die Materie enthielt, in die die Seele eingesponnen war, und daß dieses Sich-Erheben eine das Leben übersteigende Hoffnung rechtfertigte – und das Gebet.

Noch mal Kalifornien, diesmal zu Recherchen in der Hoover Library in Palo Alto.

13. MAI 1956

Unentwegt zupft und zerrt mein Denken am Rätsel dieses Kalifornien, versucht sein Wesen zu ergründen, sein Anderssein zu bestimmen, sein Verhältnis zu anderen Teilen der Welt zu entziffern. Aus diesem Prozeß geht anderes nicht hervor als ein paar Denk- und Erkenntnisfragmente – ehrfurchtslos, der Verdeutlichung halber übertrieben, keines auch nur entfernt seinen Zweck erfüllend.

Kalifornien erinnert mich an die volkstümliche Vorstellung des Protestanten vom Himmel: Stets herrscht ein gemessener Zustrom von Neuankömmlingen; man trifft viele – nicht alle – Freunde; die Leute bringen ein Gutteil ihrer Zeit damit zu, sich gegenseitig dazu zu beglückwünschen, hier sein zu dürfen; Unzufriedenheit ist undenkbar; der Neuankömmling gerät lediglich ein wenig aus der Fassung bei dem Gedanken, nun – da der Teufel endgültig verbannt ist und die Tugend triumphiert – könne nie mehr etwas fürchterlich Interessantes passieren.

Nach außen hin ist Kalifornien, emotional gesehen, eindimensional. Schaut man in die Gesichter und hört die Gesprächsfetzen, so fragt man sich, ob es überhaupt so etwas wie Lebensangst – ja Liebesangst – geben könne, oder ob auch sie kommt, erlebt wird, vorbeigeht und hinstirbt mit derselben grinsenden Beiläufigkeit, die alle anderen Daseinsphänomene zu beherrschen scheint.

Die Menschen hier praktizieren, was die Philosophen seit Jahrhunderten predigen: Sie stellen keine Fragen; sie leben allem Anschein nach in den Tag hinein; sie vergeuden weder Energie noch Eigensubstanz darauf, das Leben zu verstehen; sie erfreuen sich eines schieren physischen Daseinsgefühls; sie genießen die einfacheren Formen des Kontakts mit einer höchst gnädigen und anspruchslosen Natur; ihr Gewissen wird nicht belastet vom kaum wahrnehmbaren Rumpeln der Vorgänge jenseits ihres Horizonts. Wenn sie weise sind, dann sind wir andern alle gewißlich Narren.

Am Samstagnachmittag schwärmen die Bewohner von San Francisco zu Hunderttausenden aus: zu den Hügeln, zum Strand, zu den Flüssen, zur Hütte auf dem Land, zu den Golfplätzen und Tennisanlagen und pittoresken Grillparties im Freien und zu tausenderlei anderen Vergnügungen. In den Gemüse- und Beerenfeldern des Santa-Clara-Tals führen zur selben Zeit ganze Kolonnen illegaler mexikanischer Einwanderer in endloser Einförmigkeit die Hacken durch die Pflanzreihen, die sich im Horizont verlieren; das Gesicht unter dem breiten Strohhut dumpf auf die Erde geheftet, haben sie keinen Blick übrig für die endlose Blechkarawane der Wochenend-Ausflügler, die auf der Autobahn am Feldrand dahinströmt, vorbei an dem zerbeulten gelben Bus, der sie hergekarrt hat, in dem sie sogar wohnen, und der jetzt bedenklich schrägliegend am steilen Straßengraben geparkt steht.

Milwaukee und St. Louis

AUGUST 1956

Gestern nach Milwaukee gefahren. Nach dem Lunch mit den J.s fuhr ich auf dem Rückweg durch die Cambridge Avenue, hielt an und blieb lange Zeit sitzen und betrachtete das alte Haus, in dem ich geboren und aufgewachsen bin. Da stand es und sah aus wie eh und je. Die Bäume und Sträucher waren größer geworden, und die Umgebung war sehr heruntergekommen, aber das Ganze erschien merkwürdig gelassen und zeitlos, als sei es froh darüber, daß die heutige Zivilisation an ihm vorbeigegangen war, als gebe es sich gerne damit zufrieden, von den Erinnerungen zehrend klag- und hastlos auf den Tag zu warten, der nicht mehr fern sein konnte und an dem es vom Antlitz der Erde verschwinden würde und alles, was einst in und mit ihm gelebt und gewebt hatte, in die Vergessenheit sänke. Als ich es so ansah, überkam mich dasselbe Gefühl wie eine halbe Stunde später, als ich wiederum am Kopfende der Gräber meiner Eltern saß und mir die Augen rot weinte wie ein Kind. Die Gräber waren so unendlich friedvoll, wie sie dalagen im dünnen Sonnenschein eines kühlen Augusttages, und in den Wipfeln der beiden doppelstämmigen Ulmen hoch über ihnen flüsterte der Wind. Es war, als sprächen die beiden Toten zu mir: »Wir sind in eine Realität eingetreten, die all dein Sehnen und Leiden übersteigt; nach deinen Maßstäben ist sie weder gut noch schlecht; sie ist dir unerreichbar. Du kannst nicht uns, wir können dir nicht helfen. Wir haben unser Geheimnis, das dir endlos traurig scheinen mag, doch ist es ganz eins mit der Natur. Alles Leid, das du heute kennst, und mehr noch, haben wir hinter uns; wir entziehen uns deinem Sehnen und du entziehst dich unserm Mitleid. Komm her: Wir schenken dir den Odem des Friedens – wir sind eingegangen in den langen Nachmittag des Lebens. Nimm diesen Rat von uns: Geh deinen Weg nach deinem besten Können; frag nicht zu viel; über ein Kurzes wirst auch du bei uns sein.«

26. AUGUST 1956

Kaum lag Chicago hinter uns, fiel uns die Hitze an. Die topfebene Landschaft war so monoton, wie sie nur irgend sein kann: Maisfelder, Maisfelder, Maisfelder; das endlose Doppelband der Betonautobahn strich kilometerweit dem Bahnkörper entlang; hin und wieder tauchte eine Farm auf, hie und da ein Dorf mit Schuppen und Rangiergleisen, unbewachten Bahnübergängen und kleinen Holzhäusern, eingeschmiegt in weite Rasenflächen hinter den baumgesäumten Straßen – der Mittlere Westen, wie er leibt und lebt. Als wir uns St. Louis näherten, wurde es staubig und still, und ein Gewitter braute sich zusammen. Die vielen Kilometer voller Frachtflächen und Fabriken und Lagerhäuser und Abstellgeleise am Stadtrand von St. Louis wirkten sehr verlassen, lagen reglos an diesem heißen Spätnachmittag eines Augustsonntags.

Beim Anblick all dessen wie auch meiner Mitreisenden glaubte ich plötzlich einen Augenblick lang zu verstehen, was die seltsame Stille des alten Hauses in Milwaukee und am Grab meiner Eltern mir hatte sagen wollen. Ich begriff, daß auch ich irgendwo dort hinten in jene Vergangenheit gehörte. Stets hatte ich die Gegenwart als eine Art Morgen, als Prolog empfunden. Nun stellte ich fest, daß sie das nicht ist, jedenfalls nicht für mich. Sie ist Nachmittag – Nachmittag eines Tages, der nur noch die Müdigkeit und vielleicht den Frieden des Abends kündet.

Einen Moment lang sah ich dieses Zeitalter und sein Geschehen so, wie mein Vater sie vom Grab aus sehen mochte: blind, launisch, vom Schicksal schon ereilt, alles in allem herzlich wenig besagend. Ich lebe in der Welt, an der mein Vater – und zu Recht – verzweifeln wollte. Warum in aller Welt sollte ich sie allzu ernst nehmen, in ihr hin- und herrennen und mir Sorgen machen und tausend Dinge tun. Schließlich ist es schon später Nachmittag, die Hauptereignisse des Tages sind geschehn, und viel mehr wird es heute nicht geben. Vielleicht finde ich auf diese Weise etwas von dem Frieden, wie ihn das Haus und die Gräber besitzen, erkenne auch ich klaglos, daß mein Tag vergangen, daß ich nicht weniger anachronistisch als das Haus, daß auch an mir die Zeit vorbeigegangen und mir das wenig ausmacht, weil doch die Gegenwart allzu unergiebig. Wir Vergangene besitzen ein Geheimnis, und wir brauchen uns nicht zu ängstigen, daß es verraten wird – denn es plagt heute keines Menschen Neugier. Und niemand würde es verstehen, gäb' er sich gleichwohl Mühe.

*Das akademische Jahr 1957/58 verbrachte ich, begleitet von meiner Frau und unseren beiden Jüngsten, als Eastman Professor am Balliol College in Oxford. Hier ein paar Eindrücke meiner ersten Tage dort, vor Ankunft der anderen Familienmitglieder.**

28. AUGUST 1957

Nach elf Tagen Oxford finde ich – in einem leicht verstaubten, sich vornehm gebenden Hotel (in der Halle steht eine Uhr aus Großvaters Zeiten mit Westminster-Schlag) – endlich einen Augenblick, ein paar Zeilen ins Tagebuch zu schreiben.

Wie faßt man die Eindrücke der ersten Tage an einem fremden Ort und in einem fremden Land zusammen?

Oxford! Geräumige Innenhöfe. Herrliche Türme, graziös und kraftvoll zugleich, die im Meer der vorbeiziehenden Wolken zu schwimmen scheinen. Durch die Straßen wälzt sich ungereimt ein hektischer Verkehr. Große Schwärme von Fahrrädern schwemmen die High Street hinunter, junge Frauen mit kräftigen Beinen und gesunder Gesichtsfarbe treten entschlossen in die Pedale – nicht feingliedrig, aber doch nicht ohne Reiz. Mein Zuhause: eine kalte, leere Wohnung in einem riesengroßen leeren Haus. Endlose Einsamkeit – ganze Tage vergehen ohne ein einziges Gesprächswort. Ausgedehnte Spaziergänge im feuchtfrischen Wind, durch die Parks, über Vorstadtstraßen mit ihrer spröden, rechteckigen Plumpheit und Ausdruckslosigkeit, wie man sie heute in England so häufig findet; am Ufer ruhig dahinwellender Flüsse entlang, wo Liebespaare im hohen Gras liegen, nicht weniger verloren, verzweifelt,

* Zwei Kinder – Grace und Joan – waren noch vor dem Krieg, in den dreißiger Jahren, geboren. Die beiden anderen – Christopher und Wendy –, die mit uns in Oxford waren, kamen nach dem Krieg auf die Welt und waren jetzt acht bzw. fünf Jahre alt.

hilflos als die Helden der *Forsyte Saga.* (Ah, wie zerbrechlich, beklemmt, chancenlos und mithin so schrecklich packend ist doch die Liebe in England!) Mahlzeiten in winzigen Hotelrestaurants, wo nur zwei Kellnerinnen bedienen, das Menü stets dasselbe ist, die allesbeherrschende Stille die Menschen flüstern läßt, damit sie nur ja die Kirchhofruhe nicht stören. Die alten Aufenthaltsräume in den Colleges mit den Paneelen, den Kerzen, dem Portwein, und überall das Gefühl, daß sich die Menschen verzweifelt an längst Vergangenes klammern – wie lange noch? In beiläufigen Begegnungen der Widerstreit des englischen Charakters mit seiner von schönster Höflichkeit und Hilfsbereitschaft bis hin zu gelegentlich wilden Anflügen der Grobheit oder Herablassung reichenden Palette. Und wohin man blickt, kleine Gruppen von Touristen, die mit Kamera und Fremdenführer in der Hand pflichtschuldigst hierhin und dorthin schlurfen.

Während der Weihnachtsferien wurde ich, vom anstrengenden Oxforder Herbst völlig erschöpft, in Zürich kurz ins Krankenhaus eingeliefert.

16. JANUAR 1958

Zürich ist düster und bewölkt, die kahlen Bäume stehen stumm und untertänig in ihrem Winternest, der eisfreie, im Sommer so einladende See jetzt abweisend und verlassen, seine Oberfläche glänzt winterlich unheilverkündend. Die Stadt hat sich gewaltig vergrößert, ist unglaublich sauber und reich und ordentlich. Wie – so fragt man sich – nähme die Schweiz sich aus in einer kommunistisch beherrschten Welt? Nirgends hat das einer klugen und handfesten Demokratie übergestülpte kapitalistische System ähnliche Ergebnisse gezeitigt wie hier, Schweden einmal ausgenommen. Ob damit die Menschen wirklich glücklicher sind, weiß ich nicht zu sagen. Immer noch ist der Mensch ein Tier, verlangt seine Natur Gefahr und Kampf, und mir erscheint zweifelhaft, ob er in diesen reinlichen, wohlgeordneten Ställen, wo größte Disziplin im Sozialverhalten gefordert ist, je Selbstverwirklichung und Frieden finden kann. Liegt aber menschliches Verdienst (wie ich irgendwie glauben möchte) in der Beseitigung des Elends, in der respektvollen Behandlung der Natur, in sauberer, starker und angenehmer menschlicher Wohnkultur – dann ziehe ich vor den Schweizern den Hut. Ganz zu schweigen von ihrer Außenpolitik, die mir – mit der Finnlands – die einzig gesunde und vernünftige in der Welt dünkt.

Ein Nachmittagsausflug in Dänemark.

28. JUNI 1958
KOPENHAGEN

Ich wollte meine Gastgeber von meiner Gegenwart befreien und verkündete deshalb meine Absicht, einen Tagesausflug zu unternehmen. Morgens hatte ich allerlei in Kopenhagen zu erledigen. Erst am frühen Nachmittag kam ich weg. Ein Vorortzug entführte mich nach Hillerød. Dort bestieg ich einen Nahverkehrszug (die Deutschen würden »Bummelzug« sagen), in dem, bunt gemischt, Leute vom Land und Kopenhagener Wochenendausflügler saßen, die zu ihren Verwandten aufs Land fuhren. Gemächlich zockelte der Zug mit unzähligen Zwischenhalten nach Hundested an der äußersten Nordwestspitze der Insel Seeland.

Der Nachmittag war warm und sonnig, gelegentlich fuhr ein Schauer durch die etwas schwere und klamme Luft. Zu beiden Seiten wogte das hochstehende, reifende Korn im Rhythmus der Luftwirbel des vorbeifahrenden Zuges schwer über die Äcker. Der helle Himmel gen Nordwest und Westen verhieß das nahe Meer. Auf den winzigen Bahnstationen kamen die Postboten – pausbäkkige, wohlgenährte, gemütliche Dänen – mit ihren Handwägelchen an den Zug und holten die letzten Postsendungen der Woche ab; aus dem Gepäckwagen wurden Fahrräder herausgereicht; wartende Familien begrüßten Verwandte, die mit dicken Bündeln aus der Hauptstadt hergekommen waren, und verschwanden mit ihnen auf zweirädrigen Kutschen, Fahrrädern oder auch zu Fuß über die Landstraßen. Ich lehnte zum Fenster hinaus und betrachtete das Treiben, fühlte mich sehr einsam, wie man sich in fremdem Lande eben so albern einsam fühlt, und jedesmal, wenn ein Mitreisender, an dessen Gesicht ich mich in dieser kurzen Stunde anonymer Fahrtgemeinschaft im Zug gewöhnt hatte, auf den Bahnsteig und aus meinem Leben verschwand, gab es mir einen Stich – Sinnbild der Flüchtigkeit und Einsamkeit des menschlichen Daseins.

Hundested – Ende der Eisenbahnlinie, von einer Gleisspur abgesehen, die zur Fähre führte. Schon war es vier Uhr nachmittags. In einer menschenleeren »Konditori« auf der Hauptstraße bestellte ich Kaffee. Warum sahen alle Küstenstädtchen einander so zum Verwechseln ähnlich, von Norwegen bis Portugal, von Dänemark bis Neuengland – kleine, aneinandergelehnte Häuser, enge, aber nicht drangvolle Sträßchen, ziemlich regelmäßig angelegt? Wer vom Meere lebt, so dachte ich, verfällt niemals der Großtuerei, oder höchstens die Leute in den großen Umschlaghäfen, nicht aber die Menschen in den Fischerdörfern namens Hundested, Arendal, Cascais, Stonington oder wie auch immer.

Auf der anderen Straßenseite lehnten zwei halbwüchsige Mädchen in den engen Jeans und Pullis, die zum Wahrzeichen des Protests gegen meine Generation geworden sind, gelangweilt an der Mauer und hofften auf ein paar vorbeikommende Jungens.

Ich zahlte und schlenderte zum Hafen. Nach dem Weg brauchte ich nicht zu fragen. In einer Stadt am Meer führen alle Wege zum Hafen. Ein ansehnlicher Platz, wie ich ihn mir erhofft: das mehrere hundert Meter lange und fünfzig bis hundert Meter breite Hafenbecken, die enge Einfahrt von Molen geschützt, bot neben den Fähre-Anlegestellen einer ganzen Flotte robuster dänischer Fischkutter Unterschlupf, die ihren schmucken norwegischen Kollegen in nichts nachstanden.

Ich machte mir's bequem und zog meinen Skizzenblock heraus. Am Anlegeplatz mir gegenüber hatte sich eine kleine Menschenansammlung gebildet, und als ich sah, was sie angelockt hatte, wurde mir klar, daß an diesem schwülen Samstagnachmittag ein finstrer Schatten über dem kleinen Hafen hing. Am Kai war eine Ambulanz vorgefahren; darunter lag ein Motorboot mit schwarzer Flagge; etwas wurde ins Motorboot hinuntergelassen. Wie ich bald erfuhr, handelte es sich um die Leiche eines kleinen Jungen, der sich zu weit in die Brandung hinausgewagt hatte und unversehens von der Bildfläche verschwunden war.

Welch unfaßbaren Gefahren, dachte ich, ist doch der Durchschnittsknabe ausgesetzt; Hoffnung, Neugier, Erlebnislust machen das Dasein eines gesunden, unternehmungslustigen Jungen so gefahrumwittert wie die eines abenteuernden Seefahrers der Antike. Dabei besteht seine Schuld nur darin, daß er begeistert auf die Anstöße seines Instinkts und der Natur reagiert. Wo ist Gerechtigkeit in dieser niemals endenden Abfolge glücklicher Zufälle, dank derer die meisten kleinen Jungen diese Gefährdungen überleben, andere aber nicht? Gibt es etwa einen besonderen Himmel für jene, über denen die schwarzen Wasser vorzeitig zusammenschlagen wie über diesem Knaben?

Überfahrt von Southampton nach Le Havre auf dem Weg nach Hamburg.

13. SEPTEMBER 1959

Am Freitag, dem 11., legten wir bei Tagesanbruch in Southampton an. Fröstelnd und verschlafen beobachtete ich den Vorgang vom Oberdeck aus, sog im Halbdämmer den Zauber der Lichter und Umrisse der vor Anker liegenden Schiffe in mich ein und legte mich dann unten vor dem Frühstück brav noch mal eine Stunde schlafen. Als das Schiff wieder in See stach, war heller Tag. Die Ufer der Meerenge von Solent und die Isle of Wight lagen jetzt im Dunstlicht der Spätsommersonne und zeigten die übliche englische Mischung aus schäbigem Grau und grünleuchtender Erhabenheit. In Cowes loderte noch stolz die gestreifte Markise des Königlichen Jachtclubs, stach trotzig aus dem Einerlei der Bäume und Häuser hervor. Ein umgebauter Themse-Kahn, der sich ob seines schwerfällig dunklen Bugspriets zu genieren schien, dümpelte unbehaglich zwischen den anmutigen Jachten, wie ein frischgebackener Labour-Peer beim Lever des Königs. Die Ufer zu beiden Seiten waren gesäumt von den Überresten des viktorianischen Zeitalters, einer Kultur, die noch vor gar nicht langer Zeit (zu Lebzeiten manches Zeitgenossen) so solide schien und sich dünkte, wie nichts seit den Tagen des römischen Reiches, und die doch heute so völlig unterhöhlt ist, daß davon fast nichts übrig ist außer in den Universitäten, den Sprüchen und Gewohnheiten von ein paar alten Leuten und in diesen halbzerfallenen viktorianischen Resten: Krankenhäuser, Schlösser, Privathäuser, die romantisch imitierend, ostentativ solide, bar jeder Scham und verächtlich vom Flußrand auf uns Zeitgenossen einer neuen, schalen Ära blinzeln.

Am Nachmittag kamen wir nach einer langen Gleitfahrt durch ölig-stille See in Le Havre an. Die *plage*, die umstehenden Hügel mit ihren gezierten modernen Villen obenauf – alles war vergoldet von sanfter Abendsonne. Auf der Mole saßen wie üblich Leute und fischten. Hinter ihnen erhoben sich die Neubauten der Stadt – sehr modern, funktionell, der graue Beton aller Anziehung bar. Der Schlepper, der uns in den Hafen bugsierte, wurde von einer Gestalt gesteuert, die durch und durch französisch war mit ihren Bastschuhen, der Baskenmütze, dem von der Lippe baumelnden, kalten Zigarettenstummel, ihrer verächtlichen Schweigsamkeit und dem Anflug gallischer Nonchalance, mit der sie ihr Gefährt hin- und herschwenkte – fraglos ein Menschenverächter, einer, der von der Menschheit nicht viel hielt, sich nichts von ihr erhoffte, der abgeschlossen hatte mit einer geistig umnachteten, lächerlichen Welt. Laß die Welt nur kommen und das kaputtmachen wollen – er würde sich schon zu wehren wissen. Keinen Blick verschwendete er auf den großen Dampfer, den er in den Hafen dirigierte. Wir bedeuteten ihm nichts. Ihm machte keiner etwas vor, nichts konnte ihn erschüttern. »Je m'en fous.«

Zugfahrt durch Jütland nach Hamburg

SEPTEMBER 1959

Der Tag kroch dahin. Stunde um Stunde stampfte der Zug im Rhythmus der Gleisfugen durch die flache, üppige Landschaft. Auch heute boten der wolkenlose Himmel, der goldleuchtende Sonnenschein und die trocken milde Luft das unnatürlich makellose Wetter, mit dem ganz Nordeuropa in diesem einmaligen Jahr gesegnet war. Auf den etwas zu trockenen Feldern stand hoch und malerisch das Korn.

Ein junger Engländer stieg zu. Er war Student an einer Landwirtschaftshochschule in Nordengland und hatte den Sommer über auf einem dänischen Hof gearbeitet. Nun fuhr er zur Fortsetzung des Studiums nach England zurück. Später wolle er die Leitung eines Agrarbetriebs übernehmen, sagte er. Es habe ihn beeindruckt, wie lange auf dänischen Höfen gearbeitet, wie vieles noch aus Tradition von Hand getan werde, und wie öd und schwer das Bauernleben in Dänemark sei, verglichen mit England. Er hielt mit seinen bäuerlichen Erlebnissen ganz und gar nicht hinterm Berg, und doch: Nachdem ich mich schon über eine Stunde mit ihm unterhalten hatte, stellte ich fest, daß er mir immer noch ein Buch mit sieben Siegeln war. Und ich dachte, wie tief doch der Engländer, schon gar aus der Mittelschicht, seine Seele unter dem Schutzfilm einer konventionellen Persönlichkeit vergräbt. Man findet das auch bei Amerikanern, aber längst nicht so oft. In gewisser Hinsicht ist das bewundernswert und jedenfalls besser als das Gegenteil, indessen geht damit eine fast unmenschliche Disziplin einher, ein Mangel an Spontaneität und Begeisterungsfähigkeit, der sich, wie mir schien, kaum wettmachen ließ.

Am frühen Abend kamen wir in Hamburg an. Da ich vier Stunden Aufenthalt hatte, leistete ich mir ein Diner im »Vier Jahreszeiten«, das ich seit jeher für das beste Hotel in Europa halte. Den restlichen Abend verbrachte ich auf einer Kaffeeterrasse gleich gegenüber dem Hauptbahnhof, betrachtete die Passanten auf dem Gehsteig und den Strom des an- und abfahrenden Bahnhofsverkehrs und sann über das Wesen dieses neuen Europa nach – dieses materialistischen, unpersönlichen, halb amerikanisierten Europa (das in gewisser Weise doch wieder moderner war als Amerika) –, mit dem ich so fast gar nichts gemein habe. Nie war mir schärfer bewußt geworden, wie sehr sich doch das Europa meiner Jugend, das Europa, das mir am Herzen lag, davongeschlichen und in die Vergangenheit zurückgezogen hatte, wie ja auch das Amerika gleicher Prägung. Mir kam in den Sinn, daß inzwischen die Lebensspanne eines Menschen für das Tempo des Wandels zu lang geworden ist. Lebt er länger als ein halbes Jahrhundert, dann schwindet die ihm vertraute Welt, die Welt seiner Jugend, dahin gleichwie ein sterbendes Roß unter seinem Reiter, und unversehens ist er mit einer andern konfrontiert, die nicht wirklich die seine ist. Seltsamer Widerspruch: Die Medizin verlängert die Lebenserwartung des Menschen; der stürmische technische Wandel beraubt ihn schneller als je zuvor der einzigen Welt, die er begreifen, an der er sich orientieren kann. Denn nur die Welt der Jugend, deren Wesen aufgesogen wird mit der ganzen, unglaublichen Empfindsamkeit und dem Durst nach Neuem, wie nur Kindheit und Jugend sie besitzen – nur diese Welt vermag diesem Anspruch standzuhalten. Die westliche Welt jedenfalls dürfte heute weithin von Menschen wie mir bevölkert sein, die ihr geistiges und emotionales Umfeld erschöpft haben und alt sind nicht nur körperlich und seelisch, sondern auch bezogen auf die heutige Zeit. Wir Älteren sind nur noch Gäste dieses Zeitalters, dürfen durch seine merkwürdigen und leicht schreckgebietenden Säle geistern – sind irgendwo noch Teil seines Daseins gleichwie die Gäste eines Sommerhotels, ihm dennoch auch auf gleiche Weise fern. Hin und wieder unterhalten wir uns mit dem Hotelpersonal. Man hört uns – je nachdem, was wir zu sagen haben – mit Interesse, Erheiterung oder auch gelangweilt zu. Manchmal gar, sei's aus Diensteifer, sei's aus Unbedachtsamkeit, geraten wir in den Sog des Hotelbetriebs. Dennoch bleiben wir Gäste; es ist nicht *unser* Hotel, wir arbeiten hier nicht, wir begreifen nie ganz, was in den Gesindestuben und Küchen vor sich geht, irgendwann werden wir wieder abreisen, und das Personal, das zurückbleibt, ist die Jugend. Trotz alledem erschrecken uns ihre Gesichter – manchmal fröhlich, manchmal tüchtig, manchmal stark – der Dinge wegen, die nicht in ihnen zu lesen sind.

Geschrieben in Rheinfelden nach einer Konferenz, die in Basel stattfand.

18. SEPTEMBER 1959

Am Nachmittag vor der Abreise steckte ich meinen Reisepaß ein und wechselte über die Rheinbrücke auf die deutsche Seite. Der Kontrast verschlug mir nahezu den Atem. Wo immer ich bislang gewesen war: Hier war der Unterschied zwischen einem Land, das sich in zwei Weltkriege verstrickt, und einem, das sich herausgehalten hatte, am deutlichsten zu sehen. Auf der Schweizer Seite hatte man rundum das wunderbare Gefühl einer in Raum und Zeit intakten Welt. Man spürte förmlich, wie die Generationen unmerklich ineinander eingeflossen, die Werte der Gegenwart sorgsam und ehrfürchtig in den Fundamenten der Werte der Vergangenheit gegründet worden, Familien Familien geblieben waren. An einem alten Haus im schweizerischen Teil der Stadt war mir eine Inschrift aufgefallen:

> Lasset uns am Alten,
> So es gut ist, halten.

Ragte auch aus der Garage des Hauses das Schwanzende eines neueren Mercedes-Modells, so tat dies doch dem Spruch nicht den geringsten Abbruch.

Auf der deutschen Seite war alles anders. Ob Bombennächte hier Verheerungen angerichtet hatten, weiß ich nicht, aber man hatte den Eindruck, als sei die Stadt niedergerissen worden und werde nun neu aufgebaut – ohne Harmonie, ohne Mittelpunkt, fast ohne Sinn für Schönheit. Auch die Menschen wie Tag und Nacht. Verglichen mit den geruhsam ordentlichen Schweizern hauste in den Gesichtern hier etwas wie Gram, Verzweiflung, Verrohung auch. Man merkte sofort, daß dieser Ort Augenblicke durchgemacht hatte, die dem Zusammenbruch einer Kultur nahegekommen waren. In der Art, wie sich die Menschen ansahen, lauerte immer noch ein Schimmer wölfischen Mißtrauens – Nachhall einer Zeit (der letzten Kriegs- und Nazijahre), da jeder des andern Feind war, wie im russischen Bürgerkrieg. Umgekehrt beflügelte die deutsche Seite, verglichen mit der Schweiz, eine weitausgreifende, unbekümmerte Kraft. Auch die Schweizer waren gewiß kraftvoll, doch ihre Kraft war verhalten, wohlerzogen, bürgerlich bis ins Mark. In Deutschland waren diese bürgerlichen Tugenden verschwunden, so daß man zusammen mit der Rohheit und dem hemmungslosen Wettbewerb auch weiteres Ausgreifen, mehr Macht und Rücksichtslosigkeit im Handeln zu verspüren meinte.

Eigenartigerweise hatten der Zerfall und die Haltlosigkeit der Sitten irgendwie auch die Frauen auf der deutschen Seite nicht ungeschoren gelassen. Sie trugen die schiere, rohe sexuelle Anziehungskraft primitiver Frauen zur Schau, und auch dies kontrastierte wieder stark zur Eingebundenheit ihrer unterdrückten Schwestern jenseits des Rheins. Dies konnte nicht bloß der prägenden Kraft der Umwelt zugeschrieben werden; hierin spiegelte sich das diskrete Einwirken der Eltern über Generationen hinweg in der Schweiz wider, denen weniger an der körperlichen Attraktivität der Mädchen und mehr an ihrer Qualität als Person und Mitglied der Gesellschaft lag, was nicht ohne Einfluß auf die Ehen geblieben war. In Deutschland hingegen sind die Kinder heutzutage das Produkt der sexuellen Catch-as-catch-can-Sitten, die seit vierzig Jahren in diesem Lande herrschen. Infolgedessen rangiert hier in der Mütterschaft die erotische Straßenschöne recht weit oben. Man merkt es an ihren Kindern.

Im Oktober 1959 kehrte ich kurz für einen Vortrag nach Oxford zurück.

6. OKTOBER 1959

Ich war dreieinhalb Tage in Oxford. Wieder empfingen mich unglaublich blauer Himmel, goldene Herbstsonne, trockene Blätter, staubige Pfade und fast stillstehendes Wasser in den gewöhnlich so munter dahinplätschernden Flüssen. Da ich der Ansprüche, wie sie einem geregelten Aufenthalt und einer Gastprofessur innewohnen, ledig war, konnte ich zum ersten Mal die Stadt so genießen, wie sie genossen werden will. Ich wanderte viel umher, suchte manch alten Lieblingsplatz auf. Jetzt, da er weniger von mir verlangte, konnte ich den Ort milder gestimmt betrachten. Oxford hatte sich überhaupt nicht verändert. Immer noch wohnte Schönheit inmitten der Monotonie, gab es etwas zu viele Mauern, zu viel Eigenbrötelei, zu wenig Raum und Ausblick – zu viel Autoverkehr vor allem. Ich hatte erwartet, daß mich Oxford in erster Linie an meine Kämpfe und Nöte erinnern würde oder mir als Ort objektiver Erfahrungen ins Gedächtnis träte, stellte aber zu meiner Überraschung fest, daß unsere beiden Kinder, die uns vor zwei Jahren hierher begleitet hatten, die vertrauten Szenen auf Schritt und Tritt belebten. Hier war der Buchladen der Kinder, in den sich Christopher nach Schulschluß zurückzuziehen pflegte, um dort die Bücher in den Regalen zu lesen, als befinde er sich in einer Bibliothek; da war die Parkbank, an der die Kinder mit ihren Modellautos spielten; dort drüben der Treidelpfad an der Themse, wo sie sich an rauhen und unendlich trostlosen Sonntagmorgen fröhlich in den Pfützen getummelt hatten, während ich Schutz vor dem Wind suchte im Schatten eines Sandhügels, der für den Bau eines neuen College-

Bootshauses bestimmt war; die Stelle auf der Hauptstraße, wo wir uns jeden Morgen auf dem Weg zur Schule in die Schlange der Rechtsabbieger eingeordnet hatten und Wendy immer über Bauchschmerzen klagte; die Verkehrsinsel inmitten der Hauptstraße, in deren Schutz mit einem großen Sprung vor den angriffslustig heranbrausenden Bussen und Radfahrern sich zu retten ich Christopher beim Überqueren dieser gefährlichen Durchfahrtstraße auf dem Nachhauseweg gelehrt hatte; und weit über der Mauer des Lehrerbaus am University College (wo ich diesmal wohnen durfte) ragte das Fenster, aus dem Christopher irgendwelche Gegenstände an langen Schnüren in den Hof tief unten hinabzulassen pflegte. Diese und Dutzende anderer Ansichten erinnerten auch an den Kummer jenes strengen Winters, doch wiederum hauptsächlich unter dem Blickwinkel des Lebens mit den Kindern: die endlosen Wochenenden, an denen sie rein gar nichts unternehmen konnten; ihr ständiges Geplapper über die Vorzüge von Linnie (Symbol alles Weiblichen) und Bobby (Symbol alles Männlichen); die schalen Picknicks in den Hügeln der Umgebung; die obligaten Spaziergänge über die wintrigen Wiesenpfade; die ungeliebten Einkäufe von Spielzeug und allerlei Kram im Ladenviertel. Denke ich an all diese Episoden zurück, so merke ich zum ersten Mal, wieviel uns diese innige Gemeinschaft mit den Kindern bedeutete und wie grenzenlos wir sie liebten - in alledem, trotz alledem, all dessen willen.

So blicke ich heute, wie gesagt, milder gestimmt auf Oxford zurück. Ich meine nicht, daß es sich für die Erziehung kleiner Kinder besonders eignet, es sei denn, man besitze ein eigenes Haus mit Garten und Dienerschaft. Als Zentrum wissenschaftlicher Lehre indes ist es unvergleichlich. Als Wohnort steckt es voller Gegensätze und Widersprüche. Innerhalb der College-Mauern ist es etwas dumpf und eigenbrötlerisch, wenngleich ein höchst distinguierter, fast einmaliger Ort, sprühend von farbiger Menschlichkeit. Sagte man mir, ich sei dazu verurteilt, die mir verbleibenden Tage hier als Gelehrter zu verbringen, dann wüßte ich, daß das ein paar gesundheitliche Probleme mit sich brächte, ich sicher sein müßte, zwei-, dreimal im Jahr für längere Zeit ausbrechen zu können, ich mich auch für einen langen und ermüdenden Kampf mit dem Klima und der Nahrung wappnen und gegen die endlose Verärgerung stählen müßte, die mir das Versinken Oxfords in die Industrialisierung und im Autoverkehr bereitet, ich aber im Grunde meines Herzens nicht unglücklich wäre. Tatsächlich kann ich mir kaum einen Ort vorstellen, wo ich mich mehr zu Hause fühlen könnte – natürlich nicht im Sinne eines dort Geborenen und Aufgewachsenen, aber doch als intellektueller Dauergast einer Stadt, die für eben diesen Besuchertypus wie geschaffen ist.

Erschreckt hat mich in Oxford bei dieser Gelegenheit eine Tendenz, die ich aufkommen zu spüren meinte: die Vermengung des geistigen Lebens mit dem obligaten Gesellschaftsleben von Ehepaaren, wie es in der diplomatischen Welt gang und gäbe ist – Lunch- und Dinner- und Cocktailparties aller Art mit Leuten von innerhalb und außerhalb der Universität. Offenbar kann sich Oxford dem Zug der Zeit nicht entziehen; doch wenn die Urtradition mönchischer Gelehrsamkeit in der Abgeschiedenheit der Colleges ganz und gar verlorenginge, verkümmerten diese liebenswerten alten Vierecke zu bloßen verstaubten, störenden, für die Erfordernisse der modernen Zeit ganz und gar ungeeigneten Überresten der Vergangenheit. Gleichsam zur Strafe für seine lange, große Tradition muß Oxford der Tagesmode maßvollen Widerstand zu leisten lernen.

Wiedersehen mit Berlin, 15 Jahre nach Kriegsende.

16.–22. JUNI 1960

Berlin war strahlend, offen, ausschwärmend – mit seiner sprichwörtlich kraftspendenden Luft, in der sich gleich bei der Ankunft (mir jedenfalls geht es so) das Ich energiegeladen freiatmet. Die Trümmer waren noch nicht vollständig abgeräumt, jedenfalls in den Westsektoren; zwischen den Gebäudekomplexen lagen immer noch breite, graue Geländeflächen, auf denen fast nichts wuchs. Das neue Hilton Hotel, in dem ich wohnte (eine merkwürdige Mischung aus Amerika und Deutschland zur Jahrhundertmitte, so modern wie in Texas oder Südkalifornien), stand einsam da, auf der einen Seite der weit ausladende Tiergarten, auf der anderen eine Wüste geräumten Geländes, so daß man das Gefühl hatte, man befinde sich irgendwo am Stadtrand und nicht etwa im Zentrum.

Nun hatte man zum ersten Mal den Eindruck von einem völlig neuen Berlin mit ganz anders verteilten Funktionen, das aus dem Skelett des alten erstanden – genauer: ihm übergestülpt worden –, dessen Straßenmuster jedoch weitgehend erhalten geblieben war. Schockierend der Gedanke, wieviel von der alten Stadt, schon gar die einst so zentralen und eindrucksvollen, so zeitlos und unverwüstlich wirkenden Teile – das große, von Geschäftigkeit summende Zentrum zwischen Potsdamer Platz und Friedrichstraße und das alte Tiergartenviertel –, völlig in die Geschichte versunken war, so daß künftige Generationen, ja schon die jungen Leute von heute, nicht einmal mehr wußten, daß es diese Viertel je gegeben hat, und sie sich auch nicht vorstellen konnten, wenn man ihnen davon erzählte. Vor fünf Jahren überwog noch das alte Berlin, wenn auch nur in Ruinen- und Trümmerform, hatte das neue Leben fast um Nachsicht bittend auf seinen Überresten ein vorläufiges Lager aufgeschlagen. Heute hat sich das neue Berlin durchgesetzt. Das alte – Schauplatz so großer Lebenslust, Anmaßungen, Schrecken und Hoffnungen – wird unter unseren Augen, die es noch gekannt, schamlos der Vergessenheit anheimgegeben.

Nie waren mir Größe und Ausmaß dieser Stadt deutlicher aufgefallen als heute. Man fragt sich, woher solche Großzügigkeit in der steifen Verschrobenheit des wilhelminischen Weltbildes überhaupt hatte kommen können. Vermutlich Nachahmung von Paris, doch hiermit verglichen scheint mir sogar Paris etwas in sich gekauert und verschränkt. Wenn diese Stadt nicht irgendwann in der Zukunft zur größten Weltstadt wird, dann gewiß nicht, weil sie dafür nicht angelegt wäre.

Heute hängt über dieser riesigen Städteballung ein deutlicher Hauch der Nachlässigkeit. Wenig ist übriggeblieben von dem geschäftigen Treiben der Vorkriegszeit. Raum gibt es, und Zeit, in Hülle und Fülle. Alle Welt wartet auf etwas. Niemand weiß, wann es eintreten, nur, daß es nicht bald sein wird. Inzwischen bleibt nicht viel anderes übrig, als zu leben und zu warten.

Mein erster Tag in Berlin war der 17. Juni, der siebte Jahrestag des Aufstandes der Arbeiter im Ostsektor der Stadt, bei dem die ostdeutsche Regierung nur knapp dem Sturz entging. Am Spätnachmittag wohnte ich auf dem Platz vor dem Schöneberger Rathaus einer großen Gedenkfeier bei. 1928 – vor 32 Jahren – hatte ich an diesem Platz gewohnt. Damals war es ein Marktplatz. Von meinen Fenstern aus blickte ich auf die Zeltdächer der Marktstände. In jenen Jahren war der Platz auch Endhaltestelle einer der Doppeldeckerbus-Linien, die die Stadt durchkämmten, und die ganze Nacht hindurch konnte man das Pusten der Motoren hören, die im Leerlauf darauf warteten, die Fahrt in die Innenstadt wieder aufzunehmen. Jetzt war mein einstiges Wohnhaus verschwunden, von Bomben zerstört, und mit ihm war alles Leben entschwunden, das einst in ihm gesummt. Sogar der hellwache, nervöse, immer etwas verstörte Vierundzwanzigjährige, der einst an jenem Fenster im vierten Stock gesessen hatte, war im Grunde schon weitgehend tot. Wenig war von ihm übriggeblieben, nichts als ein paar alberne Gewohnheiten und Erinnerungen lebten in dem ergrauenden Sechsundfünfzigjährigen fort.

Jetzt aber saßen oder standen wir alle in großer Masse zur Gedenkfeier auf dem Platz, wo einst das Marktleben geherrscht hatte, und betrachteten die langen Transparente, die an den Rathausseiten im frischen Abendwind flatterten, oder starrten den gewaltigen Rathausturm hinauf, der alles überragte. Ein hohes Podium war aufgebaut, überall wehten Fahnen. Läufer im Trainingsanzug – deutsche Oberschüler – kamen von irgendwoher mit einer Fackel angetrabt (die letzten 230 Kilometer mußten natürlich im Flugzeug zurückgelegt werden), und ein Mädchen überreichte sie Willy Brandt; dann wurde mit ihr in einer großen Schale ein Feuer entzündet. Der Ministerpräsident von Schleswig-Holstein hielt eine taktlose Rede, in der er (zur Verärgerung der politisch feinfühligeren Berliner) des langen und breiten das deutsch-polnische Grenzproblem behandelte. Ihm folgte der ehemalige Bundespräsident, der greise Professor Heuss, dessen schwäbischer Humor und altväterlicher Charme den Berlinern stracks zu Herzen ging. Dann kam Willy Brandt – jung, stark, selbstsicher, ein bißchen zu sehr Kanzlerkandidat, dachte ich; aber wie können wir Amerikaner uns erlauben, derlei in einem Wahljahr zu denken.

Am späteren Abend saß ich mit einer Gruppe Sozialdemokraten – u.a. Willy Brandt und seiner norwegischen Frau (er selbst war bei Kriegsende Norweger), Bundestagsvizepräsident Carlo Schmid, SPD-Fraktionschef Erler, Richard Löwenthal – in einem Restaurant und schob die Nachtstunden vor mir her. Ich hatte befürchtet, sie würden mich mit Fragen zur Außenpolitik in Verlegenheit bringen, aber sie schienen mich weitgehend als einen der ihren zu akzeptieren. Niemand versuchte, mich zu einem Gesprächsbeitrag zu drängen, und mir schien, das Gespräch wäre ohne meine Anwesenheit nicht viel anders verlaufen.

Am Montagabend ging ich mit M. ins Theater im kommunistischen Sektor. Es war das frühere »Theater am Schiffbauerdamm«, das Brecht bis zu seinem kürzlichen Tod geleitet hatte. Die Umgebung des Theaters, einst brausendes Zentrum der ganzen Stadt, lag jetzt leer und still und fast verlassen. Von jenseits des Parkplatzes und

Flusses ragte der Riesenbau des Bahnhofs Friedrichstraße herein, des einstigen Hauptbahnhofs der Stadt, der jetzt dunkel und öde war und nur hin und wieder melancholisch der Durchfahrt eines kaum besetzten S-Bahn-Zuges zusah.

Das Stück war eine – offenkundig aus dem Russischen übersetzte – Bühnenfassung von Scholochows *Der stille Don.* Die Schauspieler waren gut. Das Haus war nicht ausverkauft. Die Menschen in den Fluren unterhielten sich nur flüsternd und warfen einander argwöhnische Blicke zu. Plötzlich überkam einen das Gefühl, als seien wir – die Schauspieler und die Handvoll Zuschauer – die einzig lebenden Menschen in dem großen, verlassenen Trümmergebiet im meilenweiten Umkreis, als durchliefen wir eine Art Traumzeremonie inmitten dieser großen Leere, als spotteten ein paar bedrohliche Gespenster unser und zögen die Fäden. Furcht – unterdrückte, heimliche, namenlose Furcht – lastete über der ganzen Vorstellung, und wir, die tonlose, auf der Hut befindliche, geisterhafte Zuschauerschar, waren nicht weniger Teil des seltsamen Schauspiels als die Schauspieler.

M. und ich saßen in versteinertem Schweigen in der zweiten Reihe hinter zwei wortlosen Gestalten in irgendwelcher kommunistischer Offiziersuniform. Selbst als der Vorhang schon gefallen war, kam kein Laut aus dem Parkett. Schon ein Flüstern hätte man im ganzen Saal gehört. Es war klar: Ich war wieder in Rußland – nicht im heutigen, sondern im Rußland Stalins. Der verängstigte, mißtrauische Geist, den Chruschtschow weitgehend im eigenen Volk exorziert hatte, hatte hier in diesem fernen russischen Protektorat Zuflucht gesucht und gefunden und geisterte wie ein postumer Fluch des toten Stalin über die »treulosen« Deutschen durch die Ruinen des »Ostsektors«.

Der erste der beiden Akte des Stücks – eindreiviertel Stunden erbärmlich primitiver, frühstalinistischer Ideologie – war mehr, als ich ertragen konnte. In der Pause gingen wir. Der Theatervorplatz war leer und wie verdorrt. An der nahen S-Bahn-Station flimmerte ein Leuchtschriftband: Dem rechten Dunkel entflohen die Wörter einer Tass-Meldung und verschwanden wieder im linken Dunkel, aber außer uns beiden war niemand da, der die Meldung hätte lesen können, und uns interessierte sie nicht. Vom Vorplatz zweigte eine schluchtenge Straße zwischen zwei Reihen unzerstörter Wohnblocks ab, taghell erleuchtet, aber völlig menschenleer, wie ein Gefängniskorridor. Man fragte sich, ob denn die Häuser hinter diesen stirnrunzelnden Fassaden wirklich seien oder bloß aus Pappmaché und das Ganze nichts als eine böse, grinsende Falle.

Wir fuhren über die Brücke und bogen nach links dem Fluß entlang, hinter der Universität, in Richtung auf einen der großen Plätze vor dem einstigen, inzwischen zerstörten Kaiserpalast. Als wir aus dem kleinen Park vor den Ruinen des alten Zeughauses herauskamen, tat sich plötzlich ein riesiges Freigelände auf. Wir stiegen aus, betraten den verlassenen Platz und wurden plötzlich überwältigt – so umwälzend und tief, wie schon seit Jahren nicht – von dem, was wir um uns sahen und fühlten.

Mittlerweile herrschte spätabendliches Zwielicht – das langgezogene Zwielicht nördlicher Nächte. Unter den Bäumen war es dunkel, doch der Himmel war noch teilweise hell. Ein Hauch wie Gold lag in der Luft. Vor uns lag als einziges der große Platz, der an die Ruinen des riesigen wilhelminischen, romanischen Doms grenzte. Der ganze, weite Raum war unglaublich still und leer. Nur ein Liebespaar hielt sich unter den Bäumen am Zeughaus umschlungen und ging, als wir näherkamen, geniert weiter. Rund um uns herum die Ruinen großer alter Gebäude, halbdunkle Silhouetten vor dem hellen Himmel. Aber was für Ruinen! Im ursprünglichen Zustand hatten sie leicht imitativ und anmaßend gewirkt. Nun besaßen sie unversehens eine Größe, wie ich sie noch nie gesehen, nicht einmal in Rom. Uns beiden wurde bewußt, daß wir einen einmaligen Augenblick durchlebten. Es herrschte eine Stille, Schönheit, unendlich elegische Traurigkeit und Zeitlosigkeit, wie ich sie nie zuvor erfahren. Tod – der Tod stand offenkundig nahe bei, durchwob die Luft; ein schweigsamer, erhabener, lastend nachdenklicher Tod – sonst nichts. Hier hatte die ganze, maßlose Tragödie des Zweiten Weltkriegs – die Millionen Toten, die grenzenlosen Meere der Trauer und des Kummers, die Auslöschung des ganzen, großen Komplexes aus Leben und Glauben und Hoffen – Verewigung gefunden. So übermächtig waren die Eindrücke, daß wir uns nur im Flüsterton zu verständigen wagten, als stünden wir tief im *Innern* einer Kathedrale und nicht hier im Freien vor den Ruinen eines

Doms. Nun war keine Menschenseele mehr in Sicht. Doch nein: Weit oben, an der Spitze der gewaltigen Stufen, die zu den Überresten des Doms führten, auf dem Sockel einer der wuchtigen Marmorsäulen, sahen wir halbverborgen die Schatten dreier halbwüchsiger Jungen – reglos, statuengleich, schweigend, grenzenlos allein und verlassen –, und ihre verlorenen, trotzigen Gestalten brannten sich so sehr in mein Gesicht, daß ich sie heute noch leibhaftig vor mir sehe, die Ellbogen auf die Knie gestützt, das Kinn in der Hand ruhend, leibhafte Verkörperung der Verlassenheit und Ziellosigkeit des Menschen, seiner Einsamkeit, Hilflosigkeit, Wehmut und seiner Ohnmacht des Begreifens.

Schweigend fuhren wir zurück, die totenstille Straße hinab, die einst die große Allee Unter den Linden war, zum Brandenburger Tor und durch den Tiergarten, und als wir ins Lichtermeer und die umtriebige Normalität West-Berlins zurückkamen, erschien uns das alles so verspielt und trivial: ein großtuerischer Aufdringling von Zivilisation, aufgedonnert und vergänglich. Nichts von alledem schien mehr von Belang. Keiner von uns beiden konnte die großen, ehrfurchtgebietenden Ruinen vergessen, die so geduldig und majestätisch und bekümmert dastanden unter dem nächtlichen Himmel, nur ein paar Kilometer entfernt.

Auf einer Reise von Norwegen über Hamburg und Innsbruck nach Venedig zur internationalen Konferenz anläßlich des 50. Todestages von Leo Tolstoi.

JUNI/JULI 1960

Drei Tage Hamburg. Lachende Sonne, frische und kühle Brise. Auf der Außenalster tummelten sich mehr Segelboote als sonst, die kleinen Personendampfer zogen am Ufer entlang, die Parks um den See waren leuchtend grün, schöner und stärker frequentiert als je. Immer noch riß die Kette der Züge nicht ab, die Tag und Nacht auf dem Damm zwischen Außenalster und Binnenalster verkehrten. Auch im Hafen herrschte wieder lebhaftes Treiben, nicht ganz so viel wie in den zwanziger Jahren (denn der Eiserne Vorhang schneidet den Strom runde achtzig Kilometer flußaufwärts durch), und Hamburg war auch nicht mehr Europas größter Festlandhafen (Rotterdam hat es inzwischen überholt), aber doch fast. Wie zuvor liegen die glänzend-schwarzen Schlepper in solider Phalanx am Fuß der Landungsbrücken, und an der großen Pier herrschte wieder das muntere Kommen und Gehen kleiner Personenboote. Die Stadt roch nach Kaffee, wie einst. Für meine Börse war das Hotel *Vier Jahreszeiten* weiterhin eines der besten der Welt.

Ich zog mit dem Skizzenblock unterm Arm über die (hin und wieder von einem modernen Gebäude aus Glas und Stahl unterbrochenen) weiten Trümmerfelder, wo einst die Altstadt mit ihrem Sträßchengewirr und den ehrwürdigen Hansehäusern gestanden hatte. An einem Abend wanderte ich kilometerweit übers Land und unterhielt mich mit M. über Außenpolitik; wir stapften durch heckengesäumte Wege, auf den angrenzenden Feldern stand mannshoch der Weizen, und die Luft roch kräftig nach üppigem, fettem Ufergras. Mittags war ich im holzgetäfelten, hochherrschaftlichen Speisezimmer der Direktoren der alten Warburg-Bank zu Gast gewesen. Am zweiten Tag hatte sich Annelise, von Norwegen kommend, zu mir gesellt. Der Konsul lud uns zum Abendessen, und so gerieten wir einen Abend lang wieder in jene gestelzte, elfenbeinturmene, aber dennoch freundliche Welt des Auswärtigen Dienstes, die mir mittlerweile so steril, farblos und unwirklich vorkommt. Am Samstagnachmittag saßen wir mit M. wie in alten Zeiten auf der Hochterrasse des Restaurants von Blankenese; unter uns lag ausladend die Elbe, und wir sahen dem Strom der Dampfer auf ihrem Weg ins Wochenende auf dem Meer zu.

All das also unternahmen wir – und doch: Denke ich an die alten Zeiten zurück, so fällt mir nichts Wissenswertes ein, das ich berichten könnte von diesem robusten Hamburg von 1960 mit seinem erstaunlichen materiellen Erfolg, seinem dichten Verkehrsgewühl, seinem ziemlich egalitären Lebensstil, das weder Elendsviertel noch Herrschaftshäuser kennt, wo die halb amerikanisierten Mädchen besser gekleidet sind, relative Gemütsruhe herrscht, nichts zu spüren ist von sozialen Spannungen, nichts von Ideologie. Jedesmal, wenn ich hierher komme, wandert mein Denken zurück zu meinem Hamburg vor 33 Jahren. Ich sage mir zwar, hier sei mein Büro gewesen, dort der Ort, wo die im Rasen einer Luxusvilla vergrabene Leiche gefunden wurde, hier der Platz, auf dem ich an einem verregneten Sonntagmorgen der kommunistischen Demonstration zusah und für die in ihr marschierenden Menschen weinte, drüben, am anderen Alsterufer, das Grand Hotel, in dem die grausliche Außenamts-Hochzeitsfeier stattfand, da der Tennisclub, in dem ich einmal mit der Frau meines Chefs Tennis spielte und sie nicht erkannte, und da waren die Hafenbojen, an denen der Tanker festgezurrt war, auf den der Kapitän und ich – beide blau wie die Veilchen – um zwei Uhr in der Früh übers Fallreep geklettert waren, um eine rauhe Reise von 23 Tagen nach Norfolk in Virginia anzutreten. Dieses alte, gesprächige, leidenschaftliche Hamburg sagt mir etwas, und das heutige nicht. Aber hatte es wirklich mehr zu sagen gehabt? Oder war es nur, weil ich jünger war? Lag das Geheimnis in der Stadt? Oder lag es in mir?

Auf der Reise nach Süden übernachteten wir in Innsbruck. Vor dem Hotel parkten blankpolierte, blaue Touristenbusse aus Frankfurt. In der Hotelhalle stürmten ganze Schwärme amerikanischer Mädchen die Portierstheke und fragten nach Post, machten sich lustig über den Aufzug, der den Geist aufgegeben hatte, ließen Zeichen müder Langeweile erkennen, riefen einander zu: »Was hat er gesagt, wie das hier heißt?« während ausdruckslose Engländerinnen im Stile von Agatha Christies Miss Marple tief in den Sesseln versunken an ihrem Gestick fingerten und in dünnlippiger Mißbilligung zusahen.

In der Altstadt schob sich die Sonntagnachmittags-Menge langsam durch die Arkaden. Der Himmel war verhangen. Es war schwül. Alle Welt war müde. Ein Regenschauer trieb uns unter das Portal der Stiftskirche. Wir gingen ins Hotel zurück und verschliefen den grauen Spätnachmittag.

Abends Käse und Bier in einem Kellerrestaurant der Altstadt. Am Nebentisch stillte ein italienisches Paar hingebungsvoll den Hunger ihres Kindes mit Mixpickles und Wein. Die Bedienung war leutselig. Von dem noch tiefer gelegenen, kryptaähnlichen Keller drang rauher Gesang herauf. Eine hübsche kleine Kellnerin trabte, beide Hände voller Bierkrüge, unentwegt die Steinstufen hinauf und hinunter. Offenbar war tröstlicherweise ein Stückchen des alten Österreich noch lebendig.

Abends kamen wir in Venedig an und bahnten uns den Weg vom Bahnhof durch Schwärme aufdringlicher, geschäftswitternder Träger und Gondolieri zur Anlegestelle, wo wir ein überfülltes Vaporetto zum Lido bestiegen. Da lag wieder die Stadt in all ihrer wäßrigen Unschärfe und zeitlosen Herrlichkeit, immer noch zu schön und zu stolz, als daß die Degradierung zur Touristenattraktion ihr hätte Schmerz oder Scham einjagen können. Auf dem Canale Grande brauste der Abendverkehr, die blaßrötlichen Fassaden der Paläste glommen in sanfter Dämmerung, die Piazza di San Marco erstrahlte taghell erleuchtet in Musik und erhabener Architektur, Kriegsschiffe ankerten in der Wasserstraße, an den Kais schaukelten ganze Gondelstränge in schwankendem Unisono zwischen farbfrohen Pfählen, von fernen Inseln ragten, einer Luftspiegelung gleich, hohe Quadrattürme über die Lagune, und die Kanäle verloren sich stinkend und unheimlich in den schmalen Schluchten zwischen den hohen Häusern.

Unser Hotel lag nicht direkt in Venedig, sondern auf dem Lido, der Insel, die die Lagunen vom Meer trennt. Unser Fenster ging auf den kleinen Platz am Lagunen-Kai hinaus, wo die Vaporetti anlegen und die Busse und Trolleybusse zu den ferneren Teilen der Insel abfahren.

Hier geht es laut zu. Auf dem Lido sind Autos erlaubt. Jede Stunde kommen sie triumphierend auf der Fähre an, zeigen im Vorbeifahren mit ihren chromblitzenden Nasen auf die hochmütige Stadt Venedig, die ihrer Invasion immer noch mit derselben Hartnäckigkeit widersteht wie einst den Türken (und mit gleichem Recht, wie ich meine). Den lieben langen Tag steht der kleine Platz am Hotel voller Vespas und Motorräder der Pendler, die ihre Gefährte zähneknirschend hier stehen lassen und den Weg in die Stadt per Boot fortsetzen müssen. Wenn der Abend naht, bebt der ganze Platz unter dem Rattern und Winseln dieser Feuersessel, die nun den Treck nach Hause antreten. Jeden Morgen um 5.30 Uhr weckt uns der Lastkahn, der die Abfälle des Vortages vom nahen Markt zu irgendeiner Wasserdeponie bringt, mit nervenzerfetzendem, maschinengewehrhaftem Knattern. Gegen sechs Uhr heulen und spucken wieder die Vespas, streiten sich Menschen lauthals auf dem Kai, schreien rauhe romanische Kehlen auf die Busfahrer ein, hupen die Vaporetti und schlagen gegen die Landungsstege, erschüttern vorbeifahrende Busse das Hotel mit ihrem Rumpeln. So geht es den ganzen Tag.

Aber schön ist es doch. Die Fenster blicken über die Lagune auf die Giebel und Türme der Stadt. Von morgens bis abends kommen und gehen große und kleine Boote durch den Kanal, der zum Meer hinausführt. Die Farbe von Himmel und Wasser ändert sich ständig, ist nie mehr als drei oder vier Stunden lang dieselbe, doch immer schön, oft erregend.

Die Tolstoi-Konferenz fand auf der Insel San Giorgio statt, gleich gegenüber der Piazza, auf der Höhe der Einmündung des Canale Grande. Ein gleichnamiges Kloster nimmt fast die gesamte Insel ein; es gehört jetzt einer italienischen Stiftung, die das Ganze restaurieren ließ. Das zum Teil von Palladio erbaute Kloster ist beste italienische Renaissance – streng, geräumig, unerbittlich symmetrisch, von gelassener Erhabenheit.

Wir versammelten uns als buntes Völkergemisch im alten Refektorium unter dem großen Tintoretto-Gemälde zur Feier des 50. Todestages Tolstois, dessen Leben und Werk wir zu würdigen hatten: italienische Professoren und der Schriftsteller Silone; mehrere Inder in den selbstgewebten Tüchern, die Gandhi sie zu tragen lehrte; der Spanier Madariaga; die Pasternak-Übersetzerin, Madame de Proyard; ein alter französischer Imker, der als junger Mann noch Tolstoi gekannt hatte, sein »Adept« war und aussah wie Maxim Gorki; aus England Lord David Cecil und Sir Isaiah Berlin sowie eine hochangesehene Wissenschaftlerin aus Cambridge mit ihrem Prinzgemahl; drei Sowjetrussen mit Dolmetscher, den jedermann für ihren Bewacher hielt; mehrere Mitglieder der Tolstoi-Familie aus Paris (durchweg Enkel); mein Freund Nicolas Nabokov (Wladimirs Cousin) mit seinem vierundachtzigjährigen Onkel, ebenfalls aus Paris; ein junger polnischer Jude, der sechs Jahre in sowjetischen Gefängnissen und Konzentrationslagern gesessen hatte; und von amerikanischer Seite: John Dos Passos, der Tolstoi-Biograph Prof. Ernest Simmons, der linke Emigrant und jetzige New Yorker Literaturkritiker Marc Slonim und ich.

Die Russen waren eine interessante Gruppe: Abgesehen von dem sanftäugigen kleinen Dolmetscher war Professor Ermilow von der Moskauer Universität da, linientreuer Kritiker und Urheber zahlloser literarisch-politischer Intrigen, dessen Eulenkopf wie zum Schutz tief in den Schultern stak, wodurch er nachgerade schildkrötenhaft wirkte; Markow, der neue Sekretär des Schriftstellerverbandes, reserviert und aalglatt; und der alte Professor Gudsi, Herausgeber der neuen, vollständigen Tolstoi-Ausgabe in 98 Bänden, die jetzt von der sowjetischen Regierung veröffentlicht wird, und unbeugsamer Vertreter des alten Regimes, dem auch die vierzigjährige Episode des Kommunismus nichts anhaben konnte, die er wie durch ein Wunder überlebt hat, ein Mann voll sarkastischen Humors und menschlicher Güte.

Dreieinhalb Tage lang käuten wir Tolstoi wieder, lobten seine künstlerische Größe, bedauerten oder verteidigten je nach Temperament seine philosophische und religiöse Spekulation. Die Ost-West-Problematik ließen wir weitgehend beiseite. Der letzte Tag sah uns alle glücklich und wundersam vereint durch die Darlegungen eines Tolstoi-Enkels, eines recht jungen Arztes aus Paris, der so sanft und unschuldig war, daß er mich an den Fürsten Myschkin in Dostojewskis *Idiot* erinnerte. Fast eine Stunde lang erzählte er ganz einfach von der Familie, und zwar so entwaffnend, daß er die Sowjetrussen und Ausländer allesamt in einen Zustand ehrfürchtiger und mitfühlender Aufmerksamkeit versetzte. In diesem Augenblick erkannte ich, daß der alte Tolstoi mit seiner gewichtigen und moralischen Autorität zu den wenigen Gestalten gehörte, die sogar den einschneidenden ideologischen Konflikt von heute zu überbrücken vermögen: Keine der beiden Seiten konnte es sich leisten, ihn zu desavouieren, beide mußten ihm Gehorsam leisten und ihn für sich beanspruchen – ein sicheres Zeichen, daß es im Leben Fundamentaleres gab als den Unterschied zwischen Kommunismus und Kapitalismus. Und wußten wir auch alle, daß er persönlich auf die Idee einer Konferenz wie der unsrigen verächtlich gepfiffen hätte, meinte ich doch, es hätte ihn schon auch befriedigt, daß seine Person einen ach so seltenen, gemeinsamen Boden abgab, auf dem sich fünfzig Jahre nach seinem Tod die zwei Seiten einer ideologisch gespaltenen Welt treffen konnten.

Außerhalb des Konferenzsaals gab es die übliche Zahl nicht enden wollender Essen im Restaurant und ein oder zwei gesellschaftliche Veranstaltungen, die die Teilnehmer einander näherbringen sollten. An einem Abend gab die Stadt Venedig auf der großen Galerie des Dogenpalastes einen Empfang. Ich glaube, es gibt auf der ganzen Welt keinen glanzvolleren Rahmen für eine Party. Ich kam mit dem sowjetischen Kritiker Ermilow ins Gespräch, der sich bei dieser Gelegenheit als ganz normaler Mensch entpuppte. Gemeinsam schauten wir über die Balustrade auf die Piazza mit ihrem grellen Lichtermeer, ihren Heerscharen von Cafétischen, der bummelnden Menge, den Orchestern, Statuen, den auf dem Wasser schaukelnden und schwirrenden Schiffslampen, und einen Augenblick lang machte Venedig mit Tolstoi gemeinsame Sache und einte die zwei feindlichen Welten.

Nach dem Empfang saßen ein paar von uns (die Russisch sprachen) mit den Sowjetrussen vor einem Café an der Piazza. Es war spät, der Platz hatte sich geleert. Nur eine Handvoll Rowdies trieben drüben am Kai ihr unerfreuliches Spiel. In der Leere der weiten, nächtlichen Piazza, umgeben von einem Meer leerer Tischchen, saß unsere kleine Gruppe wie ein Schauspielertrupp auf einer viel zu großen Bühne vor leerem Parkett und versuchte ein weiteres, melancholisch-nutzloses Mal, über die Kluft zwischen uns eine Brücke zu schlagen. Am einen Ende unseres Tisches herrschte frostiges Schweigen. Am anderen Ende gelang es dem jungen Tolstoi, zwei der Sowjetrussen und mir, aus welchem Grund auch immer, die uns trennenden Barrieren zu vergessen, und wir setzten uns gegenseitig unsere Gedanken auseinander wie Freunde nach jahrelanger Trennung – bis uns etwas im Starren der Leute am anderen Tischende in die Wirklichkeit zurückholte. Gedemütigt und erschrocken ob unserer Verletzung sämtlicher Regeln des Kalten Krieges sagten wir hastig Gute Nacht, schüttelten einander die Hand und verschwanden wieder aus dem Leben des andern, stahlen uns zurück in die schützende Hülle unserer ideologischen Welten.

Im Juli 1964 kehrte ich von einem mehrwöchigen Vortragsaufenthalt in Japan nach Norwegen zurück und nahm an der norwegischen Westküste meine erste Hochsee-Segeljacht in Empfang, die gerade fertiggebaut war. Das nachstehende Fragment beschreibt die Reise per Bahn und Küstendampfer von Kristiansand zur Werft.

9./10. JULI 1964
STAVANGER–BERGEN

Mit dem Nachmittagszug fuhren wir bis Stavanger. Die Strecke führte landeinwärts durch eine kalte, tropfnasse, aber äußerst reizvolle Gegend: Hügel, Wälder, zahllose Seen und Fjorde, kleine Gehöfte mit sattgrünen Weiden zwischen die Felsen geschmiegt, Gehöfte und Städte punktiert mit den schmucken, weißen Holzkaten Südnorwegens, die an Cape Cod erinnern; daß sie zum Schutz vor den Elementen gebaut sind, liegt so klar auf der Hand, daß ich – kaum bin ich drin – aus schierer Geborgenheit nicht umhin kann, mir den nächsten Sturm zu wünschen, ein Wunsch, der in diesem rauhen Klima gewöhnlich auch bald erhört wird.

In Stavanger stiegen wir am frühen Abend ins Nachtboot nach Bergen um. An Bord aßen wir am üblichen, generös gedeckten Smørgåsbord zu Abend, das Schiff schlingerte sanft in der offenen Meeresdünung. Dann waren wir wieder von Inseln umringt. Nach Tisch stand ich fest vermummt eine Zeitlang auf dem menschenleeren Oberdeck und versuchte, mir die Landzeichen und Umrisse der großen, zerklüfteten Küste einzuprägen, der ich schon in wenigen Tagen selbst entlangnavigieren würde. Als mich schließlich die Müdigkeit übermannte und ich nach unten ging, legten wir kurze Zeit in einem winzigen Inselhafen an. Das saubere kleine Dock war nur von einer einzigen Bogenlampe erleuchtet; abgesehen von einem einsamen Stauer und einem weiteren Mann, der, ein Bein übers Fahrrad geschwungen, am Lagerschuppen lehnte, war keine Menschenseele zu sehen. Aus der vorderen Ladeluke wurde Fracht herausgeschwenkt. Über die Dächer der Stadt ragten weiter drüben im Zwielicht die Masten von Fischerbooten, schaukelnd im sanften Schwellen des Meeres.

Freitagmorgen, 10. Juli, Bergen. Regen überschüttete den menschenwimmelnden, geschäftigen Hafen und den anschließenden Fischmarkt. Weit und breit war kein Taxi zu sehen. Endlich entdeckten wir eines, das uns zu einem großen, gelben Sommerhotel dreißig Kilometer vor der Stadt brachte; es stand am Ufer eines breiten, recht einsilbigen Fjords und sah aus wie ein amerikanisches Seehotel der Jahrhundertwende. Hier tranken begüterte englische und schottische Sommerurlauber ihren Whisky in der kleinen Bar, lasen wochenalte Ausgaben des *Daily Telegraph* und starrten düster durch die Fenster auf den regengepeitschten Fjord, den sumpfigen Tennisplatz und zwei kleine Mietsegelboote, die wild an ihrem Anker im grauen Wasser zerrten.

Wir ließen unser Gepäck im Hotel und fuhren sofort weiter, wieder mit dem Taxi, diesmal über zehn Kilometer frischen, feuchten Landes zur Bootswerft. Sie erwies sich als ziemlich kleines Unternehmen und stand ganz allein neben einem Fähre-Anlegeplatz an einem ansonsten völlig unbewohnten Fjord. Am Ende des Kais lag in blau-weißem Glanz der Gegenstand unserer zahllosen Mühen und Träume. Ich war so aufgeregt, daß ich kaum den Taxifahrer bezahlen konnte. Die Jacht bot mit ihrem hohen Freibord und den mächtig geschwungenen Bootslinien ein prächtiges Bild – robuster, als in den kühnsten Träumen erhofft.

Auf Einladung der historischen Fakultät des Ripon College, Wisconsin, hielt ich dort im Winter 1965 einen Vortrag mit anschließender Diskussion. Mein Vater hatte in den siebziger Jahren des vorigen Jahrhunderts das Ripon College besucht und sein Studium mit allerlei Gelegenheitsarbeiten finanziert. Natürlich hatte dieser Umstand nicht unwesentlich dazu beigetragen, daß ich die Einladung annahm, und während meines ganzen Aufenthalts ging er mir nicht aus dem Sinn.

9.–14. FEBRUAR 1965

Am Spätnachmittag fuhr ich per Bahn von Trenton ab. Am nächsten Morgen erwachte ich sehr früh; wir befanden uns irgendwo in Indiana. Eben ging die Sonne auf. Städtchen schwammen in fahlgoldenem Frühlicht vorbei. Der flüchtige Blick erhaschte leere, frühmorgendliche Straßen, noch glänzend vom Nachtregen, windgekräuselte Pfützen, schäbige, geduldige und noch halbverschlafene Holzhäuschen, und vor allem anderen die merkwürdig reglose Flachheit, die sich jedem Vergleich entzieht, still und dennoch erregend, randvoll der wortlosen Tiefen. War dies auch noch nicht mein Land, so war es doch ganz und gar nicht der Osten. Ich spürte die Nähe der Heimat.

Als der Zug in Valparaiso, Indiana, einfuhr, zauberte eine Wolkenbank im Nordwesten (vermutlich über dem See) geradezu beunruhigend vollkommen die Illusion niedrigen Berglands an den Horizont. Welchen Kurs hätten wohl Leben und Menschen hier genommen, so fragte ich mich, wäre tatsächlich hier ein Bergzug gewesen? Vermutlich wäre das Leben vielgestaltiger, heftiger, vielsagender gewesen, aber die ungeheure Trägheit der Kulturtradition des Mittelwestens mit all ihren Tugenden und Schwächen, die sogar das geistige Herz einer Nation herzugeben vermag, hätte dem nicht widerstanden.

Meine jüngere Schwester und ihr Mann holten mich mit einem ihrer erwachsenen Söhne am Chicagoer Bahnhof ab. Wir frühstückten zusammen im phantasievollen Bahnhofsrestaurant, das jetzt dunkel und dessen Teppichboden krumenübersät war, blätterten in riesigen Speisekarten nach Art unseres Zeitalters.

Spreche ich von meiner Schwester Jeanette, dann darf ich keinesfalls sagen, sie »gehöre zu den Menschen, die ...« Jeanette gehört überhaupt zu keinen Menschen, die ... Sie ist genauso mittelwestlich wie die Holzhäuschen der Städte in Indiana, und dennoch kommt niemand ihr gleich. In gewissem Sinne gilt das natürlich für jedermann. Bei Jeanette ist es ganz ausgeprägt.

Den Mittelpunkt ihrer Sorgen und Mühen bildet der Wunsch, daß es ihren Mitmenschen stets gutgeht und sie allezeit fröhlich sind, es keine Verstimmung gibt, keiner den Mut aufgibt. Gewiß hat auch sie, wenn sie alleine ist, Augenblicke der Entmutigung, ja herber Enttäuschung und Verzweiflung. Aber kaum ist ein anderer da, spornt sie das zu nimmermüder moralischer Verantwortung an. In Gegenwart anderer kann sie nicht einen Augenblick der Trostlosigkeit, der Stille, des Versagens ertragen. Sofort meint sie, es liege an ihr. Harte Worte, Verbitterung jeglicher Art schmerzen sie schlimmer als ein Peitschenhieb. Dabei kann sie durchaus auch streng sein mit unleidigen Kindern oder mit Erwachsenen, die andere ausnutzen, die Dinge zu weit treiben, anderen ihren Kummer über Gebühr aufzuladen versuchen. Aber ich kann mich an kein einziges böses oder zorniges Wort aus ihrem Munde erinnern. Den jetzt gelebten Augenblick muß sie schultern, muß sie verantworten. Ihn zu retten und zu bewahren fühlt sie sich berufen. Heitere Ungezwungenheit, ansteckender Optimismus und versöhnliche Güte sind ihr Lebenselixier. Sie möchte so gänzlich von Herzen, daß die Menschen – wenigstens in diesem einmaligen, wertvollen, unwiederbringlichen jetzigen Augenblick – die Hoffnung nicht verlieren, Mut fassen und an das Leben glauben. Wenn den Seligpreisungen zu glauben ist, dann ist sie eine von denen, die das Erdreich erben werden.

Seit vierzig Jahren ist Jeanette Mittelpunkt und Halt der Familie.

Wann immer ich an die Familie denke, wie man an einen Kreis Nahestehender denkt, deren Reaktionen und Meinungen einem besonders am Herzen liegen, dann tritt Jeanette vor mein geistiges Auge als ihr Vertreter und Sprecher. Ohne sie hätten wir anderen höchstens halb so viel Kontakt miteinander, hätte die Familie als lebendige Wirklichkeit schon zu existieren aufgehört.

Auf der Fahrt von Chicago nach Milwaukee setzte ich mich in den Aussichtswagen, und mein Blick ging hinaus in Richtung auf den nahen, aber unsichtbaren See, schweifte über die flache Landschaft, die jetzt übersät war von den Trümmern unserer überzüchteten Wegwerfgesellschaft: Straßen, Abfallberge, Überlandleitungen, Tankstellen, Großbauvorhaben u.a.m. Ich verfiel ins Sinnieren, was denn für meinesgleichen »Heimat« sein konnte. Seit der Zeit, als sich die Familie 1850 in Wisconsin niedergelassen hatte, bis zu dem Augenblick, als ich es 1921 für immer verließ, waren kaum siebzig Jahre vergangen. War diese Spanne lang genug, damit einer Familie der Wohnort zur »Heimat« würde? Die Spanne umfaßte etwa zwei Generationen. Gewiß war die Familie, soweit ich wußte (zumindest die väterliche Linie), nirgends länger ansässig gewesen, jedenfalls nicht seit dem Weggang aus Schottland, vermutlich in Cromwells Tagen. Sie hatte nacheinander in Irland, in Massachusetts, in Vermont, im Norden des Staates New York und schließlich in Wisconsin gewohnt, doch niemals länger als eben jene zwei Generationen. War nun Wisconsin nicht »Heimat«, was dann? Sicher, es gab jetzt Princeton und die Farm in Pennsylvania und das Sommerhaus in Norwegen. Aber da war auch mehr. Da waren jene denkwürdigen Orte – in Teilen von Rhode Island, in gewissen Vierteln Moskaus und Leningrads –, wo ich mich so übermächtig heimisch gefühlt hatte, als habe es sie in einem geheimnisvollen früheren Leben schon gegeben.

Das also war meine Heimat – der ganze gewaltige Bogen der nördlichen und westlichen Welt, von Moskau über Skandinavien und die britischen Inseln bis nach Wisconsin. So war ich gewissermaßen ein Kosmopolit des Nordens, wahrlich zu Hause nur in der Naturschönheit der Meere und Landschaften dieser Nordwelt, in ihren Jahreszeiten und Stürmen, ihren matten Sommern, hin und wieder auch in halbverschleiert erinnerten Stadtgegenden aus der Zeit vor der Automobil-Überflutung.

Die Grenze zwischen Illinois und Wisconsin ist mehr als bloße Staatsgrenze. Sie gehört zu den großen geographischen, klimatischen und atmosphärischen Trennlinien des Landes. Südlich davon ruhen die weiten Ebenen aus schwarzer Erde. Nach Norden hin ist das Land kiesig und wellig, heftig vergletschert, mit Seen und Bergkuppen durchsetzt. Technisch zählt Wisconsin wohl zum Mittleren Westen, doch es gehört ihm nicht so recht an, ist vielmehr das Vestibül zum hohen Nordwesten, und der ist anders. Auch das Klima wechselt beim Grenzübertritt. Illinois war schneefrei und taute. Als wir uns Milwaukee näherten, lag Schnee in den Furchen der Winterbrache, und die Wasserlachen auf den Äckern waren schon halb gefroren.

In Milwaukee sah die Umgebung des Bahnhofs – der rußige kleine Park, das Gebäude der Stadtverwaltung, von dem früher die Überlandbusse abfuhren, die Wirtshäuser mit ihrer Lichtreklame – genau so aus wie seit eh und je. Aus dem Verschiebebahnhof und den trüben Gassen zogen Wolken rauhen, schmutzigen, stechendriechenden Staubs, es roch nach billiger, freudloser Sünde – nach Spelunkenhinterzimmern, nach Matrosen in Busabsteigen, nach Varietébühnen und unanständigen Postkarten –, roch genau so abstoßend und zugleich aufreizend wie damals, als in meiner Jugend die Reisen von und zu der Militärakademie auf diesem Platz anfingen und endeten.

Kurz nach meiner Ankunft stand ich mit meinem Vetter auf der obersten Etage des neuen Bürogebäudes seiner Firma. Wir blickten auf die verlassene Hafeneinfahrt und die eisgraue Bucht hinaus. »Bekenntnis zur Zukunft des Geschäftsbezirks von Milwaukee« war das Motto gewesen, mit dem die Firma den Neubau vor eineinhalb Jahren eröffnet hatte. Mein Vetter war noch einigermaßen optimistisch. Inzwischen entstünden in der Umgebung weitere Bürogebäude, sagte er. Ich war da skeptischer, sagte aber nichts. New York kam mir in den Sinn. Im Zug hatte ich eben Victor Gruens *The Heart of Our Cities* gelesen und dachte, nur wenige verstünden die vielschichtigen und subtilen Gründe für den Verfall dieser Stadtzentren. Kaum jemand war reif für die großen Veränderungen aller Gewohnheiten, zumal im Verkehr und Lebenszuschnitt, die notwendig wären, um sie wieder zum Leben zu erwecken.

Auf dem kleinen Ziegelbahnsteig in Columbus, Wisconsin, holten mich drei jüngere Leute ab und fuhren mit mir die siebzig oder achtzig Kilometer nach Ripon über breite, schnurgerade Straßen, vorbei an gefrorenen, schneebedeckten Feldern und blühenden Milchfarmen mit ihren hübschen, roten Ställen und den weniger hübschen, schmutziggelben Ziegelhäusern der Region. Meine Begleiter wirkten feierlich, korrekt und liebenswürdig, etwas verschüchtert auch und auf der Hut, wie ich meinte.*

Ripon wirkt äußerlich ganz wie eine Stadt in Neuengland: breite, von hohen Bäumen gesäumte Straßen, geräumige Rasenflächen, stille, guterhaltene Holzhäuser hinter Bäumen versteckt; aber die Häuser hier stammen nicht wie die in Neuengland aus dem 18. oder frühen 19. Jahrhundert, sondern sind im flachen neuenglischen Stil des späten 19. Jahrhunderts gehalten. Kein einziges schönes fand ich darunter.

An dieser architektonischen Leere ist nicht allein Wisconsin schuld. Die Anlage dieser Häuser ist genau wie das Haus, in dem ich an der Cambridge Avenue in Milwaukee aufwuchs, das Ergebnis der Standard-Baupläne aus Connecticut, und wenn sie bei aller trüben, viktorianischen Anmaßung unscheinbar und nichtssagend sind, so ist auch diese nichtssagende Anmaßung importiert. Für ihre Erbauer war die Planung eine Frage von Gewohnheit und Konvention und keine Sache der Ästhetik. Sie nahmen kritiklos alles auf, was ihnen aus einer älteren, reicheren, gewichtigeren Kultur zukam.

* Ich hatte nicht darauf geachtet, daß die Einladung nur von der historischen Fakultät und nicht vom College als solchem ausgesprochen worden war. Auch der Tatsache, daß sich der Präsident des College während meines Besuchs nicht blicken ließ, maß ich keine Bedeutung bei. Erst später erfuhr ich, meine Einladung sei im College ziemlich umstritten gewesen, da ich für das politische Klima dieses Teils des McCarthy-Staates als zu liberal oder noch schlimmer galt. Wenn dies zutraf, so wurde es vom College ein paar Jahre später sehr hübsch wiedergutgemacht, indem es mir 1968 – wie zuvor schon 1907 meinem Vater – unter seinem neuen Präsidenten Dr. Bernard S. Adams einen Ehrendoktorhut verlieh.

Indem sie alle wahrhaft ästhetischen Werte übersahen, mochten sie gleich in ihrer Jugend davon umstanden gewesen sein, gehorchten sie lediglich den geheimnisvollen Zwängen ihrer Generation. Sie bauten so, wie es gewünscht und akzeptiert war, und wie so manchen Viktorianern galt ihr Stolz mehr der Güte der Werkarbeit und des Materials als der äußeren Form.

Ripon College selbst wird beherrscht von drei alten Steinbauten. Dies sind die ursprünglichen Gebäude. Sie standen schon, als mein Vater vor 95 Jahren hierherkam. Nach regionaler Tradition stehen sie auf dem Kamm des höchsten Hügels im Umkreis und bilden den Mittelpunkt von Stadt und College zugleich. Das davorliegende Gelände war, wie ich alten Photos entnahm, ursprünglich eine Wiese gewesen, die sich den Hang hinunter erstreckt hatte. Heute ist das Gelände baumbestanden und bildet den Campus. Durch weitere Anbauten entstand das traditionelle College-Quadrat.

Die drei Altbauten, im gelblichen Sandstein der Region gehalten, streng und ohne allen architektonischen Ehrgeiz, die Mauern aus reinen Zweckmäßigkeitsgründen von ein paar Stützrippen belebt, stehen ragend, hochmütig und abweisend auf ihrem Hügelkamm. Als wahre Kinder des Zeitalters und Geschmacks von General Grant wachen sie eigensinnig, selbstbewußt, unnachgiebig und kompromißlos über eine sich ständig wandelnde Umwelt. Nur die inzwischen um sie gewachsenen hohen Bäume mildern ein wenig ihre strenge Autorität. Mir wurde ein Gästezimmer im obersten Stock eines dieser Altbauten zugewiesen. Hier, so sagte man mir, habe mein Vater im letzten Studienjahr gewohnt. Heute noch fiel beim Anblick des ausgetretenen Fußbodens, der schmucklos gähnenden Fenster und der mitgenommenen, verfugten Regale die Vorstellung nicht schwer, wie es damals gewesen sein mochte, als mein Vater hier wohnte. Ich fragte mich nur, wie es geheizt worden war. Mit einem Ofen natürlich, und hoffentlich etwas gemütlicher als mit diesen grauslichen, rasselnden, trockene Staubhitze verstrahlenden Heizkörpern, die vielen amerikanischen Bauherren so sehr ans Herz gewachsen sind (die im Gästezimmer konnte ich Gott sei Dank ohne merkliche Minderung der Bequemlichkeit ganz zudrehen).

Am ersten Abend suchte ich eine alte Freundin der Familie auf: eine nicht mehr ganz junge, unverheiratete ehemalige Lehrerin, deren Eltern mit meinen Eltern befreundet gewesen waren; sie hatte an meiner ehemaligen Schule in Milwaukee gelehrt und uns hin und wieder zu Hause besucht. In einem gemütlichen, altmodischen Wohnzimmer, dessen Nutzung ganz offenbar ins letzte Jahrhundert zurückreichte, saßen wir am Kamin und plauderten von alten Zeiten.

Von der Persönlichkeit meiner Gastgeberin ging Trost aus: Sie war gescheit und fröhlich, ließ sich weder vom Alter noch von der Einsamkeit einschüchtern, ging auf das neue Zeitalter, das herrisch an die Tür klopfte, weder gedankenlos ein, noch verwarf sie es gänzlich, hielt sich ohne Aufhebens, weder Entschuldigung heischend noch Heldentum beanspruchend, an Wertvorstellungen, die heutzutage generell in Mißkredit geraten sind. Wie ich hier mit ihr beisammensaß und redete, war mir, als habe ich im wilden Sibirien unerwartet jemand aus der Heimat getroffen, doch das Wilde war hier eine Frage der Zeit und nicht des Ortes. Es war eindeutig dieses ältere, von Neuengland geprägte Wisconsin und nicht das draußen vor der Tür, zu dem ich gehörte.

Am Tag nach meiner Ankunft begann mein Programm als College-Gast. Ich hatte vorab wissen lassen, in den Seminaren über russische und amerikanische Geschichte könne ich unmöglich Vorlesungen abhalten. Vielmehr wolle ich mich als Gast in die Seminare setzen und vielleicht an der Diskussion teilnehmen. Es fruchtete nichts. Gleich am ersten Morgen, im Seminar für russische Geschichte, waren sie alle da, die eingeschriebenen Studenten, andere Studenten, Mitglieder des Lehrkörpers und Leute aus der Stadt, saßen vor mir mit jener aufreizenden, selbstzufriedenen, verantwortungslosen Erwartung, die mir immer das Gefühl einjagt, als sagten sie: »Steh' auf und sprich. Wir wollen wissen, wie du aussiehst, wenn du sprichst.« Es war nichts zu machen. Ob ich wollte oder nicht: Ich mußte die ganze akademische Stunde lang aus dem Stegreif deklamieren vor diesem Vorhang aus neugierigen, respektvollen, aber zugleich ausdruckslosen Gesichtern, meine Saatkörner ausstreuen und auf diesem unbekannten Boden ihrem Schicksal überlassen –

desgleichen am nächsten Morgen vor über hundert Menschen im Seminar für amerikanische Geschichte.

Das Mittagessen wurde im Beisein einiger Studenten in der großen, modernen Cafeteria serviert, in der die gesamte, rund achthundertköpfige Studentenschaft die Mahlzeiten einnimmt. Hier hatte ich zum ersten Mal gute Gelegenheit, mir die Studenten näher anzusehen. Sie wirkten gelöster, weniger hin- und hergezerrt, weniger engagiert als in Princeton. Ihre Gesichter waren offen und angenehm, doch stand auf ihnen fast nichts geschrieben. Wie überall wirkten auch hier die Studentinnen reifer als ihre Kommilitonen, überlegener auch in gesellschaftlicher Hinsicht und im Stil: weltoffener, weniger provinziell, zeitnaher, überhaupt moderner – etwa wie die modernen Frauen in Wien oder Mailand oder wo immer, die ja auch weiter sind als ihre männlichen Altersgenossen. Mir schien, daß die Mädchen den Konkurrenzraum ihres Lebens weiträumiger begriffen, vielleicht weil sie wußten, daß die Probleme der Frau überall auf der Welt mehr oder weniger dieselben waren. Die männlichen Studenten waren gutmütige junge Tölpel, gingen völlig auf in ihrer Welt aus Schallplatten und Sport und Kumpanei und Ferienjobs, hatten für die große, weite Welt draußen zwar milde Neugier übrig, waren aber viel weniger auf sie abgestimmt als die Frauen. Das wahrhaft internationale Wesen ist Frau.

Angesichts der gelösteren Atmosphäre und Gesichter in diesem Gemeinschaftsraum für beide Geschlechter dachte ich an die jüngste Forderung der Redakteure der Studentenzeitung in Princeton, dort solle die Koedukation eingeführt werden. Keine Frage – mit ein paar Mädchen ginge es leichter, sanfter, gemütlicher zu. Das Leben wäre erfreulicher homogen, weniger streng geschichtet nach Vorlesungszeit und Semesterferien, Studium und Erholung, Genuß und Enthaltsamkeit. Doch käme es auch dem Geist zugute? Schließlich ist der Geist eine träge, schwerbewegliche Masse. Er wächst nur unter Disziplin und Unbequemlichkeit. Er muß mit der Peitsche zur Entfaltung getrieben werden. Zur Blüte reift er darum nicht im Umfeld der sonnendurchfluteten Gärten Kaliforniens oder Floridas, sondern eher in dunkler, kalter, regnerischer Umgebung, die Entsagung, persönliche Unbequemlichkeit, Einsamkeit und Langeweile mit sich bringt. In der Koedukation gedeihen zweifellos ausgewogenere Charaktere; aber besteht nicht ein gewisser Widerspruch zwischen dieser Lebensbequemlichkeit und dem geistigen Training?

Am Abend hielt ich in der schmucklosen Sporthalle mit ihrem glänzend gewienerten Fußboden, wo es schwach nach verschwitzten Tennisschuhen roch, unter den Basketball-Körben meinen versprochenen Vortrag vor mehreren hundert Zuhörern. (Ich sprach über die bedeutendsten internationalen Verwicklungen Amerikas im vergangenen Jahrhundert, wies darauf hin, wie unbedacht wir in sie geraten waren, wie sehr wir, kaum in sie verwickelt, dazu neigten, sie zu moralischen Kreuzzügen umzumünzen, und wie herzlich schlecht sich diese hehren Zielsetzungen auf die tatsächlichen politischen Konsequenzen unseres Engagements reimten. »Es entspricht«, sagte ich, »ganz einfach nicht dem Charakter eines Landes wie des unseren, daß wir ... große Veränderungen im Leben anderer Völker zu bewirken, aller Welt wirtschaftliche Entwicklung und Wohlstand zu bringen und jedermann völligen Frieden und Sicherheit nach rechtsstaatlichen Vorstellungen zu gewährleisten suchen. Das gilt ungeachtet der Tatsache, ob wir uns mit Gewalt und Zwang oder mit Zungenfertigkeit und Zucker darum bemühen.«) Als ich geendet hatte, war mir wie immer unwohl ob des Gesagten, hatte ich das Gefühl, ich hätte mich wie ein dröhnender Schneepflug benommen, und unsicher, wie meine Worte aufgenommen worden waren, wollte ich am liebsten den Vorgang ungeschehen machen. Im Anschluß gab es Gott sei Dank ein paar barmherzige Drinks im Haus eines Professors.

Im Laufe des Abends war ein Schneesturm aufgezogen. Als wir gegen 10 Uhr das Haus des Professors verließen, heulte der Wind und trieb dichtes Schneegestöber durch die Straßen.

Im Gästezimmer angelangt, löschte ich das Licht und setzte mich ans Fenster, betrachtete den Sturm und die nächtliche Szene: den schneegepeitschten Campus, der jetzt weiß und verlassen im Laternenschein lag, die kahlen, schwarzen Baumstämme, die wiegend am Fenster hochstiegen und sich darüber im Dunkel verloren, und überall die Wolken gischenden Schnees – jenes gesegneten Schnees, den heute alle Welt so zu verabscheuen vorgibt –, der stob und wogte und säuberte, gnädig und unbestechlich alles mit seinem noch reinen Leichentuch bedeckte. Wie ich so in die Nacht hinausstarrte, überkam mich plötzlich eine Welle der Fühlsamkeit für meinen verehrten, schon lange toten Vater – den scheuen und einsamen Mann, den fehlplazierten Ästheten, der sich unablässig bemüht hatte, dem stickigen, klaustrophoben Dasein im Hause an der Cambridge Avenue den Stempel wahren geistigen Adels und edler Gesinnung aufzudrücken; ein Mann, den fast niemand verstand und den auch ich erst wirklich begreifen sollte, nachdem er schon tot war; ein Mann, dem ich als Junge tausend und abertausend Mal Schmerz bereitet haben mußte aus Unachtsamkeit, Oberflächlichkeit, mit jener übertriebenen Scheu und Angst vor jedem Hervortun, die nichts anderes ist als eine Art von Feigheit und auch eine angeborene Schwäche der Familie. Ich dachte zurück an die Zeit, da er diese vier Wände bewohnte, dachte an unser beider Einsamkeiten, unsere schüchterne, ungeschickte, hilflose Zuneigung zueinander, die je und je vom nichtssagenden Geplapper des Alltags unterbrochen wurde, dachte an die Gräben von Zeit und Tod, die jetzt zwischen uns lagen.

Plötzlich war mir, als seien wir uns einen Augenblick lang ganz nahe. Gewiß hatte auch er in einer solchen Nacht in seinen abgetragenen Bauernkleidern an einem dieser Fenster gestanden und dem Sturm zugesehen, hatte wie ich jetzt das Land auf allen Seiten vom Hügel ins Dunkel fallen sehen und draußen das schneebedeckte Land liegen gewußt, und seine Neugier auf das weiter in der Nacht Liegende konnte bei all seiner Jugend kaum größer gewesen sein als die Fragen, die mir trotz all meines Wanderns und Erfahrenseins jetzt in den Sinn kamen. Waren diese Gräben aus Zeit und Tod denn real? Gab es nicht vielmehr ein Einigsein und Zusammengehören im Erspüren, Erleben dieses Moments? Lag nicht im trockenen Tappen des Schnees ans Fenster ein leises Klopfen seiner Hand (wie in Emily Brontës *Stürmische Höhen*)?

So formte sich der alberne Dialog in meinem Hirn und holperte dahin durch die schlaflosen Stunden wie die Noten einer dummen Melodie, die einem nicht aus dem Kopf will.

»Ach Vater. War es richtig von mir, den ganzen, langen Weg hierher zu kommen, um mich dir über die Umgebung deiner

Jugend zu nähern? Oder war dies bloß weinerliche Gefühlsduselei? So vieles hätte ich dir geben können, und habe es nicht getan. Kann dies hier noch etwas nützen?«

»Sachte, sachte, mein Sohn. Du weißt es doch, brauchst dir nichts vorzugaukeln. Dieser Augenblick ist tatsächlich derselbe. Der Schnee ist tatsächlich derselbe. Die dazwischenliegenden neunzig Sommer gelten nichts. Darüber hinaus ist dir nicht zu wissen gegeben. Tu, was dir dein tieferes Wesen eingibt zu tun. Wenn du kannst, dann gib ihm gegen den Staub und Unrat des Alltags eine Chance. Inzwischen aber erfreue dich an der Schönheit des Sturms und der Nacht, sieh an, wie stark der Schnee ist und wie gleichgültig gegen alles, auf das er fällt; spüre, was er dir zu sagen hat. Dein eigenes Gefühl für Raum und Zeit hat nichts zu besagen. Es gibt keinen Schauplatz für das Nähegefühl, nach dem du dich sehnst, es gibt ihn an keinem anderen Ort und zu keiner anderen Zeit als allein in der Seele des einzelnen.«

Am Morgen hatte es zu schneien aufgehört und schien strahlend die Sonne. Ich entfleuchte vorübergehend meinen Gastgebern, denen der bloße Gedanke, ich könnte ein paar Schritte alleine tun, unübersehbaren Schrecken bereitete, und ging durch die glitzernde Weiße der frühmorgendlichen Wohnstraßen, zog dabei mißtrauische Seitenblicke von Hausfrauen auf mich, die den Weg aus der Garage für das Familiengefährt bahnten.

Gegen Abend fand dann in einem Restaurant namens Republikanerhaus der Schlußempfang und das Abschiedsessen statt. Es befand sich nur ein paar Schritte von dem kleinen Gebäude entfernt, das als Geburtsstätte der Republikanischen Partei gilt. Aus dieser Nachbarschaft und dem Namen zog das Restaurant wohl klingende Münze, indem es (wie die Friseure in Princeton mit den Photos früherer Fußballmannschaften des College an den Wänden) den Anspruch auf Treue zur Institution mit gesundem Geldinstinkt paarte. An den Wänden hingen autographierte Photos republikanischer Berühmtheiten. Ich ließ mir sagen, zur Sammlung habe auch ein Bild des verflossenen Joseph McCarthy gehört, aber es sei immer wieder von Studenten gestohlen worden, so daß die Inhaber, bei denen wie üblich der Geschäftsinstinkt dem politischen vorging, schließlich beschlossen, den Platz leer zu lassen. Auch ohne McCarthy hatte ich das Gefühl, als bräche ich hier mein Brot unter dem scharfen Blick unheimlicher, wenig gewogener Augen, die zwar nicht ausgesprochen feindselig waren, aber doch herrisch, verächtlich und unduldsam auf mein knieweiches Philosophieren und Theoretisieren herabsahen. Offenbar waren auch die Gesichter auf den Photographien dieser Meinung, denn die Mahlzeit bekam mir nicht. Wieder verbrachte ich eine schlaflose, letzte Nacht, diesmal ohne den Vater; im hellen Mondlicht grinste nur die Republikanische Partei grob und unfreundlich durchs Fenster.

Am nächsten Tag flog ich zurück; alle Flughäfen sahen sich zum Verwechseln gleich. Ich sah nichts und kümmerte mich um nichts, war allein mit mir und der Müdigkeit des Reisens und Erinnerns. Endlich am Spätnachmittag konnte ich mich dankbar der ablenkenden Alltäglichkeit dessen anheimgeben, was nun jedenfalls im direkten Sinne mein Zuhause ist.

Die Tagebücher enthalten mehrere Berichte über Fahrten mit unserer Segeljacht durch die skandinavischen Gewässer. Drei Kostproben aus dem Sommer 1968 seien hier eingefügt.

24. JUNI 1968
RANDESUND–KRISTIANSAND

Wieder hat es die ganze Nacht geregnet, tropfte das Wasser gleichmütig und geduldig in die Regenrinne vor dem Fenster. Nach dem Frühstück – wir packten gerade unsere Sachen – kam kräftiger Wind auf und ging ein heftiger Schauer nieder. Danach klarte das Wetter auf. Nach mehreren Erledigungen in der Stadt bestiegen wir vier – Annelise, Wendy, ein Neffe und ich – gegen ein Uhr mittags den Zug, einen Wagen 2. Klasse mit halbhohen Abteilwänden und jeweils einem Tisch zwischen den Holzbänken. Mir gegenüber saß ein Liebespaar. Die beiden trugen gleichgemusterte Norwegerpullis, turtelten und tuschelten und kuschelten sich während der langen Fahrtstunden aneinander; er hatte ein angenehm frisches Jungengesicht, sie wirkte von der Figur her noch sehr jungmädchenhaft, aber die Adlernase und die steil abfallenden Mundwinkel verrieten schon die sphinxhafte, geheimnistuerische, leicht berechnende reife Frau, die in ihr schlummerte. (Mit zunehmendem Alter entdecke ich in mir die Tendenz, mir beim Anblick junger Menschen die Züge des in ihnen knospenden Erwachsenen auszumalen.)

Die anderen Mitglieder unserer Familie saßen auf der andere Seite des Mittelgangs. Die beiden jungen Leute lasen stundenlang oder spielten Karten, während draußen die reizvolle, frühlingsfrische norwegische Landschaft vorbeizog, und wieder einmal erstaunte mich, wie wenig neugierig Leute dieses Alters auf Reisen sind. Ob ich wohl auch so war? Wahrscheinlich. Es ist fast wie Scheu, Abwehr der Außenwelt, Nach-innen-Gekehrtsein.

Annelise und ich nahmen ein Hotel, die beiden jungen Leute wohnten bei B. Gemeinsam genossen wir dort ein vorzügliches Abendessen. Danach gingen Annelise und ich zu Fuß ins Hotel zurück. Im Landesinnern, im Zug und auf den Bahnhöfen war es warm gewesen, aber hier war der Abend klar und blies ein kalter Nordwind. Die stille Provinzstadt bot jenen sauberen, windgefegten und menschenleeren Anblick, der das Gemüt erfreut und zugleich (weil desolat, dünnlippig, abweisend) an ihm zerrt und den man hier im Norden fast überall antrifft, wo Menschen wohnen – ein Anblick, der uns (mir jedenfalls) bewußt werden läßt, daß auf jeden einladenden, gemütlichen Sonnentag etwa 49 kalte Wind- und Regentage kommen.

25. JUNI 1968

Die frisch gestrichene *Nagawicka* lag vor uns im Hafen, gleich neben einer schönen, alten, gaffelgetakelten Colin-Archer-Ketsch. Den größten Teil des Nachmittags verbrachten wir mit allerlei Aufräumarbeiten. Einiges mußte in Ordnung gebracht werden: Die Batterie war leer, die Toppnant fehlte, noch ein paar andere Kleinigkeiten. In Bug- und Bilgepumpe mußten neue Dichtungsringe eingesetzt werden. Einiges ließ sich im Laufe des Tages beheben, anderes nicht. Das schöne Wetter hielt weiter an, aber aus Südwest blies ein steifer Wind, drückte uns gegen die Fender und hielt uns im Hafen fest. Wir machten's uns an Bord bequem, so gut es ging; ganz einfach war es nicht, denn wir hatten keinen Strom, und die nächste Trinkwasserstelle lag einen halben Kilometer entfernt.

26. JUNI 1968

Einen Tag lang die Batterie zum Aufladen herausgenommen. Der Wind blies weiterhin in Halbsturmstärke aus Südwest. Annelise und ich unternahmen einen Ausflug mit dem Bus zum etwa 18 Kilometer entfernten Tønsberg. Diesmal hatte der ansonsten gestrenge und unfreundliche Himmel Erbarmen mit uns: Solange wir im Bus saßen, goß es in Strömen, dann lichtete sich das Wetter wenigstens insoweit, daß wir unsere Einkäufe tätigen konnten; danach, als wir in einer »Konditori« saßen, Kaffee tranken und unseren Toast verzehrten, öffnete er wieder seine Schleusen, schloß sie aber gerade rechtzeitig wieder, so daß wir den Bus für die Rückfahrt einigermaßen trockenen Hauptes erreichen konnten.

Dieser Ausflug in die Stadt war nicht ganz schmerzlos, voller Traurigkeit und widerstreitender Empfindungen. Ich bin gewiß kein Mensch, der die Tugenden Norwegens übersähe. Könnte ich wählen, wo ich wohnen will, würde ich mich wahrscheinlich für Norwegen entscheiden. *Aber* (und alle diese Abers lagen heute in Tønsberg zutage): Das Klima ist herb, die Natur karg und geizig, und alle Welt scheint wild entschlossen, der Schönheit und Friedfertigkeit des Landes und der inneren Harmonie seines Lebens durch hemmungs- und rücksichtslose Anbetung des Verbrennungsmotors schnellstmöglich den Garaus zu machen. Hätte vor zwanzig oder dreißig Jahren die norwegische Regierung feierlich beschlossen, binnen kürzest denkbarer Zeit müsse jede Stadt und jedes Dorf in Norwegen zuschanden werden, in Stücke gehen und nach gräßlichem Muster neuerbaut werden, jedes kleine, weiße, traditionelle norwegische Haus (das sich so herrlich in die Landschaft fügt) müsse seine Zweckbestimmung an einen gesichtslosen Betonblock abtreten, Luft und Küstengewässer seien schnellstens zu verseuchen, die norwegische Jugend müsse ihre Bescheidenheit, ihre Achtung vor den Älteren, ihre Naturliebe verlieren und ihre Selbstentfaltung ausschließlich im Motorrad und Auto suchen, Eisenbahn und Schiffahrt müßten ihre Verkehrsfunktion ans Motorfahrzeug übergeben und die Investitionen in die altehrwürdigen Verkehrsmittel seien schnellstens abzuschreiben – hätte sie dies beschlossen, sie hätte nicht anders handeln können, als sie es tut. Nur schwerlich kann man glauben, was in diesem Lande geschieht, beruhe auf etwas anderem als der bewußten Entscheidung, dem Leben des norwegischen Volkes nur ja kein einziges Übel des amerikanischen Lebens (ausgenommen allein das Rassenproblem) zu ersparen – und bitte ohne Verzögerung.

Bei der Rückkehr nach Sandøsund machten wir neben einer anderen, prächtigen Colin-Archer fest; sie war gleich groß wie unsere Jacht, und nagelneu. Sandøsund war ein heimeliger Kleinhafen, die Lotsenboote des zentralen Oslo-Fjords lagen an der granitfelsenen Mole, die Läden, der kleine Platz mit den Bushaltestellen und der Fischmarkt waren alle ums Dock gruppiert. Gegen Abend versammelten sich junge Leute – die internationale Jugend von 1968, Jugend im abstrakten Sinne, natürlich in Bluejeans und heraushängenden, flatternden Hemdenschößen und von gewollt abstoßendem Aussehen – auf dem kleinen Platz neben den beiden Segelschiffen und setzten sich in Grüppchen auf die Pflastersteine, wo sie bis nach Mitternacht sitzen blieben, ohne etwas Besonderes zu tun. Abgesehen von einem Typ auf einem auf größtmöglichen Maschinengewehrlärm getrimmten Motorrad, der seinem Anspruch auf Achtung und Bewunderung dadurch Geltung verschaffte, daß er seinen Feuersessel aufjaulen ließ und wie besessen die Pier auf und ab raste, taten sie eigentlich nichts Schlimmes. Nur ein einziger Betrunkener war darunter, und wenn die andern unter Drogen standen, so ließen sie es jedenfalls nicht anmerken und verhielten sich friedlich.

Wie ich versuchte, meinen Ekel vor diesen jungen Leuten zu überwinden, fiel mir ein, daß sie schließlich und endlich da waren, irgendwo bleiben mußten, man sie nicht einfach verstecken oder abschalten konnte wie einen Fernsehapparat; und da dem nun einmal so war, konnte es schlimmere Plätze für ihren Aufenthalt geben, und Schlimmeres, was sie hätten anstellen können. Doch wie sehnte ich mich danach, daß sie vor Leben und Fröhlichkeit strotzten, sich der Natur zuwandten und sie genössen, sich ihrer möglichen Schönheit als Jugend bewußt wären und sie zu pflegen trachteten anstatt dieses grauen, schäbigen, freudlosen Zustands. Warum also verhielten sie sich so trostlos und gedrückt? Als Reaktion auf die ältere Generation, würden sie sagen. Aber gewiß doch zwangen nicht ihre Eltern sie, sich in Lumpen zu kleiden und den lieben langen Freitagabend bis spät in die Nacht auf dem staubigen Kopfsteinpflaster am Kai zu hocken. Die Eltern, die ihnen Motorräder und Außenbordboote kauften und ihnen das Geld für Haschisch gaben, würden ihnen mit Sicherheit nicht die Mittel für eine gesündere, befriedigendere Freizeitbetätigung verweigern. Das traute Heim mit dem Fernseher und den gesellschaftlich isolierten, einsamen, saturierten Eltern mochte wenig reizvoll sein. Aber es gab doch andere Wege des Zeitvertreibs, auch außerhalb der heimischen Wände. Es *gab* doch Büchereien. Und es *gab* doch die herrlich freie Natur und nicht bloß den Kai in Sandøsund.

SONNTAG, 30. JUNI 1968

Wir legten zur gewohnten Zeit ab (etwa Mitte des Morgens). Zwischen uns und der See lag zunächst noch die hübsche, langgezogene Insel Jomfruland, fruchtbar und einladend mit ihren grünen Wiesen und dunklen Fichtenwäldern, ein Anblick wie nirgends sonst in Norwegen. Als wir ins offene Meer kamen, fuhren wir etwa zwei Kilometer hinaus, setzten dann die Segel und kreuzten mühsam bis Sildeodden, wo wir in den Nordfjord einfuhren und den Sund bis Risør hinaufsegelten. Dort fanden wir in der Stille des sonntäglichen Frühnachmittags einen Platz zum Wasseraufnehmen. Dann machten wir uns wieder für weitere acht Kilometer auf den Weg. Diesmal war das Wetter rauh, wir hatten direkten Gegenwind, und die Küste war »faul« (wie die Seeleute sagen), so daß wir uns weit draußen im Meer halten mußten. Ich benutzte den Motor, hielt ihn auf drei bis vier Knoten gedrosselt, um so auf den anrollenden Wellen zu reiten, anstatt in sie einzubrechen. Am Spätnachmittag erreichten wir den Lyngør-Fjord und fuhren in die Seitenbucht von Dypvåg ein, wo wir vergeblich nach einem Ankerplatz suchten und schließlich an einem Dock festmachten. An diesem Dock lassen die Urlauber, wenn sie auf den Inseln sind, ihre Autos stehen, und während ihres Aufenthalts auf dem Festland liegen dort ihre Motorboote. Am Ende des Docks hält im Sommer ein kleiner Kaufladen offen, und es herrscht reger Verkehr.

Am Abend gingen Annelise und ich ein paar hundert Meter weit die Straße hinauf, um uns die alte Dypvåg-Kirche anzusehen – ein liebenswerter Bau, etwa im Stil einer Neuengland-Kirche: weiß mit schwarzer Einsäumung, teils aus dem Mittelalter, teils aus dem 18. Jahrhundert stammend. Leider blickt das Kirchlein zur Bergseite, ist aber ein Schmuckstück. Die Tür war verschlossen. Auf dem Rückweg trafen wir den Pastor, im Sweater wie jeder Norweger, dennoch an den dicken, schwarzen Hosen und den Quadratschuhen des Klerikers erkennbar. Er inspizierte gerade sein Kartoffelbeet. Das ganze umliegende Land einschließlich des fruchtbaren Tales unter uns sei Kirchenbesitz, sagte er, und habe einmal zur Pfründe des Pastors gehört. Damals habe der Pastor noch Dienstpersonal gehalten und das Anwesen betreiben können. Das alles sei jetzt vorbei. Sogar die benachbarten Bauern seien weggezogen. Sie hätten ihre Äcker verkauft oder nutzten sie lediglich als Gehölze. Generell lebten die Menschen vom Sommertourismus. Im Winter sei die Gegend menschenleer. In seinem Leben habe es hier größere Veränderungen gegeben als in den tausend Jahren davor.

1. JULI 1968

Das Wetter wieder schön.

Vor unserer Abfahrt gingen Annelise und ich noch einmal zur kleinen Kirche hinauf; sie sei jetzt offen, ließen wir uns sagen, und wir könnten sie von innen besichtigen. Sie war tatsächlich offen, und wir wurden nicht enttäuscht. Vor einigen Jahren war sie gekonnt restauriert worden und befand sich wieder im Zustand des 18. Jahrhunderts. Das vorherrschende Motiv war primitives Barock, dessen Naivität der schmucklosen Einfachheit des Gesamteindrucks keinen Abbruch tat. Unmittelbar auf die rohbehauenen Stämme, die die Wände bildeten, waren viereckige Stützpfeiler und hinter dem Altar ein großer Faltenwurf aufgemalt. Der Ort wirkte leicht, luftig und sonnendurchflutet, wie die Neuengland-Kirchen zu Hause. Dunkel und Kälte hatten die Leute hier genug, dachte ich. Sie wollten nicht die kalte, kryptenhafte, erdrückend steinerne Atmosphäre der großen Kathedralen weiter südlich in Europa. Große, warme, grobbehauene Baumstämme und weite Fenster, durch die Sonne oder wenigstens Licht hereinströmen konnte – das wollten sie und hier hatten sie es.

Doch wie erklärt sich der strenge Monotheismus dieser nördlichen Gefilde? Keine Heiligenfigur zierte die Wände. Sogar der Gekreuzigte war kaum zu sehen. Natürlich schwebten auf der Mitte der Decke Engelscharen, Lockengestalten vor den sehr norwegischen Wolken des gemalten Himmels; in einer Holzschnitzerei, die einen Dachsparren verdeckte, waren vier Grazien zu sehen, die die Tugenden des damals herrschenden dänischen Königs versinnbildlichten; auf den Kanzelpaneelen eine naive Darstellung der vier Evangelisten, jeder schrieb eifrig an seinem Evangelium – das war alles. Hier machten sich keine Gnadenmittler zwischen dem Menschen und seinem Schöpfer breit. Dies war, wie die Inschriften immer wieder sagten, »Guds Hus« – das Haus Gottes und nicht das Haus des Erlösers, der Jungfrau oder des Heiligen X. Nur der ferne dänische König erhob Anspruch auf herausgehobene Intimität mit dem Allmächtigen, versuchte damit – man spürte es – seine Autorität und sein Ansehen bei seinen frommen, doch sturen und widerborstigen norwegischen Untertanen zu stärken. Was war hier so anders – die größere Unabhängigkeit des Lebens dieser Menschen, die Abgelegenheit der abweisenden Nordtäler, die kritischere Vertrautheit mit der Natur, oder der frühe Abstand von den großen byzantinischen und römischen Hierarchien? Was es auch war – ihre Glaubenswelt war offenkundig genau so streng und nüchtern und einfach wie die Naturwelt ihres Daseins.

Diesmal sollte die Nagawicka *lediglich nach Skagen in Dänemark gebracht und vier jungen Männern – Christopher und drei seiner Freunde – überantwortet werden, die mit ihr nach Schweden hinübersegeln und sie dann in einem acht- oder zehntägigen Törn entlang der schwedischen Küste in ihr Winterquartier im Oslo-Fjord bringen wollten. Ab Skagen hing ihr Schicksal von den Jungens ab – und deren Schicksal von ihr.*

4. AUGUST 1968

Am nächsten Tag – es war Sonntag – herrschte leichte Südbrise, und wir segelten die ganzen, rund fünfzig Kilometer zurück nach Skagen mit nach Backbord gefiertem Genua-Segel, konnten uns die starke Nordströmung zunutze machen. Gegen drei Uhr nachmittags kamen wir an und trafen Christophers Freunde gerade zur rechten Zeit an, denen er schon vor Wochen beiläufig gesagt hatte, sie sollten an diesem Tag nach uns Ausschau halten.

An diesem Sonntagnachmittag lag der Hafen in brütender Hitze und fast reglos im langen, gleichmäßigen Sonnenschein des Nordens. Das mit öligem, gelbgrünem Schaum aus den Fischverarbeitungsfabriken bedeckte Wasser stank schlimmer denn je. Wir alle fühlten uns schlapp und lustlos. Ich hatte den Eindruck, als fragten sich die anderen Jungens, wozu sie überhaupt hergekommen waren. Wir übrigen packten müde unsere Siebensachen, machten ein Taxi aus, verabschiedeten uns und versprachen, zum Abend zurück zu sein, damit Annelise den Jungens etwas zu essen machen konnte. Wir begaben uns in ein Hotel, in dem wir über ein Reisebüro Zimmer gebucht hatten, und erlebten wieder einmal einen jener niedergedrückten Augenblicke – Augenblicke des Fehlschlags, der

Widrigkeit und Enttäuschung –, wie sie mit jeder Reise einherzugehen scheinen. Es zeigte sich, daß das Hotel kilometerweit außerhalb der Stadt am Strand lag. Das Zimmer war heiß und stickig, ein verstopftes Waschbecken verbreitete üblen Geruch. Nach Tagen auf der Jacht brauchten wir dringend ein Bad, aber das Badezimmer war nur über endlose Treppen erreichbar und dauernd besetzt. Annelise hatte die Brille, ich die Reiseschecks verloren. Unser Bargeld reichte nicht. Die Pässe hatte ich in meiner Vergeßlichkeit in Norwegen liegen gelassen.

Um acht Uhr abends fuhren wir, immer noch erschöpft, zum Hafen zurück. Die Jungens hatten den Gestank im Innenhafen nicht mehr ausgehalten, das Boot in den Außenhafen gebracht und innen an der langen Zementmole festgemacht. Wir mußten das Taxi aufgeben und eine weite Sandstrecke hinter uns bringen, bloß um an den Fuß der Mole zu kommen. Wie wir so dahinwateten, sahen wir die Jungens in der Ferne: vier schlanke, schlaksige Gestalten, die oben auf der Mole lümmelten, in ihrer Umgebung nichts als der lange, glänzende Zementstreifen und darunter, ganz klein und schmal, das Boot. Vor diesem erbarmungslosen, leblosen Hintergrund sahen sie aus wie ein surrealistisches Gemälde, und plötzlich überkam mich eine Welle der Liebe und Fürsorge für diese jungen Geschöpfe: so hilflos, so verwundbar, so gefahrumwittert trotz allen Stimmbruchs, allen Bartflaums und allen Gehabes leichtfertigen Amüsements über das Leben – verwundbar und gefährdet nicht so sehr durch die See, der ich sie jetzt in meinem kleinen Boot anvertraute, noch auch durch die unausweichliche Tragik des Daseins des einzelnen, der kein Mensch entgeht, als vielmehr durch die Ungeheuerlichkeit all dessen, was sich die Menschengemeinschaft jetzt einbrockte mit Überbevölkerung, kopfloser Urbanisierung, fieberhaft überzüchteter Kommunikation, Zerstörung der natürlichen Umwelt, und mit der Züchtung von Waffen einer Schrecklichkeit, daß sich ihre Beherrschung der Klugheit und Kraft jedes Menschen entzog, dessen Obhut und Einsatzgewalt sie anvertraut waren. Inmitten all dessen würden diese jungen Menschen leben, mit alledem sich herumschlagen müssen.

Am nächsten Abend fuhren wir auf der Fähre von Hirtshals nach Kristiansand zurück. Zuerst mit dem Taxi rund vierzig Kilometer zwischen Gerste- und Haferfeldern durchs flache Jütland. Dann der Warteraum zur neuen, großen Autofähre, die jetzt die Hauptverbindung zwischen dem Festland und Südnorwegen darstellt. Hier, in dem viel zu engen, stickigen Warteraum waren wir Passagiere, das Gepäck fest an uns gedrückt, eingepfercht wie Schafe, und wie Schafe warteten wir geduldig, bis wir aus dem Pferch befreit wurden und über eingezäunte Wege die eisernen Stufen zum Oberdeck der Fähre hinaufklettern durften. Wir verdienten diese Behandlung durchaus, dachte ich, waren wir doch wie fast alle modernen Reisenden ein buntscheckiger Haufe: verschwitzt und benommen von langer Autofahrt, zumeist in abgetragener, übelriechender Sportkleidung, einige – vor allem die jungen – fast unbekleidet.

Entschwunden die Tage, als man noch mit gewisser Eleganz reisen konnte. Wie überall führt auch beim Reisen das Gleichheitsbedürfnis – das Bedürfnis nach Einebnung aller Normen – nicht etwa zu besserem Leben für alle, sondern eher dazu, daß nun keiner mehr gut leben kann, so daß guter Geschmack und Bequemlichkeit, die einst den Reichen (oder jedem, der die notwendigen Opfer bringen wollte und konnte) vorbehalten waren, jetzt überhaupt niemand mehr zugute kommen.

Solche Gedanken im Kopf, stand ich achtern auf der großen, grollenden Fähre, sah zu, wie die dänische Küste langsam verschwand, ließ mich betäuben vom Anblick der breiten, kochenden Heckwelle, ausladend wie ein Boulevard, sich über Kilometer erstreckend. Mitten im Skagerrak passierten wir eine Flotte aus sechzig bis achtzig sowjetischen Trawlern, eng gedrängt unter dem wachsamen Auge ihrer Geheimpolizei-Admiräle, daß nur ja keiner Kontakt aufnähme – undenkbar! – mit einem fremden Hafen oder Schiff. Da lagen sie, glotzten finster auf unsere kapitalistische Fähre oder auch jedes andere vorbeifahrende fremde Schiff und nutzten ihre internationalen Rechte dazu, dem mittleren Skagerrak vollends den letzten Fisch zu entreißen, der sich in ihm noch verborgen halten mochte.

Vom Oberdeck aus kam der Leuchtturm von Oksøy am Eingang zum Kristiansand-Fjord schon in Sicht, als wir die Strecke erst gut zur Hälfte zurückgelegt hatten, und fast eine Stunde vor unserer Ankunft tauchten die Lichter von Kristiansand auf, erstreckten sich als breites Band am dunklen Horizont entlang, funkelten in gleicher buhlerischer Vorgaukelung von Menschenmengen, Festlichkeiten, Erregung wie die Lichter aller leeren, öden, schlafenden Städte, wenn man sie vom Meer aus in der Ferne sieht.

Bei meinem dritten Afrikabesuch in den Jahren 1967–1970 war ich u.a. in Südwestafrika (vor allem in seiner nördlichsten Provinz Ovamboland) und Lesotho. Nachstehend einige Auszüge aus meinen Reiseniederschriften (Tsumeb ist ein bedeutendes Bergbaugebiet in der nördlichen Mitte Südwestafrikas; die Minen befanden sich damals in amerikanischem Eigentum).

21. APRIL 1970

Schon kurz nach 8 Uhr flogen Mr. M. und ich in einer viersitzigen Piper, wie man sie zu Hause als Lufttaxi benutzt, über das ausgedörrte Veld nach Norden.

Gegen 10.45 Uhr erreichten wir Tsumeb und gingen (mit einer kurzen Mittagspause im Hotel) bis 16.15 Uhr durch die große Kupfer-Blei-Zink-Mine und das Areal, in dem die dreitausend schwarzen Bergbau-Gastarbeiter untergebracht sind, die zum größten Teil 12-Monats-Verträge haben (die Bezahlung ist etwas höher als in Angola und viel besser als in den schwarzafrikanischen Ländern).

Am Spätnachmittag begaben wir uns dann auf die rund zweihundert Kilometer lange Fahrt nach Ondangua, dem derzeitigen Verwaltungssitz von Ovamboland. Die sehr gut geteerte Straße führte schnurgerade durch die flache, trockene, leere Landschaft. Fast 190 Kilometer lang war kaum ein Mensch und, abgesehen vom Zollhaus an der Grenze zu Ovamboland, kein einziges Gebäude zu sehen. Ein- oder zweimal überholten wir Grüppchen von Pferden und Maultieren oder Eseln, die ein oder zwei Afrikaner nach Norden trieben. Als die Straße den Ostzipfel des Etoschawildparks streifte, sahen wir in der Ferne große Elefantenherden grasen, und kurz danach trafen wir auf vier oder fünf riesige Strauße, die mit ihrem merkwürdig sanft hüpfenden Gang gemächlich in den Busch trotteten und dabei ihre Federröcke in einer Weise schwenkten, die lächerlich und suggestiv zugleich anmutete – wie kleine Zirkustänzerinnen. Als wir uns Ondangua näherten, wich der trockene Busch recht gut bewässertem, palmenbestandenem Land und ließen viele Anzeichen auf stärkere Bewohnung schließen: zahlreiche Vieh- und Ziegenherden, am Straßenrand hielten ein paar Buben sogar Pfeile und Bogen feil, und Frauen boten Körbe an.

Kurz vor Ondangua stand der flammende afrikanische Sonnenuntergang unmittelbar vor uns, und als wir ins Europäerviertel einfuhren, war es auch schon dunkel. Wir begaben uns unmittelbar zur Residenz des Verwaltungschefs für Ovamboland, Mr. Duprey, wo man uns freundlich aufnahm und Unterkunft gewährte. Der Abend verging angenehm in der Gesellschaft dieser freundlichen, humorvollen Leute, die es im Grunde gut meinen und glauben, wenn man ihnen nur Zeit lasse, werde sich alles regeln, kein Gespür haben für die schmerzlichen persönlichen Auswirkungen ihrer harschen und schematischen Zielsetzungen und – als habe man eine böse Taktlosigkeit begangen – beleidigt sind, wenn man darauf hinweist, wie unrealistisch diese Zielsetzungen sind und wie wenig sie zur Lösung der Problematik der gewerblichen Arbeitskräfte, ja überhaupt des Status der Nichtweißen in Südafrika taugen.

30. APRIL 1970
LESOTHO

Ausgezeichnet geschlafen. Nachts kühl, morgens strahlende Sonne. Nach dem Frühstück blieb ich an einem Eßtisch sitzen, schrieb mein gestriges Tagebuch, und ein kleiner Junge sah mir dabei zu.

Der Morgen verging mit der Fahrt zur etwa dreißig Kilometer entfernten Universität von Lesotho, Botsuana und Swasiland. Die Straße führte durch schlimm erodiertes, weitgehend baumloses und stark überweidetes Hochland, in dem hie und da noch Überreste erodierter Hügel aufragten; die Landschaft entbehrte nicht einer gewissen schmächtigen, stillen Schönheit, war aber in ihrer Verwüstung und Entblößung zugleich mitleiderregend. Die Universität wirkte auf mich traurig, unvollendet, erfolglos, wie so vieles in Afrika, und beim Rundgang durch die ziemlich leeren Räume (die Studenten hatten Ferien) dachte ich unwillkürlich, wie wenig Glück die Weißen doch mit ihren Unternehmungen in Afrika hatten, wie falsch und fehlgeleitet die Anstrengungen zur Verwestlichung der Afrikaner – sogar in der Religion – gewesen sind, wie viel besser es ihnen allen – den Missionaren, Lehrern, Kaufleuten, Abenteurern, Ärzten, Journalisten und Verwaltungsbeamten – angestanden hätte, zu Hause zu bleiben und sich um ihresgleichen zu kümmern. Ihr ganzes Werk, alles, was der Weiße für den Schwarzen tat und schuf – Schulen, Krankenhäuser, Kirchen und was weiß ich –, war samt und sonders danebengegangen. Mich packt einfach ein Graus beim Anblick des in afrikanischer Umgebung thronenden Weißen, Ekel vor seiner Anmaßung und Abscheu vor seiner Gegenwart.

Vor der Heimfahrt besichtigten wir noch einen Paß, der eine gute Sicht auf die fern verschleierte Landschaft bot, und wieder einmal wurde mir nachdenklich zumute beim Anblick dieser stillen, trokkenen Weite – dem endlosen Ineinander von Fels und vertrocknetem Gras und störrisch abweisender Landschaft. Wie überhaupt jemand auf den Gedanken verfallen konnte, da durchzutrekken und sich hier niederzulassen, war mir cin Rätsel.

Es folgt die Einleitung zu meinem ersten Buch über die Frühgeschichte der sowjetisch-amerikanischen Beziehungen, das 1956 unter dem Titel Russia Leaves the War *erschien.*

PROLOG

Strahl' hell du
Peters Burg
Bleib fest
Als wie das Land.
Die Elemente, die bezwung'nen
Soll'n Frieden halten stets mit dir.

ALEXANDER PUSCHKIN,
DER EHERNE REITER

Sankt Petersburg – Petrograd, Leningrad, nennen Sie's wie Sie wollen – ist eine der eigenwilligsten, liebenswertesten, schrecklichsten und erregendsten Städte der Welt. Die hohe nördliche Breite, die extreme Schräglage der Sonnenstrahlen, die topfebene, häufig von breiten, schimmernden Wasserflächen durchbrochene Landschaft – all das betont das Horizontale zu Lasten des Vertikalen und gebiert ein Gefühl unendlicher Weite, Ferne und Kraft. Der Himmel beschreibt eine gewaltige Wölbung, der Horizont erstreckt sich lang und fern. Die kalten Wasser der Newa spalten die Stadt mittendurch, fließen schnell und still dahin wie graues Band weichen Metalls, vorbei an den granitenen Böschungen und massigen Palästen, verströmen den herben Duft der einsamen Wälder und

Sümpfe ihres Quellgebiets. Auf Schritt und Tritt spürt man die Nähe der großen Wildnis des russischen Nordens – schweigsam, düster, unerschöpflich geduldig.

In endlosem Reigen kommen und gehen die typischen Jahreszeiten des Nordens: die langen Winter voll Schnee und Dunkel; die endlos zögernde Zwischensaison aus grauem Himmel, Morast und allesdurchdringender Feuchtigkeit; die weißen Nächte der Sommersonnwende mit ihrer schemenhaft unheimlichen Poesie; schließlich der kurze, wehmütige Sommer, mehr Andeutung als Wirklichkeit, der kaum begonnen schon wieder endet und eben seiner Seltenheit und Kürze willen von den Einwohnern leidenschaftlich geliebt wird.

In einer solchen Stadt wendet sich unwillkürlich die Aufmerksamkeit des Menschen nach innen, achtet er vor allem seiner und seinesgleichen. Zwischenmenschliche Beziehungen erreichen hier eine seltsam dichte Lebendigkeit und Intensität, stets begleitet von banger Ahnung. Unter solchem Himmel scheinen die Finger des Schicksals aus ferner Unzugänglichkeit – den Strahlen der Sonne gleich – ins Dasein der Menschen einzugreifen, Leben und Weben des einzelnen zu gestalten; mit geradezu dramenhafter Präzision schürzt sich der Knoten der Ereignisse und treibt auf Lösungen zu, die kein Mensch erfunden und die doch jeder hernach als unausweichlich und fast schon wieder vertraut empfindet.

Seit jeher ist dies eine tragische Stadt, unter schwerem menschlichem Leid künstlich errichtet, geographisch deplaziert und dennoch voll besessener Schönheit, als habe eine ironische Gottheit alle Grausamkeit und alle begangenen Fehler wenigstens zum Teil wiedergutmachen wollen. Zweihundert Jahre lang war die Stadt Mittelpunkt eines ausladenden bürokratischen Machtapparats. Aber entgegen Puschkins Hoffnung war es ihr nicht bestimmt gewesen, den Kräften der Natur und des Wandels auf immer zu trotzen. Im 20. Jahrhundert mußte sie Prüfungen und Leiden erdulden, die in den Annalen der Städtegeschichte nicht ihresgleichen hatten, und verlor ihren Vorrang unter den Städten Rußlands.

Diese 1973 bei Wanderungen durch Leningrad entstandenen Eindrücke wurden in großem zeitlichem Abstand zu den vorigen niedergeschrieben; es sind Auszüge aus dem Aufsatz »Reflections«, der 1974 im New Yorker *erschien (Ausgabe vom 29. April).*

STRASSEN IN WIRKLICHKEIT UND TRAUM

An diesem Frühherbstmorgen läßt der Zug die Einöde der Karelischen Landenge, deren Kriegsnarben nachwachsende Jungbirken und -tannen eben zu decken beginnen, hinter sich und bewegt sich auf die weiten Flächen der Vorstädte in Leningrads Norden zu. Das Land liegt unter milchigen Schwaden, dem charakteristischen Schönwetternebel des nordeuropäischen Herbstes. Das Laubwerk – jedes Blatt – schimmert feucht, manchmal verschwinden die Wipfel der Tannen im Dunst. Bald wird sich der Nebel lichten, werden die fernen, schrägen, zur rechten Tageszeit und im Windschatten immer noch Wärme spendenden Sonnenstrahlen durchbrechen.

Die ersten Vorortbahnhöfe schwirren vorbei: lange, schmale Holzbahnsteige voll wartender Pendler, die der Durchfahrt unseres nur schwach besetzten Luxus-Schlafwagens mit unbewegten Gesichtern und stoischem Gleichmut begegnen. Die Szene beginnt sich zu beleben. Hier tritt ein schmuck uniformierter Offizier aus der Tür eines langgestreckten, niedrigen Wohnhauses und eilt zum Bahnhof; unter dem Arm trägt er eine Tasche und ist für den bürokratischen Tag gerüstet. Dort wartet am Bahnübergang der allgegenwärtige, verdreckte und verbeulte sowjetische Baulastwagen, auf dem Arbeiter und Arbeiterinnen hocken. Ein weiterer Pendler taucht auf, diesmal ein Zivilist, eilt ebenfalls zum Bahnhof, führt ein eifrig plapperndes Kind an der Hand.

Am Horizont verweist ein Wald von Baukränen auf eines der zahllosen Bauvorhaben eines Regimes, das seit jeher das Bauen dem Instandhalten vorzieht. In breiten Bahnen streben Betonwohnblocks zu diesem fernen Horizont hin, steigen grau und schwer aus dem Kot der Baustellen. Gleich hinter dem Horizont ahnt man die Nähe des Meeres – diesmal der im Newadelta endende Finnische Meerbusen –, und ein paar Augenblicke lang entfliehen, wie in den folgenden Tagen noch öfter, die Gedanken mindestens eines Reisenden in die Vergangenheit und Erinnerung. Die Flucht entführt ihn diesmal ins seltsame, inmitten der Bucht auf einer Insel gelegene Kronstadt mit dem alten Marinestützpunkt, der großen Kathedrale und der düsteren Geschichte. Aus unerfindlichem Grund fällt mir vor allem die Szene seiner Räumung am Ende des erfolglosen Kronstadter Aufstands von 1921 ein: Matrosen der Garnison, die sich jetzt gegen die Sowjetbehörden erheben, denen sie einst zur Macht verhalfen, versuchen verzweifelt, sich übers Eis zum Nordufer durchzuschlagen – jenes villenbestandene Ufer, das dort drüben gleich hinter den Baukränen und der fernen Baumkette liegen muß. Diese Stadt, diese Region, besitzt für mich seit jeher eine unerschöpfliche historische Beredsamkeit – großartig, schrecklich und tragisch. Sie schlägt mich in ihren Bann, noch ehe wir recht ihr Weichbild erreichen.

Nun sind wir im Finnischen Bahnhof. Die Geleise und Bahnsteige sind noch dieselben, aber das Bahnhofsgebäude ist neu, modern und hübsch, gehört zu den gelungeneren Arbeiten sowjetischer Architekten. Auf der einen Seite des breiten Freiluftfoyers, das den eigentlichen Bahnhof von den Bahnsteigzugängen trennt, steht auf einem kleinen Extragleis in würdevoller Weihestimmung die Lokomotive, die an jenem denkwürdigen Aprilabend des Jahres 1917 den Zug Lenins in den Bahnhof gezogen hat: eine schöne, Edwardianische Maschine, die etwas überrascht und zugleich angenehm berührt scheint, nach all den Jahren der Plackerei so geehrt und gehütet zu werden, und das alles um einer Arbeit willen, die sich damals recht alltäglich ausgenommen haben dürfte.

Doch nun entreißen mich liebe Freunde meinen Träumen, entführen mich durch vertraute und dennoch fremde Straßen. Ob ich sie vordem wirklich oder nur im Traum gesehen oder sie mir nur anhand der Lektüre ausgemalt habe, kann ich nicht unterscheiden. Hier auf der Litejny- (der früheren Alexander-) Brücke entfaltet sich wieder das ganze, atemberaubende Panorama der Newa und ihrer herrlichen Ufer in majestätisch-ruhiger Weite. Bald sind wir in den Straßen des Stadtkerns, und hier überfallen mich Assoziationen mit solcher Wucht, daß sie sich zum wortlosen Gebrüll vermengen und ich wie benommen bin.

Fast ziellos wandere ich an diesem ersten Morgen durchs alte Admiralitätsviertel, das mir etwas vergangenheitstrunken scheint. Ehe ich mich's versehe, schlendere ich den Moika-Kanal entlang, vorbei an Sommergarten und Marsfeld, zum Schloßplatz. Trotz – oder gerade wegen – der einschüchternden Fülle großer Paläste, die stirnrunzelnd herunterblicken, nehmen sich diese Straßen eigenartig leer, vernachlässigt, fast verlassen aus. Man ist versucht, in dieser Leere eine Bestrafung durch die sowjetischen Behörden ob ihres einstigen Glanzes zu vermuten, bis einem einfällt, daß schon Reisende vor gut hundert Jahren denselben Eindruck der Leere gewonnen haben.

Am Pewtscheski Most, der einstigen Sängerbrücke (so genannt, weil einst in einem auf sie herabblickenden Gebäude die Gesangs-Hofschule untergebracht war), sehe ich mich den Fenstern am östlichen Ende des gewaltigen, sichelförmigen Gebäudes gegenüber, das die Südseite des Platzes vor dem Winterpalast einrahmt und früher problemlos die Büros des Generalstabs, der beiden Großministerien für Finanzen und Äußeres, den feudalen Wohnsitz des Außenministers und sogar noch die Wohnung seines höchsten Beraters beherbergt hatte. Mir gegenüber jetzt der Flügel des Außenministeriums. Mir fällt ein, daß hinter diesen Fenstern einst Männer wie Nesselrode und Gortschakow und Giers gelebt haben müssen, ihre schwerfällig-üppigen diplomatischen Empfänge gaben, ihre eleganten diplomatischen Noten – meist in Französisch – redigierten und sich in giftigen Geplänkeln mit fremden Botschaftern übten. Gerne wäre ich hineingegangen und hätte mir die Räume angesehen, in denen sich all dieses abgespielt hatte, aber dieser Gebäudeteil wird wohl jetzt als Klinik genutzt, und so möchte ich die Ärzteschaft nicht in Verlegenheit bringen, wenn ich einfach auftauche und ein so merkwürdiges Vorhaben zu erklären suche.

Statt dessen begebe ich mich in den Hof eines Gebäudes an der Moika, das alte Wolkonski-Palais, wo der Dichter Puschkin in einer bescheidenen Wohnung mit Blick auf den Kanal im Februar 1837 den im Duell mit einem erbärmlichen Schmarotzer der Diplomatenkolonie erlittenen Wunden erlag. Über ein volles Jahrhundert war diese Wohnung von einer langen Reihe gewöhnlicher Mieter als ganz normale Unterkunft benutzt worden (und hatte zwischendurch auch als Polizeirevier gedient). Trotz der Plakette an der Außenwand dürften vielen Bewohnern jene tragischen Stunden von 1837 kaum mehr als eine vage Legende gewesen sein. Inzwischen jedoch haben die Sowjetbehörden (und dies gereicht ihnen zur Ehre) die Wohnung wieder beansprucht und mit jener eigenen, eindrucksvollen Liebe restaurieren lassen, die Russen solchen Dingen zuwenden, wenn sie sich damit überhaupt abzugeben beschließen. Man kann sie also jetzt besichtigen, teils mit Originalstücken des damaligen Puschkin-Haushalts, teils mit anderem Mobiliar der Zeit eingerichtet, die Zimmer in genau der Anordnung wie im Sterbe-Augenblick des Dichters, den die angehaltenen Zeiger der Uhr vermerken. Der kunstfertige Kurator hatte den blendenden Einfall, an die alte Eingangstür, auf die beim Ersteigen der Treppe der Blick fällt, zwei gekritzelte Zettel zu heften; der zweite – traurig und verzweifelt – war damals tatsächlich von Freunden des Sterbenden an die Tür gehängt worden, um die draußen wartende Menge vom Todeskampf des Dichters zu unterrichten.

Eine kleine Gruppe sowjetischer Besucher hat sich zum Rundgang durch die Wohnung versammelt. Ich schmiege mich so unauffällig wie möglich in diese Menschenlandschaft und gehe mit. Der Fremdenführer ist ein vorsichtig dreinschauender junger Mann, der sein Sprüchlein (nicht allzugut) auswendig gelernt hat, es hastig und monoton herunterleiert, und für den die Anwesenden offenkundig Luft sind. Doch für jemand, dem russische Literatur am Herzen liegt, kann nichts die stumme Ausdruckskraft der Szene schmälern. Hier, umgeben von den Stücken echter Puschkiniana, glaubt man geradezu die schmächtigen, gequälten Umrisse des Dichters – des Mannes, ohne den die russische Sprache, wie wir sie kennen, undenkbar wäre – auf der lederbezogenen *Couchette* neben dem Bücherbord ausgestreckt liegen zu sehen, das kräftige, stille Gesicht mit der hohen Stirn, den lockigen Koteletten, den leicht afrikanischen Zügen, wie sie sich in der Totenmaske zeigen.

»Ein Denkmal habe ich mir gesetzt, dauernder als Erz«, schrieb Puschkin einmal. Wahrlich, das tat er; selbst der Fremdling spürt und begreift es, und als ich wieder auf die sonnenbeschienene Uferstraße hinaustrete, bin ich wohl kaum weniger erschüttert als es jene gewesen sein mochten, die an jenem epochalen Winternachmittag hier standen und auf das Ende warteten.

Ich fahre mit dem Bus in mein Quartier zurück. Die Haltestelle liegt auf der früheren Morskaja oder Seestraße, die jetzt Uliza Gerzena heißt (wieviel natürlicher und sprechender waren doch die alten, zaristischen Straßennamen als die gestelzten politischen von heute). Wartet man hier auf den Bus, so sieht man jenseits der Straße auf die hohe Fassade des einst berühmten Kaiserlichen Jachtclubs – protzigstes und exklusivstes Petersburger Etablissement dieser Art, Tummelplatz der Großfürsten, Minister, Diplomaten und anderer Würdenträger, die einer Jacht kaum näher gekommen sein dürften als bis zum Clubgebäude. Heute ist an dem Bau nichts Bemerkenswertes mehr. Seine Fassade unterscheidet sich kaum von den anderen, vierstöckigen Reihenhäusern dieses Teils der Stadt. Er beherbergt inzwischen (der Betrachter stellt sich ein ironisches Lächeln auf den Lippen des dafür verantwortlichen Funktionärs vor) irgendein Amt für Binnenwasserstraßen. Theoretisch und unter sozialen Gesichtspunkten sicherlich eine bessere Nutzung des Gebäudes. Ein bißchen aber seufzt man schon, wenn man die dereinst so bombastisch-exklusive Fassade hinaufblickt und daran denkt, welche Schlemmermahlzeiten hier einst verzehrt, welche Weine getrunken worden sind, von der unvergleichlichen Bedienstetenschar ganz zu schweigen. Und man fragt sich (eine gotteslästerliche Frage), ob die damaligen Menschen nicht doch die Stadt farbiger und abwechslungsreicher empfanden in dem Wissen, daß in diesen Räumen die feinste Nahrung des damaligen Nordeuropa zubereitet wurde (auch wenn sie selbst sie nicht genießen durften), daß hier eindrucksvolle Eleganz und erlesener Geschmack herrschten. Ist es – anders gesagt – nicht ein gewisser Trost, ein leichtes Hoffnungssäuseln, zu wissen, daß wenigstens einer – ist man's gleich nicht selbst – gut lebt, daß gut leben zumindest theoretisch möglich ist?

Der Bus schaukelt frohgemut den breiten Newski Prospekt hinunter, im dichten Gedränge kann niemand umfallen. Nach allen Seiten werfe ich Blicke blanker Neugier durch die Fenster, soweit es die Köpfe der Passagiere erlauben. Die holzgepflasterten Bahnen, auf denen in früheren Zeiten die Pferdegespanne so schweigsam und bequem des Weges zogen, haben jetzt den riesigen, einförmigen Asphaltdecken Platz gemacht, die den sowjetischen Stadtplanern so sehr ans Herz gewachsen scheinen. Doch immer noch ist diese Straße die Hauptverkehrsader. Die Trottoirs sind von ameisengleichem Fußgängergewimmel verstopft. Neuerdings scheinen die Stadtväter ernstlich bemüht, den angrenzenden Ladenzeilen wenigstens etwas von ihrer traditionellen Vielfalt und Eleganz zurückzugeben. Die Mühe war freilich nur in Teilen erfolgreich, und am Ende meiner Busfahrt angelangt, denke ich über die Gründe dafür nach.

Der Weg vom Bus zu meiner Unterkunft führt mich durch eine lange Seitenstraße im östlichen Abschnitt, die nie zum schicken Viertel gehörte, sondern einmal von der halbreichen Bourgeoisie und Intelligenzija bewohnt worden war. Eine Straße wie viele andere: Baumlos und freudlos erstreckt sie sich zwischen schweren, hohen Fassaden höhlenhaft hin. Letztere sind verblaßt und blättern ab. So erstaunlich die Leistungen der Stadtväter beim Wiederaufbau nach den Verheerungen durch Revolution, Bürgerkrieg, Fünfjahrespläne und schließlich Krieg und Blockade auch gewesen sind, es gab doch Grenzen. Auf einer Straßenseite stelle ich indessen fest, daß entlang dem Bürgersteig etwa im 40-Meter-Abstand viereckige, mit Kapuzinerkresse bepflanzte Kübel aufgestellt worden sind. Sie müssen hingebungsvoll gegossen worden sein, denn die Kresse gedeiht prachtvoll. Mehr noch: An einem Gebäude, gleich neben einer Polizeistation, lese ich ein hoffnungsvolles, fast sehnsuchtsvolles Plakat: »Dieses Haus wetteifert um den Sieg im Kampf um exemplarische Ordnung und hohes Kulturniveau im Alltag.«

Diese Versuche, mit kollektiver Anstrengung etwas von der Sauberkeit und Frische und Lebendigkeit zu erreichen, die andernorts oft (nicht immer) durch individuelle Initiative erzielt werden, hat stets etwas Rührendes an sich. Man wird sich der theoretischen Überlegenheit der hiesigen Motivation bewußt: Natürlich sollte es möglich sein, daß Menschen kollektiv etwas zum Nutzen aller tun, das im Westen in der Regel zum Nutzen des einzelnen Besitzers getan wird, entweder (bei kommerziellen Einrichtungen) für materiellen Gewinn oder zugunsten des Sozialprestiges bei den Nachbarn, manchmal auch zur schieren Befriedigung des eigenen guten Geschmacks. Und doch funktioniert das nie so recht, wie man sieht. Es kommt nie dasselbe dabei heraus. Sollte der Mensch so unvollkommen sein, daß sich zuerst der Geschmack des einzelnen – oder, wenn Sie wollen, der selbstische, ja der Geschmack der Klasse – entwickeln muß, bis sich endlich Gewohnheiten herausbilden, Erfahrungen einnisten, Abneigungen geformt sind gegen Geschmacklosigkeit? Dennoch überkommt einen beim Gang durch die Seitenstraße die Lust, den Blumenkästen und ehrgeizigen Plakaten zuzujubeln und den Bewohnern eben dieses Hauses bei ihrem Wettbewerb um den Sieg der exemplarischen Ordnung alles Glück zu wünschen. Möge ihr Schwung – entgegen so vielen ähnlichen Ansätzen in Sowjetrußland – nicht erlahmen aus Entmutigung, Gleichgültigkeit oder auch nur, weil ein unternehmungsfreudiger Parteisekretär wegversetzt wird.

Sieht man einmal vom Kanalausbau der Meeresmündung ab, so bleiben allein im Hauptteil der Stadt südlich der Newa runde dreißig Kilometer künstlicher Kanäle. Sie alle sind eine Hinterlassenschaft der ursprünglichen Planung durch Peter den Großen. Tatsächlich hatte er noch viel mehr beabsichtigt. Natürlich tragen sie zur pittoresken Einmaligkeit der Stadt bei; ohne sie wäre es eine andere Stadt. Vergleicht man sie indessen mit den Kanälen andernorts, so kann man sie nicht als völlig gelungen bezeichnen. Ihre granitenen Böschungen sind zu hoch, zu steil, zu abweisend. Es fehlt ihnen die Intimität der Amsterdamer Grachten, der sanftere Abschwung der Ufer der Seine. Sie sind nicht von regem Verkehr belebt. Der einsame Rudersmann, dem man hin und wieder begegnet – der Bursche, der am Sommergarten ein Boot gemietet hat, um mit seinem Mädchen hinauszurudern, und der sich nun in die Windungen der Moika oder Fontanka verirrt –, nimmt sich, von Brücke oder Ufer aus betrachtet, verloren aus dort unten zwischen den steilen, stirnrunzelnden Uferseiten, wo er nirgends Halt findet, kaum irgendwo anlegen kann. Man hat das Gefühl, wenn er über Bord fiele, gäbe es gleichwie in einer großen

Zisterne keinen Platz, zu dem er hinschwimmen und an Land gehen könnte.

Der angenehmste dieser Kanäle ist in meinen Augen die Fontanka. Man hat den Eindruck (da kann ich mich natürlich täuschen), als sei sie ein bißchen breiter und weniger träge als die andern. Einen besonders schönen Blick darauf hat man sicherlich von der alten St.-Simeons-Brücke aus, auf halbem Weg zwischen Newski Prospekt und Sommergarten. Blickt man von hier aus nach Norden, so wandert das Auge der Uferböschung entlang zu den Gärten des Ingenieursschlosses, wo bald nach der Erbauung der unglückliche Zar Paul I. eines Nachts von seinen freundlichen Hofschranzen erdrosselt wurde, und wo seither Generationen von Studenten dieses unerfreuliche Ereignis im Kampf mit Lineal und Reißbrett zu sühnen trachten. Der Blick nach Süden reicht bis zur vornehmen Fassade und zum kanalseitigen Garten des einstigen Scheremetjew-Palastes und ist nicht weniger angenehm. Gen Westen zu steht der alte Zirkusbau – eines der wenigen Überbleibsel der architektonischen Blütezeit des 19. Jahrhunderts, das auch heute noch dem damaligen Zwecke dient. All das ist bestes Petersburg des 18. und 19. Jahrhunderts.

Am erfreulichsten jedoch an einem schönen Septembermorgen ist ein winziger Platz am östlichen Ende der Brücke, der aussieht, als sei er durch die Zerstörung eines Gebäudes dort im Kriege versehentlich entstanden. Auf ihm erhebt sich eine einzige Birke; ein paar Büsche und Bänke gibt es noch. Morgens und mittags fällt die Sonne in ihn ein, und die hohen Bauten der Umgebung schützen ihn vor dem Nordwind. Dort macht man sich's offenbar in den wärmeren Stunden gern bequem, zumeist ältere Leute, die vermutlich – jedenfalls zum Teil – noch die Belagerung und Hungersnot erlebt haben und nun froh sind um jeden Frieden, den das Leben bietet. Auf den Wegen vor ihnen spielen Kinder (sind doch in Rußland das Kinderhüten und -ausführen der große Zeitvertreib der Alten) und watscheln Tauben.

Ich betrachte diese unbefangene kleine Gesellschaft auf den Bänken, die sich in der Sonne räkelt, plaudert und die Tauben füttert, und ich frage mich, was die Szene so anheimelnd macht. Es kommt mir in den Sinn, daß hier etwas ist, was man in dieser weiträumigen, doch streng geordneten Stadt ansonsten vermißt, etwas, das man als erfreulich unstrukturiert, unerwartet und unbeabsichtigt bezeichnen könnte. Der kleine Park durchbricht die Symmetrie dieser höchst symmetrischen Planung, und das wirkt sich erfrischend aus. Wie lange noch wird es dauern, fragt man sich, bis die Stadtplaner hier und anderwärts begreifen, daß die Menschen in einer Stadt ganz und gar nicht – oder jedenfalls nicht nur – großartig angeordnete Aussichten und säuberlich gezirkelte Geometrie wollen, sondern Vielfalt und Intimität: die gewundene Straße, das plötzliche Abschweifen, die Nische, in der nichts geradeaus ist, den Platz, das Haus, das Zimmer, die eben nicht sind wie ein anderer Platz, ein anderes Haus, ein anderes Zimmer. Gewiß erschöpft sich nicht hierin ihr Sehnen: Schon gar in Leningrad möchte niemand die großartigen Plätze und Parks und »Prospekte« missen, mit denen eine vergangene Dynastie die Stadt bedacht hat. Indessen sehnt man sich hin und wieder schon nach der genialen Unordnung Roms oder Londons, auch nach der des vorrevolutionären Moskau, die die dortigen Stadtväter jetzt mit aller Kraft zu zerstören suchen. Hat auch beides seinen Platz, so ist doch das Großartige offenkundig der Feind des Heimeligen, weil ersteres vermutlich den Menschen aus der tröstlichen Ungeordnetheit der Natur herauszureißen sucht, in der er einst sein Zuhause hatte und in deren Unberechenbarkeit er Jahrmillionen lang seine Sicherheit zu finden wußte.

Ein anderer Morgen, ein anderer Teil der Stadt. Vom Bürgersteig auf der Südseite des Newski Prospekts aus kann man unmittelbar den inneren Eingangshof des heutigen Ingenieursschlosses und einstigen Anitschkow-Palais betreten – ein goldener Käfig, der früher von Zeit zu Zeit Mitglieder der Zarenfamilie beherbergte, darunter auch den unglücklichen Nikolaus und Zarin Alexandra. Da das Gebäude unmittelbar an der großen, bevölkerten Straße stand, mußte es auch entsprechend bewacht werden.

Steht ein Haus unter Bewachung, dann ist es fast gleichgültig, ob sie jemanden drinnen oder andere draußen halten oder auch beides soll. Die Wirkung ist ziemlich dieselbe. So waren insbesondere seit den sechziger Jahren des vorigen Jahrhunderts die Zaren (wie meist die Herrscher, die viele zu Gefangenen halten) tatsächlich selbst

Gefangene, und ihrem Nachfolger Stalin erging es später nicht anders. Verschlossen war ihnen die Freiheit verborgener Anonymität, verschlossen das unbezahlbare Privileg, eine Straße – jede Straße – beobachtend und dennoch unbeobachtet hinunterzuschlendern. Die physische Ausstattung der Gefängnisse, in die sie eingesperrt waren, war natürlich bequem im Vergleich zu denen ihrer Opfer (wenngleich nicht immer so komfortabel, wie die Leute meinen), aber die warme Gemeinschaft und Kameraderie, die das Leben in gewöhnlichen russischen Gefängnissen recht erträglich machte, blieb ihnen ebenso vorenthalten wie der Trost, sich als Opfer der Ungerechtigkeit eines Dritten fühlen zu dürfen. Die Urteile, die *sie* fällten, hatte der Zufall der Geburt schon über sie selbst gesprochen, und mochten sie diesen Zufall noch so verwünschen – Mitleid darob konnten sie von niemandem erwarten, höchstens Neid und Mißgunst. Womit sich der Gedanke aufdrängt, das allgemeine Unglück der russischen Gesellschaft im 19. Jahrhundert komme – ganz entgegen dem marxistisch revolutionären Mythos – keineswegs daher, daß glückliche Bösewichter es über unglückliche Gute gebracht hätten, sondern daß es ein allgemeingültiger, sie alle umfassender Zustand war. Die Rolle eines jeden in dem gemeinsamen Szenarium wurde in der Regel weder durch die Tugendhaftigkeit noch durch die Untugendhaftigkeit des einzelnen bestimmt, sondern durch die unergründliche Bestimmung, daß ein jeder von uns das Kind *seiner* und keiner anderen Eltern ist und bleibt. Glück oder Unglück der vorbestimmten Rolle war nicht zwangsläufig die Folge überkommener Lebensstationen.

Nicht weit vom Anitschkow-Palais tut sich der liebliche kleine Park vor dem alten Alexandra-Theater auf, das heute als Staatlich-Akademisches Theater für Dramatische Kunst dem Gedenken A.S. Puschkins geweiht ist. Es ist noch früh am Tag. Die Parkwege sind noch sauber. Die geduldigen, kopftuchbewehrten älteren Frauen, die in Rußland derlei Arbeit Jahr für Jahr, Jahrhundert für Jahrhundert verrichten, haben sie auch heute sorgfältig mit ihren Reisigbesen gefegt, und die Spuren der ausladenden Besenschwünge sind noch im feuchten Sand erkennbar. Die herrische Gestalt Katharinas der Großen, die mit dem Zepter in der Hand nach Art gemeißelter Monarchen voranprescht, beherrscht von ihrer einsamen Höhe aus den Park. Da sie das Glück hatte, über Rußland zu einer Zeit zu herrschen, als es weder ein Industrieproletariat noch eine moderne Revolutionsbewegung zu unterdrücken gab, hat sie die gefährliche Zeit der zwanziger und dreißiger Jahre überstanden, als auch ihr durchaus der Sockelsturz gedroht haben könnte, und sie wird vermutlich noch ein weiteres Jahrhundert ausharren, es sei denn, die Benzindämpfe machten ihr den Garaus.

Auf einer Steinbank, die den Sockel des herrischen Standbilds in halber Höhe umrundet, sitzen immer noch die legendären Gestalten ihrer politischen und persönlichen Entourage, die großen Namen des russischen 18. Jahrhunderts: Derschawin, Rumjanzew, Suworow, Potemkin, et cetera. Schön gekleidet, mit kräftiger, lebhafter Gebärde, aber doch auch leicht gehemmt, prekär in ihrer Höhe sitzend, die elegante Haartracht mit Taubenkot beschmiert, nehmen sie sich aus wie Menschen auf einer Estrade, die trotz der zahllosen, auf sie gerichteten Augen Gleichmut verströmen wollen.

Das Alexandra-Theater scheint unverändert. Immer noch steht da die ursprüngliche Quadriga, deren Pferde scheuen und ausschlagen und in verschiedene Richtungen ziehen wie alle Quadrigapferde der Welt, die etwas auf sich halten. Darunter heben sich auf der dreieckigen Frontseite des Portikus die beiden zurückgebeugten Grazien vom charakteristisch gelben Hintergrund aller Petersburger Architektur in weißem Basrelief ab, strecken in schwesterlicher Gemeinschaft ihre Kränze der Lyra entgegen, die mittlerweile zwischen ihnen steht (und offenbar den kaiserlichen Doppeladler der Zarenzeit ersetzt hat).

Das Theater erlebt gerade ein *bolschoi remont*, wie die Russen sagen. Gerüste sind an zwei Seiten hochgeklettert. Ein Plakat auf Augenhöhe läßt den Schluß zu, daß hiermit der baldige Auftritt der Washingtoner »Arena Stage« vorbereitet wird, die Thornton Wilders *Unsere kleine Stadt* aufführen will. Ich erinnere mich, daß aus eben diesem Theater der todunglückliche Anton Tschechow nach dem grotesken, unglaublichen Reinfall der Uraufführung seiner *Möwe* im Oktober 1896 davonrannte – tief getroffen und verbittert davonrannte und bis zwei Uhr in der Früh ziellos in der Menge auf dem Newski umherirrte, allen Freunden aus dem Wege ging und sich schwor, nie wieder ein Stück zu schreiben. Nun war ja *Die*

Möwe bei weitem nicht sein bestes Stück, und vermutlich ist er den Kummer wegen der Unvollkommenheiten nie ganz losgeworden. Doch enthielt sie schon den Keim zu den späteren großen Stücken – die in gewisser Weise das Fundament legten für die moderne Bühne –, und wie ich das Theater hinter mir lasse, frage ich mich, ob es ohne diese erste Anstrengung und Todesqual Tschechows je ein *Unsere kleine Stadt* gegeben hätte, das die »Arena Stage« hätte aufführen können.

Das einstige Petersburg war keinesfalls mehr als das heutige Leningrad eine ausschließlich aus Licht und Raum und Hoffnung bestehende Stadt. Es besaß seine grauen, düsteren, deprimierenden Durchgangsstraßen, und nicht gerade wenige: lange, schnurgerade Straßen, enger als die großen »Prospekte«, gesäumt von ununterbrochenen Reihen dräuender, drückender Mietskasernen (wie man sie in Deutschland nennt) im wilhelminischen Berliner Stil – ungerührt monoton, feindselig, bedrohlich gar. Auf meinem Weg vom Alexandra-Theater nach Westen zum einstigen Heumarkt und seiner Umgebung nähere ich mich jetzt diesen Straßen. Gogol hat sie gekannt, und Dostojewski. Es sind die Straßen, durch die Dostojewskis Raskolnikow nach seinem Verbrechen irrte. Sie sind der Gegenpol der Schönheit und Herrlichkeit gleich nebenan, und ihre Unheimlichkeit wird von der hohen nördlichen Breite nicht weniger akzentuiert als die Schönheit der letzteren. Es stünde den Architekten der Städte im hohen Norden gut an zu bedenken, daß alle Wirkungen ihres Tuns, das Schöne ebenso wie das Häßliche, das Hoffnungsfrohe wie das Entmutigende, gleichermaßen verlängert werden wie die Schatten in einer Welt, in der die Sonne, wenn sie denn überhaupt erscheint, stets in schrägerem Winkel steht als anderswo. Selbst der unerschrockene Autor des Baedeker von 1914 zuckte zurück, verlor seine Begeisterung und verzog sich, wenn er auf derlei Bezirke traf. Die inneren Teile der Wassili-Insel, so schrieb er, »bieten dem Fremden nichts Nennenswertes«.

Und doch scheint sogar in dem Beieinander von Licht und Schatten, das diese Stadt kennzeichnet, irgendwo eine heimliche Absicht und Bedeutung und Einheit zu stecken, der Anklang einer verschleierten Zielvorstellung, die weiter und tiefer reicht und geheimnisvoller ist als die ungeschlachten See- und Weltmacht-

Ambitionen des unerbittlichen Riesen – teils Junge, teils Tyrann, teils Genie –, der diese Stadt erfand und auslegte. Hier war eine höhere Hand am Werk, wohl wissend, was sie tat, hat diese Wasserflächen, Inseln, Gärten und Plätze disponiert, und auch diese Brokken aus Düster und Drohung. Die Poesie der Bedeutung entzieht sich dem Zugriff, vergebens versucht man sie in der Erinnerung und Vorstellung zu erhaschen wie etwas, das im Traum ganz klar und kohärent vor dem Auge stand, sich aber dem wachenden Sinn nicht erschließen will und einzig zurückläßt das Wissen, daß es gewesen.

Ein Nachmittagsbummel führt mich ans östliche Ende des Newa-Ufers, zu dem Punkt, an dem die lange Reihe der Paläste (zwischen dreißig und vierzig), die sich östlich der Eremitage erstrecken, endet und einer weniger glänzenden Wohngegend Platz macht. Die Uferstraße badet jetzt in der sinkenden Sonne eines Herbstnachmittags. Die nach Norden weisenden Palastfassaden, die also gewöhnlich der Sonne entbehren (worüber sich die Bewohner bei aller Großartigkeit der Bauten oft beschwerten), genießen jetzt eine knappe Stunde wärmender Helle. Nahe der alten Alexander-Brücke stehen Fischer in Reih und Glied, strecken ihre Ruten weit hinaus, um den Steinhang unter sich zu überwinden, sind für diesen Augenblick allesamt Brüder in diesem ältesten, friedlichsten menschlichen Zeitvertreib. Vor ihnen kreisen und tauchen Meerschwalben über dem kalten, graugrünen Wasser, jagen vermutlich dieselben winzigen Fische. Jenseits des Flusses, am Eingang zu dem als Große Newka bekannten Zwischeninsel-Kanal, zeichnen sich fern die altmodischen Umrisse des berühmten Kreuzers *Aurora* ab, der heute Museum ist – ein Schiff, das mit dem bloßen Feuern von Platzpatronen als Signal fürs Losschlagen am Abend des 7. November 1917 größeren Ruhm einheimste als die meisten Kriegsschiffe mit Unmengen scharfer Salven. Wie so vieles in dieser Stadt ist auch das Schiff jetzt eingegangen in das, was wir die Mythologie der Geschichte nennen können, bezieht seine Bedeutung nicht etwa aus dem, was es tatsächlich tat, sondern was der Volksmund vermeint.

Auf der Straße, die hinter den Fischern dem Kai entlangläuft, herrscht kaum Verkehr. Leute führen ihre Hunde aus, und gleich jenseits der Brücke, vor dem Gebäude der einstigen französischen Botschaft, balgen sich zwei dieser Hunde wie überall auf der Welt –

nicht anders, als kapitalistische Hunde es tun. Vor zehn oder zwanzig Jahren hätte man überhaupt keine Hunde angetroffen.

Auf dem Heimweg komme ich auf der früheren Furschtatskaja an dem Gebäude vorbei, das vor der Revolution die amerikanische Botschaft beherbergt hatte. Das Gebäude ist jetzt fein herausgeputzt und mit einem neuen Zentraleingang versehen worden. Auf einer Plakette wird es als »Amt für die Registrierung von Personenstandsurkunden« bezeichnet. Kurzum: das Standesamt für Eheschließungen. Da die Behörden immer noch der Kirche den Rang abzulaufen suchen, wenn – weil sich die Menschen nun einmal unstillbar danach sehnen – wichtige Ereignisse des persönlichen Daseins feierlich zu gestalten sind, haben sie das Gebäude herausgeputzt und ihm eine Art Zuckerbäcker-Eleganz gegeben, die es selbst in den Jahren seiner diplomatischen Karriere nicht hatte. Hinter diesen Fenstern saß in den Schreckensmonaten von 1917 Botschafter David Francis, vordem Bürgermeister von St. Louis und Gouverneur von Missouri, rauchte seine Zigarren, nahm seine Französischstunden bei einer Dame deutschen Namens, und kämpfte verbissen mit seinen gewiefteren Karrierediplomaten, die der Dame die falschen politischen Verbindungen nachsagten und finstere Unkenrufe ob der Folgen solcher Verbindungen ausstießen. Heute, an diesem kühlen Herbstabend 1973, steht eine von den zuvorkommenden Stadtvätern eigens zu diesem Zweck abgestellte Reihe von Spezialtaxis, die sich durch zwei sinnig verschwisterte Ringe auf dem Dach auszeichnen, wartend am Straßenrand. Im vordersten Taxi die Braut im traditionellen, langen weißen Kleid und mit Schleier, aufgeregt und triumphierend; neben ihr sieht der Bräutigam im dunklen Anzug und offenen Rüschenhemd unglücklich und betreten drein; um sie herum hat sich, wie überall auf der Welt bei solcher Gelegenheit, eine kleine Schar von Passanten versammelt, gafft, bewundert, kritisiert.

Gleich neben dem Standesamt für Eheschließungen befindet sich eine entsprechende Institution für die Registrierung von Geburten – Ersatz für das Taufamt. Auch hier eine kleine Gruppe, diesmal aber auf dem Bürgersteig – die ganze Familie: Großeltern, Verwandte, der Vater, und vor allem natürlich die junge Mutter, die das Baby auf einem Spitzenkissen trägt und es dem Ah und Oh aller Vorbeikommenden zur Schau stellt. Der Abenddämmerschein liegt auf dieser kleinen Szene, die ergreifende Selbstverständlichkeit atmet und so lebensfroh ist wie ein Renaissancegemälde. Steht man hier inmitten der Schaulustigen, so wird einem bewußt, daß man Zeuge wird, wie unbeirrt der gewöhnliche Mensch darauf beharrt, leben und hoffen zu dürfen, wie Menschen seit jeher leben und hoffen, wie er seinen Glauben an die Kontinuität des persönlichen Lebens behauptet, einen Glauben, der nichts mit Vernunft und nichts mit politischen Doktrinen zu tun hat, zu guter Letzt indessen über beide triumphiert.

Nach langem, geduldigem Aufstieg über die Wendeltreppe stehe ich an diesem letzten Morgen auf dem Rundgang am Fuße der Kuppel der Isaaks-Kathedrale. Es nieselt. Unter uns liegen die Dächer der Stadt. Von irgendwoher aus dem Mauernwald hinter uns ertönt dröhnend die Konservenstimme des offiziellen Führers und Propagandisten und läßt uns wissen, das nach Westen sichtbare, gedrungene Häusermeer sei die Folge des Geizes der kapitalistischen Stadtentwickler – gewiß nicht unwahr, aber wohl kaum die ganze Geschichte. Im Norden sieht man das alte Petersburg im besten, strahlenden Glanz: die Admiralität, den Winterpalast, den Alexandergarten. Vermutlich könnte man erwähnen, auch sie seien von Kapitalisten erbaut worden.

Marquis de Custine nannte Petersburg in all seiner Größe einmal ein Monument der Zukunft. Die Vergangenheit, meinte er, habe es nicht verdient, und auch die Gegenwart nicht. Was wir jetzt sehen, ist *seine* Zukunft, und auch sie wird der Größe nicht gerecht. Keine menschliche Gesellschaft wird es je können. Man muß den Urhebern der Revolution zugestehen, daß der Pomp, die Anmaßung, die impliziten Ansprüche dieser Stadt jegliche potentielle Dimension des sterblichen Menschen überstiegen. Niemand – schon gar nicht der arme Nikolaus II. oder die rund 18 Großfürsten seiner Umgebung – konnte ihr je auch nur entfernt gerecht werden. Das gilt nicht nur für die Architektur und fürs Dekor, sondern überhaupt für die Struktur institutioneller Grandeur, an deren Spitze der Monarch stand: Hof, Bürokratie, Garderegimenter, ja sogar die Hierarchie der vom Staat beherrschten und bürokratisierten Kirche. Bloße, wie alle Sterblichen von Ängsten und Leidenschaften, Eifersucht und Krankheit gequälte Menschen mußten einfach absurd und unwohl wirken auf einer Bühne, die sie zu lachhaften Zwergen schrumpfte. Diese Anomalie, dieser hoffnungslos unüberbrückbare Schlund zwischen Anspruch und Wirklichkeit, war für niemand zu übersehen. Die Folge war, daß man sie ins Lächerliche zog und verächtlich machte. Und im Laufe der Zeit schuf sie eine geradezu physische Isolierung der privilegierten Klassen, die letztlich deren Untergang bewirkte.

Nun mag man sagen, die Revolutionäre hätten recht gehabt: Diese Leute verlangten zu viel, verstiegen sich in von der wirklichen Qualität nicht gerechtfertigte Posen, lebten in unverdientem Luxus; sie verdienten ihr Elend; Gott sei Dank sind wir sie los.

Ja, schon - aber ... das war ja nun kein rußlandspezifisches Problem. Dieses Problem gab es überall, wo sich eine Dynastie mit den Symbolen der Größe umgab. Auch in ganz Westeuropa hatte es dieses Problem gegeben. Es war ein überall gültiges Merkmal des dynastischen Zeitalters. Und dann: War das alles so ganz und gar nutzlos? Diese Gebäude, dieser Symbolismus, diese Titel und Uniformen und Orden - dieser ganze Pomp –, galt dies je als Wirklichkeit? Ging je einer davon aus, daß die Menschen ihm tatsächlich auf den Leim gingen? War es nicht vielmehr der Traum, die Vision, das Ideal des potentiellen Menschen - des geadelten, geisterleuchteten, selbstbeherrschten, über sich selbst erhobenen Menschen? Und ohne dieses Theater, ohne dieses nie-endende, ritualistische Spielen des noch nicht Existenten aber eines gewissen Tages Erhofften, ohne diese Bezeugung des Glaubens an des Menschen Zukunft - was hätte es im alten Europa gegeben an Kunst und Architektur, an Gestaltung und Ausschmückung, an gutem Geschmack, Phantasie und Inspiration?

Gerade gestern hatte ich das prächtig restaurierte Schloß im Leningrader Vorort Pawlowsk besichtigt. (Auf die hier geleistete Restaurierungsarbeit können die Russen wahrlich stolz sein, gehört sie doch zum vorzüglichsten, was in dieser Kunst je geleistet worden ist.) Anschaulicher läßt sich das Dilemma königlicher Größe überhaupt nicht darstellen. Kein Mensch könnte in diesem Bau wirklich in dem Sinne *wohnen*, daß er jeden Raum nutzte, sich auf jeden Stuhl setzte, jede ornamentale Verästelung wahrnähme, jeden Hauch der Eleganz und Würde erspähte. In diesem Rahmen würde jede rein menschliche Gestalt zwangsläufig zum klappernden Gerippe. Doch wo, wenn nicht hier, hätte die Brillanz dekorativer Kunst und guten Geschmacks Hunderter anderer Gebäude ihr Modell finden können? Ja, wo stünde die Architektur ganz Europas ohne die großartigen Königsbauten, die den Ton angegeben haben? Kurzum: War es letztlich nicht doch wünschenswert, daß irgendwelche (im übrigen durchaus gewöhnliche, dem Anspruch alles andere als genügende) Leute, die nach jeder Vorstellung ihre Schwitzfüße badeten, allerlei unpassendes Zeug redeten und sich wie jeder Sterbliche auf tausenderlei Weise ganz albern danebenbenahmen – war es nicht wünschenswert, daß wenigstens sie die Rolle spielten, anstatt daß die Rollen auf immer ungespielt blieben, und sei es auch nur, um dem Bühnendekor zu einer Existenzberechtigung zu verhelfen und ihm die Chance zu geben, die Menschen daran zu erinnern, was der Mensch sein oder wie man sich ihn zum mindesten vorstellen könnte? Haben nicht die Menschen die dunklen Stunden der Geschichte dank solcher Visionen durchgestanden, andernfalls schieres, hoffnungslos unerträgliches Elend überlebt?

Mit derlei grüblerischem Sinnen über Fragen beschäftigt, auf die es erschöpfende Antworten weder gibt noch je geben wird, trotte ich laut hallend die Metallstufen der Wendeltreppe wieder hinunter, trete auf den großen Platz vor der Kirche, auf dessen glänzendes Pflaster nieselnder Regen tropft, und mein Blick wandert von der einstigen deutschen Botschaft, aus deren Fenster der Pöbel beim Kriegsausbruch 1914 die Möbel warf, über die Blaue Brücke zu den vornehmen Umrissen des Marien-Palais auf der anderen Seite.

Nach diesen wenigen Tagen der Begegnung mit dieser Stadt will mir scheinen, daß in Leningrad in den letzten Jahren ein wahrhaft bedeutsamer Wandel vorgegangen ist oder sich jedenfalls abzuzeichnen beginnt. Nicht nur, daß sich hier nach zahllosen Wechselfällen und vor dem immer noch geltenden Hintergrund eines ideologisch militanten Systems so etwas wie ein normales Leben wieder Bahn zu brechen beginnt: Männer fischen, Hunde balgen sich, Tauben werden gefüttert und die großen Ereignisse des persönlichen Erdendaseins (Geburt, Heirat und Tod) werden wieder mit wirklichen oder auch nur Ersatz-Sakramenten gefeiert. Darüber hinaus entdeckt das heutige Leningrad seine eigene Vergangenheit und vor allem seine ureigene Verbundenheit mit ihr wieder. Gleich einer Person, die nach einem Unfall (den in diesem Falle die Revolution darstellt) eine Zeitlang von Gedächtnisverlust befallen, nach und nach die Erinnerung wiederfindet und sich des vorher gelebten Daseins und ihres eigenen Verknüpftseins damit bewußt zu werden beginnt. Mit diesem Erwachen Leningrads geht eine langsame Wiederbelebung seiner einstigen Bedeutung als Weltstadt einher. Zehn ausländische Konsulate sind eröffnet worden, nach den Säuberungen der dreißiger Jahre hatte es kein einziges gegeben. Die Zahl der fremden Besucher vervielfacht sich, und es sind nicht nur Touristen. Ausländische Studenten wohnen wieder hier. Eine Fremdenkolonie zeichnet sich ab. Langsam und mühsam und ächzend nimmt der Ort das Band der Kontinuität mit der Stadt der Vergangenheit und den Verkehr mit der Außenwelt wieder auf, der ihn einst zu einer hervorragenden, zum Geben und Nehmen mit der Außenwelt prädestinierten Weltstadt gemacht hatte.

Das Problem des Verhältnisses des Regimes zu den kulturellen und intellektuellen Dissidenten ist hier offensichtlich so wenig gelöst wie andernorts in Rußland. War es denn je gelöst in Rußland, von der Zeit der letzten drei Zaren einmal abgesehen, gegen die – fast wie zur Strafe für ihren relativen Liberalismus – die Intelligenzija schließlich rebellierte? Das ist nicht zum Lachen. Das stimmt eindeutig besorgt. Doch blickt man auf diese Stadt, so fragt man sich, ob unter der Oberfläche nicht noch weitere, langsamere, weniger sichtbare, elementarere Veränderungen im Gange sind – Prozesse des Wachstums und der Anpassung, die wichtiger sind und hoffnungsvoller stimmen als die täglichen Fehler und Ängstlichkeiten der Politik, die in der westlichen Presse Schlagzeilen machen.

Heute ist mein letzter Tag hier. Zur Abrundung dieses Besuchs dient der gewohnte, fast schon obligatorische Gang auf den Piskarjowskoje-Friedhof am Nordrand der Stadt, wo rund 800 000 Opfer der Belagerung im Zweiten Weltkrieg ihre Ruhestatt gefunden haben. Eindrucksvoll, ohne Frage: die langen Reihen der rasengedeckten Gräber, die feierliche Musik, das Gemisch aus Scheu und Schrecken und Schwermut, das ihn durchzieht. Hier spürt ein jeder, daß er sich im Angesicht einer Tragödie befindet, die die Vorstellungskraft übersteigt. Selbst der eine, vieldeutige, leicht bedrohliche Vers aus Olga Berggolz' im übrigen schönen Klageruf, der in die Mauer am Ende des Friedhofs gemeißelt ist (»Wisset, ... daß keiner von euch, und daß nichts vergessen«), vermag nicht den Eindruck zu stören, daß diese Gräber einen wortlosen Vorwurf äußern, der die Leidenschaften des Krieges übersteigend den Schwächen und dem Wahnwitz der ganzen Menschheit gilt, weshalb jeder Versuch, ihn nur für die Bösartigkeit des einen oder die Tugend des anderen Regimes in Anspruch zu nehmen, sich als seichte Bekundung schlechten Geschmacks erweist.

Für die Rückreise nach Finnland benutze ich wiederum den Zug. Wieder blitzen die jungen Birkenwälder Kareliens am Waggonfenster vorbei. Sie rühren mich jedesmal an, diese jungen Birken des Nordens. Frisch, zart, manchmal zitternd, voller Jugend und Begeisterung, trotzen sie der Strenge des Klimas und sind wie eine Bejahung des Glaubens, daß das Leben harte Winter und Kriege und Revolutionen, ja sogar den Tod des einzelnen zu überdauern vermag. Mir kommt in den Sinn, daß viele Jungbirken hier in Karelien an Stellen wachsen, wo im Winterkrieg junge Menschen ihr Leben ließen und nun begraben sind. In diesem Sinne erscheint mir der junge Wald nicht weniger beredt als das Totendenkmal auf dem Friedhof in Piskarjowo, und fast bin ich versucht zu sagen, die Birke sei dort am jungfräulichsten, schönsten, anmutigsten, wo sie ihre Kraft aus den sterblichen Überresten eines jungen Mannes beziehe – sei er nun Russe oder Finne –, der eben hier das Vorrecht auf ein durchlebtes Leben aushauchte, ein Leben voller Freuden und Enttäuschungen, wie es uns anderen beschert ist.

1976 nahm ich eine Einladung zu einer Herbst-Kreuzfahrt im Schwarzen Meer an; ich sollte den Passagieren – zumeist Förderer und Freunde des New Yorker »Metropolitan Museum of Art« – Vorträge über die angelaufenen sowjetischen Häfen halten. Das Wetter war durchweg schlecht, manche Besichtigungen mußten sogar ausfallen. Nachstehend ein paar Skizzen von Jalta, Sotschi und Tiflis (heute Tbilissi), zu dem wir einen Abstecher landeinwärts unternahmen, und schließlich vom Berg Athos in Griechenland; da es hier keinen Hafen gab, lag das Schiff im Meer vor Anker, und die männlichen Passagiere machten eine Stippvisite in dieser ehrwürdigen Geisterstadt.

22. OKTOBER 1976
JALTA

Kurzer Aufenthalt am Spätnachmittag und Abend. Der Himmel war wolkenverhangen, es war schwül. In einer Seilabsperrung auf dem Kai warteten Busse auf uns, die wir sofort bestiegen. Über den Buslautsprecher leierte eine stämmige Intourist-Führerin, die sich (recht einfallslos) als Tamara vorstellte, die üblichen hohlen, langweiligen, mit statistischen Angaben über die »Urlauber« in Jalta und Umgebung gespickten Lobsprüche auf die Errungenschaften der Sowjetmacht herunter. Während der Bus die Hügel am Rande der Stadt hochkletterte, konnten wir nur unscharf ein paar gepflegte Parks, ein fast trockenes Flußbett mit Steinufer sowie Häuserwände erkennen. Bald befanden wir uns oberhalb der Stadt, gerieten in die Wolken und sahen nichts mehr. Übrig blieb nichts als die Stimme der Fremdenführerin – die typisch russische, hohe, aber nicht schrille Frauenstimme –, die uns erzählte, wie viele »Urlauber« jeder der unsichtbaren Orte beherbergte, an denen wir vorbeikamen.

Als erstes stiegen wir am großen Liwadia-Palais aus, wo wir das »Museum der Krimkonferenz« besichtigen sollten. Der Gang durch die herrlichen, gut erhaltenen und gepflegten Gärten (hätten die russischen Kommunisten nur so viel für Menschen übrig wie für Pflanzen, denkt man unwillkürlich) war trotz Kälte und Feuchtigkeit ein Vergnügen. Der Besuch im »Museum« hingegen war nichts als ein füßeschlurfendes Gruppengeschiebe. Als erstes ging es durchs Vestibül mit dem gräßlichen Gemälde, auf dem alle bekannten Gestalten der Konferenz abgebildet waren (dazu gehörte auch ein Chip Bohlen, der eher mir gleichsah; ich fragte mich, ob man uns verwechselt hatte). Dann kam der berühmte Ballsaal dran, in dessen Mitte immer noch der große Konferenztisch stand, an dem die Verhandlungen stattgefunden hatten. Weiter zum mittlerweile leeren Gebäudeflügel, in dem der kranke Franklin D. Roosevelt gelegen hatte.

Das Geleier der Fremdenführerin und die schreienden Plakate ringsum taten die amtliche sowjetische Lesart der oberflächlichen, täppischen Zusammenkunft namens »Jalta« kund: die herzlich tröstliche Vision von der grundsoliden Neuordnung Europas und der Welt durch drei große Staatsmänner unter der weisen und gütigen Führung Stalins und Molotows. Aber was ich von der Jalta-Konferenz wissen wollte, wußte ich bereits, und während Tamara weiterdröhnte, mußte ich unablässig an den Debütantinnen-Ball denken, der im Mai 1913 in diesem Palais für die älteste Tochter des letzten Zaren, Großherzogin Olga, veranstaltet worden war. Deutlich stand alles vor meinem geistigen Auge: die großen, auf das Meer geöffneten Balkontüren, der Rosenduft und die Parfums, die strahlenden Kerzen und Uniformen, der üppige Juwelenschmuck, die Blumen im erstmalig aufgesteckten Haar des Mädchens, dessen Schicksal schon besiegelt war (fünf Jahre später wurde sie in Jekaterinburg [dem heutigen Swerdlowsk im Ural] im Keller des Ipatjew-Hauses mit der ganzen Zarenfamilie erschossen).

Zurück in die Busse und weiter durch die Wolken. Die Sicht von dieser nebligen Höhenstraße aus bleibt weit hinter dem hübschen Anblick weiter unten zurück. Die längere Fahrt ging nach Alupka, zu dem phantastischen, von Engländern geplanten und gebauten Palast des Grafen Michail Semjonowitsch Woronzow, des allgewaltigen Generalgouverneurs für ganz Südrußland zur Zeit Nikolaus' I. Für mich war der Besuch historisch reizvoll; zwar hatten Mitglieder der Familie von Woronzows Frau (die polnischen Branickis) zur Zeit der Revolution den größten Teil der Ausstattung beiseite geräumt, aber ein paar Stücke waren noch da, so auch zwei ansehnliche Büsten von Woronzow und seiner schönen Gemahlin (für die sich Puschkin so unklug entflammt hatte, womit sich sein berühmter Streit mit Woronzow weiter verschärfte). Im großen Speisesaal (das Schloß hat 150 Gemächer) hingen zu beiden Seiten des Kamins zwei Großgemälde, aber ob es sich dabei um die von Churchill (der während der Konferenz hier gewohnt hatte) in seinen Memoiren erwähnten Originale handelte, oder, wenn nicht, was aus diesen geworden war, ließ sich nicht feststellen; auch die Fremdenführerin wußte es nicht. Auf der zum Meer führenden Gebäudetreppe lagen aber immer noch die zwei berühmten italienischen Löwen, Repliken derer, die das Grab Klemens' XII. in Rom zieren. Der tiefer liegende der beiden schläft weiterhin ungestört den reizvollsten, friedlichsten, unschuldigsten Schlaf, dessen sich eine Tierskulptur je erfreute. Stürme und Aufruhr, Kriege und Revolutionen, deutsche Besetzung, Befreiung und Umwandlung des Schlosses – zunächst in ein Altersheim, dann in ein Museum – hat er ungerührt durchschlafen. Möge er ihn weiterschlafen, schoß es mir durch den Kopf, bis ein neues Zeitalter der Leichtigkeit, Anmut und Phantasie über dieser schönen, aber tragikumwitterten Halbinsel anbricht!

Die Rückfahrt zum Schiff führte durch die enge Gasse, an der immer noch Tschechows Haus steht. In der einbrechenden Dämmerung erhaschten wir durch die tropfenden Blätter lediglich ein Dach und ganz kurz eine feuchte Stuckfassade. Dennoch war ich dankbar für diese Erinnerung an den Besuch vor vielen Jahren, als mich Tschechows liebende Schwester Maria Pawlowna persönlich durch das Haus geführt und mir vom Leben ihres Bruders erzählt hatte.

Wieder am Hafen angelangt, machten wir noch einen recht unergiebigen Gang über die regenüberschauerte Promenade mit ihren durchtränkten Gärten und aufgeweichten Agitationsplakaten. Danach ging es zurück zum Schiff und wieder hinein in die Nachtschwärze des Meeres, das sich das Schwarze nennt.

Es ist Spätnachmittag, als wir uns Sotschi nähern. Ich fasse mich bei meinen Erläuterungen ganz kurz, damit die Passagiere auf Deck gehen und die Anfahrt betrachten können.

Fern am Horizont steigen die schneebedeckten Gipfel des Kaukasus traumgleich in den Himmel (ein Glück, daß wir sie sehen können, denn es ist – was wir allerdings nicht wissen – das erste und letzte Mal).

Eine weiße Barkasse kommt mit dem Lotsen angefahren. Der mürrische Steuermann stößt so zornig gegen den Schiffsleib, daß der Fender abbricht und ins Wasser fällt und um ein Haar den Lotsen dasselbe Schicksal ereilt hätte. Beim Blick auf den Hafen sehen wir zu meiner Überraschung, wie eine Segelboot-Flotte eiligst hinter der Mole verschwindet, als habe unser Kommen sie aufgescheucht.

Bei der Einfahrt in den kleinen Hafen passieren wir ein kanonenbewehrtes Patrouillenboot auf der Reede, das zweifellos die Stadt vor den zahllosen Feinden schützen soll, von denen Partei und Polizei die Sowjetunion umzingelt sehen. Und an der Hafeneinfahrt steht ein Wachturm, auf dem ein Bewaffneter dafür sorgt, daß bestimmt keiner dieser Feinde, der etwa der Wachsamkeit des Patrouillenbootes entkommen wäre, in den kleinen Hafen schlüpft wie wir jetzt.

Nachdem das Schiff festgemacht hat, unternehmen wir einen Rundgang. Inzwischen ist es dunkel geworden. Es gibt eine Marinestation im stalinistischen Stil, mit einem hohen, an die Petersburger Admiralität gemahnenden Spitzturm. Davor, längs des Kais, liegt ein elegantes, weißes sowjetisches Passagierschiff vor Anker, die *Ukraina*. Auf dem Kai selbst liegen, mittlerweile auf Räderkarren aufgebockt, die Segelboote, die wir kurz zuvor vom Meer hereineilen sahen, und gleich daneben steht ein Kastenwagen mit der englischen Aufschrift »Soviet Olympic Sailing Team«. An einer Anlegestelle herrscht reger Verkehr von Tragflächenbooten der Küstenschiffahrtslinien. An einem anderen Pier liegt, achtern vertäut, dem Aussehen nach ein Frachtschiff, aus dessen Bauch jedoch aus unerfindlichen Gründen eine dichte Masse von Passagieren quillt. Kurzum: In diesem kleinen Hafen gibt es alles, was von einem Hafen zu erwarten ist – außer Spontaneität.

Die Stadt hat sich bis zur Unkenntlichkeit gewandelt. Gleich hinter der Marinestation dehnt sich ein großer, schöner Park, bis zum Rande gefüllt mit Kiosken aller Art, einem Kino (*In 80 Tagen um die Welt*) und einem Restaurant. Durch den Park bummeln dichte Mengen, es herrscht das vertraute sowjetische Duftgemisch aus Parfum und Machorka.

An einer Seite braust dichter Verkehr vorbei, darunter viele Busse, denn hier liegt jetzt das Zentrum einer Metropole. In einem Restaurant jenseits der Straße stampft Rock 'n' Roll – offenbar eine Hochzeit.

24. OKTOBER 1976
TIFLIS

Rückfahrt (von Jerewan) nach Tiflis durch regnerische Nachtschwärze zu unserem hochgelegenen Hotel, in dem wir kaum Zeit haben, uns etwas frisch zu machen, bevor wir wieder die Busse besteigen. Diesmal geht es in ein georgisches Kellerrestaurant. Fürchterlicher Lärm, wie üblich. Die Wartezeiten zwischen den Gängen sind zwar endlos, aber das Essen ist nicht schlecht. Georgische Tänzer – geschmeidige, kleingewachsene Männer mit breiten Schultern und Wespentaillen – umtanzen unter wild-explosiven Gebärden die gelassen dahingleitende, einzige Tänzerin, die sich von dieser animalischen Leidenschaft gänzlich unbeeindruckt zeigt und vor ihr nicht zu fürchten scheint. Mir jedoch will das alles nach etwa einer Stunde genug sein, und ich gehe allein und im Regen zum Hotel zurück. Unter hohen, tropfenden Bäumen kämpfe ich mich tapfer durch den entgegenkommenden Strom grobgesichtiger Menschen, die sich immer noch, trotz Nacht und Regen, über diese alte, verwitterte Hauptstraße schieben.

Die ganze Nacht trommelt der Regen auf die Hotelbalkons, und irgendwo ist in Abständen wie durch einen fernen Lautsprecher eine Frauenstimme zu hören, die einer unsichtbaren Schar untertäniger Anhänger so etwas wie Befehle zu erteilen scheint – oder sind's Reisende? Arbeiter? Sträflinge?

Wer soll das wissen? – Rußland.

30. OKTOBER 1976
BERG ATHOS

Am heutigen Samstag Stippvisite auf Berg Athos. Wie auf der ganzen Reise war der Himmel verhangen. Niedrige Wolken verdeckten die Szene; den berühmten Berg bekamen wir nicht zu Gesicht. Die männlichen Passagiere wurden auf einem überfüllten Kutter ans Ufer gebracht; die zurückgelassenen Damen (Berg Athos ist eine reine Männergemeinschaft) riefen uns vom Schiffsdeck aus Obszönitäten zu. Man führte uns einen Pfad zum griechischen Kloster Watopedi hinauf, eines der wenigen, das in dieser uralten Klosterstadt wenigstens dem Namen nach noch in Betrieb ist. Ein gespenstischer, unheimlicher Anblick, diese große und schöne Geisterstadt, in der einst achthundert Mönche gelebt hatten und wo es jetzt nur noch zwanzig gibt, von denen wir nur zwei zu Gesicht bekamen. Ich versuchte mir auszumalen, wie es in diesem seltsamen, fast völlig menschenleeren Ort heute wohl zugehen mochte: die Platzangst, die emotionale Anomalie, das Sich-auf-die-Nerven-Fallen, der Klatsch und Tratsch, die Schnüffelei, die Intrigen; die monströse Stille der Nächte in den verlassenen Gebäuden und Innenhöfen; das gespannte Hinhören auf den geringsten fremden Laut; das verstohlene nächtliche Treiben – Gott weiß, was.

Flug von New York nach Kristiansand.

MAI 1976

Da saß er, elend und voller Selbstmitleid (weil er das Fliegen haßt) in der Abflughalle des Kennedy Airport, wartete auf den Aufruf der Nachtmaschine nach Bergen. Die Konservenmusik vermengte sich mit dem Geschnatter der Mitreisenden und den schrillen Schreien der Kinder, so daß sich unmöglich feststellen ließ, welche Melodie gerade gespielt wurde. Durch die Fenstervorhänge sah man gen Westen die Strahlen der sinkenden Sonne, halb erstickt vom Flughafensmog.

Bei der Gepäckaufgabe hatte die Stewardeß gesagt, die Maschine sei ausgebucht. Ihn hatte geschaudert, wußte er doch, was das bedeutete: mindestens dreihundert Menschenleiber, massige, schwammige, unangenehme darunter, in der langen Metallzigarre aufeinandergepreßt; dann der träge, mühsame Start, bei dem die schwerbeladene Maschine langsam auf Fahrt kam, endlich mit ihrer erdenschweren Last aus Treibstoff, Koffern, vorgekochten Mahlzeiten, Filmvorführgeräten, New Yorker Zeitungen und weiß Gott was sonst noch, widerwillig von der Startbahn abhob, brüllend über den Schmutzfladen des südlichen Long Island an Höhe gewann. Dann die lange, verkauerte Nacht, in der das Flugzeug dahinstob durch ein Medium, in dem sich aufzuhalten niemals dem Menschen zugedacht war und dem es an Wärme wie Sauerstoff gebrach. Nur gut zwei Stunden würde es dunkel sein. Schon um Mitternacht würde irgendwo südlich des Grönlandsees das frühe Morgendämmer des arktischen Frühlings durch die Vorhangritzen zu leuchten beginnen und ein kurzer Blick nach draußen genügen, um zu merken, daß schon die Sonne den endlos wallenden, Tausende

Meter tiefer sich ziehenden Wolkenboden färbte. Gegen 1.30 Uhr New Yorker Zeit würden die Stewardessen das Licht anknipsen und den schlaftrunkenen, vom erst vor drei Stunden verzehrten Abendessen noch mißlaunigen Passagieren heiße Handtücher und ein Frühstück servieren.

Etwa eine Stunde später würde der lange Sinkflug durch die Wolkendecke beginnen. Hin und wieder gäben die Wolken einen Blick frei auf die Inseln und Wasserrinnen der norwegischen Küste, die schäumende Brandung an den Außenschären, die von der Morgenbrise gekräuselte Oberfläche der Innenfjorde. Dieselbe, auf ihrem Weg über das große Nordmeer salz- und tanggeschwängerte Brise würde beim Ausstieg aus dem Flugzeug an den Kleidern der Passagiere zerren. Danach säße man zerknittert, gähnend und verdrießlich ob des frühen Frühstücks stundenlang auf den Polsterbänken des Transitraums, mustere die anderen Wartenden mit jenem Übelwollen, das man unbekannten Reisegenossen entgegenzubringen pflegt, bis endlich das Flugzeug nach Kristiansand aufgerufen würde, kämpfe sich dann mit seinen Bündeln zu einer anderen, kleineren Metallzigarre durch. Welch eine Art des Reisens! Reisen könne man das nicht nennen, dachte er, eher Anti-Reisen, das alle Freude und Lust wirklichen Reisens der Geschwindigkeits-Leidenschaft opfere.

So in Gedanken im Bergener Warteraum gelandet, meinte er sich auch den weiteren Fortgang der Ereignisse ausmalen zu können: die Landung auf dem kleinen Flugplatz von Kristiansand, den Blick über den breiten Fjord gleich am Ende der Landebahn, die Fahrt durch Felsen und Wälder zur Inselgruppe, das Bild der Schluchten und Buchten tief unten. Schließlich die Hütte auf der Seeseite der kleinen Halbinsel. So oft war er hier schon angekommen in den letzten dreißig Jahren, daß sich die Bilder mit photographischer Präzision eingeprägt hatten: die paar Schritte auf dem Fußpfad vom Parkplatz herauf, hinter der Hütte der kleine, felsgesäumte Rasenstreifen, die Obstbäume jetzt in der Blüte, auf den anderen Bäumen eben die Blätter knospend, und dann, beim Betreten der Terrasse vor dem Haus der atemberaubende, ewig erregende Blick auf den weiten Sund, zunächst noch von waldigen Inseln umstanden, sich auf die kahlen Außenschären weitend, und schließlich, von zwei

Leuchttürmen umrahmt, der Ausgang zum offenen, ins Endlose reichenden, mit dem Horizont sich vermählenden Meer, wo es keine Grenzen gab, keine Beschränkung, kein kleinliches Feilschen, keine Platzangst.

So malte er es sich aus, und fast so ist es dann gewesen.

Anfang Juli 1977 begaben sich Annelise und ich mit zwei Freunden, Mitbesitzer unserer neuen Segeljacht Northwind, *von Kopenhagen aus, mit einem Zwischenhalt auf Bornholm, auf Fahrt um die schwedische Südküste nach Stockholm, wo das Boot überwintern sollte (Annelise und ich fuhren allerdings nur bis Kalmar an der schwedischen Ostküste mit).*

1. JULI 1977

Am frühen Morgen mit der Fähre von Kristiansand nach Dänemark abgereist. Das Skagerrak grau und verregnet, das Schiff rollt im Wind und in der Dünung aus Südwest; die Passagiere, soweit sie nicht seekrank sind, dösen in den Schalensitzen des Salons vor sich hin, gestört nur vom Weinen der Kinder, vom Stampfen der Maschinen und von Fetzen der Filmmusik aus *Dr. Schiwago*, die irgendwo aus der Decke dringt. Draußen liegt ein graues, leeres, von Windstärke 5 und gischendem Regen gepeitschtes Meer, gelegentlich gleitet ein Fischkutter vorbei, eine kleine und kaum auf Beute hoffende Möwenschar fliegt mit, hin und wieder ein Haubentaucher.

Die Mitreisenden sind durchweg Europäer, vor allem deutsche Autotouristen; einige junge Paare, sämtlich in Bluejeans und männlicherseits mit Bart, am Benehmen nichts auszusetzen. Sie alle hausen in der geistigen und seelischen Leere, die der europäische Wohlfahrtsstaat erzeugt, haben sich's – fast möchte man sagen: proletarisch – bequem gemacht in ihren abgezirkelten Wohnzellen mit dem Fernseher und in ihren vierrädrigen Klapperkisten, und sind doch viel tiefer narkotisiert als bloß von der Atmosphäre einer Skagerrakfähre, während die Zeit immer kürzer wird für die Welt, die sie kennen: den kleinkarierten Wohlstand, die soziale Sicherheit, das üppige Energieangebot, den Weltfrieden vor allem. Welch gespenstisch leere Ruhe vor dem neuen, schrecklichen und vielleicht endgültigen Sturm.

3. JULI 1977
KOPENHAGEN

Im Laufe der Nacht ließ der Sturm endlich nach. Da ich um Mitternacht immer noch wach lag, merkte ich das am Längerwerden der Pausen zwischen den Windstößen. Um drei Uhr standen wir auf und machten uns gegen 3.40 Uhr auf den Weg. Inzwischen hatte sich der Himmel bewölkt. Den Peitschenhieben des Nordweststurms entronnen, lagen die eng gedrängten Jachten jetzt in ruhigem Schlaf. Über dem großen Sund graute milchiger Schleier. Bei leichter Rückenbrise trieben wir mit nur einer Fock durch die markierte Fahrrinne, vorbei an dem noch tief im Morgenschlummer eines frühen Sabbats liegenden Kopenhagen, vorbei an den Ölraffinerien, dem Flughafen, dem eben eine New Yorker Nachtmaschine zustrebte und auf dessen Startbahn ein anderes Flugzeug die Triebwerke prüfte, so daß man die Abgase bis weit übers Wasser roch. Dann wechselten wir den Kurs und überquerten in einer guten Stunde den Sund bis zu der Bojenkette, die auf den kurzen Falsterbo-Kanal zuführt. Wir durchfuhren ihn und gelangten an seinem Ende in dic Ostsee.

6. JULI 1977
BORNHOLM–UTKLIPPAN (SCHWEDEN)

Unser Tagesziel von Bornholm aus war ein winziger, aus kahlen und unbewohnten Schären in harten Fels gebrochener Nothafen etwa 12 Seemeilen vor der schwedischen Südküste.

Das hochgehende Meer und der kräftige Wind stemmten sich uns jetzt frontal entgegen. Am angenehmsten führte sich die *Northwind* nur unter Segel, und mit dem Wind wurden wir auch gut fertig. Aber die hochgehenden Wogen warfen uns zurück, ganz besonders beim Segeln über Steuerbordbug, wo wir überhaupt nicht voranzukommen schienen. Allmählich fragten wir uns, ob wir unser Ziel je bei Tageslicht erreichen würden oder die ganze Nacht durchsegeln müßten – eine höchst unerfreuliche Aussicht, nicht etwa wegen drohender, großer Gefahren, sondern weil wir alle durchgefroren und hungrig, vor allem aber erschöpft ankommen würden. Normales Leben schien unter Deck unmöglich. Ein oder zwei Mal konnte ich nach unten gehen und ausruhen, mich in meinem feuchten Zeug auf eine Koje werfen und gegen die Schaukelbewegung zu wappnen versuchen, aber das war auch schon alles. Mit einem Heldenmut, der dem ihres Mannes nicht nachstand, brachte B. es sogar zwei Mal fertig, eine Suppe zu brauen, die sie dann mit ein paar Keksen nach oben in die Plicht brachte. An mehr Komfort war nicht zu denken.

Zwei Mal während des Tages sichteten wir – das zweite Mal nachmittags, als wir noch 20 Seemeilen von unserem Tagesziel entfernt sein mochten – das junge deutsche Paar, in dessen Gesellschaft wir morgens losgesegelt waren und das jedesmal so gekonnt schipperte, einmal so nahe, daß wir uns sogar zuwinken konnten. Dann verschwand es mit einer Westwendung endgültig aus unserem Blickfeld.

Mitte des Nachmittags ging D. nach unten und versuchte sich am Funkpeiler – ein Unterfangen, das mir hohe Bewunderung abrang, gehört doch das Hin- und Herschwenken des Handkompasses in einer rollenden Kabine zu den wenigen Dingen, die mich mit Sicherheit seekrank machen. Aber er ließ nicht locker; dank immer neuer Versuche mit dem Apparat, zwischen denen er dann und wann mit umgelegtem Kopfhörer und pfeilgerade sitzend einnickte, erhaschte er schließlich das Signal unseres Zielleuchtturms und konnte uns mit den nötigen Koordinaten versehen.

Inzwischen mußten wir besser gegen den Wind vorangekommen sein, als ich gedacht hatte, denn gegen 18 Uhr, als D. und ich beide unter Deck waren, erscholl der Triumphruf des in der Plicht verbliebenen weiblichen Besatzungsteils; tatsächlich, am verschwommenen, dunklen Horizont ragte ein winziger, spindeldünner Finger über die Strudel der Brecherspitzen empor, der nichts anderes sein konnte als der ersehnte Leuchtturm – Utklippan. Eine erfreuliche

Entdeckung, die wir meiner Meinung nach ausschließlich D. und seiner unermüdlichen Arbeit am Funkpeiler verdankten.

Es war 19 Uhr – 15 Stunden nach dem Ablegen in Bornholm –, als wir in einem letzten Aufflackern besorgter Kommandos, Warnrufe, Zurufe und Meinungsverschiedenheiten, wie sie nicht selten das Hereinkommen übermüdeter Menschen bei schwerem Wetter in einen fremden und kaum markierten Hafen begleiten, durch die Riffe in die relativ geschützte Lagune hinter dem Leuchtturm gelangten und schon Sekunden später durch die Einfahrt ins völlig geschützte Innenbecken glitten, voller Verwunderung, in welch kurzer Zeit Wasser so still und ein Boot so stetig werden konnten.

Das Innenbecken war ein hübsches, wenn auch kleines, aus dem Felsen gesprengtes Viereck, umsäumt von ausgezeichneten Granitkais mit kräftigen Befestigungsringen. Der Hafen war als Zuflucht gedacht, und wahrlich, das war er für uns. Er war in die nördliche von zwei Schären eingelassen, zwischen denen eine von beiden Seiten befahrbare Ost-West-Durchfahrt lag. Auf der südlichen Schäre, die von unserer nördlichen nur im Beiboot erreichbar war, stand der Leuchtturm. Er wurde vom Ufer aus automatisch betrieben, und das Haus des früheren Leuchtturmwächters bewohnt jetzt ein Fischer, der auch als Wärter fungiert, täglich ein oder zwei Mal zum Hafenbecken hinübertuckert, die von der schwedischen Regierung freundlicherweise bereitgestellten Abfallsäcke abholt und von den Seglern die Tagesliegegebühr von zehn Kronen kassiert.

Auf unserer Nordschäre gab es außer einer etwas vom Hafen entfernt gelegenen, einsamen Toilettenbude und den Überresten von zwei steinernen Fischerunterkünften keinerlei Gebäude. Kurzum: Hatte man bei draußen tobendem Sturm erst einmal das Innenbecken erreicht, so befand man sich zwar in Sicherheit, war aber zugleich höchst wirksam isoliert, es sei denn, man nähme sich ein Herz und eine Jolle und wage sich auf die andere Schäre hinüber und bereichere den gesellschaftlichen Umgang, wenn man so will, um die Fischer, schmälere ihn damit aber zugleich um die anderen Sportsegler.

Im Becken lagen etwa 13 weitere Jachten, die hier Zuflucht vor dem Sturm gesucht hatten, aber wir waren viel zu müde, uns darum zu kümmern, und fielen bald dankbar in unsere Kojen.

DONNERSTAG, 7. JULI 1977
UTKLIPPAN

Während der Nacht flaute der Sturm entgegen unserer Hoffnung nicht etwa ab, sondern frischte noch weiter auf. An eine Weiterfahrt war nicht zu denken. Wir saßen hier für mindestens weitere 24 Stunden fest (eher drei Tage, wie sich herausstellen sollte) – wirklich wie ausgesetzt.

MONTAG, 11. JULI 1977
KALMAR

Erstmals seit einer Woche flaute der Wind ab und lag das Meer still. Wir hätten in Bergkvara einkaufen können, aber das 25 Seemeilen weiter nördlich gelegene Kalmar war größer und hatte mehr zu bieten; also legten wir ab und bewegten uns mit Motorenkraft über die seltsam ruhige See in den engen Teil des Kalmarsunds, sahen zu, wie das Festland der langen, vorgelagerten Insel Öland näherrückte, erkannten in der Ferne die kürzlich (zweifellos zum Schaden der Lebensqualität auf Öland) über den Sund gespannte Brücke, und ließen die schönen Umrisse des Kalmar-Schlosses am Horizont aufsteigen. Kurz nach Mittag tasteten wir uns (nicht ohne die üblichen Meinungsverschiedenheiten über Tonnen und Stangen) in den großen, geschäftigen Handelshafen von Kalmar.

Am Nachmittag, nachdem wir uns mit Einkaufen und Essen an Land gütlich getan hatten, besichtigten wir das Schloß. Es lag nahe am Hafen, war von ihm nur durch einen wunderschönen Park getrennt. (Wie gekonnt die Schweden doch etwas machen, wenn sie es wollen!)

Über diese alten Bauten läßt sich leicht romantisieren. Viel schwerer schon fällt die Vorstellung, was ihre Errichtung und das Wohnen darin für die damaligen Leute wirklich bedeutet hatte: Wieviel hatten Mensch und Tier schuften müssen, um diese riesige Anhäufung schwerer Steine im Gewicht von zigtausend Tonnen zu schlagen, zu behauen, zusammenzufügen und übereinanderzustapeln, und das alles zu einer Zeit, als es noch keine Verbrennungsenergie gab; wie mochte das Leben – selbst königlicher Bewohner – ausgesehen haben in diesem weitschweifigen und zugleich bedrückenden Bau mit seinen Burgmauern und -gräben, welche Platzangst, welche Reibereien und Intrigen, welche Grausamkeiten im tiefen, runden Verlies unter einem der Türme. Muß schon der Berufshistoriker seine Vorstellungskraft gehörig anstrengen, so dürfte für die meisten der nur oberflächlich interessierten Touristen, die unter der eintönigen Litanei des jungen, gelangweilten schwedischen Fremdenführers von Raum zu Raum schurren, diese Wirklichkeit gänzlich im Graben der Zeit verschüttet sein.

Vier Skizzen von der norwegischen Südküste in den siebziger Jahren. Die erste beschreibt Utvaar, ein normalerweise unbewohntes, der Küste vorgelagertes Inselchen.

30. JUNI 1976

Utvaar war menschenleer. Die neun kleinen Fischerhütten waren zwar nicht mit Brettern vernagelt, aber offenkundig unbehaust. Außer uns keine Menschenseele. Kaum waren wir da, kam ein Fischer in einem großen Motorboot angefahren, legte auf der Veranda der ersten Hütte irgendwelche Gerätschaften ab und verschwand wieder.

Wir machten an den Felsen der Südbucht fest. Auf dem Felsenhügel tauchten vier Schafe auf (eines mit umgehängter Glocke), taten ein paar Schritte nach unten, glotzten uns feierlich prüfend an und trotteten dann zwischen den Felsbrocken weiter.

Am Abend kam wieder ein Fischer angetuckert, im Boot außerdem eine Frau mittleren Alters und ein Hund. Diese setzte er an der Anlegestelle einer der Hütten ab und verschwand ebenfalls wieder auf Nimmerwiedersehen.

Die Frau schloß die Hütte auf, machte sich unter einem Busch mit irgend etwas (vermutlich einem Brunnen) zu schaffen, leinte den Hund an und saß dann bewegungslos in der Türöffnung. Ohne uns und die Schafe wäre sie auf dem Felseneiland mutterseelenallein gewesen. Erst dachten wir, sie sei die Frau des Fischers und dies sein Zuhause, kamen aber später zu dem Schluß, daß sie ein Sommergast war.

Es wurde dunkel. Wir begaben uns an Bord und legten uns schlafen, nur das Läuten der Schafsglocke, das Geschrei der Möwen und das gewohnt unruhige Schlagen der Falleinen im Ohr.

2. JULI 1976
SKOTTEVIK, EIN WINZIGER KÜSTENHAFEN

Vom langsamen Stottern des Dieselmotors eines Fischerbootes irgendwo jenseits der Insel geweckt, ging ich frühmorgens an Deck, um unsere Lage nachzuprüfen, denn als wir für die Nacht angelegt hatten, war der Bug nur wenige Zoll vom Fels entfernt. Danach setzte ich mich ins Cockpit und ließ die liebliche Morgenszene auf mich wirken. Auf einer nahen Schäre stritten sich kreischend die Möwen. Von einer niedrigen Felsplatte aus startete ein Austernfischer, schoß mit schnellen Flügelschlägen kreisend über die Bucht, streifte dabei fast das Wasser, entging den Uferfelsen oft nur um Haaresbreite, setzte dann ganz in der Nähe wieder auf. Der weiße Fischkutter, an dessen Geräusch ich aufgewacht war, hatte sein Nachtwerk offenbar vollendet und schwang in hoher Geschwindigkeit um das Vorgebirge in die stille Bucht ein, die nun das Echo des Motorenlärms warf, und legte gleich vor dem Lagerhaus an. Dadurch aufgeschreckt, erhob sich hastig der Besitzer und Insasse eines der beiden Segelboote, der an unerlaubter Stelle festgemacht hatte, und schaffte sein Boot aus dem Weg. Nach kurzer Pause tauchten aus dem Fischkutter drei Männer auf, die jetzt Zivilkleidung trugen. Auf dem Kai gesellte sich der Segelbootbesitzer zu ihnen, desgleichen ein riesiger, ausgelassen nach Stöcken rennender Polizeihund. Es folgte ein langes, von viel Gelächter begleitetes Palaver, bis schließlich einer der Fischer über die aufsteigende Straße verschwand und wenige Minuten später in einem hochglanzpolierten, sehr eleganten Auto wiederkam, in dem die Männer wegfuhren, so daß nur der Sportsegler zurückblieb und weiterhin Stöcke warf für den ekstatischen Hund.

25. JUNI 1977
JOHANNISNACHT

Vorletzte Nacht war Johannis, die kürzeste Nacht des Jahres – von Nacht konnte man eigentlich nicht sprechen. Wir feierten sie auf den Inseln im Sommerhaus einiger Freunde, 10 bis 15 Personen. Es begann mit Getränken an der Anlegestelle. Dann gingen wir zu der kleinen Wiese am Haus hinauf, wo es Grillwürstchen und Hamburger gab. Das Sommerhaus, ein wahres Schmuckstück im alten Sørlandstil, steht in einer nach allen Seiten von aufsteigenden Felsen windgeschützten Mulde; die Insel selbst liegt nahe der offenen See und ist mithin ziemlich exponiert. Nachdem wir die Würstchen verzehrt hatten, begaben wir uns zu Kaffee und Cognac ins Haus, drängelten uns im kleinen, gemütlichen Wohnzimmer mit seiner Balkendecke und den alten Segelschiff-Drucken an der Wand. Dann ging's zurück zur Anlegestelle, wo wir nahe am Wasser das traditionelle, von langer Hand vorbereitete, ans Wigwam gemahnende Feuer entzündeten. Weiter drüben am Ufer des kleinen Sunds sahen wir zwei weitere Feuer lodern. Es herrschte lebhafter Motorbootverkehr. An den Feuern wurde gesungen. Schließlich fuhren wir mit dem Motorboot zurück; unser Weg führte durch die engen Skippergatan-Passagen in die breiteren Wasserflächen dahinter. Der endlos glühende Nordhimmel spiegelte sich auf den Wellen, eine fahle Mondsichel im Süden bot nur schwächlich Paroli.

Es war fast Mitternacht, als wir in unserer Hütte ankamen. Plötzlich fiel mir ein, daß ich, noch in Unkenntnis der Einladung, drunten auf einem Felsen im Wasser ja selbst ein Freudenfeuerchen vorbereitet hatte. Also ging ich hinunter, kletterte hinüber und entzündete es. Schnell züngelten kräftige Flammen, warfen tanzende Strahlen auf die umliegenden Steinbrocken. Bevor wir in der aufbrechenden Morgendämmerung zu Bett gingen, kam eine Motorbootladung junger Leute vorbeigefahren. Beim Anblick meines Feuerchens brachten sie das Boot heran, stiegen auf den Felsen und setzten sich singend ums Feuer. Im langsam verblassenden Zauber der Nordnacht tuckerte derweil eine Armada Motorboote auf dem Rückweg zur Stadt weiter draußen am Sund vorbei.

27. MAI 1978
KRISTIANSAND

Die langen Tage in diesem Teil der Welt sind eingekehrt. Um sieben Uhr morgens saß ich, nur im Pyjama, auf der Bank vor der Tür, genoß die Frühsonne. Unter mir still und ruhig die See. Die kühle Tagesbrise – die Gutwetterbrise aus Südwest, die am Spätnachmittag ihren Höhepunkt erreicht – hatte noch nicht eingesetzt. Pünktlich erschienen die beiden Amseln auf der Wiese, suchten sie nach Würmern und Insekten ab, hopsten hin und her und pickten mit ihren hellgelben Schnäbeln im Gras. Die alte Nebelkrähe tauchte auf, zog über den Wipfeln ihre frühmorgendliche Inspektionsrunde. Am Horizont flog zielbewußt eine große, schwarzberockte Möwe in geheimnisvoller Mission ihre nur ihr vertraute Bahn. Auf dem Heimweg vom Nachtfang auf dem Meer kam eilends ein kleiner Kutter angefahren, fuhr an der Leuchtturminsel Oksøy vorüber zum Fischerhafen Flekkerøy, einem der wenigen, der noch übriggeblieben ist. (Welcher junge Mann nähme heutzutage noch freiwillig die Härten der Hochseefischerei auf sich – die naßkalte Kleidung, das endlose Stampfen und Schlingern, das nächtliche Einholen der schweren Netze, die brennenden Quallen, den Verzicht auf geregelten Schlaf –, wo er doch phantastische Löhne bekommen kann in der Erdölbohrung, oder gewerkschaftsgeschützt in der Industrie nicht mehr zu tun braucht, als unbedingt nötig, und relativ ungestraft auf die Autorität des Vorarbeiters pfeifen kann?)

Die Northwind *hatte 1977/78 in Stockholm überwintert. Meine Frau, ihr Bruder Einar und ich fuhren deshalb im Juni 1978 dorthin, um das Schiff abzuholen und nach Kristiansand zurückzubringen – alles in allem runde 700 Meilen. Unseres Alters wegen nannten wir später diese Fahrt den »Greisentörn«.*

Es folgen einige Tagebuchauszüge über die Reise, bei der wir auf dem Hinweg einen Zwischenaufenthalt in Oslo einlegten, dann von Stockholm aus nach Visby auf der Insel Gotland und von dort aus um die Südspitze Schwedens und wieder nördlich durchs Kattegat und Skagerrak nach Kristiansand segelten.

JUNI 1978

Annelise und ich nahmen die Eisenbahn nach Oslo. Der Nachmittagszug knirschte durch die unzähligen Kurven zwischen Kristiansand und Heddalsvatner, erklomm dann die Berge östlich des engen, langen Meeresarms, nahm Fahrt auf und eilte die Hänge nach Drammen hinab, entließ uns schließlich in Oslo in einen unnatürlich warmen, müden Montagabend. Wir fuhren im Taxi in die Stadt, um Annelises Vetter S. und seine Frau A. zu besuchen. Die beiden sind alt geworden. Der über achtzigjährige S. ist seit langem im Ruhestand. Die beiden konnten nicht mehr wie früher ihre Freunde bewirten, aber wir bekamen etwas zu trinken. Wir saßen in dem heimeligen Wohnzimmer mit seinen Munchs und anderen schönen Gemälden und tauschten den neuesten Familientratsch aus. Das Haus, in dem wir so oft zu Gast gewesen waren, war unverändert – ein Abbild der gutbürgerlichen Bequemlichkeit und des guten Geschmacks der frühen Jahre dieses Jahrhunderts, nicht übermäßig luxuriös oder prunkvoll, aber geräumig und gediegen.

Dieses Haus steht für eine Lebensform, die unser Zeitalter ablehnt und geopfert hat – geopfert vermutlich dem Ideal des Wohlfahrtsstaates, der vorherrschenden Gleichförmigkeit, der wilden Verstädterung, die das norwegische Land entvölkert und nicht weniger als ein Drittel der Bevölkerung des Landes veranlaßt hat, sich (oft mit Hilfe von Renten und anderen Formen öffentlicher Unterstützung) um Oslo zu drängeln. Begründet wird diese einigen wenigen abverlangte Absage an eine anziehende, anmutige Lebensform mit denselben Argumenten der besseren Lebensbedingungen für die vielen, wie sie in Europa und anderswo zu den deprimierenden Städte-Großballungen geführt haben – aber der eigentliche Grund liegt woanders. Die Opfer wären dazu nicht einmal notwendig gewesen – auch wirtschaftlich gesehen nicht. Ich bezweifle sehr, ob das frugale und bescheidene Dasein, wie A. und S. es in diesem Hause führen, die norwegische Wirtschaft stärker belastet als das Leben des norwegischen Durchschnittspensionärs oder Gewerkschaftsmitglieds von heute in seiner winzigen Mietwohnung mit dem vielerlei Krimskrams, den Charterreisen nach Mallorca und der weitgehenden Abhängigkeit vom Geldbeutel des Staates. O nein, dieser Verlust ist nichts anderes als Ausdruck einer Politik des Neides, der zu den schäbigsten und unrühmlichsten politischen Triebkräften gehört und zu dem noch die Zwänge des technologischen Zeitalters treten mit seiner Überbewertung des Mechanischen und Unterbewertung des Menschlichen.

Für mich war es jedenfalls tröstlich und beunruhigend zugleich, wieder einmal hier zu sitzen: tröstlich, weil es so etwas überhaupt noch gab, beunruhigend, weil es unzeitgemäß wirkte und sicherlich einer baldigen, gewissenlosen Ausrottung entgegenging. Das Ideal des Wohlfahrtsstaates – sei er nun europäisch oder amerikanisch – ist, fürchte ich, nicht etwa, daß mehr Menschen wirklich gut leben sollen, sondern schon eher, daß niemand es soll.

Der Schlafwagen nach Stockholm ging erst spät nachts, deshalb verbrachten wir, als wir A. und S. verließen, den langen, hellen Sommerabend beim Essen im Bahnhofsrestaurant. Das Restaurant lag im ersten Stock. Das warme Wetter (*Hitze* in Skandinavien) hielt an, die Fenster standen weit offen, eine leichte Brise schwenkte die Vorhänge. Unter uns auf einem kleinen Platz am Hafen sahen wir

Leute an einem Kiosk-Café im Freien sitzen. Männer, die aussahen, als seien sie gerade einem Schiff entstiegen, schlenderten durch die leeren Straßen, und man hatte den Eindruck, als lauerten sie insgeheim nach Frauen, freilich mit wenig Aussicht auf Erfolg. Am Nebentisch saß ein angetrunkener alter Mann, ein früherer Matrose, und unterhielt zwei wortkarge junge Männer mit langen Geschichten über seine Trinkfestigkeit und seine völlig unzureichende Rente.

Der Zug hatte Verspätung. Auf welchem Gleis er abfahren sollte, war nicht in Erfahrung zu bringen. Also lungerten wir mit unserem kleinen Berg Reisegepäck etwa eine Stunde lang müßig in der Abfahrtshalle herum, bis er endlich einfuhr. Bald darauf setzte er sich gen Norden in Bewegung, fuhr ins hochnördliche Spätdämmer hinein, umrundete in großem Bogen das Nordufer des großen Vänernsees, donnerte durch die Felder und Wälder Mittelschwedens in die Nacht.

AM NÄCHSTEN TAG
STOCKHOLM

Das warme Wetter hielt weiter an. Während des ganzen Abends entdeckte ich in der Stockholmer Szenerie immer neue Anhaltspunkte – im hellen Himmel, in dem germanisch schwerfälligen Wohnblock mit W.s Büro im Stadtzentrum, im Gewimmel auf den Sand- und Kieswegen von Gröna Lund, wo die Menge den kurzen Nordsommer nach Kräften genoß, in der Vegetation und der Kühle der Nachtbrise – lauter Anhaltspunkte, die mich daran gemahnten, daß mich nur ein relativ schmaler Wasserstreifen von Riga und Reval und den Szenen meiner Jugend trennte. In meinem Innern pochte stechendes Heimweh, das ich keinem Menschen begreiflich machen konnte, Heimweh nach der kahlen baltischen Landschaft, nach ihren langen, dunklen Wintern und dem Wunder der flüchtigen Sommer, nach dem Geheimnis der weißen Nächte, dem Gefühl, daß etwas unendlich Schönes und Wundervolles fast greifbar nahe war, man nach ihm dürstete und doch wußte, daß man es niemals greifen würde.

Der nächste Tag verging wieder einmal mit dem Verstauen von Gerätschaften, dem Laden von Vorräten und den letzten kleinen Reparaturen. Gegen Abend hatten wir alle den Eindruck, nun seien wir wirklich abfahrtbereit. Wir verabschiedeten uns also von dem freundlichen Werftbesitzer (dem wir, wie ich erwähnen sollte, auch ein gehöriges Sümmchen bezahlt hatten) und legten ab.

Es war schon spät. Weit konnten wir keinesfalls noch segeln. Also ließen wir uns gemächlich durch die Schären zum alten Festungshafen Vaxholm treiben, wo wir für die Nacht festmachten. Am Ufer wurde gefeiert, musiziert und getanzt. Eine kleine Flotte der alten, kohlegefeuerten Personendampfer, die früher für die Verbindungen zwischen den Inseln sorgten, hatte Ausflügler aus Stockholm zum Fest gebracht. Beim Anblick der hohen Schornsteine, unter dem vertrauten Geruch des Kohlenrauchs, beim heiseren Klang der Schiffssirenen, dem jeweils ein kleines Dampfwölkchen am oberen Schornsteinende vorausging, überwältigte mich wieder das Heimweh. Ein plötzliches Gewitter am späten Abend machte dem Fest ein Ende, woraufhin die kleine Dampferflotte wieder mit ihrer Menschenfracht losfuhr. Wie nun die Dampfer nacheinander den Hafen verließen, überraschte mich die graziöse Leichtigkeit ihrer Bewegung (ich jedenfalls hatte das ganz vergessen), und ich wurde gewahr, wieviel brutaler, lärmender und ruckhafter doch diese Welt durch die Dieselmotoren geworden ist.

EINIGE TAGE SPÄTER
GOTLAND

Nachdem wir um vier Uhr morgens von Savösund mit Kurs auf die Insel Gotland abgelegt hatten, fuhren wir bis zum Frühnachmittag mit Maschinenkraft nach Süden. Mit einer dann einsetzenden, schwachen Nordwestbrise segelten, genauer: trieben wir ein paar Stunden weiter nach Süden und fuhren um 19 Uhr in den Hafen Visby ein, wo wir inmitten der üblichen Ansammlung schwedischer, deutscher, dänischer und finnischer Jachten gleich innerhalb der Hafeneinfahrt einen Liegeplatz fanden. Seit unserer Abfahrt aus Savösund hatten wir an diesem Tag runde 75 Seemeilen zurückgelegt.

Kaum waren wir in Visby, zog von Norden her, noch ehe es dunkel wurde, ein Sturm auf. Am nächsten Morgen blies er aus vollen Backen, es regnete Bindfäden und war jetzt plötzlich unjahreszeitlich kalt. An eine Weiterfahrt war nicht zu denken (an diesem Tag lief von Visby kein Boot aus). Wir mieteten einen Wagen und fuhren landeinwärts, um etwas von der Insel zu sehen. Uns bot sich ein unerwartetes Bild. Die Insel war flach, ziemlich sandig, aber eindeutig sehr fruchtbar; Dörfer gab es fast keine, dafür aber zwei bemerkenswerte Erscheinungen: gepflegte, wohlhabende Einzelhöfe mit schönen Gebäuden (Stallungen und Wohnhäuser), die es ohne weiteres mit den unsrigen in Pennsylvania aufnehmen konnten, und eine erstaunliche Zahl (über achtzig) schöner, überraschend großer, wohlerhaltener, spätmittelalterlicher Kirchen, viele, jedenfalls nach den von uns besichtigten zu schließen, zumindest teilweise romanischen Ursprungs, wenn auch mit spätgotischen Zubauten. Zweierlei fiel auf: Erstens hatte es hier offenkundig keine adligen Großgrundbesitzer und keine Feudalaufteilung gegeben, wie sie auf dem Festland üblich gewesen waren, und zweitens war zumindest das Innere der Insel vom Krieg relativ verschont geblieben.

Wir besichtigten einen alten Bauernhof, der in ein Museum verwandelt worden war. Hohes, vom Dauerregen triefnasses Gras umgab die Gebäude, die innen im alten Stil hergerichtet waren. Herumgeführt wurden wir von einem fröhlichen Frauchen, die so klein geraten war wie die Menschen, die einstmals in diesen Zimmerchen gewohnt und halb sitzend in den winzigen, vorhangverschlossenen, in Wandnischen eingelassenen Betten geschlafen hatten. Ein Teil des Wohnhauses war umgebaut und im 19. Jahrhundert von irgendeinem Intellektuellen benutzt worden; die geräumigen, einfachen Zimmer mit den blankgescheuerten Tannenholzfußböden und dem Blick auf die Felder erinnerten mich an Tolstois Landgut in Jasnaja Poljana.

Ich wußte wohl, daß jemand wie ich in der Ländlichkeit einer engen, kleinen Insel vor Einsamkeit und Langeweile eingehen würde, konnte mich aber des Gefühls nicht erwehren, daß ich genau so hätte leben wollen, in einem einfachen Zimmer, ohne Strom, nur von Holzöfen gewärmt. Verglichen damit erscheint mir das heutige Zeitalter mit seinem Lärm, seiner Übervölkerung und seiner wahnwitzigen Energieverschwendung geradezu als ein Alptraum.

WIEDER EIN PAAR TAGE SPÄTER

Mit einem weiteren knappen Segeltag, der uns ums Südostkap Schwedens führte, gelangten wir (mit Hilfe ziemlich langwierigen Kreuzens und dank sorgfältiger Navigation) in den alten Hansehafen Ystad, den wir letztes Jahr (nur einen warmen Sonntags-Spätnachmittag lang) mit den Strausens besucht hatten. Auch diesmal schlenderten wir durch den Ort, und dabei fiel mir auf, wie seltsam die Erinnerung spielt, wie schnell sie über Erlebnisse wie den letztjährigen Ystad-Besuch einen Schleier zieht, wie zufällig und willkürlich Dinge im Gedächtnis bleiben, wie traumverloren und absurd Halberinnertes, wie unerklärlich die weißen Flecken sind. Bei dieser Wiederbegegnung mit Ystad rührte Szene um Szene eine Saite an, deren Existenz ich vergessen hatte. Natürlich, hier war die Bushaltestelle (warum »natürlich«?). Ach ja – hatte ich nicht auf dem Platz davor schon einmal gestanden und nach einem Taxi Ausschau gehalten? Und in einer Nachbarstraße hatte ich irgend etwas erledigt. Wo war das noch mal? Aber sicher, natürlich, es muß eine Art Telegraphenamt gewesen sein. Was hatte ich dort zu tun? Ich hatte meine Brieftasche am Schalter liegen gelassen und mußte eiligst wieder hin, vor Angst schwitzend, weil ich doch die Abfahrt der ganzen Gesellschaft verzögerte. Und da ist ja auch das schöne, aber offenbar geschlossene Theater mit dem kleinen Park und den freundlichen Blumen davor, wo ich jenes andere Mal ältere Menschen in der Abendsonne auf den Bänken sitzen sah und sie ziemlich beneidete, mich gleichzeitig fragte, wie es wohl wäre, wenn ich eine der gemütlichen alten Katen in den Straßen der Altstadt kaufte und mich hier niederließe, gleich den anderen auf der Bank säße und die Welt ihren Gang gehen ließe. Gemütlich, denke ich, und von außen gesehen auch befriedigend, aber doch einsam und isoliert, allen Ansporns bar und für meine liebe Frau jedenfalls hoffnungslos unannehmbar.

Eine weitere lange Etappe, wegen der Flaute meist mit Maschinenkraft gefahren, brachte uns nach Kopenhagen, oder genauer gesagt: in den großen Jachthafen Skovshoved im Norden der Stadt. Hier blieben wir zwei Tage. Tochter Wendy, frisch aus Teheran eingeflogen und voll des Staunens ob dieser ungewohnten Meereshöhenwelt mit ihrer prallen, feuchten Luft und peinlichen Sauberkeit, hatte sich uns am ersten der beiden Tage zugesellt. Post war da, natürlich voll schlechter Nachrichten: Grundstücksprobleme mit den Nachbarn in Princeton; weitere Angriffe auf mich und meine angeblich gefährlichen Ansichten, in welchen Chor sich mittlerweile auch Solschenizyn einreihte; Mißbrauch meines Namens durch den Moskauer Korrespondenten der *New York Times*, der mir eine Erklärung des Ausschusses über Ost-West-Ausgleich unterschob, die ich nie gesehen, geschweige denn unterzeichnet habe. Auf diese Weise abrupt von der harten, aber einfachen Wirklichkeit der See in die unschöne Realität des Berufslebens zurückversetzt, wanderte ich düster über den großen Jachthafen mit seinem Wald gleichgültiger Masten. Doch um die Abendzeit hatten mich die Alltagssorgen des Segelns, zumal ich ja gewissermaßen als Kapitän und Navigator fungierte, wieder eingefangen, und der Ärger des Landlebens, an dem ich im Augenblick ohnehin nichts ändern konnte, stahl sich unmerklich davon. Vermutlich liegt hierin die heilende Kraft des Reisens in einem kleinen Segelboot.

In der Frage, wann wir am nächsten Tag für die Fahrt durchs Skagerrak ablegen sollten, ging es hoch her. Der stets fröhlich optimistische B. war der Meinung, wir würden es problemlos innerhalb eines Tages schaffen, und wollte wie letztes Mal um drei Uhr in der Früh losfahren. Ich dachte an die Schwierigkeiten der abendlichen Anfahrt zur norwegischen Küste, wenn die am Horizont trödelnde Sonne die Sicht aufs Ufer blendet, und gab der nächtlichen Anfahrt den Vorzug, wenn man sich an den Küstenleuchtfeuern orientieren konnte. Ich setzte mich insoweit durch, als die Abfahrt auf etwa sieben Uhr angesetzt wurde.

Da der Wetterbericht (unzutreffenderweise) günstig lautete, legten wir zur genannten Stunde ab und freuten uns auf einen gemächlichen Segeltörn durch ein relativ ruhiges Skagerrak. Darin wurden wir wieder einmal aufs schwerste enttäuscht. Wir erlebten den härtesten Tag, den ich je in diesem Boot auf dem Meer verbracht habe. Kaum waren wir über das lange Riff hinaus, mit dem die Halbinsel Skagen endet, frischte der herrschende Westwind stark auf und unterstützte die mächtige Ostströmung nördlich der jütländischen Küste. Das Beste, was wir in den ersten zwei Stunden dagegen unternehmen konnten, war, fast genau auf Nord zu halten. Als wir die Strömung überwunden hatten, gingen wir wieder auf unseren ursprünglichen Kurs, aber schon jetzt stand fest, daß wir es unmöglich mit einem Schlag bis Kristiansand schaffen konnten. Wir segelten weiter über Steuerbordbug, so hart wie nur möglich am Wind, und hofften auf einen Wechsel der Windrichtung. Doch der Wind blies beständig aus West und wurde im weiteren Verlauf immer steifer. Um die Nachmittagszeit schlingerte das Boot stark; uns war klar, daß wir mit einem ungerefften Großsegel und dem größten unserer regulären drei Stagsegel zuviel Tuch gesetzt hatten. Andererseits wollte ich B. in der jetzt schwer gewordenen See nicht nach vorne lassen, und wir hofften beide, der Wind werde, wie so oft, gegen Abend abflauen. Den Gefallen tat er uns aber leider nicht, im Gegenteil: Er frischte den ganzen Nachmittag und bis in den Abend immer noch weiter auf. Um die Mitte des Nachmittags herrschte schwerer Seegang. Zwar liefen wir mit guter Geschwindigkeit gegen die Wogen, aber die Lee-Reling lag die meiste Zeit unter Wasser, und der Gischt sprühte unaufhörlich übers Cockpit. Um den späten Nachmittag hatten wir halbe Sturmstärke, und das Boot furchte sich seine Bahn durch die Schaumkronen der Brecher.

Uns ältlichen Landratten blieb nichts Vernünftiges in der Kabine zu tun. Annelise war zwar nicht richtig seekrank, aber sie befand sich am Rand ihrer Kräfte und lag hilflos in der Leekoje der Hauptkabine. Gegenstände, die seit sechs Jahren bei verschiedenstem Wetter brav in ihren Regalen verharrt hatten, setzten jetzt zum Flug an und segelten quer durch die Kabine. Einmal durchbrach der gesamte Inhalt des Büchergestells die zwei Haltelatten, wirbelte durch die Luft, rasierte den Tisch und landete in großem Haufen auf der Gegenseite der Kabine unter Annelises Koje, wo er, ich gesteh's, während der ganzen weiteren Reise ungestört liegenblieb, da niemand die Kraft aufbrachte, die Bücher wieder ordentlich zu verstauen. B. und ich lösten uns stündlich am Ruder ab, wobei wir uns jeweils hoch über die Luv-Reling reckten, damit wir die ankommenden Brecher rechtzeitig sehen und darauf reagieren konnten. Wendy war ein Schatz, verlor keinen Augenblick ihren koboldhaften Humor, machte hin und wieder, den Kopf auf die Knie gelegt, auf dem kleinen Sitz am Niedergang ein Nickerchen, bot sich aber immer wieder fröhlich an, wenn jemand in die tanzende, schaukelnde Kabine gehen und etwas erledigen sollte. Zum Glück hatte Annelise schon um Mittag Suppe und Sandwiches gemacht; danach lag jegliche Nahrungszubereitung jenseits unserer Kräfte.

Es war der schwerste Törn, den ich je auf der *Northwind* erlebt habe. Sie stand ihn hervorragend durch, lag hart am Wind, kam erstaunlich schnell voran, hob sich mühelos auf die anrollenden Wogen. Nie bestand Gefahr für sie; die einzige Gefahr drohte von unserer möglichen Erschöpfung. Es beunruhigte mich, daß es mir nicht gelang, unsere Position zu bestimmen. Seit zwei, drei Segelsaisonen hatte ich es nicht mehr fertiggebracht, mir den Funkpeiler dienstbar zu machen. Es war schon schwer genug, wie ein Affe nach unten zu klettern und durch nasse Gläser auf die Karte zu blicken, wobei man sich mit einem triefenden Bein gegen das Schott der Kombüse stemmen mußte. Dabei auch noch an dem verflixten Funkpeiler herumzufuhrwerken und, wie man es ja mußte, seinen Kompaß durch die Luft zu schwenken, hätte die Widerstandskraft sogar meines Magens gebrochen.

Um 19.30 Uhr kamen B. und ich zu dem Schluß, daß die Stagfock eingezogen werden mußte, und er kroch – natürlich mit der Sorgleine am Handlauf gesichert – nach vorne und verrichtete diese anstrengende Aufgabe. Das Reffen des Großsegels wäre zu problematisch gewesen, so daß wir unter vollem Großsegel weiterfuhren, etwas mit dem Motor nachhalfen, um den Sogwiderstand von der Schraube zu nehmen, und weiter ging's mit kaum verringertem Tempo. Ein bißchen half es schon, aber immer noch war es ein lebhafter Ritt, bei dem das Boot die hohen Wellen hinaufstieg, den jedesmal unter dem Heck grollenden und brüllenden Kamm überritt, dann wieder ins Wellental tauchte, um sich dem nächsten Angriff auf gleiche Weise gewachsen zu zeigen.

In den frühen Abendstunden ließ der Wind zwar an Stärke nicht nach, verlagerte aber seine Richtung ein winziges zu unseren Gunsten, verglichen mit den Stunden davor. Wir blieben jedoch auf gleichem Kurs, im selben Winkel zum Wind, und jetzt glaubte ich Land auszumachen, irgendwo vor der Insel Tromøy östlich des Hafens Arendal. Das Log zeigte fast 80 Meilen an, die wir seit unserer Abfahrt voll gegen den Wind gesegelt waren. Ich selbst hatte mir ausgerechnet, irgendwann zwischen 19 und 21 Uhr würden wir Land sichten. Die Sichtverhältnisse hatten sich mittlerweile etwas verschlechtert, so daß es 21.30 Uhr wurde, bis ich, mich unter die Gischtstreifen duckend und dazwischen über die Schaumhaube lugend, mir Gewißheit verschaffen konnte, daß ich tatsächlich nach Steuerbord hin den ersten vagen, ganz vagen Schatten von etwas anderem gesehen hatte als dem bloßen Meereshorizont. Eine weitere Stunde lang schien es bei allmählich anbrechender Dunkelheit immer nur ein Schatten zu sein. Doch um 22.30 Uhr kam der ersehnte Lichtblitz. Zuerst zu unregelmäßig, als daß man ihn hätte berechnen können, doch bald wurden die Zwischenräume regelmäßiger. Da ich im Cockpit keine Uhr benutzen konnte, zählte ich zunächst die Zeit, indem ich im Sekundentakt aufs Kabinendach klopfte. Durch bittere Erfahrung gewitzt, hatte ich vor der Abfahrt für 70 Meilen norwegischer Küste die Merkmale aller Leuchtfeuer aufgeschrieben, und dieses Papier steckte in der Tasche meiner Allwetterjacke. Ich glaubte, den jetzt vor uns liegenden Leuchtturm zu erkennen, aber sicherheitshalber ließ ich ihn Wendy anhand der Kabinenuhr nachmessen, wobei ich ihr jeweils zuschrie, wenn der Lichtstrahl auftauchte und wieder verschwand. Es war wirklich das Torungen-Leuchtfeuer vor Arendal, das da 16 bis 17 Meilen entfernt getreulich alle 20 Sekunden aufblinkte. Jetzt wußte ich, wo wir waren und wie wir in die Inseln einfahren konnten, und ich war ungeheuer erleichtert, war ich doch nicht sicher, ob ich die Anstrengung noch weitere Nachtstunden ausgehalten hätte. Dann wäre uns nichts anderes übriggeblieben, als die Segel zu streichen, in die Kabine zu kriechen, das Boot sich selbst zu überlassen und den nächsten Tag abzuwarten.

Das Licht am Westende von Tromøy befand sich ganz genau da, wo es nach meiner Berechnung sein mußte. Wir brauchten nicht einmal den Kurs zu ändern. Doch die Anfahrt dauerte noch lange.

Es war schon Mitternacht, als wir am Leuchtturm vorbei ins relativ geschützte Gewässer dahinter einfuhren und das Großsegel bargen. Und es war fast ein Uhr morgens, als wir in den Innenhafen von Arendal glitten. Natürlich lag die kleine Stadt um diese Zeit schon in festem Schlummer. Friedlich glänzten die Straßenlaternen im Wasser. Am Nordhimmel schimmerte immer noch das fahle Licht des langen arktischen Tages. Die Silhouette des Kirchturms wachte über die leeren Straßen und krönte die liebliche Schlafszene.

Völlig durchnäßt, frierend und zum ersten Mal in meinem Leben ernstlich erschöpft, sprang ich auf die Kaimauer und machte die Bugleine fest, merkte aber plötzlich, daß ich auf festem Land nicht stehen konnte und mich eine Zeitlang an einem Stapel Packkörben festhalten mußte, um wieder Kraft zu schöpfen und das Gleichgewicht halten zu können.

Beim Nachprüfen der Karte am nächsten Tag stellte ich fest, daß die *Northwind* in einem einzigen Zug 107 Seemeilen zurückgelegt hatte, so hart am Wind wie nur irgend möglich, das Ganze runde 16 Stunden lang mit einer Durchschnittsgeschwindigkeit von 6,6 Knoten, und das alles bei schwerer See. Es war einzig und allein ihr zu verdanken. Wir hatten nichts anderes getan, als sie dazu anzuhalten.

20. JULI 1979
KRISTIANSAND

Ein grauer, kühler Tag ging auf. Seit Tagen blies kalter, starker Nordwestwind. Ein paar Regentropfen fielen.

Es war ein unguter Tag. Ich war völlig daneben. Also erinnerte ich mich an Mephistos ironischen Rat irgendwo im *Faust*, wenn einen der Teufel plagt, gehe man am besten hinaus und hacke und grabe, weshalb ich meine gewöhnliche Morgenbeschäftigung mit Büchern und Korrespondenz beiseite legte, nach draußen ging, aus den teils schon verrotteten, aber immer noch unglaublich hartnäckigen Eichenbohlen der alten Brunnenabdeckung, die vor zwei Jahren erneuert worden war, die noch brauchbaren Schrauben herauszog, die Bretter teilweise zu Feuerholz hackte, den Rest verbrannte (wobei ich vorher sorgsam die Ameisen herausschüttelte, um nicht versehentlich zum Vollstrecker der grausamsten und unverzeihlichsten Exekutionsform der Menschheit zu werden), dann den abgestorbenen, großen Tannenbaum am Weg zu M.s Haus fällte und mir dabei die Finger einklemmte und den Arm aufschrammte.

Den Tiefpunkt des Tages bildete der Augenblick, als ich die Essensreste als Vogelfutter zum Felsen trug. Auf meinem Weg nach unten über die schönen Steinstufen, die ich einst selber gebaut, war mir so einsam, hoffnungslos, hilflos zumute wie nie zuvor. Gleichzeitig schalt ich mich ob meiner Schwäche und nannte mich einen Schlappschwanz. Dennoch führte ich meinen Auftrag aus. Die einsame Möwe auf dem Felsvorsprung nach Norden hin sah mich, stieg auf und stieß beim Flug über das Spülicht einen kleinen Schrei der Erregung aus. Doch die alte Dohle, die meist von den angriffslustigen Möwen verscheucht wird, kam ihr diesmal zuvor, schnappte sich ein Stück Nahrung, schluckte es im Wegfliegen und stieß einen triumphierenden Krächzer (»Bäh!«) gegen die Möwen aus.

Vom Meer blies der Nordwestwind, der nachmittags stürmisch geworden war, immer noch kräftig und stetig unter den kalten, langgestreckten Strahlen der Abendsonne, die jetzt einen Augenblick hervorlugte, die felsigen Hänge der Inseln über dem Sund färbte, die indes kalt und stumm blieben und nicht mit sich reden ließen.

Verabschiedung einer Tochter samt Schwiegersohn am Flughafen Kristiansand.

28. JULI 1977

Der Himmel wolkenlos, die Sonne strahlend. Der stetige Westwind hatte auf Süd gedreht, trieb kurze, unregelmäßige Wellen in unsere Bucht, und unbeschwert lachte die blau-weiß gewandete See. Im Wind war es aber noch kalt.

In die kleine Umzäunung hinter dem Flughafengebäude, die aufs Flugfeld hinausblickt, konnte der Wind nicht einfallen, und so war die Sonne angenehm heiß. Große Kinderscharen winkten jemandem Ade, der in einer Maschine der Braaten-Linie saß. In der nebenliegenden Umzäunung verabschiedete sich eben (irgendwie befangen und daher für mein Gefühl eine Spur zu laut) eine ganze Familie im typischen Skandinavisch-Amerikanisch von norwegischen Verwandten und Freunden.

Hier nun, in diesem Freiluftgehege und inmitten der Kinder, nahmen wir Abschied von Wendy und Claude. Ich machte die übliche Bemerkung, daß ich nicht wisse, wann ich sie wiedersähe, hätte fast noch hinzugefügt: »vielleicht überhaupt nicht mehr«, unterdrückte es aber.

Wir sahen zu, wie das Flugzeug vollends startklar gemacht wurde. Die letzten Nachzügler hasteten über das Vorfeld; der kopfhörerbewehrte Mann vor der Maschinenschnauze und der unsichtbare Käpt'n im Cockpit tauschten ihre Signale; die Triebwerke wurden angeworfen, das Flugzeug wendete, fuhr sirrend übers Vorfeld, verschwand die lange Startbahn hinunter.

Auf der Rückfahrt sahen wir in der Nähe von Dvergsnes hoch über dem Meer den Kondensstreifen, an seiner Spitze das Flugzeug als fast unsichtbarer Winzling. Dieser unerbittliche Zwerg, dachte ich bei mir, entführte nun unsere Jüngste, die zahllose Anfechtungen der Jugend durchstanden hatte, so viel Originalität und schelmischen Charme in sich barg, trug sie fort nicht nur von uns, sondern auch von unserer Generation, fort gar aus den Erinnerungen an Kindheit und Heimat, hinein in ein anderes Leben, eine andere Zeit, eine Welt, die so fern von uns war und jedes Zurück so endgültig ausschloß wie der Himmel, in dem sie nunmehr verschwand. Das also ist der Abschied der Eltern von ihren Kindern in einer Welt, die sich schneller dreht, als es für irgendwen gut ist.

Vortrag in der Air Force Academy in Colorado Springs.

12. FEBRUAR 1977

Zu meinem Erstaunen lagen weder Colorado Springs noch die Air Force Academy *in* den Bergen (die sich urplötzlich wie eine große Schanze aus der riesigen Prärie erheben), sondern nahe des Bergfußes. Auf der einen Seite die weite, trockene Prärie – flach, baumlos und monoton; auf der anderen die Steilwand der zerklüfteten Bergfelsen, auf den unteren Hängen noch baumbewachsen und von Tälern und anderen Erosionsnarben zerpflügt, kein sehr eindrucksvoller Anblick, denn die Ebene, aus der sie unvermittelt aufsteigen, liegt selbst schon sehr hoch (gut 2000 Meter). Da in der Gegend schwere Trockenheit herrschte, lag weder in der Ebene noch auf den Bergen Schnee. Nachts fiel das Thermometer zwar weit unter Null, stieg aber tagsüber fast auf plus 10 Grad in der klaren, dünnen Dauersonne, deren Erbarmungslosigkeit im Sommer ich mir leicht vorstellen konnte.

Näherte man sich dem Fuß der Berge von Osten her, so wurde die graubraune, leere und unfruchtbare Prärie welliger, und über die niedrigen Anschwünge lagen Behausungen verstreut: die typischen Übergangsunterkünfte des amerikanischen Westens – Wohnwagenlager, Häuser im Mehrfachbesitz, Firmenbaracken –, alle indes unordentlich hingeweht, dazwischen ausgedehnte Flächen nutzloser, fruchtloser Prärie, und überall natürlich Straßen, die dunklen, vierspurigen Asphaltarterien, an denen das Herz des modernen Amerikaners hängt und die sich endlos in die Leere dehnen, ampelbewehrt, wenn sie sich im Nirgendwo kreuzen. Und überall käfergleich die Autos, die trübe dahinsurren und Raum in Zeit verwandeln. Seltsame Leute sind sie, diese Amerikaner: Da suchen sie sich

Plätze wie diesen aus, weniger, denke ich, um dort wirklich zu leben als auf den Tod zu warten, rechtfertigen sich mit der Feststellung, daß die Sonne scheint und das Leben leicht ist, führen ein fast trancenhaft irreales Dasein, lassen sich betäuben von der Reklame, dem Fernsehen und dem Rad des Automobils, von nichts als Zweithandvergnügen.

Die Air Force Academy ist ein stocksteifer, abweisender fester Platz, eine Anhäufung strenger Rechtecke aus Stahl und Glas auf winddurchfegtem Tafelland gleich am Fuße der Berge, hat meilenweit, wir mir scheint, nichts um sich – nichts, wo man hingehen könnte, keine andere menschliche Behausung –, bietet aber die Aussicht auf die weite Ebene, die sich bis zum Appalachengebirge erstreckt. Einen unbequemeren Platz für eine Bildungseinrichtung kann man sich kaum denken und fragt sich, warum um alles in der Welt sie hier angelegt wurde, es sei denn, wegen des schier beliebigen Raums für die Anlage von Flugplätzen.

Akademische Abschlußfeier in einer großen amerikanischen Universität.

8. MAI 1977

Sonntagmorgen in einem kümmerlichen Motel, Warten auf den Beginn der Feierlichkeiten. Das Motel wie eine Festung gegen die frische Frühlingsluft und die Sonne verbarrikadiert. Kein Fenster offen. Alles hermetisch verriegelt, unentwegt rauschen die Klimageräte. Ungelüftete Flure stinken nach kaltem Tabakrauch. Die Cafeteria überfüllt, die Bedienung schlampig. Und durch die versiegelten Fenster ein Bild asphaltener Trostlosigkeit, wie sie nur dem Hirn eines amerikanischen Stadtplaners entsprungen sein kann: das Verkaufsbüro eines riesigen Fordhändlers inmitten seiner Wagenparks wie eine Insel im Meer, Lagerhäuser, Fabrikschornsteine, Hochbauten in der Ferne, leer und still und ebenfalls von endlosen Parkflächen umschlossen eine Bank, Hängeabfahrten kreuzungsloser Autobahnen, aber nirgends ein Baum, nirgends ein Fußgänger, nirgends auch nur ein Anzeichen wirklichen Lebens außer da und dort ein fahrendes Auto, sein Insasse ebenfalls in seiner winzigen, einsamen, klimatisierten Welt von der Natur abgeschottet. Keine Spur von Gemeinschaft, kein Hauch von Geselligkeit. Nur endlos fauchende, rauschende Klimaanlagen, hemmungslose Energieverschwendung, allgegenwärtige Fernsehantennen, massiv gebündelter Reklameschund als Sonntagszeitung verkleidet. Unnatürlich das alles, jedes Erlebnis zwischen den Fingern zerrinnend, alles Geschehen passiv und steril. Und diese Ödlandschaft streckt sich Meile um Meile wüstengleich in jegliche Richtung hin. Welch gottverlassenes Ende der Welt haben wir doch aus der amerikanischen Großstadt gemacht.

Etwas später. Die Feier ist vorbei. Im Umkleidezimmer steigen Erinnerungen auf: der Geruch der Sporthalle (wie in der Militärakademie von St. John [1917–1921] und in Princeton [1921-1925]), das heiße, in der Sonne röstende Stadion, die tobenden, pfeifenden Studenten, die gräßliche Liste der angebotenen Promotionsthemen (»Untersuchung der akademischen Leistungen, im zweiten Studienjahr, von Studenten in Universitätswohnheimen, verglichen mit privat untergebrachten Studenten an ausgewählten staatlichen Hochschulen«), das unvermeidliche Lehrangebot (»Wir hätten Sie gern bei uns«), die nichtssagenden Studentengesichter.

Und doch, und doch: die Lebenskraft dieser Plätze, die wahrhaft überlegene Qualität des Lehrkörpers, die großartige Bibliothek, der unbeirrbare Glaube an dieses Land, und auch: die vielen Menschen, die meine Bücher gelesen haben und mir dazu Freundliches sagen. Wahrlich, dieses Land reißt dich hin und her.

An einem kalten Wintertag des Jahres 1979 erreichte Annelise und mich die Nachricht, Shelley, eine der drei Töchter des Pächters auf unserer Farm in Pennsylvania, sei auf der Heimfahrt mit anderen jungen Leuten von der nahe gelegenen Stadt einem tragischen Verkehrsunfall zum Opfer gefallen. Wir fuhren sofort auf die Farm.

8./9. FEBRUAR 1979

Donnerstag nachmittag fuhren wir auf die Farm hinaus. Es war ein kalter Wintertag, aber die Sonne schien hell. In der Nacht war frischer Schnee gefallen, die Felder lagen still unter ihrer schneeweißen Decke. Die Reifen gruben sich tief in die verschneite Einfahrt, und nie sah die Farm schöner aus als jetzt in ihrem winterlichen Kleid und den Strahlen der untergehenden Sonne, die über die glitzernden Felder wehten. Alles war so normal, so tröstlich, daß es schwerfiel, sich vorzustellen, was hier jetzt geschah, daß dies nun unsere heimgesuchte Farm war, heimgesucht von der Tragik, heimgesucht wie nie zuvor in unserem Dasein.

Sofort gingen wir ins Pächterhaus hinüber zur Mutter. Sie saß auf dem Sofa, gramgebeugt, eine Decke über den Knien. Sie sagte: »Mir geht es schon besser, aber George [ihr Mann] ist nicht gut dran. Seht zu, was ihr für ihn tun könnt.« Ich ging in den Stall. Da war er, zusammengekauert unter seinen Kühen, immer noch schluchzend und geistesabwesend. Eine Schwester seines toten Kindes war bei ihm. Ich fragte George, ob wir etwas für ihn tun könnten. Die Versicherung habe heute angerufen, sagte er. Vielleicht könnten wir uns darum kümmern, könnten vielleicht helfen.

Die Schwester der Toten, selbst noch blutjung, aber jetzt der Halt der Familie, redete auf mich ein, dort im Stall, intensiv und fast atemlos. Das Radio plärrte. Bei dem Lärm und mit meiner Schwerhörigkeit verstand ich fast kein Wort. Doch ich spürte die Kraft in dem jungen Gesicht, das zum meinigen aufblickte.

Viel mehr konnte ich nicht tun. Ich ging in unser Haus zurück und machte Feuer im Kamin.

Am Abend kam ein vierschrötiger, hellhaariger Mann, ein Onkel der Kinder, an die Tür und sagte: »Die andern fahr'n jetz' weg; wenn Se jetz' rüberkomm'n wollen, wär's jetz' recht.« Die Kinder saßen still am Küchentisch, die Mutter noch immer auf dem Sofa. Annelise und Joan setzten sich neben sie, hielten je eine Hand. Der Vater ging mit mir auf die Veranda und sprach mit mir. Wir alle waren beeindruckt, wie würdevoll sich die Kinder benahmen, wie groß ihre Hingabe war. Dann gingen wir wieder nach Hause und hofften, der Schlaf der Erschöpfung möge die Eltern übermannen.

Der nächste Tag war wie der vorige – kalt und windig, der frische Schnee glitzerte in der Sonne.

Wir fuhren fast eine Stunde zu früh zur Beerdigung ab. In der Kirche standen schon die Leute aufgereiht, um die Familie zu begrüßen. Diese saß in einem Raum im rückwärtigen Teil der Kirche auf Stühlen in einer Reihe. Der Vater hielt das jüngste Kind auf dem Schoß.

Wir begaben uns ins Kirchenschiff. Der Gottesdienst begann. Die Orgel spielte. Immer noch hörte man Seufzen und Schluchzen. Die Klassenkameradinnen der Toten aus der Oberschule wurden in eine Art Loge gleich neben dem Altar eingewiesen. Der junge Pastor (er hatte mitten in der Nacht den Eltern die schreckliche Nachricht überbringen müssen) hielt den Gottesdienst und sprach sehr aufmerksame und passende Worte über Shelley, die bei ihm in der Bibelstunde gewesen war und die er konfirmiert hatte. Dann wurde »O Gott und Vater voll der Huld« gesungen.

Nach beendetem Gottesdienst gingen wir alle in der gleißenden Sonne durch den knirschenden Schnee zum Dorffriedhof. Die Totengräber hatten ein kleines Zeltdach über das Grab gespannt und für die Familie ein paar Stühle auf einen Teppich gestellt. Wir waren etwa sechzig oder siebzig, die um das Grab versammelt waren, während die Grabgebete gesprochen wurden, darunter »Asche zu Asche« und das Vaterunser. Dann wurde die Familie aufgefordert, als erste zu gehen. Vorher noch bückte sich die Mutter, brach von einem der Kränze eine rote Rose ab und legte sie auf den Sarg. Dann begaben wir uns alle mit schweren Schritten über den verschneiten Acker wieder ins Dorf zurück.

Während der Begräbnisfeier hatte sich der kalte Nordwestwind gelegt, als wolle er seinen Respekt erweisen, aber als wir uns auf den Nachhauseweg machten, frischte er wieder auf, und schon trieben kleine Wirbel trockenen Schnees, vom Wind aufgescheucht, über den Weg zu unseren Füßen.

Danach drängten sich im Pächterhaus die Leute. Der Eßtisch war über und über mit Essen beladen, großenteils Mitbringsel. Die Unterhaltung kam in Gang. Nach der Überanspannung der Gefühle war jetzt allen einen Augenblick lang etwas leichter zumute. Doch wußte ein jeder, daß der tiefste Gram, gedämpft zwar, aber doch unstillbar, erst noch kommen würde.

Den ganzen Tag über hatte ich darüber nachgedacht, wie vollkommen doch Shelley ein Kind dieser Farm war. Hier hatte sie gelebt und gewohnt, dieses Heim nur gekannt. Sie war ein Teil der Farm, geradeso wie der Stall oder der Bach unten an der Wiese oder die Eiche inmitten der Rundeinfahrt. Es war *ihre* Farm. Sie würde nie wieder ganz so wie vorher sein können.

Am 1. Oktober 1980 hielt ich in Garmisch auf dem Zweiten Weltkongreß für Sowjetische und Osteuropäische Studien die Festansprache.

Bei dieser Gelegenheit appellierte ich an die Atommächte, endlich das unselige Streben nach atomarer Bewaffnung aufzugeben:

»Um Gottes, eurer Kinder und der Zivilisation willen, zu der ihr gehört, stellt diesen Wahnsinn ein. Das seid ihr nicht nur der heutigen Generation schuldig – ihr schuldet es der Zivilisation der Vergangenheit, die ihr ins Sinnlose zu verkehren, und ihrer Zukunft, die ihr zu verhindern droht. Ihr alle seid sterblich. Keiner von euch ist gegen Irrtum gefeit. Ihr habt kein Recht, eine Zerstörungsgewalt, die das zivilisierte Leben auf einem großen Teil unseres Planeten auslöschen kann, in euren Händen zu halten – ist dazu doch keiner weise oder stark genug. Niemand sollte solche Gewalt in der Hand haben wollen. Werft sie von euch. Die Risiken, die ihr damit vielleicht eingeht, sind keinesfalls größer, können unmöglich größer sein als jene, die ihr derzeit über uns alle herabruft.«

Den ganzen Morgen im Hotel an meiner Rede gearbeitet. Das Kongreßsekretariat hat sich freundlicherweise bereit erklärt, vier Seiten neu zu tippen; nachmittags wollte ich sie abholen. Da sie noch nicht fertig waren und ich nirgends sonst warten, mich aber auch kaum noch auf den Beinen halten konnte, ging ich hinaus auf den kleinen Platz vor der Kongreßhalle und setzte mich eine Zeitlang in der schwachen Nachmittagssonne auf eine Bank. Auf weiteren Bänken saßen ältere Leute mit dem Rücken zu dem Gebüsch, das sie von der lauten Straße abtrennte.

Da saß ich und dachte, daß ich heute abend die, wie ich ehrlich und zuversichtlich hoffte, letzte von zahllosen Reden halten würde. Wie üblich fragte ich mich, ob das, was ich zu sagen hatte, überhaupt etwas wert und nütze sein würde, und war mir dabei schon fatalistisch bewußt, daß ich ohnehin nichts mehr ändern konnte. Ich verfiel aber auch ins Rätseln, was ich tun könnte oder würde, wenn ich dieses verrückte Leben aufgäbe, all die Vorträge und Telefonate und Briefwechsel und Reisen einstellte, und ob ich es jemals fertigbrächte, einfach wie diese alten Leute still auf einer Bank im Park unter der sanften Spätnachmittagssonne zu sitzen und nicht unter dem Druck einer bevorstehenden Rede oder irgendeinem anderen Druck zu sein, und ob daraus, wenn überhaupt, irgend etwas Gutes entstehen würde, irgendein nützlicher Gedanke, ja überhaupt etwas anderes als bloßer körperlicher und geistiger Zerfall?

Wie immer dem sein mochte, zunächst mußte ich den heutigen Abend hinter mich bringen. Abendessen mit den wichtigsten Gastgebern in irgendeinem Hotel. Fünf Minuten vor acht mußte ich die friedlich vor sich hin essenden Gastgeber daran erinnern, daß die Festansprache auf 20 Uhr angesetzt war. Im Sturmschritt ging es zur Kongreßhalle. Hugh Seton-Watson führte mich mit ein paar gekonnten Bemerkungen ein, die schon für sich ein Referat darstellten, in gewisser Weise, dachte ich, sogar besser als alles, was ich zu sagen hatte. Dann lieferte ich vor rund 1300 Zuhörern meine Ansprache ab, verhaspelte mich nur einmal, und auch nicht schlimm, mit der Sprache, und brachte es sogar fertig, über den durchdringenden Schrei einer Frau irgendwo in der Hörerschaft – ausgerechnet, als ich zum ausgefeiltesten Teil meiner Rede ansetzte – wegzukommen. (Später erfuhr ich zu meiner Beruhigung, daß der Schrei nichts mit dem Vortrag zu tun hatte.) Als ich fertig war, kam einigermaßen herzlicher und artiger Applaus, der mir indes die Unsicherheit, wie passend oder unpassend (nicht etwa wahr oder unwahr) meine Ausführungen waren, nicht nehmen konnte.

Für Oktober 1980 war ich nach China eingeladen, wo ich mit Gelehrten und Funktionären zusammentreffen sollte, und so begab ich mich in Begleitung meiner Frau auf meine erste Reise um die Welt.

Nach der Abreise aus Europa war Delhi der erste Zwischenaufenthalt; wir verbrachten dort ein, zwei Tage als Gäste in der Residenz des amerikanischen Botschafters Robert Goheen.

6. OKTOBER 1980
ANKUNFT IN DELHI

Den Flughafen von Delhi zwischen zwei und fünf Uhr morgens muß man gesehen haben. Alle großen internationalen Europa- und Fernostflüge landen und starten um diese Zeit, da sich Delhi, das etwa die Streckenmitte bildet, sowohl zum Auftanken als auch wegen seines Passagieraufkommens besonders eignet. Infolgedessen befindet sich der Flughafen in diesen Stunden gewöhnlich in einem Zustand hellen Aufruhrs. So auch heute. Eine riesige, rufende, schreiende, auf und ab wogende Menge in der Haupthalle (als »Lounge« kann man sie nicht gerade bezeichnen); 800 ankommende Gepäckstücke werden völlig konfus hin- und hergeschoben. Geschlagene zweieinhalb Stunden saßen oder lagen Annelise und ich todmüde in einem kahlen, kleinen VIP-Raum, der Gott sei Dank drei Sofas enthielt, während sich unsere beiden neugeschlossenen Bekanntschaften auf die gräßliche, nächtliche Suche nach unserem Gepäck machten und es schließlich sogar fanden. Um 4.30 Uhr wurde unser Gepäckkarren rücksichtslos durchs schwappende und schreiende Gedränge geschoben, und bald gelangten wir auf den Ladeplatz vor dem Gebäude, wo sich weitere Massen aufhielten: Turbane, Kleider jeder nur erdenklichen Sorte, braungebrannte, scharfgeschnittene Gesichter, das Chaos diesmal noch durch einen riesigen Verkehrsstau vervielfacht. Nach vielmaligem Zurücksetzen, Ein- und Aussteigen, Hupen und Schreien schaffte es der Botschaftswagen endlich, sich aus diesem Alptraum zu befreien. Dann fuhren wir über breite, dunkle Vorstadt-Boulevards zur Botschaft. Man konnte die Umrisse frei laufender Kühe erkennen, die schweigsam den Straßenrand entlangtrotteten. Irgendwann zeigte sich eine menschliche Gestalt, die im Gras eines angrenzenden Parks saß und mysteriöse Zeichen machte. Um fünf Uhr fuhren wir an der Residenz vor, wo uns – soviel Gastfreundlichkeit war mir sehr peinlich – Margaret G. begrüßte, deren Nachtschlaf wir höchst ungehörig gestört haben mußten.

Auszüge aus einem Bericht über einen Tagesausflug nach Agra.

7. OKTOBER 1980

Da unser Fahrer unerwartete Hindernisse zu überwinden hat und darüber die Orientierung verliert, fahren wir erst lange durch dieses unverdorbene, halbstädtische, provinzielle Indien, bis wir unsere erste Etappe erreichen. Welch ein Anblick, Meile um Meile: Ziemlich holprige, schwarzgedeckte Straßen recken sich durch dichtbevölkertes Gebiet, das vor Leben und Bewegung aller erdenklichen Art birst – Menschen, Fußgänger aller Altersgruppen und Bekleidung; wahre Wolken von Radfahrern; Fahrrad-Rikschas, auch sie zu Tausenden, manchmal unglaublich überladen; Eselskarren, nicht minder voll; Lastwagen und Busse, zerbeult und schmutzig, aber an der Stirnseite an jedem leeren Fleckchen mit grellen Verzierungen gespickt; Tiere – streunende Hunde, Schweine, Ziegen, ganz zu schweigen von den allgegenwärtigen Kühen, manchmal von Menschen begleitet, meist aber sich selbst überlassen, mitten durch die Fußgänger und Karrenräder laufend; ach ja, die Ochsenkarren, jeweils paarweise gezogen von den großen, unansehnlichen Biestern, der Treiber im Schneidersitz auf dem massiven Joch zwischen den beiden Tiernacken.

Durch dieses schwirrende, wirre, unaufhörliche Gedränge von Mensch und Tier müssen wir uns zusammen mit den Lastwagen und Bussen den Weg bahnen und uns durchfädeln unter ständigem Hupen und in einer nicht abreißenden Serie von Fast-Zusammenstößen, denen wir manchmal auf so unglaubliche Weise entrinnen, daß man wahrlich das Wirken einer wohlwollenden, unsichtbaren Hand zu spüren meint, die sämtlichen Gesetzen der Wahrscheinlichkeit ein Schnippchen schlägt. Auf beiden Seiten, hinter den staubigen Erdaufschüttungen am Straßenrand, liegen Zeilen voller kleiner, zur Straßenseite offener Verkaufs- und Krambuden aller Art, manchmal so winzig, daß sie auf zweirädrigen Karren stehen. Zum Teil wird das jeweilige Geschäft im Freien betrieben: Da wird gekocht, gelötet, werden Haare geschnitten, wird alles Erdenkliche zum Verkauf angeboten, da im Freien, unter dem Geschurre der drängelnden menschlichen wie tierischen Passanten.

Ein unvergeßlicher Anblick ist diese anscheinend uferlose Flut von Menschen, Tieren und Gefährten, umsäumt nur von der ebenso endlosen Reihe der dienstbaren Geschäfte. Und doch nirgends ein Zeichen des Nicht-glücklich-Seins. Armut gibt es, natürlich; aber alles atmet auf seine kleine Weise Geselligkeit, Verständlichkeit, Tüchtigkeit. Das Leben ist gar nicht so kompliziert. Meist kann man sich selber helfen, mit den eigenen Händen oder Beinen, oder auch mit den Beinen von Tieren. Man muß sich ganz und gar nicht den großen, unsichtbaren Kräften ausliefern, den mechanischen, technischen.

Nach einer runden halben Stunde Gehupe und Mitschwimmen in diesem hochgehenden Strom erreichen wir unser erstes Tagesziel – die Residenz eines Mogulkaisers an einem Ort namens Fatehpur-Sikri. In einer Unzahl von Führern und Touristenblättchen ist sie erschöpfend beschrieben: ein Komplex aus Gebäuden und Höfen, alles in festem Stein errichtet, streng rechteckig angelegt, die freien Flächen durchweg gepflastert. Wir nehmen uns (anders kommt man nicht hinein) einen bärtigen Führer, der eine bemerkenswerte Fähigkeit besitzt, etwas zu sprechen, was sich entfernt wie Englisch anhört, aber doch so ausgesprochen wird, daß man keinen einzigen Satz versteht. Die Anlage beeindruckt durch ihre Größenordnung, Einfachheit, Klarheit der Form, und durch ihre Aussagekraft, wieviel knochenbrechende Schwerstarbeit in ihre Errichtung eingegangen war, Produkt eines grausamen orientalischen Despotismus. Denn die Tausende und Abertausende aufeinandergeschichteter Steinquader und -säulen, aus denen sich das Ganze zusammensetzt, sind jeweils aus einem Stück, und ihr Behauen und Bewegen muß bei der damaligen Technik ungeheuerlich mühselig gewesen sein.

Nachdem wir unseren Rundgang beendet hatten (zu dem auch

gehörte, daß wir an jeder Biegung aufdringliche Herumlungerer abwehren mußten, die uns irgendwelchen Schund verkaufen oder für angebliche kleine Dienstleistungen Trinkgelder abjagen wollten), begaben wir uns ins höchst phantasievolle neue Sheraton-Hotel, das vollkommen unmotiviert in dieses indische Elend gestellt worden war. Nach dem Mittagessen, während die Damen die umfangreichen Schmuckläden in der Hotelhalle inspizierten, ging ich hinaus, stellte mich unter den Baldachin über der Hotelvorfahrt und betrachtete aus nächster Nähe zwei gelangweilte und unglücklich dreinschauende Tiere, die hier für exotische Touristenausflüge festgemacht waren: ein regloses Kamel mit herablassend-traurigen Augen, ein Menschenfeind, so ich je einen sah, unter dessen breite Zottelbeine ein kleiner Junge unablässig kübelweise Wasser zur Kühlung goß, und ein Elefant, um den sich ein weiterer Junge kümmerte und der nicht weniger gelangweilt dreinsah als sein Wärter, der hoch auf dem Rücken in einem Reitkasten saß, sich hin und wieder vorbeugte und mit einem Stock hinters Ohr des Tieres stieß, damit es am angestammten Platz stehen bleibe.

Wir verzichteten auf die Chance, uns (gegen eine fürstliche Summe) auf einer dieser unseligen Kreaturen photographieren zu lassen, und fuhren zum Tadsch Mahal. Natürlich hatte ich es schon tausendmal auf Bildern gesehen, doch enttäuschte mich die Wirklichkeit nicht. In Lebensgröße wirkte es breiter und grandioser als auf den Photos, wie es bei solchen Objekten nicht selten der Fall ist, und beeindruckte nicht nur durch die Schönheit seiner Linienführung und Gestalt, sondern auch durch die hervorragende Einpassung in die Landschaft. Die feine Steinmetzarbeit, die großen, gemeißelten Flächen, die exquisiten Intarsien aus verschiedensten Metallen und Steinarten, die sich tausendfach wiederholten – all das fand ich eher niederdrückend als beeindruckend, entnahm ich ihm doch wenig anderes als eine Form der Zurschaustellung, die ein weiteres Mal deutlich machte, welche Qualen ein grausamer Tyrann einer Unzahl versklavter Kunsthandwerker aufgeladen hatte. Mir war auch nicht ersichtlich, was all das mühselig erstellte Detail zum wahren Ruhme des Ganzen hinzufügte, der sich in der Arbeit des Architekten und Landschaftsgestalters erschöpfte.

Nach der Besichtigung blieb bis zum Abflug unserer Maschine

nach Delhi noch etwas Zeit. Wir vertrieben sie uns unter einem Baum an der Straße, die außen am Tadsch Mahal vorbeiführt, vertilgten Unmengen alkoholfreier Getränke (viel anderes traut man sich in diesen Gegenden nicht zu trinken) und sahen den dürren, ausgemergelten Rikschafahrern zu, die jetzt wohl oder übel zum Absteigen gezwungen waren und ihre schwere, selbstgefällige, den mitleiderregenden Spindelbeinen völlig ungerührt begegnende Menschenfracht bergan schieben mußten.

Dieser erste und einzige Chinabesuch wurde von den chinesischen Behörden geplant und mit Hilfe eines freundlichen, hochintelligenten und tüchtigen, aber doch auch recht reservierten chinesischen Begleiters durchgeführt. Außer den offiziellen akademischen Gesprächen und Höflichkeitsbesuchen waren jedoch nur kurze Ausflüge zu den bekanntesten Touristenattraktionen in Schanghai, Xian und Peking vorgesehen. Als Ausnahme davon konnte am ehesten die Übernachtung am 15. Oktober 1980 in Hangzhou gelten, der ich diesen einzigen Blick auf das China verdanke, das ich eigentlich hatte sehen wollen.

Beim Erwachen am frühen Morgen drangen völlig neue Geräusche an mein Ohr, die nur deshalb hörbar waren, weil das unablässige Gehupe, das den Rest des Tages füllen sollte, noch nicht eingesetzt hatte. Die Töne kamen über den See herüber und waren sehr angenehm: seltsames Kreischen, vielleicht von Wildvögeln, vielleicht von Menschen; etwas, das wie ein Gong oder eine Kirchenglocke klang; dann von Zeit zu Zeit tatsächlich der Pfiff einer echten, altmodischen Dampflokomotive (wie sie hier noch in Gebrauch sind). Ich stand auf, blickte auf den See hinaus, und war von dem Anblick, der sich mir bot, derart beeindruckt, daß ich sogar meine Frau weckte und hinauszublicken bat und dafür nicht einmal gescholten wurde. Leise dämmerte der Tag herauf, der Dunst über dem See hob sich und legte die dunkeln, gezackten Umrisse der Inseln und Halbinseln bloß, in der Ferne dahinter die Schatten höherer Erhebungen. Die Szene war so unglaublich chinesisch, glich aufs Haar den chinesischen Malereien. Wirklich frappierend. Heutzutage ist man ja nicht mehr gewohnt, daß etwas so aussieht, wie man es sich ausmalt.

Wiedersehen mit Rußland, diesmal als Gast des sowjetischen Amerika-Instituts.

19. APRIL 1981
MOSKAU

Gestern abend waren wir im Bolschoi (das verdankten wir Arbatows Institut, sonst hätten wir niemals Karten bekommen) und sahen eine Vorstellung von *Romeo und Julia* mit Prokofjews wundervoller Musik. Es handelte sich um eine geschlossene Vorstellung (für wen, erfuhren wir nie; vermutlich für das Personal irgendeines Instituts oder einer bürokratischen Einrichtung in der Provinz). Das Ganze war zu lang und hatte zu viele Wiederholungen, insbesondere die fast schon unanständig hingezogenen Szenen des unselig sich windenden Romeo, der diese Verrenkungen sogar während des Umbaus hinter der Bühne fortsetzen mußte. Getanzt wurde gut. Viele frappante Bühnenbilder. Die Musik so spukhaft, wie sie gespielt werden muß. Doch die Tänzerinnen und Tänzer hatten praktisch kein Publikum. Eine so stumpfe, verständnislose, reaktionslose Menge sah ich noch selten. Das gebildete Publikum, dessen Aufnahmebereitschaft und Begeisterung dereinst jede Ballettvorstellung im Bolschoi zum aufregenden Erlebnis werden ließ, ist vom Regime vernichtet oder vertrieben worden.

Das Bolschoi – nomen est omen – ist und bleibt eines der größten Theater der Welt. Anstrengung, Disziplin, das durchtrainierte Corps de ballet, der musikalische Standard, die Liebe zum Detail – all das hat hohes Niveau. Indes muß man sich fragen, wie lange es sich in diesem kulturellen Vakuum noch halten läßt, dem die besten Ballerinos bei der erstbesten Gelegenheit zu entkommen suchen, während die zurückbleibenden gezwungen sind, vor totem, unverständigem Publikum weiterzutanzen. Welch hohen Kulturzoll fordern nicht Angst und Haß des Regimes auf alles Spontane!

Heute, fällt mir ein, ist der 77. Todestag meiner Mutter, ohne deren Opfer und Weh ich nicht auf der Welt wäre. Ich versuche, sie mir auszumalen: schön (wie ich sie von Photos im Gedächtnis habe), aber provinziell. Ihre Stimme kann ich mir leichter vorstellen: den langgezogenen, breiten Mittelwestakzent, den ich lange nach Mutters Tod noch bei ihrer Schwester, Tante Ven, hörte.

Einmal, vor ein paar Jahren, sah ich meine Mutter im Traum. Ich war sicher, daß sie es war. Sie stand reglos und schweigend vor mir. Sie konnte nicht sprechen, die Schranke zwischen Toten und Lebenden machte es unmöglich. Ich begriff, daß es nicht anders sein konnte, aber an der Wirklichkeit dieses Bildes kamen mir nie Zweifel.

In Begleitung einer amerikanischen Reisebekanntschaft (hier Stephanie genannt) und eines freundlichen Herrn vom amerikanischen Generalkonsulat in Leningrad besichtigten wir den berühmten Sommerpalast Peters des Großen namens Peterhof, den ich vor vielen Jahren schon einmal besucht hatte. Daneben wollte ich die Überreste einer Einsiedelei aufsuchen, die in der Zarenzeit »Troizko-Sergijewskaja-Pustyn« hieß, wo der berühmte russische Staatsmann Nikolai Giers begraben lag, dessen Leben ich in einem historischen Buch ausführlich behandelt hatte.

24. APRIL 1981
LENINGRAD

An diesem Tag war es für die Jahreszeit ungewöhnlich kalt: das Thermometer gut unter Null, scharfer Nordwestwind, von Zeit zu Zeit dichtes, die Sicht versperrendes Schneetreiben. Ostwärts, jenseits der berühmten Putilow-Werke, kamen wir durch riesige neue Wohngebiete im genormten Baustil – Tausende finden hier einigermaßen vernünftigen Wohnraum, wenngleich nicht gerade höchste Bequemlichkeit. (Diese Bautätigkeit wird auch in anderen Stadtrandgebieten betrieben. Ich ließ mir aber sagen, etwa ein Drittel der Leningrader Bevölkerung hause immer noch in Gemeinschaftswohnungen. Das erinnerte mich an Chruschtschows treffende Bemerkung, es sei völlig egal, wie viele Wohnungen man in den sowjetischen Großstädten baue – es kämen immer noch mehr Zuwanderer und überfüllten sie bis zur Unerträglichkeit.)

Wir fuhren also weiter, vorbei an den für sowjetisches Baugebiet charakteristischen, zahllosen Kipplastwagen, holperten über die Schlaglöcher im welligen Pflaster, links und rechts glitten breite Seen aus Bauschlamm am Fenster vorbei.

Peterhof (den neumodischen Namen Petrodworezk nehme ich nicht in den Mund) zeigte sich an diesem bitterkalten, stürmischen Tag nicht gerade von seiner besten Seite. Die Springbrunnen waren abgestellt. Gärten und Bäume harrten durchnäßt und in geduldiger Schwermut auf den Frühling. Ein frischer, feuchter, stechender Wind trieb vom Finnischen Meerbusen her. Durch die Öffnung am Fuße des schmalen Kanals, der von den Terrassen und Brunnen zum Meer führt, konnte man ein Stück Wasser sehen, manchmal blau, manchmal kaltgrau. Über uns jagten dunkelgraue, schneegeschwellte Wolken hin, gelegentlich brach ein Stück blauer Himmel und plötzliches Sonnenflackern durch.

Das Palastinnere war übervoll von Touristen, die in ihren Stoffüberschuhen zwischen den mit Seilen abgezäunten Sehenswürdigkeiten durchschlurften. Man hörte die Stimmen der Fremdenführer, die ihr Sprüchlein in einem Halbdutzend Sprachen herunterbeteten. Unsere eigene Führerin war ein schlanke, gutaussehende junge Frau mit hinreißend hellblauen Augen, deren Kleidern der muffige Geruch anhaftete, den die Winterlagerung in überfüllten Wohnungen mit sich bringt. Stephanie zuliebe (die freilich nie zuhörte) benutzte sie ein gestelztes Französisch und hatte ihre Hausaufgaben offenkundig sehr gewissenhaft gemacht.

Der Palast selbst war zum großen Teil gut restauriert worden. Er war nicht so grandios wie das restaurierte Schloß in Pawlowsk; schließlich war es ja ein Sommerpalais, frührussisch dazu, von Anfang an also einfacher angelegt.

Am meisten lag mir an den Porträts der diversen russischen Monarchen, angefangen mit Peter dem Großen, und weiter über das an seine Herrschaft anschließende Jahrhundert:

- Der junge Peter – großgewachsen, unternehmungslustig, extrovertiert, voller Tatendrang und Begeisterung, in beidem unglaublich rücksichtslos.
- Peters nicht standesgemäße Gattin Katharina, eine kraftvolle, dralle, dunkelhaarige Frau mit der ganzen Robustheit ihrer dörflichen, erdverwachsenen Herkunft.
- Die Enkelin von Peters unglücklichem Halbbruder Iwan, Kaiserin Anna, eine stattliche, sinnliche, reichlich selbstgefällige Dame.

- Peters Tochter, Zarin Elisaweta Petrowna, eine riesige Matrone, in ihren wallenden, hochgepolsterten Gewändern gebieterisch wirkend, warmherzig und cholerisch zugleich, bei ihren russischen Untertanen indes sehr beliebt.
- Daneben gleich mehrfach Elisawetas Schwiegertochter Katharina II., die erstmals als armselige junge Braut von Annas schwachem, labilem Sohn Peter III. beim russischen Hof auftrat, jetzt aber, in diesen Gemälden, schon ganz die Monarchin Katharina die Große war, eine Frau, in deren Gesichtszügen Erfahrung, Klugheit, scharfe Skepsis und vorsichtiges Auf-der-Hut-Sein wohnten, nicht unfreundlich indes – kurzum, ein nicht mehr ganz junges Weib, eine wahre, ihrer Macht wohlbewußte Herrscherin, der man nicht leicht etwas vormachte.
- Ihr Sohn Paul, dieser anomale Gnom, Sohn eines noch anomaleren Vaters, das Gesicht merkwürdig häßlich: schwulstige Lippen, ziemlich wilde Augen; gewiß unschmeichelhaft dargestellt, auf seine schrille Kasernenhofmanier aber doch ein Herrscher.
- Schließlich Katharinas Enkel, Zar Alexander I. – hochgewachsen, hübsch, das Haar zum Blond neigend, guternährt, Vieldeutigkeit im glattrasierten, eigenartig ausdruckslosen Gesicht –, erste physisch ansehnliche, männliche Königsgestalt in fast hundert Jahren, zugleich als Phänomen dem Künstler und seinen Zeitgenossen ebenso unzugänglich wie der Nachwelt.

Nach der Besichtigung gingen wir zur sogenannten »Cottage«, einem relativ bescheidenen Sommerhaus etwa einen Kilometer vom Palast entfernt im Wald, aber ebenfalls mit Schneise, so daß man das Meer sehen konnte.

In diesem Mitte des 19. Jahrhunderts (ich glaube, in den letzten Lebensjahren Nikolaus' I.) erstellten Bau wohnten Zar Alexander III. und seine dänische Gemahlin Dagmar bei ihren Besuchen in Peterhof am liebsten, genossen seine Ungestörtheit und familiäre Ungezwungenheit. Das Anwesen wirkte sehr frühviktorianisch. Am besten konnte ich sie mir vorstellen, wie sie im kleinen Gartenpavillon Tee tranken oder mit Kindern, Verwandten und sonstigem Gefolge am langen, mit dem erlesenen Zarengeschirr gedeckten Eßtisch im Speisesaal tafelten – sie alle vom Schicksal gezeichnet, doch gewißlich nicht ahnend, welch schwere Tragödie über ihren Häuptern schwebte.

Die Rückfahrt. Unterwegs suchten wir den Troizko-Sergijewskaja-Pustyn – einstmals eine Art Kloster, hauptsächlich bestehend aus einem 1797 von Rastrelli entworfenen Großbau, dahinter ein großer, umschlossener Platz mit vier großen Kirchen, daran anschließend vermutlich ein Friedhof, denn nach dem alten Baedeker lagen hier mehrere Persönlichkeiten begraben. Das erste, was uns auf unserer Suche begegnete, war ein Friedhof namens Sergijewo, etwas abseits der Straße. Ich stiefelte in weiten Schritten hin, konnte aber nichts Genaueres feststellen, denn der Friedhof war voller Gräber und kotüberschwemmt. Nie habe ich in Erfahrung gebracht, ob es sich um den gesuchten handelte. Wir fuhren deshalb weiter und entdeckten nicht weit entfernt das (wie wir vermuteten) alte Hauptgebäude, hinter dem wiederum eine Art Kirche zu liegen schien. Es war jedoch von der Straße durch einen mächtigen Zaun samt geschlossenem Eingangstor abgeschirmt, und unser sowjetischer Chauffeur, der mehr zu wissen schien, als er ursprünglich zugegeben hatte, versicherte uns, der Ort diene jetzt als Ausbildungsstätte der Polizei, und ein Betreten sei völlig undenkbar.

Armer Nikolai Karlowitsch Giers, größter russischer Staatsmann in den letzten Jahrzehnten zaristischer Macht und nach Bismarck hervorragendster Staatsmann des damaligen Europa, ein Mann, der alles daransetzte, um Rußland von dem Kurs abzuhalten, den es zu seinem Unheil im 20. Jahrhundert dann doch einschlug; sein Grab jetzt entweiht, sein Außenamt und seine Residenz in ein anonymes Krankenhaus verwandelt, das Gedenken an ihn von den Gendarmen eines anderen Zeitalters zerstört, zerstört von eben den knopfäugigen Fanatikern, deren geistiger Horizont sich nie über den doktrinären Haß, das eingebleute Mißtrauen und die anerzogene Fremdenfeindlichkeit zu erheben vermag! Nun denn, was sind schon Friedhöfe, Bauten, Anlagen? Letztlich fallen sie alle den Kräften der Zerstörung anheim, Kräfte des Menschen oder der Natur. Die Kräfte der Natur können nicht anders. Die des Menschen indes, hätten sie für ihre Kultur auch nur ein Augenzwinkern übrig, könnten es schon.

Ende der siebziger/Anfang der achtziger Jahre führte mich die historische Forschungsarbeit zur diplomatischen Geschichte Europas, auf zwei Bände angelegt (Bismarcks europäisches System in der Auflösung *und* Die schicksalhafte Allianz. Frankreich und Rußland am Vorabend des Ersten Weltkrieges), *immer wieder in europäische Archive, vor allem in Paris und Wien. Es folgt eine kurze Schilderung, wie so ein Alltag aussah.*

20. MÄRZ 1982
WIEN

Unsere Tage hier, vor allem die Abende, verlaufen verhältnismäßig ruhig. Das kleine Hotel liegt in einem kleinen Flügel des Schwarzenberg-Palais. Die großen Empfangsräume des Palais werden bei Gelegenheit für allerlei private Anlässe vermietet – Parties, Ausstellungen und dergleichen.

Unser Zimmerfenster geht auf den Park, der ruhig seinen Winterschlaf pflegt; das Wasser im Springbrunnenbecken ist manchmal gefroren, über den Statuen hängen viereckige Plastiktücher, die Tennisplätze sind abgerüstet und naß, die Rasenflächen gepflegt, aber braun – alles wartet auf den Frühling. Jeden Morgen wird ein junger schwarzer Hund ins Freie gelassen. Manchmal trifft er auf ein paar Artgenossen, spielt fröhlich mit ihnen, wenn sie sich zu ihm gesellen. Als wir hier einzogen, kreisten seltsamerweise Möwen über einem Teil des Parkes (so weit vom Meer!). Inzwischen sind sie weg. Jetzt halten irgendwelche, auf die Entfernung nicht näher erkennbare Zugvögel den Platz auf ihrem Weg nach Norden. Ansonsten liegt der Park verlassen da.

Jeden Wochentag nehme ich in der Früh die Straßenbahnlinie D zum Archiv; die Haltestelle liegt gleich am Palais. Hinter mir, unterhalb der umzäunten Parkplätze des Palais, steht dann das sowjetische Ehrenmal, eine halbrunde Kolonnade mit einer Inschrift in großen, kyrillischen Goldlettern. In der Mitte, auf der Achse des Halbkreises, erhebt sich eine hohe, dünne Säule, auf ihrer Spitze die (recht gelungene) symbolische Heldengestalt eines Sowjetsoldaten aus dem Zweiten Weltkrieg. Es ist, fürchte ich, heute keine Stätte ehrfürchtiger Andacht – wohl wegen des Verhaltens der sowjetischen Truppen 1945 (Vergewaltigung, Plünderung, Mord und Totschlag und andere Exzesse) und wegen des brutalen politischen Vorgehens in weiten Teilen des übrigen Mittel- und Osteuropa. Die Wiener machen sich über das Denkmal lustig, haben (warum, weiß ich nicht) der Figur auf der Säule den Spitznamen »Erbsenkönig« gegeben. Ich empfinde für die Gestalt – vielleicht als einziger in der Zweimillionenstadt – Trauer, Mitleid und Achtung, weil für mich die Tragik der Millionen junger russischer Gefallener alle politischen Emotionen der damaligen Zeit übersteigt und nicht geringer zu bewerten ist als die Tragik eines jeden jungen Menschen, der auf der anderen Seite kämpfte. Mögen jene, die – auf welcher Seite immer – diese jungen Männer in den Tod schickten, eines Tages zur Rechenschaft gezwungen werden vor dem Gott, der diese Opfer irgendwann als zarte, unschuldige, ganz auf Liebe angewiesene und ihrer gewöhnlich auch teilhaftige Kinder zur Welt kommen ließ, die sie dann aber unter soviel Pein, Angst und Not unvollendet verlassen mußten.

Am Ende des Schwarzenbergplatzes biegt die Linie D in die Ringstraße, fährt zwischen Oper und Hofburg auf der einen und den Museumsgebäuden auf der anderen Seite durch, vorbei am griechisch-klassizistischen Parlamentsgebäude zum Burgtheater im üppig renovierten Neorenaissancestil. Dort steige ich aus und gehe am Park entlang zum Bundeskanzleramt, durch dessen Hintereingang gegenüber der Minoritenkirche man zum Archiv gelangt. Dazu füllt man das Tageseintrittsformular aus und steigt dann die alte Steintreppe hinauf, wo man auf halber Höhe zwischen der weißen, lebensgroßen Statue einer hübsch gewandeten, mit der Wespentaille und dem Reifrock sehr eindrucksvollen Maria Theresia und einer ebenfalls in Weiß gehaltenen Büste Franz Josefs durchkommt. Dann geht es hinein in die verstaubten, aber wundervollen alten Dokumente – farbenprächtige, packende Denkmäler der Wirklichkeit vergangener Zeiten, die ein schweigsamer, ältlicher Archivbote nach angemessener, achtungheischender Wartezeit beibringt, der selbst wie ein Archivar aus dem 18. Jahrhundert aussieht, so daß man sich in dieser vergangenheitstrunkenen Umgebung unwillkürlich fragt, ob nicht auch er wie so viele Dokumente auf geheimnisvolle Weise die Zeit seit damals überlebt hat.

Offenbar stand die Amtsperson immer der Privatperson im Wege, weshalb die Botschafterjahre in Belgrad (1961-1963) keinerlei Betrachtungen hinterließen, die hier hineinpassen würden. Dennoch waren aus den Belgrader Jahren herzliche Freundschaften übriggeblieben, und jeder nachfolgende Besuch in dieser Stadt war ein Erlebnis voller Erinnerungen.

28. MÄRZ 1982
AVALA BEI BELGRAD

Heute fuhr uns Saleh (der ehemalige Botschaftsfahrer) als Gäste von Maria A. ins Restaurant an der Straße nach Avala, wo wir vor Jahren den denkwürdigen, fröhlichen Abend mit den J.s verbracht hatten. Unterwegs machten wir erst einmal halt und besichtigten den neuen Park gleich über der Save an deren Einmündung in die Donau. Dann ging es weiter zum Park bei Topcider. Das Wetter war herrlich an diesem ersten warmen Frühlingstag. Menschen überall, die den Frühlingsanbruch genossen – Kinder spielten, Erwachsene schlenderten umher oder saßen auf Bänken, Bälle flogen durch die Luft, Liebende umarmten sich, und das alles war so erfrischend formlos, natürlich, unverklemmt. Offenbar erlebt Serbien gerade eine seiner seltenen glücklichen Zeiten.

Im Restaurant ging es nicht weniger turbulent zu. Der Chefkellner erkannte, umarmte und küßte mich. Wir setzten uns auf die Terrasse in die Sonne. Neben uns saß zu unserem Erstaunen eine ganze Kompanie amerikanischer Offiziere: die diesjährigen Absolventen des National War College auf Europatour. Sie bestanden darauf, daß ich mich als einstiger (in Wirklichkeit, erster) »Stellvertretender Kommandant für außenpolitische Fragen« an dieser Institution mit ihnen photographieren lasse (was der derzeitige Verteidigungsminister, hätte er es erfahren, sicherlich mit hochgezogenen Augenbrauen quittiert hätte). Sliwowitz kam auf den Tisch und köstliches, frischgebackenes Brot, wie es feiner nirgends auf der Welt sein kann. Danach gab es Wein aus dem hauseigenen Weinberg sowie unzählige Gänge serbisches Fleisch.

Von einer großen Familie, die an einem der anderen Tische saß, kam ein Junge zu uns her und befragte uns in seinem Schulenglisch gestreng nach Woher und Wohin und rannte immer wieder zur Familie und berichtete ihr seine Befragungsergebnisse.

Die Sonne lächelte freundlich. Nach beiden Seiten hin fiel das Land leicht ab und bot ungehinderte Aussicht, nach der einen Seite auf die sanften Šumadija-Hügel, nach der anderen in die große Ebene des Savetals. So recht zum Wohlfühlen.

Schließlich bezog sich jedoch der Himmel. Aus der Ebene wehte eine kühle Brise. Zum feierlichen Abschied wurde ich wieder geküßt und umarmt. Von soviel Essen und Liebenswürdigkeit leicht benommen, etwas betreten auch, weil es uns nicht gelungen war, die serbische Gastgeberin am Begleichen der Rechnung zu hindern, traten wir die Heimfahrt an.

Die Farm in Pennsylvania ging Ende der achtziger Jahre in den Besitz einer unserer Töchter über, die sie genauso liebte wie ich. Unter ihrer Obhut blieb die Farm aber weiterhin der Sammelpunkt der Familie. Wann immer meine Frau und ich kamen, durften wir uns hier zu Hause fühlen, wurde jedesmal das Elternschlafzimmer für uns frei gemacht, und bei geeignetem Anlaß konnten sich jederzeit die Familienmitglieder hier treffen. Geräumig, großzügig und gastfreundlich, das war die Farm, stets bereit, jeden in ihre tröstlichen, mutfördernden Arme aufzunehmen, der sie liebte und verstand.

10. APRIL 1982

Nun sind wir also für Ostern hier auf der Farm. Als wir gestern nachmittag von Princeton hierherfuhren, fiel auf dem ganzen Weg Schnee, feucht und unentschlossen. Überall auf der Farm Matsch und Schmutz. Wie so oft in diesem merkwürdigen, kleinen Gebiet klarte es aber für die Nacht auf, und heute brennt die starke Aprilsonne herunter, als dürste sie nach ihrer Frühjahrsarbeit, die sie wegen des langen, harten Winters so lange hatte verschieben müssen.

Nach dem Frühstück machte ich einen gemütlichen Rundgang, um zu sehen, was den harten Winter überstanden hatte, was ihm erlegen war. Mein Kastanienbäumchen, das ich vor vielen Jahren als Sämling aus unserem Rasen in Princeton ausgegraben und hierher gebracht hatte, hat unzählige Prüfungen bestanden, vom Pferdegeknabber über den Zaun weg bis zum Verdrängtwerden durch Akazien-Schößlinge. Aber schließlich setzte es sich gebieterisch durch und verspricht ein stolzer, trotziger, gesunder Baum zu werden. Die alte Akazie daneben (die es eines Tages ersetzen sollte) scheint endgültig abgestorben. Wenn wir sie fällen, kriegt die Kastanie Luft. Auch der alte Pflaumenbaum am Holzzaun scheint auf dem letzten Loch zu blasen. So ist das nun mal auf einer Farm. Abgesehen von den Bäumen ist das Leben der Pflanzen und Tiere ein recht kurzer Zyklus: Geburt, übermütige Jugend, rauhe Behandlung durch Mensch und Natur, und bald schon der Tod.

Im weiteren Verlauf des Jahres 1982 kam es zu einer Begegnung mit meinen vier Geschwistern, die (soweit wir uns erinnerten) seit sechzig Jahren nicht mehr alle zusammen gewesen waren.

17. OKTOBER 1982

Das Herbstwetter zeigte sich von seiner besten Seite, ein bißchen windig und kühl zwar, aber fast immer sonnig. Weiße Wölkchen trieben über einen pastellblauen Himmel, die zumeist abgeernteten Felder lagen friedlich und entspannt im sanften Herbstlicht, die Amseln scharten sich, die Blätter verfärbten sich herbstlich, die hochaufgeschichteten Heu- und Strohberge stiegen bis unters Scheunendach, das Gras vor dem Haus war von stachligen Kastanienhülsen übersät, im Feld entlang der Einfahrt schnitt der Pächter Silofutter und blies es unter lautem Motorengeheul in die Silos hinauf.

Für uns fünf Geschwister war dies ein gewichtiger Tag. Vor vielen Jahren hatten in jenem seltsamen, ziemlich dunklen und nicht immer glücklichen Haus an der Cambridge Avenue in Milwaukee die ungewissen Pfade des Schicksals und Lebens ihren Ausgang genommen und viele Jahre lang weit auseinandergeführt. Doch selbst am Ende dieser jahrzehntelangen Trennung waren wir einander nicht fremd. Letzten Endes erwies sich die gemeinsame Kindheit stärker als alles Auf und Ab des Lebens. Die Erinnerungen waren freundlich und ohne Groll. Gegenseitiges Mitgefühl für alles, was uns das Leben angetan hatte – Gutes wie Schlechtes –, war spürbar, blieb aber unausgesprochen. Bei keinem von uns gab es Selbstmitleid, und auch die Melancholie des Alters hielt sich in

Grenzen. Die Zusammenkunft wurde noch durch die Anwesenheit der anderen bereichert, tröstlicher: Ehegatten, Kinder, Enkel. Ohne ihre kraftvolle Jugend wäre das Ereignis weit weniger glücklich gewesen.

25. NOVEMBER 1982

Ich stand im Morgengrauen auf, ließ die anderen weiterschlafen, ging nach draußen und streifte umher. Der Wind hatte ausgesetzt. Luft und Himmel waren kristallklar, die aufgehende Sonne warf lange, leuchtende Streifen auf die nackten, reifbedeckten Felder. Über dem noch nicht zugefrorenen Teich stiegen Dunstschwaden auf. Das Vieh, das die kalte Nacht über draußen geblieben war, sammelte sich jetzt am Futtertrog, wartete dort, von der Kälte noch leicht benommen, geduldig und reglos aufs Melken. Neben dem Futtertrog am Eingang vertrieb sich der Pächter mit einem jungen Verwandten aus West-Virginia die Zeit. Eine Kuh, von der man wußte, daß sie bald kalben sollte, war nicht mit den anderen von der Weide gekommen. Der Pächter war hinausgegangen und hatte sie samt ihrem neugeborenen Sprößling hereingeholt. Aber das Melken hatte noch nicht begonnen.

Ich wurde dem Verwandten vorgestellt. Wir wechselten die üblichen Worte übers Wetter (diesmal eine schwere Dürre, die zwiefach bedrohlich war, da die Gefahr bestand, daß die Felder zufroren, ehe sie genug Feuchtigkeit aufgenommen hatten). Dann ging ich weiter zum Feld oberhalb des Hauses hinauf, entlang der neuen Straße, deren Bau wir so bedauert hatten, bis zu dem Aussichtspunkt, von dem aus man fast die ganze Farm überschauen konnte. Die Sonne stand jetzt schon etwas höher, die Schatten wurden kürzer, die in der steifen Nacht gefrorenen Wiesen tauten allmählich auf. Von der Bachweide her ertönten gedämpft ein paar Schüsse irgendeines Sonntagsjägers, der vermutlich irgendwo wilderte.

Ich trank die Szene in mich hinein. Auf meinen alten, selbstgeschnitzten Eichenstock gestützt, die Knie altersschwach, die Beine und ich unter der Last unbeantworteter und unbeantwortbarer Probleme bleischwer, schlich ich dann mühsam nach Hause.

Ein paar Tage waren Annelise und ich Gast einer liebenswürdigen, reizenden und sehr großzügigen Freundin in Florida.

21. FEBRUAR 1984
ISLAMORADA, FLORIDA

Vorgestern kamen wir für ein paar Tage bei A.E. hier an. Die Ruhe tut gut – nichts als Lesen, Plaudern, Barfußlaufen, Spazierengehen und Dösen. Die Eindrücke, die uns das altmodische Holzhaus und seine Umgebung vermitteln, laufen wirr durcheinander. Dazu gehören:

- Das hier von unsichtbaren Uferriffen geschützte Meer – seicht, binnenseegleich, ziemlich verschmutzt. Kein Strand, nur Streifen verwaschenen Abfalls auf Höhe der letzten Flut, und darunter große Flächen trüben Brackwassers, durch das man zwischen Sandmulden vage ein paar Korallenstöcke erspäht.
- Die Überreste eines zerfallenden Holzstegs vor dem Grundstück des Nachbarn – vereinzelte Pfähle und übriggebliebene kurze Deckbohlen, worauf den lieben langen Tag eine heterogene Kolonie aus Kormoranen und Seeschwalben döst. Die Kormorane haben das Vorrecht auf die Pfähle, auf denen sie stundenlang stehen wie angestrengt nachdenkende Philosophen, allen Zeitgefühls bar, den Kopf dem Wind zugewandt, in die Betrachtung der in gewissem Sinne unwandelbaren, in einem anderen sich unablässig ändernden See versunken. Nur wenn die Kormorane wegfliegen, wagen sich die Seeschwalben auf diese renommierten Hochsitze, machen aber sofort wieder Platz, sobald die Kormorane zurückkehren.
- Nicht weit davon sitzen, ebenso reglos, Pelikane in großer Zahl

auf einem vorstehenden Riff, und aus unerfindlichem Grund scheinen sich ihre Silhouetten unvorstellbar hoch über den Horizont zu recken.

- Nachts das große Alligator-Leuchtfeuer. Auf einem unbemannten, etwa 40 Meter hohen Stahlrohrturm fünf bis sieben Kilometer vom Ufer entfernt angebracht, wirft es sein Signal durch die Nacht (viermaliges Aufblitzen im Vier-Sekunden-Abstand, gefolgt von einer 24sekündigen Pause). Tagsüber kann man dahinter die kleinen Umrisse von Motorbooten und winzige weiße Segelfleckchen sehen, die in sicherem Abstand von den Riffen diese gefährliche Küstenstrecke entlangfahren.
- Wo sie nicht gepflegt und geschnitten wird, besteht die natürliche Vegetation dieses Geländes aus einem Dickicht hoher Büsche und niedriger Bäume, an ihren Rändern ist der Boden von einer unansehnlichen Schicht aus Zweigen und Blättern übersät, ergänzt oft von Unmengen menschengemachten Abfalls, wie ihn unzählige Landsleute offenbar in die Natur zu streuen belieben.
- Landeinwärts von A.s Grundstück fließt ein schmaler, künstlicher Kanal, dicht gesäumt von kleinen Wohnhäusern, zum Teil mit Anlegestelle und Motorboot – ein Bild, wie man es in diesem zumeist neuen, modernen und sauberen Teil Floridas zu Tausenden finden kann. Für dauerhaft halte ich das alles nicht. Vor meinem geistigen Auge sehe ich schon seine Zukunft: eingefallene Gräben, verschlickt und verschlammt, die Überreste der Häuser übers Ufer verstreut, die Anwesen oft nur noch an den Fundamenten erkennbar, alles übrige, ja alles, ein Opfer der Orkane, der Feuchtigkeit, der Insekten und des letztendlichen Untergangs der uns bekannten Zivilisation.

An dieser Stelle ist die Halbinsel nur zwei- oder dreihundert Meter breit. Ihre Mitte durchschneidet schnurgerade die Bundesstraße 1, kommt aus der Ferne und verschwindet in ihr auf dieser Endstrecke ihres 3000-Kilometer-Laufs vom Norden Maines bis nach Key West – 3000 von amerikanischem Straßenrandkitsch gesäumte Kilometer, ewig dasselbe, mit eintöniger Gleichheit seine Indifferenz, ja Verachtung für die umgebende Natur unterstreichend.

Im Frühjahr 1984 führte ich in Moskau den Vorsitz in einer Zusammenkunft sowjetischer und amerikanischer Professoren, die über die russisch-amerikanischen Beziehungen an der Wende vom 19. zum 20. Jahrhundert diskutierten. Der nachstehende Bericht entstand auf der Rückreise nach Norwegen.

16. JUNI 1984

Während des Aufenthalts in Rußland blieb mir nie Zeit zum Schreiben. Jetzt befinden wir uns zu meiner großen Erleichterung auf der Rückreise nach Norwegen. Von den letzten, geistig und emotional durchweg anstrengenden Tagen kann ich nur ein impressionistisches Bild zeichnen.

Ins Majakowski-Theater zur Vorstellung eines modernen sowjetischen Stücks mit dem nichtssagenden und völlig belanglosen Titel *Sie, in Abwesenheit von Liebe und Tod.* Am Eingang empfängt uns ein völlig unbekannter, gut gekleideter und sehr ernster junger Mann in Begleitung einer jungen Frau mit breitem Gesicht und dunklen Augen. Sie stellen sich weder mit Namen noch mit ihrer Funktion vor, haben aber die Eintrittskarten und nehmen uns unter ihre Fittiche. Das mir weitgehend unverständliche Stück ist extrem sowjet-modernistisch. Nicht der kleinste Anflug von politischer Propaganda. Die Dialoge sind – soweit wir den modernen sowjetischen Jargon überhaupt verstehen – originell und komisch, die Schauspieler phantastisch, insbesondere die Darstellung des dauernden, offenbar unlöslichen Konflikts zwischen der nervösen, unglaublich reizbaren, einsamen Mutter (Witwe oder geschieden) und der blitzgescheiten, emotional aber kaum weniger überspannten Tochter. Die Mutter schreit ihre Vorwürfe in wahrer Wahnsinns-Verzweiflung heraus; die gegen derlei so abgehärtete Tochter, wie es nur junge Leute sein können, lacht sie von der Tür her einfach aus und geht ihrer Wege.

Das Stück ist früher als erwartet zu Ende. Der Wagen, der uns abholen sollte, ist noch nicht da. Hilflos stehen wir vier an der Ecke – einstmals, in der Zarenzeit, war es die Ecke an der Bolschaja Nikitskaja (weiß Gott, wie sie heute heißt) – vor dem inzwischen leeren Theater. Es fängt an zu regnen. Wir suchen ungewissen Schutz an der Gebäudemauer, und mir scheint, daß die im Schein der Straßenlaternen naß glänzende, leere Kreuzung vor uns, die so eindringlich russisch und vergangenheitsschwanger ist, selbst eine Bühne bildet, mein albernes Herz anrührt mit dem stillen Atem des gewesenen Rußland, das mir so unendlich viel mehr bedeutet als das seiende.

EIN TAG MIT DONNA UND ARTHUR HARTMANN, JETZT BOTSCHAFTER IN MOSKAU, AUF DER TARASSOWSKAJA DATSCHA (IMMER NOCH OFFIZIELLE DATSCHA DER BOTSCHAFT)

Da ist er also wieder, dieser einst ziemlich unheimliche, unglückliche Ort, immer noch ein bißchen dunkel und feucht in dem Regenwetter, immer noch offenkundig schwer zu bewirtschaften für den normalerweise abwesenden Besitzer – die Botschaft –, aber im Gegensatz zu früher von zahlreichen Privilegierten-Datschas umgeben. Die steile Uferböschung zum Fluß hinunter ist jetzt mit Bäumen bewachsen, so daß der für die russische Landschaft so charakteristische Fluß und die Wiese am anderen Ufer (wo jetzt gebaut wird) kaum noch zu sehen sind.

Wir schlendern die schmutzige Straße entlang. Dann gibt es in einem kleinen Nebenbau der Hauptdatscha Lunch; im eisernen Herd lodert ein Holzfeuer; irgend jemand hat eine Platte mit Dixieland-Jazz aufgelegt; das aus der Stadt hergebrachte Essen wird aufgewärmt und verzehrt; hinterher waschen die zwei anwesenden Botschafter, A. und ich, bescheiden und nicht unfröhlich das Geschirr ab. Wie sich die Zeiten ändern!

Wir fahren über die alte, jetzt monströs verbaute Jaroslawler Straße in die Stadt zurück und kommen gerade noch rechtzeitig an, um einen Bissen zu Abend zu essen und dann nach Kiew zu fahren.

Im Zug nach Kiew. Einen so langen Zug habe ich mein Lebtag nicht gesehen: zwanzig Schlafwagen, nichts sonst. Die Moskauer Vorstädte schnippen vorbei. Meilenweit die typischen Kartoffelbeete neben den Geleisen, schließlich abgelöst von Waldstreifen, so daß man von der Landschaft nichts zu sehen bekommt (offenbar sind sie als Schutz vor Schneeverwehungen gedacht). Tut sich dennoch hin und wieder eine Öffnung auf, so erhascht man einen Blick auf das sanft schwellende Land dahinter – echtes Tolstoi-Land: fruchtbare schwarze Erde, frisches Frühlingsgewächs, kurvige Karren- und Fußpfade, große, dichtbestandene Waldstücke dazwischen, hie und da ein bescheidenes, erdverbundenes Dorf, von dem man aus der Ferne nichts als die Dächer sieht.

Schließlich fällt die Dunkelheit ein, das späte Dunkel der Sommersonnwende. An Schlaf ist kaum zu denken. Das Abteil liegt direkt über den Rädern. Der Zug fährt zu schnell auf den ausgeleierten Schienen. Unser Waggonende hüpft, schwankt und stampft. Schließlich aber bekomme ich doch zwei oder drei Stunden Schlaf. Als ich erwache, sind wir schon in der südrussischen Ebene. Riesige Weiden und Wintersaatfelder erstrecken sich bis zum Horizont. Sie erinnern mich an die ersten Zeilen des Puschkin-Gedichts *Poltawa*, und so stelle ich mir vor, vor mir lägen »unübersehbar die Wiesen«, wenn auch nicht die »freien und unbewachten Herden der Pferde des reichen, berühmten Kotschubej«.

Im Herbst 1984 weilten wir bei Freunden auf den mir bis dahin unbekannten Inseln Ischia und Capri zu Besuch.

23. SEPTEMBER 1984
ISCHIA

Heute morgen gingen Annelise und ich zum Geldwechseln ins Dorf. Um diese Tageszeit war auf der Hauptstraße Kraftfahrzeugverkehr zugelassen, so daß außer dem üblichen Menschentumult auch noch Autos und Motorräder ihren Weg durch das Gedränge zu bahnen suchten. Das war natürlich nicht ungefährlich und wäre in anderen Breiten als sehr ärgerlich empfunden worden. Aber hier schien es jedermann fröhlich hinzunehmen.

Die Bank war geschlossen, aber dank der Tips, die unsere Gastgeber uns mitgegeben hatten, fanden wir einen winzigen, unglaublich vollgepferchten und überfüllten Gemüseladen, dessen Inhaber kurz über die Straße rannte, am Aushang der Bank den Kurs nachprüfte, dann bestens gelaunt die Transaktion für uns vornahm und uns in Gnaden entließ.

Wir schoben uns bis zu dem Platz durch, wo die Straße in einer Art Vorfelsen endet und man das Meer nach drei Seiten betrachten kann. Von Westen blies steifer Wind, unter uns donnerte schwere Brandung gegen die Felsen und vergischte. Mitten auf dem Vorfelsen steht »la Chiesa del Soccorso«, eine Kirche aus dem 17. Jahrhundert, der Hl. Jungfrau als Retterin aus Seenot geweiht. Die Kirche blickt auf das Dorf, die Apsis wie zum Schutz gegen das Meer gereckt. Über dem Altar hing ein Bildnis der rettenden Jungfrau, auf dem einen Arm das Jesuskind, mit dem andern eine Art Schlagholz erhebend. Einen Fuß hatte sie fest auf eine liegende Mannsgestalt gestellt, dessen Identität ich nur erraten konnte, während neben ihrem anderen Fuß ein weiteres Kind stand, offenbar ein Junge, von dem ich mir nun überhaupt nicht vorstellen konnte, um wen es sich handelte.

Auf dem Rückweg dachte ich über die Eigenart dieses ganz und gar italienischen Fleckchens Erde nach, jene bunte Mischung aus Toleranz, Naivität, Menschengewirr, Geselligkeit, Familienzusammenhalt, Lokalpatriotismus, Hinnahme und zugleich innerer Ablehnung des Modernismus in seinen häßlichsten Ausprägungen – kurzum: ein kleindimensionales, sicherlich auch kleinkariertes Leben, das vermutlich auch seine kleinen Grausamkeiten und Ungerechtigkeiten hatte, aber doch getragen war von der breitarmigen, weisen und sich nichts vormachenden Nächstenliebe der katholischen Kirche, beseelt von der beruhigenden Vertrautheit des Familienlebens und gestützt durch die unwandelbar tröstlichen christlichen Sakramente. Und ich dachte: Solange es diese Welt gibt, so unvollkommen sie sein mag, ist sie keinesfalls die schlechteste aller Welten, vielleicht gar die erhoffbare beste – ein kunterbunt gewürfeltes Leben voller Schmutz, Menschengedränge, Konfusion und Unordnung, deren Mängeln wie Möglichkeiten die lokalorientierte Intimität Grenzen setzt, alles in allem persönlich und ungemein menschlich. Jedenfalls besser als die großen, überzüchteten, unpersönlichen modernen Gesellschaften mit ihren Herrenansprüchen, ihren Atomwaffen und ihrem hemmungslosen, technologisch so fortgeschrittenen Mißbrauch der natürlichen Umwelt.

»Klein« ist natürlich nicht immer auch schön – das wäre übertrieben. Auch von Hoffnung bordet es nicht über. Aber es ist auch nicht monströs zerstörerisch. Und zumindest bietet es Raum für jene gelegentlichen, wundervollen Ausbrüche des Schöpferischen im Menschen, wie zum Beispiel die Renaissance, der wir an diesem Ort so viel Schönes verdanken. Also dürfe ich, wie ich meinte, diese Kleinheit nicht mit Verachtung strafen.

Es war schon 16 Uhr, als wir in den Hafen an der Nordseite von Capri einliefen. Das Wetter war kühl, feucht und sah ungut aus; hin und wieder schauerte es. Wir marschierten brav den langen Weg hinter dem Träger her zur Zahnradbahn, mit der man in die Stadt gelangt. Dort wartete ein weiterer Träger, der seine Karre mit dem Gepäck mehrere hundert Meter weit über einen schmalen Fußgängerdurchgang bis zu dem kleinen, modernen Hotel schob, wo unsere Gastgeber ein sehr hübsches Zimmer für uns reserviert hatten.

Den ganzen Tag schon hatten sich die Wolken für eine ernste Wetterverschlechterung gesammelt. Bald blies es kräftig, und noch ehe wir uns zum Essen in ein Restaurant begaben, donnerte und blitzte es. Im Gefolge des Gewitters kam wilder Wind auf, gefolgt von pladderndem Regen. So ging es die ganze Nacht durch, steigerte sich in den frühen Morgenstunden zum Crescendo; Wind und Regen krachten mit solch dumpfer Wucht gegen das Gebäude, daß ich Orkanstärke vermutete. Ich empfand hohen Respekt vor der sprichwörtlichen Gewalt der plötzlichen Mittelmeerstürme, und erst jetzt ging mir auf, was es in klassischen Zeiten und mit den damaligen Seefahrzeugen bedeutet haben mußte, in einen dieser Nachtstürme zu geraten.

Den ganzen Tag über heulte der Wind. Von woher er blies, war auf diesem verwirrenden Eiland schwer zu bestimmen. In regelmäßigen Abständen krachte und schauerte es. Nachmittags begaben wir uns ins Haus unserer Gastgeber in Anacapri hinauf. Der für Regen und Kälte verächtlich gleichmütige L. führte uns durch die engen Passagen, Wege und Straßen dieser (im Gegensatz zu Capri) autobefahrenen Stadt. Wir stiegen zu Axel Munthes »Villa« auf dem die Nordseite der Insel überragenden Kliff hinauf. Die Gärten und die antiquitätsbeladenen, nach draußen halb offenen Steinräume des Gebäudes waren auf ihre museale Art wirklich schön, aber wie der feuchtkalte Wind durch die Anlage fuhr und gelegentliche Regenschauer ablud, konnte ich mir kaum einen weniger gemütlichen Wohnplatz denken – nichts als frigide, zugige, steinerne

Schönheit, belebt nur vom Anblick einer grauen, sturmumwühlten See weit unten.

Wir aßen in einem fast leeren Restaurant in der Nähe des Hauses unserer Gastgeber zu Abend. Während des Essens kam ein weiteres Gewitter, wobei schon der Regen vor dem Fenster wie Donner tönte. Dann nahmen wir den Bus nach Capri hinunter. Der Fahrer jagte den Bus wie besessen durch die engen Straßen, als sei er auf irgend etwas böse. Wie wir an der Nordseite der Inseln an den Kliffen vorbeirasten, sahen wir über der Halbinsel Sorrent immer noch Blitze, aber nach Norden zu war der Himmel klar und glommen einladend die Lichter von Neapel und der anschließenden Küste, verhießen besseres Wetter für morgen und überstrahlten, wie so oft die Lichter von New York City, die ganze Trostlosigkeit und Häßlichkeit, die sich hinter ihnen verbarg.

Im Hotel angekommen, war ich trotz meiner zwei Hemden und meiner Jacke durchgefroren und müde, und in meinem Kopf gingen nur verwirrende Bilder um von Wänden und Mauern, vielen Wänden und Mauern, von Toren, feuchten, überwucherten Gärten und nassen, engen, bürgersteiglosen Straßen, auf denen man von Seite zu Seite hüpfen mußte, um nicht den gleichgültigen Fahrern unter die Räder zu kommen.

Adieu Paris

4. APRIL 1986

Das war, ich bin sicher, mein letzter Abend in Paris. Annelise und ich genehmigten uns Chez Marius ein letztes Abschiedsessen. Der Abend war kalt. Wir waren froh, daß wir Winterkleidung mitgenommen hatten.

Nach dem Abendessen nahmen wir für den Rückweg zu unserer Unterkunft den vertrauten Bus Nr. 63, in den wir am Boulevard St. Germain einstiegen. Eine junge Schwarze saß am Steuer, begrüßte uns zu unserer Überraschung an Bord mit einem fröhlichen Lächeln, die weißen Zähne schimmerten hell aus dem Halbdunkel der Fahrerkabine. Sie fuhr mit hingebungsvoller Ausgelassenheit wie ein Rennfahrer, und kein schlechter dazu, fegte mit dem leeren Gefährt an den Haltestellen vorbei, ohne auch nur einen Seitenblick auf sie zu verschwenden, strafte die roten Ampeln am Ende der Brücke über dic Seine mit Verachtung.

Beim Überqueren dieser Brücke lag rechts unter uns ein helles Lichtermeer am Kai, wo die »Bateaux mouches« liegen, machte den Himmel zum Tag und sollte offenbar verblüfften und unentschlossenen Touristen große und erregende Aktivität suggerieren. Tatsächlich lag der Kai jedoch ziemlich leer und war der ganze Lichterglanz verschwendet – auf den kalten Fluß, die leeren Anlegestellen, die Landungsbrücken, über die die letzten Putzfrauen jetzt die Boote verließen und sich auf den Heimweg machten, um sich wie die müden Prunkboote für die Arbeit am nächsten Tag auszuruhen.

Der Bus ratterte weiter, die Avenue Président Wilson hinauf, vorbei am Galliéra-Palais, in dem 1886 der orleanistische Thronanwärter seinen glänzenden Empfang gegeben hatte (jenes letzte große

Aufflackern königlicher Schaulust), übers Trocadéro, wo sich erst heute nachmittag noch auf der Terrasse mit Blick übers Flußbett und auf den gegenüberliegenden Eiffelturm eine junge Menschenschar versammelt hatte, hinein in die Avenue Henri Martin, zwischen den dunklen Wohnhäusern durch und vorbei an den dichten Parkreihen glänzender Autos auf dem Mittelstreifen. Wir stiegen an der Endhaltestelle aus, wo auch der Boulevard endet. Wir waren die letzten Fahrgäste. Wie wir den rückwärtigen Ausstieg verließen, hörten wir von vorn die Stimme der Schwarzen uns ein »Bon soir« zurufen, während wir im Dunkel verschwanden. In diesem endgültigen Abschiedswort hörte ich, spürte ich eine Art Herausforderung, wenn man so will, herzzerreißend und herzerwärmend zugleich, eine winzige Geste der Absage an die Gleichgültigkeit dieser großen, kalten, schönen und gefühllosen Stadt, in deren sprühende, egozentrische Vitalität unsere gelegentlichen Anwesenheiten in den vergangenen Jahren nicht die geringste Spur gegraben hatten, die indes auf immer unersetzlicher Teil unseres eigenen Weltbildes bleiben würde.

Ein Segeltörn an der norwegischen Küste.

31. JULI 1986

Wieder einmal begann der Tag in Farsund mit strömendem Regen. Die Wettervorhersage war rundum scheußlich: kein Ende des Regens in Sicht, für den Nachmittag sturmartige Böen zu erwarten, die Windrichtung aber generell günstig. Das gab für uns den Ausschlag, trotzdem nach Kirkehavn auf der Insel Hydra zu segeln. Ein kleiner Hafen, den ich vor vielen Jahren schon einmal anzulaufen versucht, es wegen widriger Umstände aber nicht geschafft hatte. Diese Scharte wollte ich jetzt auswetzen.

Um 16 Uhr glitten wir in den Innenhafen von Kirkehavn. Er stellte sich als kleiner Fischerhafen heraus, der tief in die großen Felshügel eingelassen und von einer großen, weißen Holzkirche beherrscht war, die auf einer plötzlichen Erhebung balancierte und von weit draußen her sichtbar war (vermutlich der Grund, warum der Ort »Kirchhafen« hieß). Die Docks konnten sich mit den dreckigsten und häßlichsten norwegischen Docks messen (und das heißt eine ganze Menge), aber die Landschaft selbst erwies sich als große Naturschönheit. Um die kleine Bucht standen ein paar hübsche Häuser. Alles in allem atmete der Ort mit seinen zwei Gemischtwarenläden träge, wenngleich unordentliche Ruhe.

Am späten Abend, die Dunkelheit brach schon ein, kam ein Fischerboot vom Meer angefahren und legte am Fischdock an, lud Plastikbehälter voll Shrimps ab, die auf dem Heimweg abgebrüht worden waren und nun in Eis verpackt lagen. Die glänzenden Decklichter des Bootes ließen es wie eine Theaterbühne erscheinen, im Schatten sammelte sich ein Publikum, sah dem Ausladen zu. Die beiden jungen Matrosen, große, mächtige Burschen, hatten noch ihre Gummihosen und -stiefel an und bedienten die Winden, schleiften die schweren Behälter auf Deck und hievten sie auf das Transportband, öffneten die Luke, legten die schweren Lukendeckel beiseite und ließen das Band anlaufen – das alles geschah beeindrukkend kraftvoll und schnell. Man spürte, daß sie stolz waren auf ihr anstrengendes, gefährliches Dasein auf See und auf die Fertigkeiten, die sie jetzt so nonchalant vorführten. Dies – ihre dramatische Ankunft und schnelle, rhythmische Arbeit unter ihren eigenen Bogenlampen – war ganz offenbar *ihr* ureigener Moment, Höhepunkt der Stunden auf dem Meer, die eine, große, nicht mit Geld aufzuwiegende Entschädigung für all die Tage und Nächte des Ringens mit schwerem Gerät auf den nassen Planken eines schwankenden, nickenden, rollenden Boots. Nach getaner Arbeit warfen sie sofort die Leinen los, verschwanden im Dunkel und in der Härte der nächtlichen Nordsee. Die Lichter wurden gelöscht, und Kirkehavn, des Schauspiels zufrieden, legte sich schlafen.

Im März 1987 reisten Annelise und ich in Begleitung unserer Nachbarin Mary Keating nach Marokko, wo wir mit freundlicher Unterstützung von Marys Sohn Dick Jackson, amerikanischer Generalkonsul in Casablanca, eine Tagesfahrt ins Landesinnere unternahmen.

23. MÄRZ 1987
CASABLANCA

Der Spaziergang heute nachmittag führte mich durch palmen- und eukalyptusbestandene Straßen, die sich um die Hänge der großen Hügel winden und auf beiden Seiten nur von geweißelten Mauern und eleganten Toren gesäumt sind, hinter denen man wiederum nur Teile weißgekalkter Mauern eleganter, in massiges Blätterwerk getauchter Villen erspäht. Ich habe keine Ahnung, wer die Besitzer sind. Zumeist vermutlich Ausländer, aber wohl auch ein paar Marokkaner darunter. Jeder Besitz soll eine Million Dollar gekostet haben (einer soll zum Preis vieler Millionen von einem saudischen Prinzen erbaut worden sein, der ihn in den Jahren seither nur eine Woche bewohnt habe). Die kurvigen, sonnenbeschienenen, aber von der Meeresbrise gekühlten Straßen nehmen sich angenehm aus, sind aber seltsam menschenleer. (In dieser Beziehung erinnern sie mich ebenso wie der Luxus der Villen an die wohlhabenderen Viertel von Lake Forest in Illinois, mit dem einzigen Unterschied, daß es hier schöne, breite, kleingepflasterte Gehsteige gibt, während, wenn ich mich recht erinnere, der Teil von Lake Forest, an den ich denke, überhaupt keine Gehwege hat.) Meine einzigen Begleiter auf meinem Spaziergang scheinen die gelegentlich auftauchenden Gärtner zu sein, die die sogar an der Außenseite der hübschen Mauern gepflanzten Blumenbeete pflegen, oder hin und wieder ein Chauffeur, der auf der Straße den Wagen seines Herrn wäscht; einmal begegnete mir eine Frau der unteren Schichten mit einem Säugling auf dem Arm und einem recht hübschen kleinen Mädchen, das höchst einschmeichelnd auf mich zugetanzt kam und auf Französisch einen Dirham erbat, den ich aber nicht hatte. Der Anblick dieser ununterbrochenen Mauern- und Torreihen, die die leeren Straßen umrahmen, verdeutlichte mir das ausgeprägte Bedürfnis der marokkanischen Familie nach Privatsphäre, das die Liebe zu Mauern und Umschließungen aller Art erklärt, mit denen sie sich vor neugierigen Augen und unwillkommenen Eindringlingen schützt.

29. MÄRZ 1987
MAROKKANISCHES LAND

Da es unaufhörlich weiterregnete, fingen wir an – die Mittagsstunde war längst vorbei –, uns über unser Picknick Gedanken zu machen. Die Erde war zum Sitzen zu naß, das Auto zum Essen zu eng. Da fiel unserem Fahrer Hadj wie zufällig ein, er kenne gleich in der Nähe einen Platz, wo wir hinfahren und unter Dach essen könnten. Gesagt, getan. Sofort bog er auf eine schmale Staubstraße ein, wo hundert Meter weiter ein kleiner, unansehnlicher Zementkasten auftauchte, der mutterseelenallein in einem der großen Felder stand. Darum herum gab es, soweit ich sehen konnte, nichts als einen altmodischen Brunnen mit Eimer und Winde direkt vor dem Haus sowie ein durchnäßtes Hündchen, das uns mit seinem Blick zu verstehen gab, daß es der menschlichen Spezies etwa so unfreundlich begegnete, wie die Araber traditionell den Hunden. Im Hauseingang stand in statuenhafter Reglosigkeit die Gestalt einer Frau im langen Kaftan. Der Fahrer redete kurz mit ihr, und schon lud sie uns ein hereinzukommen. Ihr Mann, der im Augenblick allerdings nicht zu Hause war, schien ein Bauer zu sein, dem etwa zwei Hektar Land gehörten.

Das Haus bestand aus drei nackten, ungeheizten Räumen. Da sie fast keine Fenster hatten, war es sehr dunkel. Wir zogen in der kleinen Diele unsere Schuhe aus und wurden in ein Zimmer geführt, das vermutlich als Gastraum diente. Auch hier gab es keinerlei Möbel, sondern nur einen Teppich auf dem Boden, darauf ein paar gegen die Wand gelehnte Kissen. Die einzige Wandverzierung bestand aus einem großen Kalenderblatt mit Blumen und Katzengesichtern. Wir setzten uns so graziös wir konnten auf den Teppich. Inzwischen hatte unsere Wirtin auf dem Boden der schmalen Diele, die offenbar zugleich als Küche diente, ein kleines Propanstövchen angezündet, machte etwas Wasser heiß, brachte es uns in einem Henkelkrug, goß es uns nach moslemischem Ritual über die Hände und reichte uns ein Handtuch zum Abtrocknen. Dann verzehrten wir unser im Wortsinne bodenständiges Picknick, hinterließen der Wirtin zum Zeichen unserer Dankbarkeit einen großen Truthahnschenkel und schlidderten durch den Schmutz zu unserem Wagen zurück, nicht ohne den mißtrauischen Blick des Hundes mit gleicher Münze heimzuzahlen. Die ganze Zeit über hatte unsere Wirtin zwar kein Wort gesprochen, uns aber stets lieb und freundlich betreut, und dieses einfache Beispiel moslemischer Gastfreundschaft rührte mich an.

26. MÄRZ 1987
FES

Fes, eines der bedeutendsten moslemischen Glaubenszentren, ist eine von Mauern umschlossene Stadt und liegt ziemlich abgelegen in einer weiten Mulde inmitten unfruchtbarer Hügel. Die Altstadt scheint nur aus überdachten, wie in einem mittelalterlichen Bienenstock zusammengedrängten Marktständen zu bestehen; der (immer noch sehr alte) neuere Teil weist wenigstens eine Durchfahrt auf, die breit genug ist, um als Straße bezeichnet zu werden, und soll außerdem mehrere alte, höchst zurückgezogene Paläste mit herrlichen Gärten beherbergen, die jedoch so eifersüchtig von Mauern und Toren umschlossen sind, daß der Fremdling kaum etwas von ihrer Existenz ahnt. Die Stadt ist übersät mit Moscheen. Von unserem außerhalb der Stadtmauer an einem Hang gelegenen Hotel mit Blick auf die Dächer der Stadt konnten wir rund zwanzig Minarette erkennen, die aus dem allgemeinen Wirrwarr aufstiegen. In festen

Abständen während des Tages, beginnend um vier Uhr in der Früh, war die Luft plötzlich erfüllt vom vielstimmigen (elektronisch verstärkten) Chor der Muezzins, die die vorgeschriebenen Gebete rezitierten. Der Effekt dieser plötzlichen Ausbrüche ist kaum zu beschreiben; sie nehmen sich aus, wie wenn auf einen Schlag sämtliche Feuersirenen auf einmal zur Mittagszeit aufheulen, jedoch nicht im Gleichklang, denn der Klageruf des langsamsten Sängers wimmert noch einsam über die Dächer der Stadt nach.

Der ältere, untere Teil der ummauerten Stadt, der, wie gesagt, fast ausschließlich aus Souks besteht, war ein Gewirr winziger, tunnelähnlicher Durchgänge, die in alle Richtungen liefen, so unregelmäßig, daß sich der Ausländer, der sich ohne Führer hineinwagt, mit fast tödlicher Sicherheit verirrt. (Kleine Jungen, heißt es, nutzten die Not des Fremdlings aus und böten an, ihn gegen Entgelt aus der Verirrung zu führen, verstrickten ihn aber manchmal nur noch tiefer im Wirrwarr in der Hoffnung, für die endgültige Erlösung noch mehr Geld herauszuschlagen.) Die Durchgänge sind derart eng, daß Waren nur auf dem Rücken der geduldigen, allgegenwärtigen Esel transportiert werden können. Selbst dann noch ist die monströse Last, die den kleinen Tieren zugemutet wird, oft noch so breit, daß sie auf beiden Seiten die Mauer streift. Die Durchgänge sind zum größten Teil nicht überdacht; die Hauswände steigen hoch hinauf, treffen sich aber nicht am oberen Ende. Den verbleibenden Zwischenraum überdeckt manchmal ein Bambusgitter und hält den letzten Sonnenstrahl ab, der sich sonst in die Schlucht verlieren könnte. Die Seiten der Durchgänge sind hundertfach gespickt mit schmalen, höhlenartigen Öffnungen, die zu Handwerkerschuppen oder kleinen Verkaufsräumen führen, deren Waren am Eingang feilgeboten werden. Welche Handwerksarbeiten hier vor sich gehen, weiß ich nicht zu sagen. Metall- und Holzverarbeitung scheinen vorzuherrschen, aber es kommen dutzendweise noch Dinge hinzu, die bei uns zu Hause mit Maschinen hergestellt würden. So sah ich zum Beispiel, wie Seide in großer Menge von Hand gefärbt und seilähnlich zu großen, nassen Strangbündeln gedreht wurde, die dann zur Tuchweberei verwendet werden. In einem anderen Mauergelaß stellte ein Meister mit großer Geschwindigkeit sehr schöne Schalen her, ich glaube aus Zinn, die er auf einer elektrischen Töpferscheibe aus runden Platten des glänzenden Metalls formte – das alles mit Hilfe eines kleinen, unglaublich schmutzigen Jungen, der die Töpferscheibe in Schwung halten mußte, aber doch hin und wieder sehnsüchtig zur Höhlenöffnung hinaussah, zweifellos die anderen Kinder um ihre Freiheit beneidete und nur zu gern bei ihren einfallsreichen Streichen mitgemacht hätte. Man multipliziere diese paar Beispiele ein paar hundert Mal, dann hat man ein ungefähres Bild von der Vielfalt der Vorgänge in den Souks von Fes. Durch die engen Gänge schiebt sich indessen ein dichtes Gewühl aus Fußgängern und Eseln, die alle von hier nach da zu kommen trachten, wobei die Schreie der Eseltreiber, die Platz für ihr Tier erheischen, mit dem stampfenden Dudeln der Rock-'n'-Roll-Musik wetteifern, die aus weiß Gott wo aufgestellten Radios und Stereorecordern blärrt.

Nachdem wir uns eine halbe Stunde lang durch diesen Vorhof der Hölle gekämpft hatten, murmelte unser Führer etwas von der Besichtigung einer Teppichweberei und brachte uns durch verwinkelte dunkle Gänge in eine geräumige, vornehme Katakombe, die sich als besonders ausgekochte Touristenfalle erwies. Ehe wir's uns versahen, saßen wir auch schon auf einer Art erhöhter Estrade, wurden mit Pfefferminztee erfrischt und in ein eher dramatisches Verkaufsgespräch verwickelt, während eine unterwürfige Dienerschaft einen einheimischen Teppich nach dem anderen vor uns ausrollte, wobei manchen die feierliche Ankündigung vorausging, bei genau diesem würden uns »einfach die Augen übergehen«. Zur großen Verblüffung von Mary Keating und meiner Wenigkeit, die wir nichts mehr ersehnten, als dieser finsteren Höhle zu entrinnen, zeigte sich Annelise an einem der Stücke interessiert mit der Folge, daß wir den Rest des Vormittags dort festsaßen, während sie ihr ganzes, angeborenes händlerisches Können an dem beredten Verkäufer ausprobierte. Irgendwann während dieser verbalen Balgerei gelang es Mary und mir, die wir die dumpfe Atmosphäre im Innern nicht länger ertrugen, in das enge Gäßchen vor der Tür zu entfleuchen, wo wir im farbigen Strom schiebender, schubsender Menschenleiber warteten, bis endlich Annelise, die dem Mann mehrere hundert Dollar abgehandelt hatte, leicht grimmen Blicks und mit zusammengekniffenen Lippen mitsamt ihrer Beute erschien: ein

2,5 x 4 Meter großes Prachtstück, das zu gegebener Zeit Grace' New Yorker Apartment zieren sollte.

27. MÄRZ 1987
FES–MARRAKESCH

Gegen zehn Uhr machten wir uns im Wagen auf den Weg nach Marrakesch. Da ich gerade wieder unter meiner speziellen Kurzsichtigkeit litt (meiner Farbblindheit nicht unähnlich), die es mir manchmal schwer macht, Pittoreskes von bloß Schmutzigem, Unerquicklichem und Deprimierendem zu unterscheiden, verließ ich Fes ohne übermäßige Bedauernsregungen, freute mich dafür sehr auf die 600-Kilometer-Fahrt, die zunächst die unteren Atlasberge überqueren und dann am Fuße des Großen Atlas entlangführen sollte. Ich wurde nicht enttäuscht. Wieder einmal bot sich uns ein Panorama voll Schönheit, Vielfalt und Reiz. Nach etwa 35 Kilometern schnurgerader Straße durch fruchtbares, ebenes, von Bächen aus den darüberliegenden Bergen bewässertes Land begann der Aufstieg in einen Höhenzug des Kleinen Atlas. Wir gelangten in eine Stadt, die als Provinzzentrum und im Winter als Skigebiet diente, etwa 1600 Meter hoch gelegen, wo nicht nur die Vegetation, sondern sogar die zweistöckigen, mit Walmdach versehenen Gebäude eher der Schweiz als dem umliegenden Marokko ähnelten. Danach ging es gemächlich 300 bis 500 Meter tiefer; wir fuhren Stunde um Stunde durch baumloses, welliges Land, dessen Anhöhen und Mulden die Fortsetzung der Berge über uns bildeten, Weideland zumeist, da und dort ein Acker mit Winterweizen. Insgesamt überwogen aber doch die großen Schaf- und Ziegenherden mit ihren einsamen Hirten, deren biblisch anmutende, große und reglose Umrisse sich auf den hohen Klippen dramatisch vom hellen Himmel abhoben. Hier und da lagen, weit verstreut wie amerikanische Farmhäuser, die dünnen Ansiedlungen der Landbevölkerung: eingeschossige, schmutzigbraune Steinbauten mit Flachdach und ohne erkennbare Außenfenster, die offenbar eine Art Hof oder Scheunenplatz umschlossen und sich in die geschützteren Falten der wallenden, trockenen Hügel eingenistet hatten. Wo immer man einen Menschen sah, war er unweigerlich von seinem nicht wegzudenkenden Gefährten und Transportmittel begleitet – dem leidgeprüften Esel, dessen Körper oft derart mit Last überhäuft war (in vielen Fällen ein Riese von Mann in wallendem Gewand auf zahllosen Satteltaschen), daß vom Tier nur der wippende Kopf und die winzigen Spindelbeine sichtbar waren.

Zu Beginn des Nachmittags kehrten wir in einer Art modernem Motel am Rande einer größeren Stadt ein, saßen neben dem Schwimmbecken; von einem kleinen Buffet aus versorgten uns zwei selbstsichere junge Burschen nach einigem Palaver mit Lamm am Spieß. Ein großer Hund, der uns vielleicht als Leute aus dem Westen erkannte, die eher dazu neigten, mit Hunden liebenswürdig umzugehen, vielleicht auch (wahrscheinlicher) vom Geruch des Lammbratens angezogen wurde, nahm sich unser an, verteidigte uns sogar einmal mit wildem Gebell, als er ein anderes Tier durch die Einzäunung zu erspähen glaubte.

Nach diesem Zwischenaufenthalt hatten wir noch weitere 180 Kilometer zurückzulegen. Eine Zeitlang war die Gegend jetzt flach, die Straße wie mit dem Lineal auf der Karte gezogen (auf dem relativ engen, gepflasterten Teil der Fahrbahn fuhr unser Fahrer seine 130, 140 km/h); auf diesem gut bewässerten Land gediehen große Orangenhaine und andere Obstgärten. Doch bald danach kam ein Stück echte Wüste, der riesigen Sahara ähnlich, die gleich jenseits der Berge ihren Ausgang nahm. Einmal sahen wir Kamele auf dem Feld, wie unser Fahrer versprochen hatte. (Besonders geschäftig sahen sie nicht aus, zu fressen hatten sie nichts, und ich vermutete stark, daß sie nur als Touristenattraktion hier standen, aber vielleicht tue ich ihnen und ihrem Besitzer Unrecht.) Dann wich die Wüste wieder freundlicherem Land. Der Verkehr nahm zu, desgleichen die Bebauung am Straßenrand. Erste Palmen tauchten auf. Schließlich hatten wir den Eindruck, daß wir unserem Ziel näher kamen: der großen, blühenden Binnenstadt und zugleich gefräßigen Touristenfalle – Marrakesch. Innerhalb der Stadtgrenzen angelangt, trafen wir zwei, drei Kilometer lang auf breite Straßen mit lebhaftem, recht buntem Verkehr aus Pferdedroschken, Motorrädern, Eseln, Mercedes-Lastwagen, Fahrrädern und furchtlosen Fußgängern, die sich ungeniert unter die Räderfahrzeuge mischten. Dann fuhren wir vor unserem Etappenziel vor, dem berühmten Mamounia-Hotel, einem aufs reichste ausgestatteten Luxus-Etablissement von phantastischen Ausmaßen, fraglos einer der ausgesuchtesten, kostspieligsten und vermutlich defizitgeplagten Hotelbetriebe der Welt – aber das wäre ein anderes Thema.

28. MÄRZ 1987
MARRAKESCH

Obwohl wir zwei volle Tage in Marrakesch verbrachten, meine ich nur ganz wenig davon gesehen zu haben und kann es nicht richtig beschreiben. Daran ist weitgehend die Tatsache schuld, daß wir einen Wagen und Chauffeur hatten und deshalb nicht zu Fuß gegangen sind. Sitzt man in einer Stadt wie dieser im Auto, dann ist man von der nicht abreißenden Serie unglaublichster Fast-Zusammenstöße im Verkehr – mit Radfahrern, Fußgängern, Motorrädern, Kutschen, Eseln und weiß ich was – derart fasziniert, daß man zum Sich-Umblicken gar keine Zeit findet. Darüber hinaus aber steckt, so paradox dies klingt, eine merkwürdige Gleichförmigkeit selbst in der wildesten Vielfalt, eine Gleichartigkeit, die jeder durchschnittlichen Beschreibungskraft Hohn spricht.

29. MÄRZ 1987

Unser gesellschaftliches Leben in Marrakesch erschöpfte sich in einem einzigen, etwas surrealistischen Ereignis. Am Spätnachmittag unseres letzten Tages besuchten wir drei eine ältere Dame aus dem Westen – eine französische Gräfin, scheint's. Wenn wir richtig verstanden, wohnte sie ständig in Marrakesch in einem phantastischen Haus, galt als die große Dame der örtlichen Ausländerkolonie, der man aus schierer Höflichkeit seine Aufwartung machen mußte und für die Mary Keating ein Einführungsschreiben von Freunden aus Princeton besaß. Das Anwesen ist ein ziemlich großer Besitz am Rande der Stadt. Es dunkelte schon, als wir ankamen. Während wir zum Säuleneingang fuhren, wandten sich andere

Besucher – Graf und Gräfin Soundso – gerade zum Gehen und wurden von einer ältlichen, schmächtigen, grauhaarigen Gestalt in Sweater und langer Hose verabschiedet: unsere Gastgeberin. Sie stellte uns murmelnd den Gehenden vor, bat uns dann hinein, wobei sie zu meinem Erstaunen ein riesiges Eingangstor von solchem Gewicht und Gepränge höchst eigenhändig und ohne jede ersichtliche Anstrengung schloß, wozu ich mindestens vier handfeste Männer für nötig gehalten hätte.

Wir gingen durch eine Passage, die mir wie ein dunkler Kreuzgang vorkam, und gelangten urplötzlich in einen riesigen, aber nur schwach erhellten Salon mit hohem, reich verziertem Deckengewölbe. Unsere Gastgeberin war allein. Der Raum, in dem Grabesstille herrschte, erinnerte mich an die Atmosphäre eines Horrorfilms. Ein Diener in marokkanischen Gewändern brachte etwas zu trinken und verschwand wieder. Durch eine verschlossene Metalljalousie auf einer Seite des Raums drangen seltsam schnalzende, quakende Laute – Frösche, wie unsere Gastgeberin sagte. Ich fand meine Füße auf dem Kopf eines ausgestopften Tigers wieder, der mich mit festem und beunruhigend lebendig wirkendem Blick anstarrte. Dann begann unsere Gastgeberin zu sprechen, ihr schnelles Flüsterfranzösisch war fast unhörbar, so daß sogar meine beiden Begleiterinnen, deren Ohren so scharf sind wie die meinen schwer, nur Teile des Gesagten erhaschen konnten, ich praktisch gar nichts. Es folgte ein Monolog, den aus schierer Höflichkeit zu unterbrechen wir nur ein, zwei schwache und erfolglose Versuche machten; er drehte sich offenbar nur um ihre eigenen Angelegenheiten: ihre Einsamkeit, ein paar uns unbekannte Freunde, ihre gelegentlichen Frankreichreisen, was sie mit den Hunden tat, wenn sie weg war, und so weiter. Sie ließ nicht das geringste Interesse oder die kleinste Neugier für uns erkennen, und ich bezweifle sehr, ob sie überhaupt wußte, wer wir waren.

Wir blieben die obligaten 25 Minuten. Das schnelle Flüsterfranzösisch hob und senkte sich über der Stille des großen Salons, verlor sich manchmal in völlig unfertige Sätze. Hinter der Jalousie schnalzten und klapperten die Frösche. Nachdem wir noch zwei oder drei weitere Räume gesehen hatten, wozu auch ein dunkles Speisezimmer mit einem großen, quadratischen Tisch in der Mitte gehörte, fanden wir uns in dem Kreuzgang wieder, wo sich die schwarzen Schatten der Bäume im Innenhof gegen einen fast glutroten Nachthimmel abhoben. Die große, schwere Eingangstür tat sich wiederum wie durch Zauberkraft unter der Hand unserer Gastgeberin auf, und dann standen wir in der Abendkühle, über uns strahlten die Sterne, in der Ferne rumpelte der Stadtverkehr. Wir malten uns aus, wie sich unsere seltsame Gastgeberin mit weiß Gott welchen Gedanken und Reaktionen in die Schatten des menschenleeren, dumpf vor sich hinbrütenden, leicht gespenstischen Hauses zurückzog. Soviel zu den gesellschaftlichen Ereignissen von Marrakesch.

Ich habe versucht, die Eindrücke Marokkos zu skizzieren, wie sie sich mir boten, und nur das ununterdrückbare Minimum eigener Reaktionen und Urteile einfließen lassen. Gerne bin ich bereit zuzugeben, daß dieses Land wie jede seit langem bestehende Gesellschaft in vielerlei Hinsicht Gefangener seiner Vergangenheit ist. Desgleichen ist mir klar, daß – da Gesellschaften (wie ja auch die Einzelperson) nun einmal Gewohnheitsgeschöpfe sind – das Tempo und die Richtung irgendwelcher Veränderungen, die die aufgeklärteste Regierung vollziehen kann, eindeutig begrenzt sein müssen.

Dennoch muß ich bekennen, daß mir vieles mißfällt und ich wenig Bewundernswertes finden kann in der Vergangenheit, die immer noch auf Marokko lastet, und gestehe ich auch ein, daß die sorgfältig begrenzte Modernisierung, die sein König zuläßt, wahrscheinlich notwendig ist, kann ich mir angesichts der (an unserem eigenen Beispiel abzulesenden) Richtung, in die sie geht, auch für sie nur wenig Begeisterung abringen. Doch gerne erkenne ich die Kraft und Vielfalt des kulturellen und politischen Erbguts Marokkos, seine prekäre geographische und politische Lage, auch meine sehr beschränkte eigene Urteilsbefähigung an. In Erkenntnis alles dessen steht mir keine Kritik an seinem Herrscher zu und bin ich lediglich froh, daß ich an seiner Verantwortung keinen Teil zu tragen habe.

Im Juni 1987 leitete ich in Moskau die amerikanische Delegation auf einer Historikerkonferenz, die den Gang der sowjetisch-amerikanischen Beziehungen in den entscheidenden Jahren zwischen 1945 und 1950 zum Thema hatte. Bei gleicher Gelegenheit durften meine Frau und ich auch als Gäste der Sowjetischen und der Lettischen Akademie der Wissenschaften für einen Tag Riga besuchen, wo wir ja fast fünfeinhalb Jahrzehnte zuvor auf Posten gewesen waren, das wir aber seither nicht mehr gesehen hatten.

Die intensive Tätigkeit dieser Tage ließ keinerlei Tagebucheinträge zu, doch hielt ich gleich nach der Abreise ein paar Eindrücke im Rückblick fest.

Den größten Teil dieser Tage in Moskau und Riga könnte man als halboffiziell bezeichnen. Wie frühere Tagungen dieser Art verlief die Konferenz planmäßig. Dasselbe galt für die Reise nach Riga. In beiden Fällen war ich offizieller Gast. Fast fühlte ich mich in die Diplomatie zurückversetzt. Meine Gastgeber sagten die richtigen Worte. Dasselbe tat ich meinerseits – jedenfalls versuchte ich es (ganz schaffe ich das wohl nie). Das alles spielte sich natürlich auf der formalen, äußeren Ebene ab: geordnet, strukturiert, hübsch eines nach dem andern, lauter Dinge, die man eben tun muß und ohne die weder die Beziehungen zwischen großen Regierungen noch zwischen nationalen Gelehrtengruppen funktionieren könnten.

Natürlich gab es, wie immer, auch diesmal die andere Ebene, die der inneren Wahrheit. In gewissem Sinn war sie so real, wie die formale Ebene unreal war: unstrukturiert, träumerisch, unvollendet, ihr Beziehungsgeflecht nicht zu durchschauen, das Geheimnis der emotionalen Verknüpfungen niemals enthüllt, aber dennoch fast greifbar vorhanden wie eh und je hinter dem undurchdringlichen Schleier. Und wie ging es auf *dieser* Ebene zu? Wie immer schwerlich zu sagen.

Dank der Liebenswürdigkeit unserer guten Freunde Jack und Rebecca Matlock (er hatte eben den Botschafterposten angetreten) wohnten wir in Moskau im Spasso House, der ehrwürdigen Botschafterresidenz, die so vieles gesehen hat und voller Erinnerungen steckt. Ihr Zustand – etwas verwohnt, leicht heruntergekommen, aber immer noch den wesentlichen Aufgaben nachkommend – schien mir symbolisch für den derzeitigen Stand der sowjetisch-amerikanischen Beziehungen. Aus irgendwelchen Gründen war die Auffahrt zum Vordereingang nicht benutzbar, mußte offenbar neu gepflastert werden; man ließ den Wagen auf der Straße stehen und ging den Rest des Weges zu Fuß. Die abgenutzte und verblaßte Haupteingangstür stand, wie schon vor 35 Jahren in meinen Botschaftertagen unseligen Gedenkens, Tag und Nacht offen. Die Vorderfassade wurde, soweit es die häufigen Schauer zuließen, gerade frisch gemalt und war deshalb von einem Gerüst verdeckt. Zwischen dem Haus und dem Eisengitter an der Straße lag ein schmutziger, vernachlässigter und zertrampelter Vorgarten. Die große Empfangshalle und der Salon waren fast unverändert, immer noch eindrucksvoll, aber der Rest des Gebäudes nahm sich, wie es beim Botschafterwechsel leicht geschieht, irgendwie scheunenhaft und abgenutzt aus.

Wir schliefen im Eckzimmer an der Westseite. In der Nacht regnete es oft, manchmal blitzte und donnerte es, und immer wieder hörte man in der Nacht die Regentropfen vom Dach auf die Metallplatten unserer Zimmerveranda platschen.

Nicht nur in diesem Haus, sondern überhaupt in den Tagen in Moskau war ich von Erinnerungen umschwärmt, die mich – etwas anstrengenden Weggefährten gleich – begleiteten, ablenkten. Unablässig mußte ich mir sagen, daß zwischen mir und den Orten und Menschen, die mir in den Sinn kamen, eine gewaltige Katastrophe (der Zweite Weltkrieg) lag, daß der größte Teil des Lebens, das ich einst gekannt, von dieser Katastrophe hinweggerafft worden war, daß die Menschen, die ich jetzt vor mir sah, in vielen Fällen nicht die Überlebenden dieser Katastrophe, sondern ihre Kinder oder Enkel waren und eine tiefe Kluft sie von den Menschen und Szenen meiner Erinnerung trennte, ein Abgrund der Zeit eher als des Raums, größer als alles, was je mich selbst von diesen selben Szenen und Menschen getrennt hatte. Mit anderen Worten: Die Kräfte des Wandels waren stärker als die der Geographie, sogar stärker als die der nationalen Herkunft.

Genau gleich erging es mir auch während des Tages in Riga, nur noch intensiver. Gegenüber der Lebendigkeit meiner eigenen Erinnerung an diesen Ort fiel der jetzige Blick auf ihn fast enttäuschend ab. Zumal die inzwischen verstrichenen Jahrzehnte und schon gar die eben erwähnte Katastrophe ziemlich rauh mit ihm umgesprungen waren.

Es war ein windiger, frostiger Tag. In Begleitung meiner lettischen Gastgeber – liebenswürdig, aufmerksam und offenbar höchst angetan von dem Gedanken, jemanden ihre Stadt zu zeigen, der sie vor so langer Zeit gekannt hatte – schlenderten wir durch das alte, hanseatische Stadtzentrum, das jetzt hauptsächlich als Touristenattraktion dient. Die Stadt war voller Menschen, die Bevölkerung hatte sich seit meiner Zeit mehr als verdoppelt. Die hübschen kleinen Eckchen waren natürlich zum größten Teil verschwunden. Dafür sahen die Parks und öffentlichen Plätze viel besser aus. Die beiden schönen alten Kirchen standen noch. Die St.-Petri-Kirche mit dem hohen Turm und den drei hölzernen Galerien im Helm, in der unser erstes Kind, Tochter Grace, getauft worden war, diente jetzt als Konzerthalle. Saubere, formstrenge, steinerne Ufer à la Petersburg säumten jetzt den Fluß, wo die Passagierschiffe anzulegen pflegten, und aus dem anschließenden Gelände war ein ansehnlicher Park geworden.

Unsere Gastgeber glaubten jenseits des Flusses das Haus ausfindig gemacht zu haben, in dem Annelise und ich diese ersten ein, zwei Jahre unserer Ehe gewohnt hatten; also fuhren wir hinüber. Tatsächlich, da stand der zweistöckige Holzbau, einst Wohnhaus eines Fabrikbesitzers, auf dem damaligen Fabrikgelände erbaut, ganz typisch für die Frühzeit der Industrialisierung – vermutlich auch Ebenbild dessen, was Marx und auch Lenin im Auge hatten, wenn sie an Kapitalisten dachten. Es lag nahe einer kopfsteingepflasterten Straße, über die die Elektrische fährt, und gleich auf der anderen Straßenseite lag ein kleiner Park.

Wir alle stiegen aus und sahen uns das Haus an. Von wildwachsendem Gebüsch eingedeckt, wirkte es ein bißchen schäbig. Eine dicke, ältliche Frau in schwarzem Rock kam um eine Ecke und schielte mißtrauisch nach uns, offensichtlich konnte sie sich auf unsere Neugier keinen Reim machen und hatte Angst. Ansonsten hatte sich nicht viel verändert, und ich war sicher, daß in dem kleinen Park jenseits der Straße immer noch, wie zu unserer Zeit, samstagabends eine kleine Kapelle für die jungen Apachen aufspielte – vermutlich noch Scheußlicheres als die »Fiesta«, mit deren endloser Wiederholung ihre Vorgänger uns im schwülen Sommer von 1932 aus dem Haus zu treiben pflegten.

Weiter also zum Meer, hin zum großen, endlos sich hinstreckenden Sandstreifen am Rigaischen Meerbusen, den man einfach »Strand« nannte. Hier wollten wir nach der kleinen Datscha Ausschau halten, in der wir, bettelarm, im Sommer 1933 gewohnt hatten, als wegen der Wirtschaftskrise Gehälter und Zulagen drastisch gekürzt wurden und die Nachrichten von zu Hause ganz schlimm waren. Wiederum in Begleitung unserer geduldigen lettischen Gastgeber trotteten wir durch die engen, von Gebüsch umstandenen Straßen, die damals einfache Sandwege, jetzt aber gepflastert waren. Hier hatten jedoch die Veränderungen eines halben Jahrhunderts alle Spuren beseitigt, unsere damalige Datscha eingeschlossen.

Nach Abschluß dieses Ausflugs in die Vergangenheit fuhren wir nach Riga zurück, um vor der Rückkehr nach Moskau noch einen Blick auf das kleine, moderne Gebäude zu werfen, das in jenen Jahren die amerikanische Gesandtschaft beherbergt hatte, und auf das große, im deutschen Stil erbaute Wohnhaus auf demselben Platz, in dem wir und die anderen Mitglieder des Gesandtschaftspersonals gewohnt hatten. Die einstige Gesandtschaft, jetzt aller amtlicher Würde bar und Gott weiß welchen Zwecken dienend, nahm sich klein, verwohnt und mitleiderregend aus, das Wohnhaus verwittert und etwas aufgeweicht. Mir kam in den Sinn, daß ich vielleicht der einzige Überlebende des bunten Völkchens war, das damals die Gesandtschaft bevölkert hatte: ein paar unverwüstliche Überbleibsel aus der vorrevolutionären amerikanischen Botschaft in Petersburg und (darunter ich) die ersten Karrierebeamten der Nachkriegszeit. Wir stellten damals den Horchposten der amerikanischen Regierung in die Sowjetunion hinein dar, mit der unser Land noch keine offiziellen Beziehungen unterhielt, und genossen wir auch nach Kräften die Annehmlichkeiten der kleinen, aber weltoffenen Stadt Riga, so galt doch unser ganzes Denken, Spekulieren und Diskutieren bis spät in die Nacht dem großen, von Bürgerkrieg und Revolution zerrissenen Land, dessen Grenze nur etwa 300 Kilometer östlich von uns verlief, mit seiner trotzig-feindseligen Regierung, seiner schwer leidenden Bevölkerung und seiner ungewissen Zukunft – für uns ein dramatisches, schreckerfülltes und endlos faszinierendes Schauspiel.

Damit endete unsere kurze Expedition im Rip-Van-Winkle-Stil in Prousts *Verlorene Zeit*, die mir wieder einmal nachdenklich bewußt machte, wie blind und hilflos doch jede Generation (wie ich schon in meinen *Memoiren* schrieb) durchs Leben stolpert, nur kurz den kleinen Lichtfleck bevölkert zwischen dem Dunkel einer weitgehend vergessenen Vergangenheit und dem Dunkel einer undurchdringlichen Zukunft.

9. DEZEMBER 1987
WASHINGTON

Die letzten drei Tage war ich mal wieder in Washington – nicht *meinem* Washington natürlich, sondern, sagen wir mal, dem Washington, wie es sich jemanden darstellen mochte, der 1904 geboren wurde und in etwas reiferen Tagen die Stadt gesehen hat, dann zur rechten Zeit starb, der aber dank ungewöhnlicher Güte der Vorsehung wiederauferstehen und zusammen mit anderen auch diese Szene seiner kurzen Wanderung über das Antlitz der Geschichte wiederbesuchen durfte.

Diesmal traf ich die Stadt an, wie sie sich unter fahler, kalter Dezembersonne duckte, aber noch lauter als je zuvor mit den Stimmen des Land- und Luftverkehrs brüllte. Ich, der aus der Vergangenheit Wiedererstandene, betrachtete sie mit leichtem Schaudern und dankte der Vorsehung, daß ich nicht mehr in ihr mitmischen mußte.

Vor zehn Tagen klagte ich in meinem Tagebuch wieder mal über die zahllosen Besuche, die ich aus welchem Grund auch immer offenbar außerhalb Princetons absolvieren müsse, und beschrieb sie dabei als »leere Formalität, bei der nichts erreicht wird, nichts herauskommt«. Die Ereignisse heute – eines davon jedenfalls – rückten diese weinerlichen Worte als das zurecht, was sie waren: eine Überdramatisierung.

Beide Ereignisse standen im Zusammenhang mit Michail Sergejewitsch Gorbatschows historischem Washington-Besuch. Das erste war natürlich aller Überraschungen bar: Großes Mittagessen, gegeben vom Außenminister und Mrs. Shultz für Gorbatschow und Frau Raissa, ein Anlaß für rund 250 »Gedecke« (wie wir im alten diplomatischen Dienst zu sagen pflegten). Über die politischen Aspekte dieses Anlasses oder die dabei gehaltenen Reden der Hauptakteure will ich mich nicht auslassen; das alles wird in die überquellenden Archivbände eingehen, um anschließend tiefer Vergessenheit anheimzufallen. Ich weiß nur, daß wir endlos warten mußten, bis die Hauptakteure endlich erschienen, und ich neben einer Dame irgendwo aus dem Südwesten saß, Frau eines prominenten Politikers, wenn ich mich recht erinnere, deren Unkenntnis meiner Identität so groß war wie die meinige von ihrer und es auch bis zum Schluß blieb, da keinem von uns beiden daran lag, den Tischpartner darüber aufzuklären.

Anders sah es am Nachmittag aus: Empfang für Gorbatschow in der sowjetischen Botschaft, zu dem mich die Russen zusammen mit ein- oder zweihundert weiteren Amerikanern eingeladen hatten. (Nach welchen Kriterien die sowjetischen Gastgeber ihre Gäste auswählten, weiß ich nicht. Die Presse, die immer ihre Story haben will, gab später vor, wir seien die »Intellektuellen« gewesen, und das, obwohl ich dort eine Reihe prominenter Republikaner gesehen hatte, einschließlich einiger früherer Außenminister, die eine solche Beschreibung vermutlich weit von sich gewiesen hätten – manche vielleicht nicht ohne Grund.)

Das Ganze fand im alten russischen Botschaftsgebäude an der 16. Straße statt, gleich neben dem damaligen Racquet Club, in den ich an den dunklen Winternachmittagen von 1926 manchmal schwimmen ging. Nachdem wir die mehrfachen Sicherheitskordons im weiten Umkreis durchstoßen hatten, wurden am Gebäudeeingang unsere Ausweise eingehend, aber höflich geprüft; danach wurden wir nach oben geleitet und in einen großen und schönen, bereits menschenüberfüllten Raum geführt, einem Ballsaal nicht unähnlich.

Eingedenk der Ermahnungen meiner Frau, ich solle nicht wieder bequem irgendwo im Hintergrund bleiben, wie ich es sonst gern tue, sondern darauf achten, daß ich dem Ehrengast auch vorgestellt werde und Gelegenheit habe, zu den Banalitäten, die er schon von den anderen zu ertragen verurteilt war, auch mein gehöriges Teil beizutragen, beschloß ich, mich dieser Anstrengung nicht zu verweigern. Ich schob mich also durch die Menge und quetschte mich in den kleinen Kreis aus Photographen, Journalisten und anderen sich vordrängelnden Gästen, der den ehrenwerten Gast umstand. Dieser, dem ich hier zum ersten Mal begegnete, schien mich zu erkennen und erweckte in mir höchstes Erstaunen, als er seine Arme ausstreckte und mich mit der mittlerweile zur Norm avancierten Akkolade des Staatsmanns beehrte. Danach, immer noch meine Ellbogen haltend, sah er mir ernst in die Augen und sagte: »Mr. Kennan. Wir in unserem Land glauben, daß ein Mann der Freund eines anderen Landes sein und zugleich ein treuer und ergebener Bürger des eigenen bleiben kann, und genau so sehen wir Sie.«

Was ich darauf antwortete, weiß ich nicht mehr. Sicher völlig Belangloses.

Bald begaben wir uns in einen weiteren Raum, der mit kleinen Tischen gefüllt war. An einem dieser Tische saß Gorbatschow. Er hielt eine lange (für Amerikaner zu langatmige, für Russen erstaunlich kurze) Stegreifansprache. An dem Tisch, dem ich zugeteilt war, saßen unter anderem Ken Galbraith, McGeorge Bundy und eine höchst auffällige Dame, die eine dänische Zigarre nach der anderen schmauchte und sich im übrigen herzlich zu langweilen schien, und von der ich mir später sagen ließ, ich hätte sie kennen müssen: die Witwe eines berühmten Rocksängers.

Meine Ohren versagten fast völlig während Gorbatschows langer Rede, und so vergnügte ich mich damit, mit den Kopfhörerknöpfen zu spielen und festzustellen, was schwerer zu verfolgen war: das

Russisch des Redners oder die holprige Künstlichkeit der Simultanübersetzung. Im Grunde konnte ich mich nicht auf das konzentrieren, was er sagte. Die vorherigen Worte hallten mir noch in den Ohren. Wie ich über sie nachdachte, spulten die ganzen sechzig Jahre, in denen ich mit Sowjetangelegenheiten beschäftigt war (und zu denen irgendwann auch mal gehört hatte, daß ich als »Feind des Sowjetvolkes« aus Rußland verwiesen wurde), vor meinem geistigen Auge ab, und ich konnte mir keinen besseren Schluß dieses ganzen Kapitels vorstellen – jedenfalls von sowjetischer Seite –, als diese sehr liebenswürdige und taktvolle Feststellung, die genau überlegt feinster königlicher Gepflogenheit würdig war. Ich dachte auch, wenn man Derartiges schon nicht von der eigenen Regierung in Anerkennung des Geleisteten zu hören bekommen könne, sei es immerhin nett, wenn man's vom einstigen Gegner höre.

10. JUNI 1988
CROTTORF, DEUTSCHLAND

Da sind wir also wieder, im Haus unseres lieben deutschen Freundes aus alten Tagen, der uns in der Vergangenheit so oft und auch heute wieder (vielleicht zum letzten Mal) die Gastfreundschaft des Hauses seiner Ahnen schenkt. Nichts hat sich geändert. Da sind die drei kopfsteingepflasterten Innenhöfe, durch die man das Haupthaus erreicht, dann das große, nachdenkliche Schloß selbst, die langen, stillen, eleganten Korridore, die schöne, dämmrige Bibliothek mit ihren Schätzen, gedämpft und ehrfürchtig wie eine Kirche, die Galerie der Schlafräume in den oberen Etagen, nachts durchwoben vom wortlosen Geist ihrer einstigen Bewohner, die wenigstens zur Nacht noch mal herkommen, wie mir scheint, ihren unerfüllten Träumen nachhängen und es nur mit verächtlicher Ungeduld ertragen, wenn unsereins mal hier absteigt, ein zeitgenössischer Besucher, von dem nicht zu erwarten ist, daß er die qualvolle Wirklichkeit aller damaligen Vorgänge versteht oder auch nur sich vorstellen kann. Dann der Blick aus dem Schlafzimmerfenster auf die Wiesen des Wildparks mit seinen Herden friedvoll grasender Wildschafe und Rehe. Und schließlich als Sinnbild dieses intimen Umgangs mit der Vergangenheit das seltsame Porträt am Absatz der großen Treppe, auf das beim Herunterkommen sofort der Blick fällt: allem Anschein nach ein Gemälde aus dem 17. Jahrhundert (irgendwann einmal, wenngleich wohl fälschlich, Goya zugeschrieben), aus dem sich das Gesicht eines jungen Menschen abhebt, vermutlich ein Mann, aber es könnte auch ein Mädchen sein, ein unglückliches, betroffenes, mißtrauisches Gesicht, das nun schon so lange hier hängt, daß es ein zweites Leben zu leben scheint in diesem großen, so oft verlassenen Gebäude, dem Gebäude, das ewig zu warten scheint, zu warten in all seinem Glanz, zu warten wie das Bildnis, zu warten auf etwas, was Gott allein weiß. So wirklich, so verhalten verständnisheischend, ist die Anwesenheit dieser merkwürdigen, fragenden und offenbar hilflosen Person, daß mir scheint, verschwände das Gemälde von seinem angestammten Platz, sein Motiv einen zweiten, diesmal endgültigen Tod stürbe, einen Tod, den wie den eines Freundes jene zum Teil miterlitten, die ihm wenn schon nicht ihr Verständnis, so doch das Bemühen darum geschenkt.

Durch alles dieses fühlt sich der Besucher hier einer Vergangenheit verbunden, von der das übrige Westeuropa nunmehr abgeschnitten ist wie durch eine undurchdringliche Mauer, infolge der Ereignisse der letzten drei Jahrhunderte: die industrielle Revolution, die soziale Revolution, die selbstzugefügten Wunden der zwei großen europäischen Kriege dieses Jahrhunderts. Durch diese Veränderungen seines eigenen Lebens – unnötig zum Teil, manchmal gierig herbeigesehnt und gedankenlos akzeptiert – hat sich Europa nicht nur von seiner eigenen Vergangenheit abgeschnitten, sondern auch die Gewalt über sein Schicksal verloren, erbebt unter dem Gebrüll seiner Automobile und Flugzeuge, achtet der Weisheit seiner Vergangenheit nicht, ist nicht willens, die einst hochgehaltenen Werte zu wahren, nicht fähig, auf sie zu bauen, ist hilflos der Selbstbemitleidung verfallen, zerstört eifrig die eigene Umwelt, huldigt Waffen, die nicht nur diese Umwelt, sondern die ganze auf sie angewiesene Menschheit vernichten können und eines Tages vermutlich auch werden.

Ich, der Fremdling, der die Hälfte seines Erwachsenenlebens in diesem Teil der Welt verbracht hat, empfinde dies als nicht minderen eigenen Verlust. Schließlich hatten die meisten Amerikaner einstmals ihre Wurzeln hier, wie wenig wir das auch heute beachten mögen. Mit dem Verzicht auf unsere Erinnerung daran, mit der Unfähigkeit, sie noch zu wissen und das Band lebendig zu erhalten, verarmen gleichwie die Europäer auch wir. In unserem Falle ist vermutlich die Trennung unwiderruflich und irreparabel, ist sie doch – angesichts der unkontrollierten und wohl auch unkontrollierbaren Einwanderung und der Unterordnung unter das Diktat der gleichfalls unkontrollierten technischen Revolution – Teil des Wesensverlustes unserer nationalen Identität. Doch für die Europäer (denen ich mich hier zurechnen muß) ist die Tragödie noch größer, denn ihre eigene Vergangenheit, mögen sie sie gleich nicht mehr schätzen und weit von sich weisen, liegt hier und dort noch deutlich zutage, bekräftigt schweigend ihren eigenen Wert und pocht, wie in diesem alten Gemäuer, vergeblich auf die fortdauernde Gültigkeit dieser Werte für die zeitgenössische Conditio humana.

Hätte den Europäern ein anderer Weg offengestanden? Mir möchte es scheinen. Er hätte seinen Ausgangspunkt in der bewußten Absage an den Materialismus, die Gier und die Dekadenz der modernen Gesellschaft nehmen und an ihrer Statt die wirklich geistige Führung und die Wahrung der Umwelt als vorrangige Ziele der Zivilisation auf den Schild heben müssen – kurzum: die Qualität des Menschlichen, zuvorderst in seinen moralischen und geistigen, und erst sekundär in den materiellen Belangen, gefolgt vom Intakthalten einer gesunden Natur. Nichts von alledem, fürchte ich, wird geschehen. Aber die Wahl, ob es geschehen soll oder nicht, obliegt allemal uns.

Ausklang

Zum Wochenende sind wir auf der Farm – diesmal in einem merkwürdigen Einsprengsel zwischen zwei Jahreszeiten, zwischen Vergangenheit und Zukunft. Der Sommer, ein harter Sommer mit der schlimmsten Dürre unseres Gedenkens, ist vorbei, der Herbst noch nicht da. Morgen beginnt die Herbstaussaat. Unterdessen hängt über der Farm, von den Melkzeiten abgesehen, zu denen die üblichen, geschäftigen Töne aus dem Stall dringen, ein Hauch von Verlassenheit. Die Kinder des Pächters sind wie unsere eigenen erwachsen und weggegangen. Das bunte Haustiergemisch hat mit den veränderten Anbaugewohnheiten an Farbe verloren. Zwischen den Melkzeiten verschwinden die Bewohner des Pächterhauses von der Bildfläche, nutzen die vorübergehende Flaute der Feldarbeit. Der ältere der beiden Farmhunde wurde vor einigen Tagen von einem Auto überfahren, der jüngere, kleinere trauert und fühlt sich einsam, folgt bekümmert und halbherzig meinem Kommen und Gehen. Ich bedeute ihm nicht viel und er auch nicht mir, aber im Augenblick bin ich alles, was er hat.

Da liegt sie, meine schöne, einst heißgeliebte Farm, jetzt schweigsam und verschlossen unter schwerem, regenverhangenem, windlosem Himmel. Früher pflegte ich sie mir bei solchem Wetter erwartend vorzustellen, mit ihrer typischen Geduld die spannenderen, hoffnungsvollen Tage erwartend, die sie vor sich liegen wußte. Jetzt scheint sie, einer verlassenen, gallig gewordenen Geliebten nicht unähnlich, mir eher zu schmollen, mir Vorwürfe zu machen ob langer Vernachlässigung, Vorwürfe, weil ich zuließ, was ihr die lieblose, rücksichtslos ausbeuterische Zivilisation angetan hat. Und ich frage mich selbst, ob sie nicht vielleicht schon zu lange warte, einen Punkt erreicht habe, an dem Hoffnung und Erwartung uneinholbar verloren sind.

Ich hätte natürlich der Farm meine ganze Kraft und Hingabe schenken können, anstatt all die anderen Dinge zu tun, die ich in den Jahren seither unternommen habe. Aber sie wär's doch nie zufrieden gewesen. Ihre Ansprüche hätten die Kraft von ein Dutzend meinesgleichen aufgesogen und wären dennoch letztlich ungestillt geblieben. Unterdessen wäre ich selbst wie so viele, die zu lang und zu selbstaufopfernd auf dem Lande tätig waren, eng geworden und unangenehm trotzig, aufgefressen von der abstoßenden Enge des Landlebens und seinem schäbigen Gekeife um Bagatellen, und wie andere, die einer unersättlichen Person oder Sache zuviel ihres Ich gewidmet haben, gram ob der ohne Unterlaß geforderten Opfer. Am Ende aber, wenn alle Kraft erschöpft war, hätte die Natur ohnehin recht behalten, hätte in ihrer unerbittlichen Art alle Eingriffe der Menschenhand in ihre geliebte Gleichförmigkeit zunichte gemacht, die Fundamente geknackt, die Mauern zerfallen lassen, Spinnweben gesponnen, Rasen und Wiesen und alle anderen Erzeugnisse menschlicher »Veredelungs«-Mühe verwildert.

Da sind wir also, wir beide, die Farm und ich. Wir haben unser Möglichstes füreinander getan in den Tagen, als wir es noch konnten. Nun müssen sich unsere Wege trennen, auf Gedeih und Verderb.

Ich wandere trübselig durch den zweiten Stock des Hauses, lasse den hilflos belustigten Blick über das überschießende Treibgut und Strandgut eines früheren Lebens schweifen, das sich hier angesammelt hat: die pergamentenen Ehrendoktorwürden und Anerkennungsurkunden an den Wänden; die Bankauszüge aus längst vergangenen Jahren; die eingerahmte Zeitungskarikatur, auf der ich zu Fuß hinter einem gleichgültigen, behaglich auf einem republikanischen Elefanten dahintrabenden Foster Dulles herhechle und ihn vergeblich vor dem Ritt in den Dschungel zu warnen versuche; Borde voll uralter Gelehrtenzeitschriften über Rußland, einst hier verstaut in dem eitlen Gedanken, daß ich mich eines Tages nach der Pensionierung hinsetzen und in Muße darin lesen würde; die auf vier Holzbahnen aufgezogene, riesige Rußlandkarte, für die ich immer einen geeigneten Platz in dieser oder jener Wohnung zu finden gehofft hatte, ihn aber nie fand noch jemals finden werde; die uralte Underwood-Schreibmaschine, Jahrgang 1922, auf der ich meine ersten autobiographischen Versuche tippte; die hohen Stöße russischer Zeitungen aus dem Jahre 1952, die ich mir für das Verfassen einer (nie geschriebenen) Geschichte der seltsamen Zeit unmittelbar vor Stalins Tod hatte zunutze machen wollen; und daneben Schachteln mit alten Familienerinnerungen – Photos, vergilbte Briefe aus dem Jahrzehnt um 1850, Zeitungsausschnitte und Stammbaum-Versuche. Von all diesen zerfransten Fetzen eines unfertigen und niemals fertig werdenden Lebens, den stummen, vergänglichen Zeugen niemals verwirklichter Träume, alle dazu bestimmt, eines Tages von einem geplagten Nachkommen oder neuen Besitzer dieser Räume ausgehoben zu werden – von all diesen kleinlauten und vergänglichen Erinnerungsstücken an eine Vergangenheit, die bestenfalls noch einen Antiquar interessieren konnten, und auch das erst, wenn schon fraglich geworden ist, ob es überhaupt noch Antiquare geben wird; von alledem nehme ich nun Abschied an einem dunklen, leblosen Septembertag. Wir alle, die Überbleibsel und ich, Bewohner eines ungewissen Interludiums zwischen einer unaufhaltsam verblassenden Vergangenheit und einer undurchsichtigen Zukunft, sind Zeugen einer unauslöschlichen inneren Bewegkraft, die man am Anfang der Lebensspanne »Hoffnung« und danach »Glaube« nennt.

Inmitten dieser Zeugen eines früheren Lebens blicke ich zurück auf die in diesem Buch versammelten Späherblicke auf die Umwelt eben dieses Lebens. Auch sie sind auf ihre Art Treibgut und Strandgut, doch erhoffe ich sie mir nützlicher, vielleicht auch ein geringes weniger vergänglich als der persönliche Plunder, den ich eben beschrieb. Mögen sie für sich selber sprechen. Tun sie es nicht, dann haben sie ihren Sinn verfehlt. Sie sind, wie schon im Vorwort gesagt, Ergebnis der Wechselwirkung zwischen einem sich ändernden Augenpaar und immer sich wandelnden Szenen. Die Szenen als passives Objekt dieser Späherblicke sind, was sie sind, und insoweit über alle Kritik erhaben. Der Kritik ausgesetzt sind nur die Augen, durch die die Szenen gesehen, und die Feder, mit der sie beschrieben wurden. Der Herr dieser Augen und dieser Feder wäre der letzte, der sich ein Urteil erlauben dürfte.

Wie ich diese Tagebuchauszüge überfliege, stelle ich zu meinem Entsetzen fest, wie schwach mein eigenes Land dabei weggekommen ist. Der Leser könnte auf den Gedanken verfallen, ich hätte in ihm nur Häßlichkeit, Vulgarität und Verfall gesehen. Das täte mir leid. Empfände ich nicht eine ganz eigene Liebe dafür, hätten mich die Unvollkommenheiten an seiner Oberfläche nicht so hart getroffen, wären sie nicht in so reicher Zahl in diese Kritzeleien eingeflossen.

Ich übersehe keineswegs, daß die Vereinigten Staaten von 1988/89 ruhmreiche Seiten aufzuweisen haben. Sie scheinen mir indes hauptsächlich auf zweierlei Feldern zu liegen: in der berauschenden Schönheit der reinen Natur, die noch von der kommerziellen Entwicklung verschont blieb, und in der Persönlichkeit der vielen Mitbürger, die kennenzulernen ich den Vorzug genoß. Doch Naturschönheit allein, ohne das menschliche Element, enthält zwar viel Bewundernswertes und Erhebendes, nichts aber, was sich der Deutung anböte, und ist für den reisenden Tagebuchschreiber ebenso wie für den Maler ein schwaches Sujet. Was nun die Menschen anbelangt, so haben viele meine Bewunderung ausgelöst, in beträchtlicher Zahl auch das Gegenteil. Sie einzeln zu beschreiben wäre indessen Sache des Romanciers, nicht des Reisenden – schon gar nicht dessen, der sich durch Regionen bewegt, in denen er keinerlei persönliche Bekanntschaften hat und wo er zumeist nur massenhaft kleine, anonyme Gestalten sieht, zu denen er nicht in Beziehung treten kann. Und doch wollte dieses Buch vor allem solcherart gesehene Menschen beschreiben. Die wenigen Ausnahmen bezogen sich möglichst auf längst Verstorbene, und auch dann nur, wenn die Reiseerfahrung die Erinnerung an sie wachrief.

Vermutlich wird es heißen, die Beobachtungen in diesem Buch stammten von einem Heimatlosen (mancher mag ihn gar einen »Vaterlandslosen« schelten). Ich bin mir der Bedeutung dieses Begriffs nicht sicher. Wer wie ich 19 der ersten 20 Berufsjahre in Europa verbracht hat, müßte schon mit völliger Unempfindsamkeit geschlagen sein, bliebe er davon unbeeindruckt. Und Verständnis für Dinge jenseits des ursprünglichen Kulturhorizonts bedeutet im Grunde, daß man sie lediglich dem hinzufügt, was man schon ist. Es heißt keineswegs, daß man sein existentes Sein ablegte. Zudem:

Wird ein Amerikaner heimatlos, so wird er es auf unnachahmlich amerikanische Weise. Kein Nicht-Amerikaner könnte es in derselben Weise erfahren und darauf reagieren.

Ja, ich bin heimatlos – freilich mehr in der Zeit als im Raum. Ich bin ein des Wisconsin der ersten Jahre dieses Jahrhunderts, nicht des heutigen, Beraubter. Nichts prägt die Persönlichkeit stärker, nachhaltiger als die Eindrücke der Kindheit. Nichts kann sie je völlig ausrotten oder ersetzen. Dem damaligen Wisconsin bin ich nie verlorengegangen. Doch ist dieses Wisconsin weithin mir verlorengegangen. Und ohne es bin ich wie manch anderer Greis ein Heimatloser, gewiß, doch ein Heimatloser innerhalb meines Landes nicht minder als außerhalb, ganz so, wie es die Generation meiner Eltern gewesen wäre, wenn sie heute noch lebten. Was also soll's? Ist das Sünde?

Meine Sicht der Außenwelt hat sicher ihre Gebrechen. Wessen Sicht hätte keine? Auch sie aber sind Ausdruck einer gewissen Gattung von Amerikanertum – ein verlorenes Amerikanertum, wenn man so will, aber nichtsdestoweniger echt und wahrhaftig in seiner umherirrenden Heimatlosigkeit. Ist man darum weniger amerikanisch, weil man wie Thomas Wolfe erkennt: »Es führt kein Weg zurück«?

Mir erscheinen die Vereinigten Staaten dieser letzten Jahre des 20. Jahrhunderts ein im wesentlichen tragisches Land, mit prachtvollen Naturschätzen gesegnet, die sie aber rapide verschwenden und erschöpfen, mit einer hochtalentierten und originellen geistigen und künstlerischen Intelligenzschicht begabt. Für sie hegen die herrschenden politischen Kräfte des Landes wenig Verständnis oder Hochachtung. Ihre Stimme wird zumeist von den kommerziellen Medien zum Schweigen gebracht oder übertönt. Wahrscheinlich ist sie gleichwie die russische Intelligenzija im 19. Jahrhundert dazu verurteilt, im beunruhigenden Gang des Lebens einer Nation hilfloser Zuschauer zu bleiben. Wenn Vaterlandsliebe auch Sorge um die Zukunft des Landes heißt, dann liebe auch ich dieses Land und bin ein Teil von ihm.

Was in diesem Buch steht, biete ich an in der Hoffnung, daß es den vielerlei Dingen – Berichten, Artikeln, Reden, Büchern, auch Memoiren –, die ich im Verlauf vieler Jahre geschrieben habe, etwas mehr Tiefe verleihen und gelegentlich dem Leser behilflich sein möge, den eigenen Beobachtungen die eines anderen gegenüberzustellen. Zum anderen Teil soll es jedoch auch den Leser dieser früheren Schriften daran erinnern, daß – wie nützlich oder unnütz dies sein mag – die Welt um mich her nicht nur mit dem Kopfe, sondern auch mit dem Herzen gesehen ward. Mag nun, wie das Motto des Buches besagt, als Schauplatz aller Abenteuer ein Herz genügen oder nicht: Ohne Herz ist der abenteuernde Kopf allemal eitel und schwach.

Anstelle eines Registers

Akademisches Leben

Hans-Christian Huf (Hrsg.)

Das Land der großen Mitte

Gespräche über die Kultur der Bundesrepublik

208 Seiten, gebunden mit Schutzumschlag

»Der Gedanke, daß nach diesem Krieg das Leben ›normal‹ weitergehen oder gar die Kultur ›wiederaufgebaut‹ werden könnte – als wäre nicht der Wiederaufbau der Kultur allein schon deren Negation –, ist idiotisch. Millionen Juden sind ermordet worden, und das soll ein Zwischenspiel sein und nicht die Katastrophe selbst. Worauf wartet diese Kultur eigentlich noch?« *(Theodor W. Adorno 1944)*

»Die große Stunde, trotz tiefster Demütigung des eigenen Landes, kann in der Rückkehr Deutschlands zur Menschlichkeit bestehen ...

... Deutsch war es einmal und mag es wieder werden, der Macht Achtung, Bewunderung abzugewinnen, durch den menschlichen Geist.« *(Thomas Mann am 10. Mai 1945)*

Diese beiden Zitate markieren die Pole eines Spannungsbogens, der die Gespräche über den kulturellen Werdegang der Bundesrepublik Deutschland bestimmt: Mit welchen Wünschen, mit welchen Hoffnungen war man 1945 angetreten? Was gehört heute, nach Wirtschaftswunder und den Folgen, zur kulturellen Wirklichkeit unseres »Landes der großen Mitte«? Was ist Utopie geblieben? Zwölf Persönlichkeiten, die diese 40 Jahre schöpferisch, analysierend und widersprechend begleitet haben, geben Auskunft.

Friedrich Hacker

Das Faschismus-Syndrom

144 Seiten, gebunden mit Schutzumschlag

Nicht erst seit den Erfolgen der »Republikaner« ist deutlich, daß in der Bundesrepublik faschistische Strömungen virulent sind. Wohnungsnot und steigende Ausländerzahlen können nur als Hinweise auf verstärkende bzw. auslösende Elemente verstanden werden. Die eigentliche Ebene nämlich, auf der sich die Hinwendung zu faschistischen Ideologien abspielt und auf der die Ursachen dieser Entwicklung zu suchen sind, ist die psychische. Friedrich Hacker, der vor kurzem verstorbene österreichische Psychoanalytiker, hat sich zeitlebens mit den Phänomenen der Aggression beschäftigt. Sein besonderes Augenmerk gilt dabei den Grauzonen und fließenden Grenzen zwischen etablierten Parteien und Ideen auf der einen Seite und dem faschistischen Potential auf der anderen. In einigen wesentlichen Punkten ist eine grundsätzlich vorhandene Affinität nicht zu leugnen, und so erscheint es durchaus möglich, »daß sich faschistische Ideologen und Handlungsmuster in bestehende demokratische Parteien und andere Organisationen einschleichen und schon innerhalb des demokratischen Gefüges durch chauvinistisch-populistische Parolen und gewalttätiges Imponiergehabe Einfluß und Macht gewinnen«. Hackers Vermächtnis ist die Warnung vor einer Wiederholung alter Fehler, es ist aber auch – in bester psychoanalytischer Tradition – eine Mahnung, den »Faschisten in uns« nicht zu übersehen.

Gertrud Höhler

Virtuosen des Abschieds

Neue Werte für eine Welt im Wandel

112 Seiten, gebunden mit Schutzumschlag

Werte: Das sind Standards für unseren Umgang mit der Welt. Sie sichern uns ein Vorverständnis von der Welt und lehren uns, den eigenen Platz in dieser Welt zu verstehen.
In den Stromschnellen des Wandels gleicht dieser Platz aber einem schwankenden Floß, das wir durch wechselnde Wasser steuern müssen. Schneller als gewünscht lösen die Aufgaben einander ab; wir brauchen flexible Strategien, um unseren Weg richtig zu bestimmen. »Wertepluralismus« bestimmt die Demokratie. Wer hier noch Halt finden will, muß den Wandel zum eigenen inneren Prinzip machen: »Innerer Pluralismus« ist zur Konfliktstrategie vieler Verantwortlicher geworden. Die Auseinandersetzung ist damit keineswegs beendet: Starre Wertkonzepte der Vergangenheit werden noch immer verteidigt gegen die flexiblen Wertstrukturen der neuen Jugend. Der Wert als Waffe: ein traditionelles Kampfmodell auf dem Felde der Alltagsmoral. Die Wegwerfgesellschaft antwortet solchen Wertbesitzern auf ihre Weise. Ballast abwerfen, heißt die Devise der jungen Akteure. Daseinstechnik statt sittlicher Norm, das ist ihre Antwort auf die ethischen Langfristkonzepte der Voreltern. Mit ihrem Mut zur Zukunft sind sie Virtuosen des Abschieds.

In Wäldern sind wir stärker

[illegible]